16	3	2	13
5	10	11	8
9	6	7	12
4	15	14	1

Antonio Risério

A CIDADE NO BRASIL

editora■34

EDITORA 34

Editora 34 Ltda.
Rua Hungria, 592 Jardim Europa CEP 01455-000
São Paulo - SP Brasil Tel/Fax (11) 3811-6777 www.editora34.com.br

Copyright © Editora 34 Ltda., 2012
A cidade no Brasil © Antonio Risério, 2012

A FOTOCÓPIA DE QUALQUER FOLHA DESTE LIVRO É ILEGAL E CONFIGURA UMA APROPRIAÇÃO INDEVIDA DOS DIREITOS INTELECTUAIS E PATRIMONIAIS DO AUTOR.

Capa, projeto gráfico e editoração eletrônica:
Bracher & Malta Produção Gráfica / Mariana Leme

Revisão:
Arthur Bueno
Cide Piquet

1ª Edição - 2012, 2ª Edição - 2013

CIP - Brasil. Catalogação-na-Fonte
(Sindicato Nacional dos Editores de Livros, RJ, Brasil)

R492c
Risério, Antonio
  A cidade no Brasil / Antonio Risério —
São Paulo: Editora 34, 2013 (2ª Edição).
368 p.

ISBN 978-85-7326-490-6

Inclui bibliografia e índice.

1. Cidades - Brasil - História e crítica.
2. Brasil - Desenvolvimento urbano. I. Título.

CDD - 306

A CIDADE NO BRASIL

Nota do autor 9

1. Pontos de partida 13
2. Cidade ibérica na América 61
3. Cidades do ouro, cidades da Amazônia............................... 101
4. Floreios em busca da África 149
5. Sertão, cidade, segregação... 173
6. Cidade e migrações 219
7. Vanguarda, memória e utopia 265
8. Aspecto de agora.. 301

Anexo:
A cidade numa nova configuração amazônica 333

Referências bibliográficas.. 351

para Sara Victoria,
Mutter der Schönheit.

para João Filgueiras Lima (Lelé)
e Marcelo Ferraz,
companheiros de viagem.

"Una civilización es ante todo un urbanismo; quiero decir, más que una visión del mundo y de los hombres, una civilización es una visión de los hombres en el mundo y de los hombres como mundo: un orden, una arquitectura social."

Octavio Paz,
*Sor Juana Inés de la Cruz
o Las Trampas de la Fe*

NOTA DO AUTOR

Nas páginas que seguem, procuro enquadrar e focalizar — ora em *long shot*, ora em *plan américain*, ora em pormenor — aspectos e dimensões do fenômeno urbano no Brasil, de um ponto de vista predominantemente histórico e socioantropológico, mas também examinando temas que dizem respeito aos domínios da estética, da arquitetura e do urbanismo.

O desenho é simples: trata-se de um elenco de ensaios, dispostos numa sequência cronológica atrelada ao andamento da história urbana brasileira, que acabam por compor uma espécie de macroensaio — daí, o título pretensioso do conjunto. Mas aviso, desde já, que, se não reprimo eventuais "achados", também aqui não vigora, em momento algum, a busca, o afã ou a obsessão da originalidade. Procuro somente organizar e discutir informações, leituras, análises e interpretações preexistentes, selecionadas e orientadas por um ponto de vista sempre explícito, com base no que, até aqui, me foi dado conhecer — e sem me esquivar a emitir opiniões e juízos sobre os temas tratados. Afinal, como bem sublinhou Walter Benjamin ("A Técnica do Crítico em Treze Teses", no livro *Rua de Mão Única*), numa passagem que Haroldo de Campos gostava de citar, *"wer nicht Partei ergreifen kann, der hat zu schweigen"* — "quem não é capaz de tomar partido, deve calar".

Aqui e ali, posso eventualmente reproduzir, retomar, desenvolver, rever ou corrigir coisas que escrevi antes, em outros livros e ensaios. Alguém já disse (Peter Hall, talvez, mas não estou certo) que não devemos perder tempo inventando a roda, muito menos a nossa própria roda — e o fato é que, em muitos dos textos que publiquei, há referências, observações e análises no campo da arquitetura e do urbanismo. Mas esta não é a regra: este ensaio-feito-de-ensaios foi escrito muito mais em diálogo com os outros do que em conversas comigo mesmo. Ideias dentro e fora de muitos lugares. Não é coisa de ilha deserta, portanto. Mas de palimpsesto intelectual e intertextualidade citadina.

Devo dizer, também, que este livro deve muito a pessoas que me premiaram com seu convívio, particular e/ou profissional. Ainda na década de 1970 — em conversas e em seus ensaios e *insights* de comunicação e semiótica —, Décio Pignatari chamava minha atenção para formas e significados da criação arquitetônica e do *design*. Em meados da década seguinte, tive a felicidade de trabalhar, durante três anos, numa equipe da qual faziam parte os arquitetos Lina Bo Bardi, João Filgueiras Lima (Lelé), Marcelo Ferraz, Marcelo Suzuki e o *designer* Rogério Duarte (autor de "Notas sobre Desenho Industrial"), além de João Santana, sempre argutamente interessado em nossas cidades, e Roberto Pinho, misto de antropólogo e planejador urbano. Já na década de 1990, entrei a trabalhar, como antropólogo, num grupo coordenado por João Filgueiras Lima e João Santana, na implantação de novas unidades hospitalares da Rede Sarah Kubitschek — projetadas por Lelé — em São Luís do Maranhão, Salvador e Brasília. Publiquei o livro *Avant-Garde na Bahia* (originalmente, uma tese para obtenção do grau de mestre em sociologia, com especialização em antropologia), dedicado, em grande medida, a uma apreciação da trajetória de Lina Bo Bardi. E pude acompanhar mais de perto projetos e trabalhos de Marcelo Ferraz e Francisco Fanucci. Por fim, meu fascínio adolescente por Brasília acabou se traduzindo numa consideração mais detida da obra e do pensamento de Lúcio Costa, que tive a felicidade de conhecer pessoalmente no Rio de Janeiro (graças à sua filha, a arquiteta Maria Elisa, com quem também trabalhei, ao longo de um ano), pouco antes de ele subir ao céu, "entremeado às estrelas", como no verso de Maiakóvski a Iessiênin.

De outra parte, muito me foi útil o compromisso profissional de estudar cidades brasileiras — em função do engajamento em governos e campanhas políticas municipais ou de trabalhos técnicos específicos, contratados por administrações públicas —, desde que isso me conduziu a imersões teóricas e práticas em diversas cidades do país. Acredito, de resto, que este livro (que, pelo menos no momento, vejo como o primeiro de uma série) não deixa de ser fruto ou subproduto da atual crise urbana brasileira, muito embora não seja este o seu tema, a não ser em rápida abordagem no tópico final ("Aspecto de Agora"), onde, aliás, nem me detenho na questão crucial: ou promovemos a transformação das estruturas fundiárias de nossas cidades, ou elas, as cidades, irão se encalacrar de vez, multiplicando seus absurdos. De qualquer sorte, a atenção para nosso momento urbano é uma obrigação — inevitável — de quem quer que se dedique a pensar o Brasil. Mesmo porque, para avivar uma verdade elementar, é na cidade — e só na cidade — que a sociedade se realiza em sua inteireza. Daí, também, que este não seja um livro eruditamente encerrado em si mesmo. Como sempre, me dirijo à comunidade geral dos leitores. E, em especial, à juventude. Na esperança de que toda mensagem acabe sempre por encontrar os seus destinatários.

Para encerrar, vejo-me na boa obrigação de agradecer a Cide Piquet e a Arthur Bueno, por seus rigorosos zelos textuais, em desempenho multilíngue de verdadeira curadoria editorial, na revisão do que escrevi. E de deixar agradecimentos a pessoas amigas que, por caminhos vários, deram sua contribuição para a feitura deste trabalho: Armando Almeida, Amon Pinho, Jorge Huertas, Marcelo Ferraz e Renato da Silveira.

Antonio Risério

1.
PONTOS DE PARTIDA

I

À exceção dos grupos indígenas que circulavam pelos litorais brasílicos na passagem do século XV para o XVI, todos os demais povos que convergiram, espontânea ou compulsoriamente, para os movimentos inaugurais que conduziriam à configuração desta entidade que hoje é o Brasil já conheciam, antes do seu encontro em nossos trópicos, a cidade e a vida citadina. Se tupis e tapuias litorâneos ou imediatamente interioranos não chegaram a criar uma ordem social que realmente transcendesse o horizonte do acampamento e da aldeia, não devemos dizer, todavia, que nossos ameríndios, em seu conjunto, tenham ignorado inteiramente formas urbanas de vida. Embora com cautelas e ressalvas, aceita-se hoje a tese da existência antiga de cidades, ou de determinados tipos de ajuntamentos citadinos, no espaço amazônico atualmente brasileiro. E isto tanto nas várzeas do Amazonas quanto na região xinguana. Assentamentos que podem nos servir, inclusive, para alargar ou mesmo subverter o conceito ocidental-moderno de cidade, que é certamente incapaz de dar conta de todo o espectro de fatos e aspectos encontráveis na universalidade da experiência urbana.

Veja-se o estudo "Arqueologia Amazônica", de Anna Curtenius Roosevelt. "Muitos veem a Amazônia como um ambiente pobre para o homem, um 'falso paraíso' que inibiu o crescimento populacional e o desenvolvimento cultural, em comparação com as áreas áridas montanhosas e costeiras do oeste da América do Sul. [...] Apenas raramente a Amazônia é vista como um ambiente rico para a adaptação humana e fonte de inovação e difusão da cultura pré-histórica", escreve Anna Roosevelt, para então falar das sociedades indígenas mais complexas da região e de seus notáveis aglomerados urbanos: as cidades dos "cacicados complexos" da Amazônia. Anna: "A arqueologia pré-histórica antiga e os dados históricos mais recentes revelam a presença destas sociedades complexas, todas ao longo das várzeas dos rios Amazonas e Orenoco e nos contrafortes das costas andinas e caribenhas. Estes extensos domínios abrangiam dezenas de milhares de quilômetros quadrados, sendo alguns unificados sob chefes supremos. Os cacicados eram belicosos e expansionistas, com uma organização social hierárquica, mantida por tributos e por um modo de subsistência baseado na colheita intensiva de roças e fauna aquática. O artesanato era altamente desenvolvido para cerimoniais e comércio, manifestando estilos artísticos bastante difundidos, baseados em imagens humanas, além dos motivos mais antigos de animais e formas geométricas. Havia um igualmente bem difundido culto de urnas funerárias e adoração dos corpos e ídolos ancestrais dos chefes. A população era densamente agregada ao longo das várzeas e alguns sítios eram ocupados por muitos milhares de pessoas. Havia obras de terraplenagem em larga escala para o controle da água, agricultura, habitação, transporte e defesa".

Estas sociedades fortemente estruturadas — com sua divisão hierárquica do trabalho, seus viveiros de tartarugas, sua armazenagem de alimentos, seu comércio, sua cerveja de milho e seus exércitos treinados para a conquista de terras e gentes — articularam-se nos dois primeiros milênios antes e depois da Era Cristã (a datação "AP", antes do presente, que agora alguns arqueólogos usam, é mais uma convenção, na qual o "presente" é o ano de 1950). Adensavam-se em assentamentos contínuos e permanentes, alguns povoados por milhares de pessoas, nas várzeas dos grandes rios. "Estes assentamentos parecem ter estado integrados a grandes territórios culturais e políticos, governados por chefes supremos cuja autoridade se baseava na crença na origem divina. A organização social dos cacicados parece, na maior parte dos casos, ter sido estabelecida ou estratificada em hierarquias sociopolíticas compostas por chefes supremos, nobres, plebeus, servos e escravos", prossegue Anna Roosevelt, hesitando, sempre, em falar de cidades. Mas é de cidades que estamos falando. E de cidades grandes, populosas, vivendo dos campos agrícolas. É o que se conclui a partir de uma observação como esta: "Apesar de a maior parte das fontes [de informação] se referir aos assentamentos arqueológicos da Amazônia no pré-histórico tardio como não urbanos, os sítios arqueológicos e as grandes obras de terraplenagem [...] são surpreendentemente substanciais e complexos". Ou: "Os maciços sítios de habitação indicam a existência de uma ocupação pré-histórica muito mais substancial e sedentária do que a ocupação fraca e nômade visualizada pelos primeiros investigadores da Amazônia". E ainda: "As sociedades amazônicas parecem ser, em termos da extensão dos domínios do chefe e do tamanho dos assentamentos, comparáveis a muitos cacicados estratificados ou pequenos estados pré-históricos, anteriores ou imediatamente posteriores ao advento da escrita. Os territórios de alguns dos estilos de horizonte amazônicos são comparáveis aos de muitas outras sociedades que foram classificadas como estados, tais como a civilização do Vale do Indus, as civilizações minoica e micênica e os estados africanos do período anterior à escrita, como Ashanti e Benim. Certamente, alguns dos sítios de ocupação e sistemas de terraplenagem dos cacicados amazônicos são mais extensos do que os de muitos estados arqueológicos, e muitos dos sítios das terras baixas parecem ter sido tão grandes, tão densamente habitados e funcionalmente tão complexos quanto os centros urbanos arqueológicos em outros lugares. Apesar de se ter acreditado durante muito tempo que nem cidades nem estados tivessem se desenvolvido no Amazonas e no Orenoco, em contraste com os Andes e a Mesoamérica, este desenvolvimento pode ter ocorrido mas não ter sido reconhecido devido à natureza de suas evidências, com a ausência de templos de pedra evidentes que atraíssem a atenção. Se os assentamentos, o uso da terra e a organização destes domínios são característicos ou não daquilo que os antropólogos consideram como sociedade urbana e estado, é uma questão impossível de responder até que suas características possam ser investigadas sistematicamente".

Mesmo tendo à sua frente vestígios de extraordinárias obras de terraplenagem, sinais de habitações e cemitérios, restos e ruínas de construções de adobe, assim como o registro de milhares de pessoas agrupadas densamente num mesmo local e a cultura da ilha de Marajó, Anna vacila em escrever a palavra *cidade*. Hesita em acionar o conceito. Mas, se suas descrições são corretas, se correspondem de fato aos fatos, não há saída. O que tivemos na Amazônia foram agregados demográficos densos, autores de obras excepcionais de engenharia, com estruturas definidas de poder e divisão social do trabalho, com exércitos e escravos, vivendo em várzeas culturalmente complexas. Se deixo de lado especificações da burocracia europeia para o funcionamento de uma simples vila e, antropologicamente, aceito a diversidade histórica e cultural dos modos possíveis de manifestação objetiva dos fenômenos urbanos, só me resta uma categoria para definir o que se desenhou na Amazônia pré-colonial. É o conceito *lato sensu* de cidade. E por que o conceito de cidade deveria ser rigorosamente "ocidental", se nem mesmo foi no Ocidente que as cidades nasceram? A Europa não teve a mínima importância para o período matinal da história urbana do planeta, que se passou entre Jericó, Chatal Huyuk e os zigurates de Uruk, reino de Gilgamesh, na Mesopotâmia. E, por falar nisso, o que é mesmo uma cidade? Weber, em *Economia e Sociedade*, observa que, de um ponto de vista puramente econômico, a cidade é um centro cujos habitantes, em sua maioria, não vivem da agricultura, e sim da indústria e/ou do comércio. Mas a "troca de bens", neste espaço, não pode ser apenas ocasional. A cidade implica a existência de um mercado permanente. Todavia, a "concentração local de comerciantes e artesãos e a satisfação regular das necessidades cotidianas no mercado não esgotam *sozinhas* o conceito de 'cidade'". Ela não é redutível ao comércio. É, também, um complexo político-administrativo. Para Weber, cidade implica comunidade, autonomia, legislação pelo menos parcialmente própria, cidadãos e direitos ou privilégios de cidadãos. E é claro que ele não foi o único a tentar definir a natureza do núcleo citadino. Muitos pensadores ocidentais se aventuraram por esse terreno. Com base em suas reflexões, pode-se dizer, de um modo simples, que a cidade, para o pensamento ocidental-moderno, é um aglomerado humano que, não mais vivendo diretamente do cultivo da terra, existe no cruzamento de um eixo econômico e de uma dimensão social. Não há cidade sem uma população especificamente citadina. Sem comércio e ofícios característicos. Sem personalidade jurídica, instituições peculiares, organização municipal. Sem o compartilhar de uma identidade cívica.

Mas o conceito ocidental-moderno, em Marx como em Weber, é antropologicamente comprometido. Ainda assim, as antigas cidades amazônicas parecem responder a requisitos weberianos fundamentais, bem como à maioria dos critérios distintivos de *cidade* propostos por Gordon Childe, em "The Urban Revolution". Tinham seu comércio, sua produção artesanal, sua divisão social, sua organização político-administrativa. Mas aquele conceito de cidade deve ser alargado ou revisto. Não se pode dizer que uma cidade que não corresponda integralmente ao conjunto weberiano de traços definidores seja uma cidade incompleta. Mesmo porque a perspectiva pode ser invertida: se, historicamente, o sagrado está na origem da cidade (Babilônia era *Babi-ilani*, "o Portão dos Deuses"), informando-a em termos simbólicos e espaciais, a perda desse sentido comum do sagrado, nas metrópoles contemporâneas, faria delas cidades incompletas? De outra parte, há realidades que o conceito ocidental-moderno não abarca. A constituição de uma cidade iorubá, por exemplo, independe de definições de cidadania ou direitos de cidadãos, coisas historicamente datadas e culturalmente particulares. Mesmo no interior do Ocidente, alguma relativização se impõe. "A realidade histórica é surpreendentemente variada", lembra Raymond Williams em *O Campo e a Cidade*: "O que há em comum entre as cidades antigas e medievais e as metrópoles e conurbações modernas é o nome e, em parte, a função — mas não há em absoluto uma relação de identidade". De um ponto de vista antropológico, a conversa é ainda mais abrangente. Em "Urbanism as a Way of Life", Louis Wirth escreveu: "Para fins sociológicos, uma cidade pode ser definida como um assentamento relativamente grande, denso e permanente de indivíduos socialmente heterogêneos". Mas um antropólogo lembraria que, para os supramencionados iorubás, uma cidade é mais uma comunidade do que um espaço construído — a estrutura da comunidade, não o ambiente edificado, é que se deixa caracterizar pela permanência, de modo que a cidade como que pudesse existir independentemente de sua realização física no espaço geográfico.

Em todo caso, nem precisamos ir tão longe. As cidades dos cacicados da Amazônia eram assentamentos densos e permanentes de indivíduos socialmente heterogêneos, com sua hierarquia e seus monumentos tecnológicos. David Sweet, em *A Rich Realm of Nature Destroyed: the Middle Amazon Valley*, também aponta a permanência desses assentamentos. Aquelas sociedades, diz, tiveram "um alto nível de desenvolvimento político-social, com integração hierárquica de suas populações de cerca de 10 mil pessoas ou mais, ou seja, populações permanentes do tamanho de cidades". Por fim, não nos esqueçamos de que as cidades dos cacicados eram muito maiores e mais complexas do que as vilas que os europeus começariam a construir na região, desde inícios do século XVII, a partir de uma zona de transição ecológica entre a área mais claramente nordestina e a extensão mais propriamente amazônica, que é o atual Maranhão. Se houve grandes cidades na Amazônia, até então, foram aquelas — as desaparecidas. E as célebres tangas triangulares de cerâmica, com seus motivos geométricos coloridos, feitas sob medida para cobrir com beleza a região pubiana das mulheres da ilha de Marajó, irão encontrar herdeira à sua altura somente na azulejaria lusitana de São Luís, séculos mais tarde. Mas uma coisa é intrigante. Anna nos diz que, em um ou dois séculos de conquista, as sociedades complexas da Amazônia sumiram do mapa, deixando, em seu lugar, várzeas vazias. Desintegraram-se entre os finais dos séculos XVI e XVII, ou já à entrada do século XVIII. Acontece que a primeira expedição europeia que desceu o Amazonas, sob o comando de Francisco de Orellana, então governador de Santiago de Guayaquil, foi anterior a isso: 1541-1542. E o relato que produziu — o mais antigo documento conhecido sobre a entrada de europeus no Amazonas, o *Descobrimento do Rio de Orellana*, de Gaspar de Carvajal — não esboça, sequer de leve e de longe, qualquer retrato de grandes aglomerados nas várzeas do rio. Carvajal nos fala de milhares de índios nas terras ao longo do rio, mas, em matéria de assentamentos, a expedição só encontra aldeias. Verdade que divisa vagamente, à distância, "grandes cidades". Mas a única descrita no texto foi vista apenas num desenho, encontrado na praça de uma "aldeia de medíocre tamanho" — e mais pertencia aos domínios do mito que ao reino do real. Era Manoa, a capital do império das amazonas, as lendárias mulheres guerreiras, que a imaginação ainda medieval dos conquistadores ibéricos transportou para terras hoje brasileiras — onde, aliás, elas felizmente mantiveram os peitos intactos. Mas, enfim, a história pré-colonial da Amazônia apresenta questões demais em aberto. É uma história lacunar e instável, carregada de hipóteses, mas carente de dados.

Mais recentemente, a luz voltou a se acender sobre o campo das antigas cidades da Amazônia, com a publicação, na *Science*, do texto "Pre-Columbian Urbanism, Anthropogenic Landscapes, and the Future of the Amazon", assinado por Michael Heckenberger, Carlos Fausto, Bruna Franchetto e outros pesquisadores — entre eles, um chefe indígena, Afukaká Kuikuro. O que Heckenberger e companheiros desvelaram, com suas pesquisas na região onde hoje está o Parque Indígena do Xingu, não foi nenhuma fabulosa "cidade perdida" nas profundezas da floresta, surgindo no meio da noite como o navio iluminado da boiuna. Mas uma forma específica de planejamento e organização espaciais da vida humana. Um urbanismo pré-histórico expressando-se, com disposições geométricas (*"grid-like pattern of towns and villages"*), em *clusters* formados por vilas, todas gravitando em torno de um núcleo comum, que, com a sua grande praça, era o centro político e religioso do conjunto. Diversos *clusters* ou agrupamentos de vilas, como os de Kuhikugu e o de Ipatse, formando, cada um deles, uma pequena unidade política independente. Um tipo de cidade-estado, com as vilas ligadas ao centro por meio de vias largas de até cinco quilômetros de extensão. Cidades-estado que mantinham relações entre si, numa espécie qualquer de organização política regional. A hierarquia das vilas e suas conexões viárias levaram nossos pesquisadores a falar de um planejamento urbano pré-histórico na região xinguana. De uma espécie de antigo urbanismo amazônico — a que dão o nome de "galáctico": satélites gravitando em torno de um núcleo cerimonial. Mais sofisticado, inclusive, do que o que se podia encontrar, na mesma época, na Europa medieval, excetuando-se a Península Ibérica, onde as cidades conheceram um desenvolvimento distinto, em séculos de dominação muçulmana. Pois bem. Vivendo em áreas alagadas, aqueles milhares de índios do Alto Xingu construíram povoações cercadas por muros, cavaram valas defensivas, abriram estradas, fizeram pontes e elevações de terreno, canais para canoas, extensas roças e pomares (de sorte que o que hoje parece floresta virgem é, na verdade, mata secundária), tanques para a criação de tartarugas, etc., num território de cerca de 20 mil quilômetros quadrados. E aí parecem ter permanecido entre os séculos XIII e XVII.

Essa descoberta de uma realidade urbana particular no Alto Xingu permitiu que os pesquisadores não só se posicionassem no campo das discussões sobre urbanismo pré-histórico, como fizessem uma interessante relação entre o *cluster* xinguano e o urbanismo mais propriamente moderno, em sua vertente culturalista. De uma parte, eles sublinham que o caso alto-xinguano reforça a necessidade de irmos além de abordagens tipológicas estreitas, que opõem sociedades urbanas "primitivas" a cidades ou Estados plenamente desenvolvidos, para assim dar ressalte a graus e espécies de urbanização e urbanismo, incluindo-se aqui assentamentos dispersos ou multicêntricos. Na Amazônia, avisam, não há maiores indicações da existência dos grandes e singulares centros urbanos a que costumamos dar o nome de "cidade". Observam, ainda, que os achados arqueológicos do Xingu fortalecem a tese de que antigas civilizações em regiões de floresta, como a Europa temperada e a bacia amazônica, tendem a ser mais dispersas e menos centralizadas do que as clássicas civilizações de oásis, como no Egito e na Mesopotâmia — ou, no caso sul-americano, civilizações forjadas no deserto litorâneo ou em alturas áridas de vales fluviais. De outra parte, esses pesquisadores aproximam as vilas dispersas, o conjunto multicêntrico dos *clusters* do Xingu, à *garden city* de Ebenezer Howard. Não é um despropósito. Howard propôs um modelo de pequena cidade dispersa, com não mais de 30 mil habitantes, áreas verdes, agricultura suburbana. Uma espécie de *cidade rural*, que superasse a "separação ímpia e antinatural entre a sociedade e a natureza". Que fosse "uma combinação sadia, natural, econômica, da vida da cidade com a vida do campo, e tudo isso num terreno que pertence à municipalidade", como ele mesmo escreveu, em *Garden Cities of Tomorrow*. E o que nossos pesquisadores acham é que os *clusters* xinguanos foram uma realização antecipada do modelo howardiano: Ipatse como uma Letchworth *avant la lettre*. Cidades-jardins em terras do Xingu.

    Anna Roosevelt não nos fornece maiores informações sobre o fim dos cacicados amazônicos. "Em um ou dois séculos de conquista, as sociedades complexas desapareceram completamente da maior parte das várzeas, e nada, mesmo remotamente parecido, pode ser encontrado nas atuais sociedades indígenas da Amazônia", limita-se a dizer. Já os pesquisadores que nos revelaram a existência de uma tessitura urbana no Alto Xingu acreditam que a sociedade dos *clusters* decaiu no século XVII, em consequência da chegada de doenças novas — devastadoras, para os índios —, como a varíola. A onda viral teria se antecipado à espada do conquistador europeu, que somente no século XVIII chegaria àquela parte da Amazônia. Seja como tenha sido, o fato é que os conquistadores e colonizadores lusitanos nunca chegaram a entrar em contato com as cidades dos cacicados complexos da Amazônia. Nem com a teia ou grelha de núcleos humanos do Xingu. O que encontraram em seu caminho, inicialmente, tanto na região de Porto Seguro quanto na de São Vicente, foram os assentamentos ameríndios do litoral e de suas cercanias sertanejas.

II

A humanidade é gregária. Vivíamos, já nos tempos mais remotos da história da espécie, em bandos ou grupos. "Antes da cidade, houve a pequena povoação, o santuário e a aldeia; antes da aldeia, o acampamento, o esconderijo, a caverna, o monte de pedras; e, antes de tudo isso, houve certa predisposição para a vida social, que o homem compartilha, evidentemente, com diversas outras espécies animais", já dizia Lewis Mumford, em *A Cidade na História*. Mas o tipo de arranjo espacial que se pode definir como um *estabelecimento* de pessoas num certo sítio só aparece quando a humanidade abandona cavernas, ou outros refúgios naturais, deixando para trás, também, pequenos abrigos improvisados com materiais brutos, que se acham mais à mão na natureza. Esta mudança ou passagem só se torna possível — e mesmo necessária — quando a humanidade aprende a cultivar espécimes vegetais e/ ou a domesticar animais. Fundamentalmente, a plantar. A semear e colher o que semeou. Forma-se, então, a aldeia. O que significa que uma aldeia é a territorialização intencional e construtiva de um determinado segmento do mundo natural. Em sua *História da Cidade*, Benevolo sumariza: "O ambiente das sociedades neolíticas não é apenas um abrigo na natureza, mas um fragmento de natureza transformado segundo um projeto humano: compreende os terrenos cultivados para produzir, e não apenas para apropriar-se do alimento; os abrigos dos homens e dos animais domésticos; os depósitos de alimento produzido para uma estação inteira ou para um período mais longo; os utensílios para o cultivo, a criação, a defesa, a ornamentação e o culto".

É evidente que a definição de Benevolo foi elaborada para dar conta de diversos tipos de estabelecimentos neolíticos — e os assentamentos indígenas de nossa fachada litorânea, entre os séculos XV e XVI, não respondem a todos os itens de sua lista. Mas é também certo que as aldeias tupinambás e tupiniquins — que foram se espalhando pelos litorais das terras atualmente brasileiras, mais ou menos entre a faixa costeira do Ceará e a Cananeia, em São Paulo — encaixam-se perfeitamente no quadro que ele traçou. Quando os portugueses desembarcaram na orla brasílica, o que encontraram, em terras mais próximas da linha do mar, foram os acampamentos tapuias e as aldeias tupis. Os primeiros não alcançam as exigências da definição supracitada. As segundas, sim. "Tapuia" era, na verdade, uma designação túpica, francamente etnocêntrica, para grupos indígenas que não falavam a língua tupi. Para os habitantes das matas do interior. Ou, por outra, era como os tupis chamavam os seus "bárbaros". A exemplo dos aimorés — e *aimoré* era a palavra tupi para um tipo de macaco —, que mais tarde se tornariam conhecidos como "botocudos", por conta dos botoques de madeira, labiais e auriculares, que usavam. Esses índios — que infernizaram a vida dos colonizadores portugueses nos primeiros tempos coloniais, levando ao colapso as capitanias de Ilhéus e Porto Seguro — pertenciam ao tronco linguístico macro-jê. Viviam pelo sertão, descendo ao litoral somente para realizar ataques e assaltos. Não possuíam morada, mas pousos. Acampamentos erráticos. Diz Gabriel Soares, no *Tratado Descritivo do Brasil em 1587*, que os aimorés ou botocudos (também chamados "gueréns") não tinham aldeias, dormiam sobre folhas no chão e não faziam roças, alimentando-se do que caçavam, da pesca e da coleta de frutos silvestres. Ou, no dizer de Cardim, em *Tratados da Terra e Gente do Brasil*, viviam "de rapina e pela ponta de flecha". Mas há algum exagero aí. No texto "Os Botocudos e sua Trajetória Histórica", Maria Hilda Paraíso informa: "Havia dois tipos básicos de moradia: um para estadas mais longas — estacas fincadas em círculos, cobertas com folhas e galhos — e outro, de caráter temporário, composto de galhos da palmeira airi enterrados no chão, amarrados em cima, formando uma arcada, onde penduravam os poucos objetos do grupo familiar". Ou seja: acampamentos, sempre — aldeias, nunca.

A taba tupi, com suas ocas ou malocas, era outra coisa. Um organismo social ordenado e rotineiro, economicamente autossuficiente, com seus contornos bem definidos. Seu território não se limitava ao núcleo residencial, à área onde as malocas se reuniam, formando a típica praça central retangular dos assentamentos tupis. Delimitava-se pela extensão em que se dava o exercício da vida aldeã. Era o campo magnetizado pelo agrupamento maloqueiro e pelas práticas da vida cotidiana. Envolvia a roça, o espaço de caça e pesca, as reservas vegetais, os caminhos de terra e água. Nas palavras de Gabriel Soares, quando um morubixaba partia para assentar sua aldeia, buscava "sempre um sítio alto e desabafado dos ventos, para que lhe lave as casas, e que tenha a água muito perto, e que a terra tenha disposição para de redor da aldeia fazerem suas roças e granjearias". Esta escolha de sítios altos e arejados para os núcleos habitacionais expressa, de resto, uma preferência praticamente universal. É recomendação encontrável tanto no *Corpus Hippocraticum*, quanto nos escritos de Vitrúvio, nos tratados da Renascença ou no "Regimento" que orientou Thomé de Sousa na construção da Cidade da Bahia. Mas, enfim, a aldeia deveria se localizar em zona piscosa, beira de rio ou de mar, com abundância de aves e mamíferos, fartura de lenha para os fogos, sopro de ventos saudáveis e terra fértil para o plantio do algodão, do amendoim e da mandioca, sobre cujo crescimento os índios julgavam fazer-se sentir o influxo das plêiades. Em *Raça e História*, aliás, Lévi-Strauss lista o cultivo indígena da mandioca (ao lado do conhecimento do número *zero* pelos maias) como prova de que a chamada "história cumulativa" não é privilégio de nenhuma civilização ou período histórico. De fato, é preciso explorar a fundo, sistemática e cumulativamente, as fontes do meio natural para promover uma substância venenosa, como a mandioca, ao papel de alimento-base de todo um povo.

Cada aldeia tupi era composta por um pequeno número de malocas (de *mâr-r-oca*, a casa de guerra, "rancharia de índios bravios", segundo Theodoro Sampaio, em *O Tupi na Geografia Nacional*). De quatro a oito, regra geral. Verdadeiras casas vegetais, inteiramente feitas de madeira e folha, muitas vezes medindo mais de cem metros de comprimento ("tão compridas cada uma como esta nau capitânia", na comparação de Caminha, descrevendo uma aldeia tupiniquim na região de Porto Seguro), dez de largura e cerca de cinco de altura. Pode-se falar, a seu respeito, de arquitetura efêmera, feita para resistir apenas por uns poucos anos, até que a comunidade, por esse ou por aquele motivo (incluindo-se o apodrecimento dos materiais facilmente perecíveis de que se faziam as malocas), resolvesse ou precisasse se pôr novamente em movimento. Ou seja: a aldeia era socialmente estável, mas geograficamente móvel. Infixa. Ao inquirir sobre os motivos dessas mudanças periódicas, Claude d'Abbeville (*História da Missão dos Padres Capuchinhos na Ilha do Maranhão e Terras Circunvizinhas*) recolheu duas respostas indígenas. Uma, de extração simbólica: era assim que os antepassados faziam. Outra, de feitio técnico: as plantas se comprazíam em terrenos novos e assim produziam mais. Uma coisa, no entanto, permanecia, atravessando o ciclo das mudanças. Era o nome da aldeia. E a permanência do nome, frente à impermanência do sítio, é em si mesma reveladora. Mostra que cada aldeia se via como uma entidade com personalidade própria, ciosa de seu caráter e autonomia. Ao carregar consigo seu nome, afirmava sua identidade.

Além de efêmera, a arquitetura tupi se expressava em construções muito bem adaptadas do ponto de vista ecológico. Na escolha dos materiais, na adequação climática, na inserção ambiental. Eram materiais e técnicas eficazes na proteção contra as chuvas (suas folhagens resistiam "maravilhosamente" aos aguaceiros, registrou d'Abbeville) e as variações de temperatura, desempenhando a função de amenizar o calor — como se seus moradores, em momentos de sol intenso, pudessem se achar à sombra de uma palmeira imensa, de palmas chegando ao chão: casas altas, "arredondadas em cima como a abóbada de uma adega e cobertas espessamente com folhas de palmeiras", na descrição de Staden, em *Duas Viagens ao Brasil*. Conforto também não faltaria ao sono na *ini* de algodão, a rede tupi que se erguia alta sobre um pequeno fogo, aceso e entretido para o aquecimento de quem ali descansava. Na boa frase do jesuíta Cardim, aliás, o fogo era a roupa do índio. E o espaço interno da maloca era aberto, livre. Não comportava separações físicas. "Ninguém tem um quarto separado", comenta Staden. Se alguém olhava por uma porta ou por uma fresta, tinha o domínio visual completo do interior. D'Abbeville: "Tudo se vê de ponta a ponta, mas não há confusão alguma, pois cada chefe de família vive em seu canto com suas mulheres, seus filhos, seus escravos e seus móveis". E Gabriel Soares: "nestas casas não há nenhuns repartimentos, mais que os tirantes; e entre um e outro é um rancho onde se agasalha cada parentela [...] e por cima destes tirantes das casas lançam umas varas arrumadas bem juntas, a que chamam jiraus, em que guardam suas alfaias e seus legumes". Cada família possuía o seu canto na casa, ao qual os antigos cronistas chamavam "lanço" ou "rancho". Era no lanço que ocupava que ela amarrava suas redes, acendia seus fogos noturnos, guardava suas coisas. Se a maloca contava com sessenta lanços, por exemplo, eles se dispunham aos pares, um fronteiro ao outro, ao longo dos dois lados da habitação, deixando um corredor central para a livre circulação de todos. E o índio que tinha o privilégio da poligamia frequentava, variavelmente, os lanços de suas mulheres, dormindo ora com uma, ora com outra. Ou, na descrição de Frei Vicente (*História do Brasil*): "dormem nus marido e mulher na mesma rede, cada um com os pés para a cabeça do outro, exceto os principais [morubixabas, pajés, grandes guerreiros] que, como têm muitas mulheres, dormem sós nas suas redes, e dali quando querem se vão deitar com a que lhes parece, sem se pejarem de que os vejam".

O ingresso de um indivíduo em (ou sua saída de) uma determinada maloca não se dava gratuitamente. O casamento proporcionava uma dessas passagens, já que o jovem geralmente se tornava parte do grupo de homens subordinado ao pai de sua noiva. Outra ocasião de mudança era quando algum índio se lançava à construção de uma nova maloca. Para fazê-lo, precisava mobilizar cerca de quarenta pessoas, entre homens e mulheres. Arregimentar parentes e amigos, homens que formariam seu grupo de guerreiros. O índio que conseguia realizar tal empreitada tornava-se morubixaba da casa construída, para onde conduzia os seus. Como se vê, em nenhum dos exemplos a iniciativa do deslocamento cabe a mulheres. No casamento, é o rapaz que se muda. E construir maloca nova era atributo masculino. Esses mecanismos de entrada e saída revelam, de resto, que a maloca não era uma entidade isolada. Existia num tripé relacional. Havia o plano mais próximo de sua vida interna. Sua inserção na esfera comunal da aldeia. E, por fim, ela dispunha de relativa autonomia para entreter relacionamentos extragrupais — isto é, a maloca de uma aldeia poderia se vincular à maloca de outra, por liames de parentesco ou amizade, implicando tratos de auxílio mútuo. A maloca seria assim uma célula, um corpo que vivia no e do movimento geral da aldeia. Naquele incessante circuito de pessoas, bens e signos que vivificava o cotidiano aldeão. E era a partir de seu pertencimento ao sistema de uma aldeia que ela poderia se relacionar com malocas externas ao grupo. No âmbito de sua vida interna, cada maloca era uma comunidade solidária. Seu morubixaba — base da estrutura do poder político entre os tupis — assumia, entre outras coisas, o papel de guardião dos costumes e valores do grupo, fazendo discursos noturnos acerca das práticas e dos padrões de conduta dos índios. E seu discurso se endereçava a uma audiência entrelaçada por nexos de parentesco e amizade. "Os laços que prendiam os indivíduos uns aos outros, nos grupos locais [...] eram muito mais íntimos e fortes entre os membros de uma maloca, do que entre os membros de malocas diferentes. Em geral, existiam laços consanguíneos entre o chefe da maloca e os membros das diversas famílias pequenas a ele subordinadas. Quando não havia parentesco, os laços congeniais constituíam o principal motivo da agregação", resume Florestan Fernandes, em *A Organização Social dos Tupinambá*. Basicamente, a solidariedade maloqueira se manifestava no terreno afetivo, na postura diante dos bens materiais e nas atividades bélicas. Gândavo (*História da Província de Santa Cruz*) destaca os aspectos da harmonia, da amizade e da repartição dos alimentos. E Florestan enfatiza que cada maloca exibia um "grupo guerreiro fortemente solidário". Enfim, o que se via ali era o produto, numa determinada cultura, da relação íntima e intensa de um grupo de pessoas partilhando a vida numa grande casa sem cômodos.

É espantoso que tantos indivíduos convivessem amistosamente sob uma mesma cobertura de palha, agrupando-se em lanços não apenas contíguos, como fisicamente exíguos. Mas não devemos idealizar. A vida na maloca não se dava numa ausência completa de tensões e de desejos de privacidade, como o atestam as cabanas que mulheres solteiras mantinham fora da aldeia, para encontros sexuais. Em *Araweté: os Deuses Canibais*, estudando tupis que vivem hoje na Amazônia, Viveiros de Castro assinala que a cordialidade e a extroversão desse grupo indígena não implicam inexistência de barreiras e situações de constrangimento ou de vontade de proteção da intimidade: "uma das funções das periódicas excursões à mata, ou dos acampamentos temporários junto às roças, que congregam pequenos grupos de parentes, é justamente a liberação de tensões provenientes da convivência em uma aldeia". Coisa semelhante pode ser dita a respeito da vida maloqueira e aldeã entre os tupis antigos. Expedições bélicas, excursões de caçadores e acampamentos também serviriam à liberação de tensões. Em *Canibais e Reis*, Marvin Harris cita, a propósito, um estudo de Thomas Gregor sobre os mehinákus, mostrando que a busca de privacidade permeia o viver em aldeias. No resumo de Harris, os mehinákus sabem demais uns dos outros. Sabem, por marcas de calcanhar ou de bunda, onde um casal suspendeu a caminhada para se dar aos prazeres do sexo; deduzem pesqueiros secretos, ao encontrar setas perdidas; veem todos os que entram na (ou saem da) aldeia; conhecem o comportamento de cada um durante o coito, assim como o tamanho, a cor e o cheiro de sua genitália. E é claro que é permanente o desejo de escapar, aqui e ali, deste círculo fechado e opressivo.

Embora tivesse vida própria, como foi dito, a maloca não existia sozinha. Era, no dizer de Florestan, "uma unidade de um grupo vicinal, a menor forma social tupinambá de organização das relações sociais no espaço e no tempo". Erguia-se do solo ao lado de outras malocas, separadas entre si por algumas dezenas de metros, para compor a malha aldeã. Possuía duas portas laterais, nas extremidades, e sua porta central dava justamente para o pátio da aldeia. À interdependência dos membros de uma mesma maloca, acrescentava-se a interdependência das malocas entre si. Fisicamente, elas se dispunham no terreno de modo a desenhar um espaço central de convívio, um terreiro ou praça de bom tamanho, que era o espaço dos grandes eventos sociais. Claude d'Abbeville: as malocas "são construídas em forma de claustro, ou melhor, em quadrado como a Place Royale de Paris, de modo que há sempre entre elas uma praça grande e bonita". Era o "terreiro quadrado" de que falava Gabriel Soares, onde os índios promoviam os seus bailes e "ajuntamentos". Um espaço aberto, ponto de encontro, lugar de farras e festas, cantos e danças, recitais e ritos. Foram estas aldeias e estes índios que os navegadores lusitanos encontraram em nossa orla marítima, entre o ocaso do século XV e as primeiras luzes da centúria seguinte. Navegadores que traziam consigo uma longa história, em matéria de ambiente construído.

III

O território hoje português foi humanamente habitado desde tempos remotos. De modo esquemático, pode-se dizer que, quando os romanos desembarcaram na Península Ibérica, no século II a.C., existiam em Portugal principalmente os calaicos (ao norte do Douro), os lusitanos (entre o Douro e o Tejo), os celtas (ao sul do Tejo) e os cônios, no Algarve. Desses grupos, os mais importantes parecem ter sido os *gallaeci*, que deram nome à província romana da Galécia, e os *lusitani*. Mas nenhum deles era autóctone: o povo português começa a se configurar, desde o princípio, por processos de migração, miscigenação e sincretismo. Regra geral, esses povos construíam suas habitações em lugares altos, com bom domínio visual de suas vizinhanças. Eram pequenos recintos fortificados — com muralhas de pedra e, não raro, fossos escavados no substrato rochoso —, que receberam o nome de "castros" (daí a expressão "cultura castreja"), de que é exemplo a citânia de Santa Luzia, em Viana do Castelo. Mais tarde, o que é hoje Portugal passou pelas colonizações fenícia e grega. Foi aí — com fenícios, gregos e, também, cartagineses — que teve início seu processo de *mediterranização*. Historiadores discutem ainda hoje o caráter dos assentamentos fenícios em terras da Península, na qual eles introduziram o sistema alfabético de escrita. Para alguns, os fenícios mais não fizeram do que feitorias portuárias destinadas ao comércio. Para outros, implantaram centros urbanos. As pesquisas arqueológicas parecem dar razão a estes. Há mesmo quem atribua aos fenícios a fundação de Ossónoba, cerca da atual cidade de Faro, no Algarve. Em "O Passado Proto-Histórico e Romano", Carlos Fabião afirma: "No plano social, [os fenícios] foram os responsáveis [...] pela emergência local do conceito de cidade, com todas as implicações de âmbito político e social que tal conceito acarreta". O fato é que, quando os romanos pisaram em chão peninsular, havia já uma razoável malha de póvoas, algumas bem mediterranizadas. Os gregos, por sua vez, não se fixaram na região. Mas deixaram sua marca na história etnodemográfica regional, acentuando ali a formação de um tipo humano de feitio mediterrâneo.

No entanto, o que realmente vai contar — e para sempre — é a colonização romana. A partir do século IV a.C., assistimos à expansão ocidental do império romano. Roma vai ampliando o raio de seu domínio no mundo. Onde se implanta, impõe um modo de vida — e uma língua, o latim. As conquistas militares dos romanos eram rematadas, como frisou Auerbach em sua *Introduction aux Études de Philologie Romane*, pela dominação política, cultural e linguística. Era todo um modo de vida que se trasladava. *Sans retour*. E isto significava uma progressiva romanização de populações diferentes entre si. Vale dizer, os povos submetidos ao poderio de Roma iam-se tornando, a pouco e pouco, latinos. Configurou-se, assim, a chamada România — Península Ibérica, França, parte da Bélgica, oeste e sul dos países alpinos, Itália e suas ilhas, Romênia. Promovendo um fundo processo aculturativo dos povos que subjugava, Roma se converteu então em matriz de uma civilização: a civilização latina. E seu domínio se articulou, concretamente, sobre a montagem de uma trama de centros urbanos, de um sistema de comunicação (rede portuária, rede viária) e pela definição de uma nova organização econômica, de caráter monetário, com uma produção voltada, primacialmente, para o mercado.

Roma dominou Portugal do século II a.C. a inícios do século V d.C. — e, nesse período, praticamente o definiu. Foi um grande processo aculturativo, sincrético, que desenhou uma nova cultura, uma variante da civilização latina. No dizer de Hermano Saraiva, em sua *História Concisa de Portugal*, "a colonização romana veio atenuar muito as diferenças étnicas resultantes dos primitivos povoamentos e reduziu a denominadores comuns as culturas indígenas". Em meio milênio de domínio, "os romanos conseguiram modificar completamente as bases da economia, o tipo de povoamento, as formas da organização social, as técnicas do trabalho, as crenças e hábitos das populações e até a língua que se falava". Antropologicamente, o exército romano foi a primeira corrente latinizante — soldados portando palavras, valores e genes. Eram falantes do "latim vulgar", fazendo filhos em cônias, calaicas, celtas e lusitanas. Em seu rastro, vinham os comerciantes que gravitavam em torno dos acampamentos militares. Além disso, ocorreram a migração itálica (romanos ou súditos de Roma tentando a sorte na Península Ibérica), a incorporação de "nativos" ao exército invasor, a instalação de cidadãos romanos em póvoas pré-romanas — tudo contribuindo para a disseminação de formas e práticas de cultura. Para a romanização. Mas o lance definitivo foi a cidade — centro político, administrativo e religioso, imantando, ainda, o espaço rural à sua volta. A política urbana de Roma foi fundamental para a latinização das áreas ocupadas. Roma era uma cidade — e o império romano se formou pela ampliação progressiva desta cidade. Além disso, este império, como observou Mumford, "foi em si mesmo uma vasta empresa construtora de cidades". Para Fabião, "o império romano é a realização política de uma sociedade de matriz urbana. A sua primeira e principal expressão material é, por isso mesmo, a cidade. Foi nela e através dela que a cultura romana se afirmou, expandiu e implantou". Ainda Fabião: "Uma das principais realizações da administração romana em solo hispânico foi a implantação de um novo modelo de sociedade, onde os centros urbanos se constituíam como polos do governo regional, hierarquizados e submetidos a um mais amplo poder". Nas palavras de Bernard F. Reilly, em *The Medieval Spains*: "*Rome found Iberia a world of villages and made it a world of cities*" ("Roma encontrou na Ibéria um mundo de povoados e a transformou num mundo de cidades").

Em meados do século I a.C., tivemos a municipalização da Península Ibérica, de acordo com o projeto do então já falecido Júlio César: constituição de colônias ou municípios, com legislação própria, onde deveriam se instalar cidadãos romanos, entre os quais se faria uma distribuição de terras. Roma visava, assim, garantir o povoamento de territórios conquistados e afrouxar a tensão social provocada pelo crescimento demográfico na Itália. Cidades extraitalianas que se abriam para receber veteranos de guerra e abrigar parte da plebe que se amontoava nos núcleos citadinos da Itália — em Roma, principalmente. Cidades que aprofundariam as trocas genéticas e simbólicas. Verdadeiros focos de mestiçagem e sincretismo, de transfusões bioculturais. E Roma investia em duas pontas: urbanização ou reurbanização de núcleos nativos e criação de cidades a partir do nada. Em ambos os casos, forjando cidades essencialmente (mesmo que não estruturalmente, do ponto de vista urbanístico) romanas. Temos vários exemplos disso em Portugal. Tome-se o caso de Olisippo, núcleo pré-romano implantado no morro do Castelo de São Jorge da atual Lisboa. Sob domínio romano, Olisippo é fortificada e recebe o epíteto de Felicitas Iulia: centro de cidadãos romanos, cidade portuária por onde a produção agrícola escoava para a Itália. Agora abastecida de água por um aqueduto de dez quilômetros de extensão, ela exibe edifícios termais, seu teatro (reformado, aliás, no reinado de Nero) e o templo dedicado a Cibele, deusa originária da Ásia Menor que os gregos levaram até Roma. Fabião: "Teatros, anfiteatros e circos constituíam os principais equipamentos de lazer das cidades romanas e não devemos desprezar o papel que terão desempenhado no processo de aculturação das populações indígenas". Templos e termas, também. Nessa época, além de deuses nativos como Banda e Trebaruna, divindades latinas, como Marte e Vênus, e mesmo orientais, como Ísis, passam a ser cultuadas em Portugal. E não raro mesclando-se, trocando sinais, atributos e traços. Equivalências eram estabelecidas entre deuses indígenas e deuses romanos. Deuses nativos ganhavam nomes latinos. Até que o cristianismo veio para se impor, anexar templos "pagãos", dominar o panorama. Também os balneários, como foi dito, tiveram função aculturativa: o lusitano que adotava o ritual romano do banho público ia-se tornando já, em alguma medida, latino.

A exemplo de Olisippo, outros centros se formaram. Como a pré-romana Liberalitas Iulia; ou Évora, onde hoje se acha a ruína do impropriamente chamado Templo de Diana. Miróbriga (nas imediações da atual Santiago do Cacém), dominada por uma acrópole, com balneário, hipódromo, circo e templos dedicados a Esculápio e Vênus. Ou Conímbriga (próxima à atual Coimbra), cujo fórum, centro monumental, data do reinado de Augusto: "Conímbriga era um aglomerado populacional de origem pré-romana. Sob Augusto foram construídos os primeiros grandes edifícios públicos e devidamente estruturado o que parece ser o primeiro traçado urbano de inspiração romana. Este arranjo incluía um fórum com uma grande praça pública lajeada, em torno do qual se distribuíam algumas lojas, a basílica e a cúria da cidade. Assente sobre um criptopórtico (conjunto de galerias subterrâneas), e, portanto, elevado em relação ao plano da praça, e dominando todo o conjunto, encontrava-se um templo consagrado ao culto do imperador" (Fabião). Além desses polos pré-romanos, surgiram ainda cidades onde nada existia. Como Emérita Augusta, atual Mérida. Ou Pax Iulia, no lugar em que hoje se encontra Beja, com suas muralhas e seu culto a Ísis e Mitra, deus oriental muito popular entre os romanos. Mas não só os castros se modificaram ou desceram das alturas. Nem só cidades da planície ou da vizinhança do mar se transformaram. Também a moradia se modificou, com o domínio da cantaria. "A própria casa mudou de aspecto: em vez da palhoça redonda com teto de colmo, aparece a habitação de pedra ou de tijolo cozido, com cobertura de telhas de tipo muito parecido com aquele a que chamamos hoje 'telha portuguesa'", informa Saraiva. O que não se sabe é se o modelo urbanístico romano — o arranjo espacial marcado pela clareza da linha; a rede regular de ruas perpendiculares — vingou no território português. Roma — que em seus dias de esplendor imperial chegou a contar com um milhão de habitantes (número que Londres só alcançaria em 1800), apresentando a maior concentração populacional até então vista no Ocidente — era cidade de desenho indisciplinado, com ruas sinuosas e sujas. Mas o que decidiu exportar, para seus domínios, foi um modelo geométrico de cidade. Benevolo se refere ao traçado regular, em grelha ou xadrez, das novas cidades que os romanos vão construindo pela Europa. E é legítimo supor que a regra geométrica tenha sido aplicada em Portugal, nas cidades criadas *ex nihilo*. O mesmo não se deve dizer das reformas de sítios pré-romanos: o *Idealtypus* terá sido obrigado a se render, em graus variáveis, ao já existente. De todo modo, melhor não arriscar afirmações. Conímbriga, onde hoje se reconhece a presença de Vitrúvio, foi reestruturada conforme os princípios do urbanismo romano de exportação — mas contava com um pequeno bairro, junto ao fórum, de tracejado "irracional". De outra parte, o geometrismo romano não era assim tão rígido, com a grade ou grelha apresentando alguma flexibilidade.

Mas logo o mundo daria outra volta formidável. Com o desmantelamento do império romano ocidental, as cidades da Europa praticamente se esvaziaram. Regrediram. A própria Roma se retraiu de modo espantoso. "Nos territórios norte-ocidentais do império romano — Itália, Gália, Germânia e Bretanha, que depois do século V são ocupados pelos reinos bárbaros e depois do século VII resistem às conquistas dos árabes, mas se acham isolados à margem do antigo mundo civilizado — a vida das cidades diminui e, em muitos casos, se interrompe", observa Benevolo. O fato é fundamental, pelo contraste que vai estabelecer entre aquela Europa norte-ocidental e a Península Ibérica, que, também invadida por guerreiros germanos — suevos e visigodos ocuparam o espaço hoje português, com a dominação visigótica se prolongando por cerca de três séculos —, irresistiu, no entanto, ao avanço e domínio muçulmanos, o que teve como consequência não a interrupção, mas a continuidade e o enriquecimento de sua vida urbana, a exemplo do que aconteceu em Córdoba e Lisboa. Aqui e ali, algum (raro) estudioso europeu faz a distinção, contrariando a tradicional perspectiva eurocêntrica. "No Oriente, as cidades continuaram existindo, assim como os burgueses", anota, por exemplo, Jack Goody, em *O Roubo da História*. Do mesmo modo, cidades permaneceram vivas — e floresceram — em alguns pontos da Itália (a exemplo de Veneza), na Espanha, em Portugal. O declínio ou a falência urbana na Europa foi, portanto, fenômeno extraibérico. Mas é bom sublinhar que não foram os germanos que liquidaram cidades no que é hoje a França ou em outras partes do norte europeu. "A pretensa repulsa dos bárbaros pelas cidades é uma fábula convencional desmentida pela realidade", sentencia Pirenne, em *As Cidades da Idade Média*. Antes que destronar, destruir ou substituir o legado da colonização romana, os germanos se renderam ao universo cultural latino. Ao cristianismo, inclusive. E, sob seu domínio, cidades não apenas sobreviveram, como conservaram durante certo tempo alguma importância, com suas instituições e seu mercado.

A grande mudança histórica veio com a expansão islâmica, praticamente transformando o Mediterrâneo, o antigo *mare nostrum* de Roma, num lago muçulmano. E assim condenando ao isolamento as terras da Europa Ocidental que não se submeteram a seu domínio. Confinada à distância do mar, excluída do circuito maior do comércio mundial, esta Europa se ruralizou. Suas cidades se tornaram pobres e despovoadas. Algumas foram destruídas ou mesmo desapareceram. A velha civilização urbana quase sumiu do mapa. Impôs-se o mundo feudal. Entre os séculos VII e VIII, menos de 5% da população da Europa católica vivia em núcleos urbanos. Em vilas. Muitas das antigas cidades da época romana não somente se contraíram, mas passaram de centros de comércio a sedes religiosas, dioceses, pequenos núcleos eclesiásticos. São as chamadas "cidades episcopais". Em verdade, a

Igreja Católica — que nunca teve uma postura claramente favorável ao mundo urbano clássico (no caminho que levaria Santo Agostinho a contrapor a "cidade de Deus" à cidade dos homens) e sempre fez restrições ao comércio e ao lucro, motores da vida citadina — terminou por evitar a morte completa de muitas cidades europeias. Ao lado de suas bases eclesiásticas, havia ainda a fortaleza — *burgus*, palavra de origem germânica — de algum príncipe. Mas nem os focos episcopais nem os principescos eram, de fato, cidades. Os aglomerados clericais não passavam de residências de autoridades da Igreja. Do mesmo modo, diz Pirenne, o polo principesco, instituição militar, não apresentava "a mínima característica urbana" — o que ali se encontrava era "uma população de fortaleza, não uma população de cidade". Para Pirenne, dioceses e burgos tiveram, na história das cidades europeias, uma importância de "pedras de espera", pois em volta de suas velhas muralhas formar-se-iam no futuro, em consequência da reativação do jogo comercial no continente, novos núcleos citadinos. Configurava-se assim o "renascimento urbano" do século XII, que se desdobraria ainda num renascimento cultural, examinado por Le Goff em *Os Intelectuais na Idade Média*.

Ou seja: o que tivemos na Europa foram cerca de três séculos de estagnação econômica e de paralisia ou retrocesso da vida urbana. Por isso mesmo, entre os séculos IX e X, para os moradores das principais cidades da China e do Islã, vivendo em núcleos urbanos densos, onde a arquitetura esplendia em prédios magníficos, a Europa não passava de uma periferia distante, que não merecia maior consideração. Exceções naquele horizonte fechado encontravam-se, como foi dito, em Veneza — vinculada não ao Ocidente europeu, mas a Bizâncio — e nas cidades da Ibéria, quase inteiramente abarcada pela expansão islâmica. De nossa perspectiva, o que importa é isto: a invasão muçulmana. Ao contrário do que ocorreu na Gália, na Germânia e na Bretanha, a Península Ibérica se entregou aos árabes, a partir de 711 — e os árabes, experimentando então um período de extraordinário crescimento urbano, dominaram-na durante séculos. Assim, enquanto a vida urbana vai murchar nas regiões mais ao norte, em Portugal e na Espanha assistiremos a um novo e fascinante capítulo da história da cidade na Europa. É por isso que o renascimento urbano europeu do século XII diz respeito à França, por exemplo, mas não à Península Ibérica. Na Península, as cidades não se apequenaram. Ingressaram, antes, nos tempos de Al-Andaluz, como os muçulmanos a denominaram. Com Portugal recebendo, particularmente, a designação de Garb-al-Andaluz ou al-Garb (donde Algarve) al--Andaluz — em que *garb* é a palavra árabe para "ocidente". À maneira de Roma, a antiga civilização islâmica era essencialmente urbana. Na verdade, é possível falar de duas semelhanças fundamentais entre Roma e o Islã, para além do fato de suas religiões serem de base judaica. Em *The City: a Global History*, Joel Kotkin observou que a fonte da grandeza de Roma não esteve em sua localização geográfica ou em favores especiais da natureza, mas em sua mitologia cívica peculiar e em seu senso de missão divina. Um sentido superior de missão encontra-se também no islamismo. Aí estaria a grande diferença entre as civilizações pós-romanas do Islã e da China, que não incorporou qualquer sentido missionário mais forte. Orgulhosa e etnocêntrica — exemplo daquela *boria delle nazioni*, de que falava Vico —, a China vivia voltada para si mesma, com sua quase completa autossuficiência econômica e em seu aristocrático isolamento cultural. "A influência chinesa pode, pelo exemplo ou pela conquista, estender-se à Coreia, ao Japão e ao sudeste da Ásia, mas sua cultura não conta com um conjunto de valores transcendentais que não chineses pudessem adotar. Um indivíduo podia se tornar muçulmano, mas não seria assim tão fácil se tornar um verdadeiro chinês", escreve Kotkin. Além disso, como disse, as civilizações latina e islâmica se fizeram em forja urbana. Eram civilizações *city-centered*.

Nada houve de mais espetacular, nos séculos VII e VIII, do que a formação e a expansão do Islã. Em *Uma História dos Povos Árabes*, Hourani panoramiza: "Em nome da nova religião — o Islã —, exércitos recrutados entre os habitantes da Arábia conquistaram os países vizinhos e fundaram um novo Império, o Califado, que incluiu grande parte do território do Império Bizantino e todo o Sassânida, e estendeu-se da Ásia Central até à Espanha. [...] No século X, o Califado desmoronou, e surgiram califados rivais no Egito e na Espanha, mas a unidade social e cultural que se desenvolvera em seu interior continuou. [...] Dentro dos diferentes ambientes físicos, as sociedades muçulmanas desenvolveram instituições e formas distintas; as ligações estabelecidas entre países da bacia do Mediterrâneo e do oceano Índico criaram um sistema de comércio único, trazendo mudanças na agricultura e nos ofícios, proporcionando a base para o surgimento de grandes cidades, com uma civilização urbana expressa em edificações de um característico estilo islâmico". Esta maré islâmica se alastrou tomando, inicialmente, cidades que já existiam há tempos, como Damasco, Alexandria, Jerusalém. Mas produziu também cidades novas, como Bagdá e o Cairo. Cidades que, entre os séculos VIII e XII, estiveram entre as maiores e mais ricas do mundo. Bagdá, implantada segundo um plano urbanístico circular, chegou a contar, no auge de seu poder, com mais de um milhão de habitantes. Na Espanha e na Sicília, os árabes escolheram como capitais cidades secundárias, Córdoba e Palermo, para logo transformá-las em metrópoles. Mas poucas coisas podem ser tão diferentes entre si quanto o projeto de cidade que Roma exportava e uma cidade muçulmana. A figura que a cidade islâmica oferece à contemplação não é a grelha — mas o labirinto. Cidade antimondrianesca por excelência, onde nada é retilíneo e tudo é sinuoso. "As ruas são estreitas (sete pés, diz uma regra de Maomé) e formam um labirinto de passagens tortuosas — muitas vezes também cobertas — que levam às portas das casas, mas não permitem uma orientação e uma visão de conjunto do bairro. Também as lojas dos comerciantes não são agrupadas em uma praça, mas são alinhadas em uma ou mais ruas, cobertas ou descobertas, formando o *bazar*. Nesta textura irregular se abrem — e adquirem valor — os grandes pátios regulares das mesquitas" (Benevolo). Nada de teatros e anfiteatros. O que há é a mesquita, pátios com muitos pórticos. De Medina a Córdoba, seu desenho básico se mantém, com santuário, púlpito e o minarete do qual o muezim convoca os fiéis às orações. Com a proibição corânica do figurativismo, vigoram padrões geométricos e signos escriturais, em estreita e perfeita integração com o produto arquitetônico, como no palácio da Alhambra. E são a arquitetura e o urbanismo islâmicos que chegam à Península Ibérica. Passa-se da cidade romana à "cidade andaluza", a exemplo de Córdoba, Sevilha ou Granada. Do urbanismo claro, pensado a régua e compasso, para a cidade "orgânica", com suas ruas tantas vezes serpenteantes.

No caso português, cabe uma observação. Os muçulmanos ocuparam somente terras meridionais de Portugal. O norte, do Douro ao Minho, permaneceu cristão. Assim, o Garb-al-Andaluz, o Portugal muçulmano, ia mais ou menos de Coimbra ao Algarve, passando pelo Tejo. Uma área que, no início do período islâmico, teria cerca de 500 mil habitantes, dos quais mais da metade viveria em centros urbanos ou na dependência destes, gravitando em órbita citadina. Ali, no Garb, espaço geográfico relativamente afastado dos principais centros do Andaluz, a cidade era Lisboa (al-Usbuna, diziam os muçulmanos), controlando estrategicamente o estuário do Tejo. Uma trajetória no mínimo interessante. Olisippo — nome ibérico alatinado em Olisipona — começou como um *castrum* situado na área do Castelo de São Jorge. Experimentou o impacto transformador do império romano, do qual se tornou *municipium*. Cidade romanizada, estender-se-ia até à ribeira, à praia do Tejo. Não foi afetada pelo domínio visigótico. Mas receberia de peito aberto o influxo árabe, transformando-se na principal cidade "portuguesa" da civilização islâmica peninsular. Depois de romanizada, Lisboa foi, portanto, arabizada, desde que os muçulmanos a conquistaram em 714. E a arabização das cidades do Andaluz e do Garb providenciou o esvaziamento semântico final da "cidade-cenário" do poder romano. Em "O Garb-

-al-Andaluz", Cláudio Torres registra: "É sintomático constatar que, desde inícios do século IV, em nenhuma das grandes cidades do Ocidente volta a ser utilizado e mesmo compreendido qualquer dos seus grandes edifícios públicos, modelo da própria função urbana vista à escala de Roma. Depois de retirados os materiais reutilizáveis, o hipódromo passa a campo de cultivo, o fórum serve de assentamento a bairros habitacionais, o circo, teatro e anfiteatro são usados muitas vezes de suporte ou canteira para novos amuralhamentos. Sem o discurso imperial, deixa de ter sentido um certo tipo de linguagem e mobiliário urbano". Islamizada, a cidade como que passa a crescer e a se organizar por si mesma, ostentando outros signos. Como Lisboa, agora com sua mesquita, sua alcáçova (*qasabah*, espécie de microcidade dentro da cidade, onde se concentra a elite dirigente), seus bairros labirínticos, seu emaranhado de ruas.

"A estrutura topográfica da Lisboa medieval é islâmica", escreve Oliveira Marques, em seus *Novos Ensaios de História Medieval Portuguesa*. Para acrescentar: "A planta obedecia a um dos típicos modelos das cidades islâmicas: no cimo do monte situava-se a pequena cidade fortificada, a *qasabah*, onde viviam o governador com os seus assessores e alguns dos 'notáveis' da terra. Mais ou menos no centro geográfico achavam-se a mesquita e o mercado. Assim, à maneira de Málaga, de Sevilha ou de Toledo, Lisboa possuía dois centros vitais". E Cláudio Torres: "Seguindo um processo habitual no Mediterrâneo, a cidade de Lisboa desenvolve-se a partir de dois pontos geradores: uma acrópole-alcáçova, onde naturalmente se instalaram os poderes político-religiosos, e uma zona portuária na borda de água, onde fervilhava a vida artesanal e mercantil. Em rápida aproximação, até se unirem na plataforma central da grande mesquita, onde hoje se ergue a mole imponente da catedral românica, as duas áreas urbanas [...] serão envolvidas por uma cintura de muralhas com cerca de dois quilômetros de perímetro. Por volta do século XI, com os seus populosos arrabaldes da encosta ocidental e de Alfama, Lisboa teria uma população permanente de 20 a 30 mil habitantes, o que a colocava ao mesmo nível das cidades portuárias de Málaga ou Almeria". Note-se ainda que, quando Oliveira Marques remete a configuração lisboeta "a um dos típicos modelos das cidades islâmicas", ele tem em vista o modelo da chamada *cidade hamita*, que abarca as cidades da Espanha e de quase todo o norte da África. O próprio Marques define: "A cidade hamita situava-se, sempre que possível, na falda de um monte, junto ao mar ou a um rio, com distinção nítida entre a aristocrática cidade alta, amuralhada e colocada no topo, e a cidade baixa, alargando-se pela encosta, onde vivia a 'plebe'". Cidade hamita que, pela própria intensidade da arabização da população portuguesa, irá repontar mais tarde, e à revelia de programas estatais, na extensa faixa litorânea do Brasil. Na Bahia de Todos os Santos, por exemplo.

Mas Lisboa — as cidades medievais do Portugal muçulmano, em verdade — não foi arabizada ou islamizada somente no sentido mais preciso da dimensão urbanística. E sim, também, no plano da arquitetura e de suas técnicas e materiais de construção. "Diversos outros valores materiais, absorvidos da cultura moura ou árabe pelos portugueses, transmitiram-se ao Brasil: a arte do azulejo que tanto relevo tomou em nossas igrejas, conventos, residências, banheiros, bicas e chafarizes; a telha mourisca; a janela quadriculada ou em xadrez; a gelosia; o abalcoado; as paredes grossas", escreve Gilberto Freyre, sempre de sua perspectiva tropical, em *Casa-Grande & Senzala*. Mas voltemos à Lisboa medieval. Naquela cidade, que alcançou notável prosperidade nos séculos X e XI, intensificaram-se os processos de mestiçagem e sincretismo. De hibridização genética e semiótica. De misturas e trocas simbólicas. "A presença e a manutenção de uma população importante, muitas vezes maioritária, de não muçulmanos são uma das características de Al-Andaluz ao longo de sua existência, quer se trate de *dhimmis* [protegidos] cristãos e judeus, quer de escravos originários da Europa central", assinala Adeline Rucquoi em sua *História Medieval da Península Ibérica*. Não muçulmana foi, de fato, a maioria da população peninsular submetida ao poder islâmico. Em Lisboa, conviviam árabes, a comunidade judaica, cristãos. No Garb-al-Andaluz, aliás, era grande a proporção de *moçárabes* (do árabe *musta'rib*, "arabizado") nos polos urbanos. De cristãos variavelmente bilíngues que adotavam rotineiramente práticas árabes, do vestuário ao regime alimentar — ou de uma "gente impregnada da cultura e mesclada do sangue do invasor, que se constituíram no fundo e no nervo da nacionalidade portuguesa", ainda segundo Freyre. Formavam eles a maioria da população de Coimbra, por exemplo. Mas poderosas comunidades moçárabes existiam também em Lisboa e nas cidades algarvias. Há mesmo quem fale, a propósito de Lisboa, da existência maioritária de um agrupamento moçárabe bastante islamizado, embora de culto cristão. Em suma: se a história do povo português se mostra marcada, desde o início, por migrações e mesclas, o longo domínio muçulmano veio para enriquecer ainda mais esse mundo de etnias e signos em rotação, com a língua árabe — *lingua franca* da política, da cultura e do comércio — afetando a tal ponto o latim que ainda hoje, no Brasil, empregamos cotidianamente palavras e mais palavras extraídas do seu léxico. Lisboa, influenciando razoável e densamente povoado raio territorial, foi uma das peças centrais desse movimento de assimilação de práticas e signos muçulmanos — e da geração de novos híbridos.

Com a Reconquista, a expulsão dos muçulmanos das terras meridionais de Portugal, ressurgiu a Lisboa cristã. Mas esta Lisboa cristã, retomada das mãos dos árabes em 1147, permaneceu, essencial e estruturalmente, uma cidade islâmico-medieval. Oliveira Marques é bastante claro com respeito ao assunto. Em termos gerais: "A persistência do elemento muçulmano depois da 'Reconquista' é um fato bem conhecido em toda a história da Península Ibérica. Em cerca de três quartas partes do território português, a influência muçulmana fez-se sentir, com firmeza e com demora". E em termos particulares, focalizando Lisboa: "A Reconquista trouxe consigo algumas mudanças mas não muitas. O governador cristão com a sua guarnição militar e as gentes de qualidade continuaram a ocupar a alcáçova. A mesquita foi convertida em catedral. Em seu redor continuaram a funcionar o mercado e os banhos públicos [...] As mudanças afetaram principalmente a distribuição interna da população. Aos muçulmanos deu-se-lhes agora uma área muito mais pequena, fora da muralha. Os cristãos passaram para dentro, com novos povoadores vindos do norte, e ocuparam as partes maiores e melhores. Os judeus, muito provavelmente, não mudaram de sítio". Não houve transformação urbanística, portanto: "Quanto à planta [da cidade], não havia diferenças fundamentais entre a dos tempos muçulmanos e a dos tempos cristãos. Ambas mostravam a mesma irregularidade, a mesma rede complexa de ruas estreitas, becos sem saída e falta de espaços abertos". E é também assim, como cidade principal e caracteristicamente islâmico-medieval, em sua textura urbanística, que vemos Lisboa à chegada da Era dos Descobrimentos. No momento mesmo do desvelar das terras do Brasil. Nas primeiras luzes de nossa antemanhã. Quando os lusos atravessariam o Atlântico para novas mesclas biológicas e culturais, misturando-se nos trópicos com os índios e os negros que fariam vir do continente africano, em séculos de navegação negreira. E aqui se completa nosso tripé inaugural.

IV

A África Negra viu nascer — em seu território ecologicamente tão variado, do deserto à floresta fechada — desde pequenas aldeias desenhadas por choupanas até cidades de porte considerável. Agrupamentos humanos de milhares de habitantes, correspondendo à observação de Braudel de que a cidade, concentração inusual de pessoas, é uma "anomalia do povoamento". Cidades que, como disse Catherine Coquery-Vidrovitch em sua *Histoire des Villes d'Afrique Noire*, nunca deixaram de desempenhar, ao longo da história africana, "um papel essencial de crisol e difusor cultural, de acelerador de mutações sociais e políticas". Embora a própria Catherine nos diga que a *démarrage* da urbanização africana foi "tardia e lacunar", a história da cidade, em terras negras do continente, é bem mais antiga do que a da cidade lusa ou hispânica na América. Basta lembrar que, num mapa lusitano de finais do século XV, aparece já a cidade iorubana de Ijebu-Odê. Naquela época, não tínhamos ainda, nas Américas, nem a Cidade do México, nem a capital espanhola do Peru, nem a Cidade da Bahia. Muito menos Nova York. E Ijebu-Odê não era a mais antiga das cidades nagôs. Era aglomeração urbana recentíssima, no horizonte da história da cidade na África Negra. Muito antes que ela nascesse, os negros já construíam cidades. Há séculos. Bem antes da expansão islâmica pelo continente. Antes, mesmo, do advento da Era Cristã. A cidade negroafricana não foi, de modo algum, criação de europeus, entre os séculos XV e XVI. Ela nasceu na Núbia, então ocupada pelo Egito, ao tempo do "novo império". Aconteceu ali a "completa egipcianização do país", na definição de Mohamed Sherif, em "A Núbia Antes de Napata". Os egípcios construíram templos por toda a Núbia — e em torno desses templos se desenvolveram centros de culto religioso, comércio e administração. Mais tarde, o "novo império" se desintegrou. "Daí por diante, o caos reinou no Egito, iniciando-se na Núbia uma fase crítica, que perdurou até o século oitavo antes da Era Cristã, quando Kush [império nubiano submetido pelos egípcios] emergiu inesperadamente como potência de primeira grandeza", prossegue Sherif. Veio, então, a inversão: os núbios avançaram para ocupar o Egito. O império de Kush — ou império cuxita — se reprojetou dominante. E, por volta de 750 a.C., a Núbia e o Egito foram unificados. Mas os assírios entraram em cena, destruindo a dinastia cuxita. Derrotado, desmembrado do Egito, Kush passou a conhecer um desenvolvimento separado, "tornando-se cada vez mais africano", no dizer de Jean Leclant ("O Império de Kush: Napata e Méroe"). Manteve sua capital em Napata, ao pé da montanha sagrada de Djebel Barkal, até transferi-la para Méroe, no século VI a.C. Napata e Méroe, centro da chamada civilização meroítica, foram duas das primeiras (e mais significativas) cidades negras da África. Méroe — "grande cidade", na avaliação de Heródoto —, com seus palácios, termas e templos, foi residência de reis durante séculos. Cidade administrativa, mas também comercial, centro ativo de produção metalúrgica e de artesanato, com sua cerâmica requintada e sua joalheria em ouro e prata. No resumo de Leclant, "durante mil anos, primeiro em Napata e depois em Méroe, floresceu uma civilização muito original que, sob a aparência razoavelmente constante de um estilo egípcio, permaneceu profundamente africana".

A metalurgia africana, porém, não teve seu ponto de partida em Méroe. Mais antiga foi a produção da cultura de Nok, na atual Nigéria. Lá foram encontrados vestígios de fornos que funcionaram do século V ao III a.C. Mas Nok ficou célebre mesmo por suas estatuetas de terracota, que fascinaram esteticamente o mundo. Datações dessas estatuetas, que em sua quase totalidade figuram seres humanos estilizados, informam que sua produção se distribui em amplo arco temporal, do século VIII a.C. aos primeiros séculos da Era Cristã. Em *African Art*, Frank Willett observou que a escultura de Nok representa um "estágio seminal" na história da cultura na África Ocidental. Acham-se tantos traços da criação estética de Nok em culturas posteriores, que é difícil não vê-la como matriz das tradições esculturais daquela parte do continente. Em especial, da rica e requintada criação visual iorubá. Como a de Ifé, capital religiosa iorubana. O que até hoje a arqueologia não confirmou foi se alguma cultura urbana se configurou em torno das produções mineralógicas e estéticas de Nok. Provas concretas, contudo, existem acerca de Jenne-Jeno, no Mali. "Trata-se do único local do delta interior do Níger que revelou, até o presente, vestígios urbanos consideráveis, de antes do fim do primeiro milênio a.C.", escreve Catherine, que considera a descoberta apaixonante, pelo fato de o sítio comprovar não só a existência de uma cidade, como a de um comércio de alcance inter-regional na África Ocidental, anterior à chegada dos árabes na região: "quanto mais avançam as descobertas arqueológicas, mais se acham índices de uma vida urbana não somente antiga, mas também autóctone". Há também notícias da presença de cidades na África Central e Oriental, antes do espraiar do Islã e dos desembarques europeus. Algumas, de rara eloquência, como as ruínas pétreas do Grande Zimbábue. Mais recentemente, pode-se citar a capital do reino do Benim (não confundir com o país, o atual Benim, antigo Daomé), que se formou no século XII. Quando os portugueses conheceram a Cidade do Benim, no século XV, ficaram impressionados. E um visitante do século XVII, contemplando suas ruas retilíneas, observou que ela era então maior que Lisboa. São exemplos suficientes para que o leitor não familiarizado com o assunto conclua pela antiguidade da vida e da cultura urbanas na África Negra.

Ao falar de cidades negras anteriores à colonização da África pelos europeus, Catherine Coquery-Vidrovitch chama a nossa atenção para o fato de que as línguas africanas possuem palavras, conceitos linguísticos, que distinguem entre os modos de vida rural e urbano. A palavra hauçá para cidade, por exemplo — *birni* —, traduz a ideia de muralha ou fortificação. De assentamento humano que se contém num espaço delimitado por muros erguidos para a defesa. Em línguas da Etiópia, termos apontam para um acampamento militar de certa importância política. *Zimbabwe*, como se chamou a capital do império do mesmo nome, é palavra antiga, derivada de *dzimba dza Mabwe*, "casas de pedra". Os fons do Daomé separam entre *coudji* ou *codji*, aldeia ou povoado, e *to* ou *éto*, a cidade. Em meio aos acãs, como entre os iorubanos, o conceito seria simultaneamente social e político. Catherine destaca, ainda, a expressão iorubá *ilù*, que designaria mais "um modo de governo do que uma cidade, pois o nome era dado ao mesmo tempo ao assentamento como espaço e ao conselho de chefes que, em colaboração com o obá ou rei sagrado, constituíam o governo de cada assentamento". No *Dictionary of the Yoruba Language* (Oxford), encontramos, para *citadel*, a palavra *ilù*; para *city*, a expressão *ilunlá*, onde a partícula *nlá* pode significar "grande" — a cidade, a grande cidadela, a cidadela enlarguecida espacialmente e humanamente adensada. Mas *ilù* aparece, ainda, como o equivalente iorubano de "nacionalidade". Catherine registra que, no iorubá moderno, a palavra ganhou este sentido geral de "nação", como em *ilù oyinbo*, a Inglaterra, o *ilù* dos brancos, dos europeus. No *Dictionary of Modern Yoruba*, de Abraham, *ilù* (ou *ilú*) realmente aparece com as acepções de "cidade" e "país". *Ilúu* seria a Iorubalândia, expandindo-se pelo antigo Daomé e a Nigéria. E há um dado interessante. Em *Religiões Negras*, Edison Carneiro diz que os negros "sudaneses", no Brasil, designavam a África com a expressão *ilu-aiyê*.

Vamos nos deter, brevemente, em dois povos que foram fundamentais para a formação, a invenção e a consolidação da sociedade e da cultura brasileiras: os bantos e os iorubanos, aqui muitas vezes chamados nagôs. No primeiro milênio da Era Cristã, os antigos bantos conheciam já o comércio, a escravidão, a moeda e a cerâmica, praticavam a agricultura (cultivavam, inclusive, a bananeira e a cana-de-açúcar, ambas de origem asiática), criavam animais domésticos e gado bovino. E dominavam a tecnologia do ferro. Com o tempo, construíram cidades e formações estatais. Ao alcançar a costa ocidental da África Equatorial, em 1482, os portugueses encontraram ali dois grandes reinos: Loango e Congo. Supõe-se que ambos tenham nascido entre os séculos XIII e XIV. Dos dois, sabemos mais sobre o Congo, implantado pelos bacongos, povo que forneceria muitos escravos ao Brasil. Seu rei era o manicongo (*mani* = senhor). Sua capital, Mbanza-Congo (*mbanza* = corte, residência real, cidade), que os portugueses rebatizariam de São Salvador. Sobre esta cidade, escreve Vansina ("A África Equatorial e Angola: as Migrações e o Surgimento dos Primeiros Estados"): "Situando-se quase no centro do reino, a capital era uma praça-forte, da qual 'se pode enviar rapidamente socorro a qualquer região'. Cidade bem construída, cercada de muralhas de pedra, Mbanza [...] era também uma grande metrópole comercial, onde se encontravam as principais rotas comerciais provenientes da costa e do interior". Em sua *História da África Negra*, Ki-Zerbo completa: "A capital [...] incluía ao norte uma floresta sagrada, onde era interdito o corte de árvores. Era [...] a necrópole dos reis. Ao sul da capital, uma grande praça, chamada Mbazi. Era o tribunal, onde o rei se sentava debaixo de um imenso embondeiro [...] O Mbazi era, na realidade, antes de mais nada, a grande praça onde as multidões recebiam a bênção do rei, se divertiam e assistiam aos desfiles triunfais das tropas. As casas eram construções retangulares ou circulares de madeira, folhas de palmeira e colmo, cercadas de sebes vivas, incluindo cactáceas com seiva tóxica, utilizada para envenenar as armas. Perto do Mbazi, a cerca real, feita de estacas e de cipós, tinha um perímetro de mais de um quilômetro. Às portas, guardas e tocadores de trompa. No interior estendia-se uma praça diante de uma segunda paliçada que fechava as residências do rei e da rainha, às quais se acedia por um labirinto".

Fizemos já referências às cidades iorubanas de Ilê Ifé e Ijebu-Odê. Quando os portugueses conheceram Ijebu-Odê, no final do século XV, a cidade aparecia cercada por uma muralha de terra e seus moradores, os ijebus, eram agricultores e artesãos, admirados por sua produção têxtil. Outras cidades poderiam ser citadas, como Oió, a terra de Xangô, capital do reino do mesmo nome, criado no começo do século XV. Façamos antes, no entanto, uma observação geral. Os iorubás possuem, ainda hoje, uma língua comum, sobrepondo-se, com sua forma aglutinante, tonal e aliterativa, às ondulações dialetais. E todos se dizem descendentes de Odùduwà. Mas o interessante é que vamos encontrar, no próprio mito de origem dos iorubanos, uma cidade. A cidade sagrada de Ilê Ifé, construída por Odùduwà. Foi dali que os filhos do deus, do herói-civilizador, se dispersaram pelo mundo, fundando cidades e reinos, como Ketu, Irê e Oió, para desenhar a Iorubalândia. Mais que isso, a mitologia iorubá radicaliza o caráter ancestral de Ifé, situando-a como berço da humanidade. Afirma-se, assim, a origem urbana de nossa espécie. Os iorubanos contam, ainda, com um orixá que, além de senhor das encruzilhadas e dos paradoxos, é também senhor do comércio, do mercado: Exu. Mitos e deuses à parte, a tradição do viver em cidades tem uma longa história entre os filhos de Ifé. "Os iorubás são o mais urbano de todos os povos africanos e seu modo urbano de vida é tradicional, datando de bem antes do período da penetração europeia", escreve Bascom, em *The Yoruba of Southwestern Nigeria*. Para ampliar, categórico: "Sua tradição de vida urbana lhes dá um lugar único não apenas entre as sociedades africanas, mas entre os povos iletrados de todo o mundo".

Há quem sustente que a história de Ifé — *omphalós*, fonte de todas as coisas que existem no mundo, nas tradições orais iorubanas — pode ser retraçada ao século VI. Mas quase nada sabemos dela. Apenas que foi o centro religioso, político e artístico do mundo iorubá. Todos os reis iorubanos, como o alafim de Oió, reverenciavam o *oni*, rei de Ifé. Em "Do Rio Volta aos Camarões", Ryder comenta: "A pretensão dos ifés de serem os fundadores do primeiro Estado iorubá é convincente. Todas as numerosas versões da lenda de Odùduwà (mesmo as provenientes de Oió), fundador desse Estado, reconhecem a supremacia de Ifé, e não há outras lendas rivais que tentem atribuir essa distinção a qualquer outro Estado". E continua: "Uma primeira fase da história do Estado [de Ifé] começaria por volta do século XI, caracterizada por um tipo de habitat disperso, pelo emprego comum de pisos de cacos de cerâmica justapostos e por uma refinada arte da terracota, especializada na elaboração de figuras naturalistas, principalmente de cabeças humanas". Mas a cidade é mais antiga que o reino. Datações de carbono-14, feitas num de seus sítios arqueológicos, foram do século VI ao X. As esculturas descobertas por Leo Frobenius, em 1910, maravilharam o mundo. Mas não sabemos como a cidade se desenhava, nem como se desenvolveu. O que se sabe é que, durante o século XVII, Oió foi gradualmente eclipsando Ifé. O alafim superava o oni. A velha cidade sagrada declinava, perdendo importância política e econômica. "A arqueologia nos mostra que, em algum momento, a cidade começou a diminuir de tamanho. E que, possivelmente durante o século XVI, nela deixaram de moldar-se no barro e de fundir-se no metal as belíssimas figuras humanas, as cabeças famosas pela serenidade, limpeza de formas e realismo idealizado, na mesma linha da escultura clássica grega e do Renascimento italiano", escreve Alberto da Costa e Silva, em *A Manilha e o Libambo*. Ainda Costa e Silva: "Com o declínio de Ifé, até mesmo a primazia ritual do oni foi contestada, e não só por Oió, mas também pelos ijexás e ijebus. Procurou-se desqualificar o oni: não descenderia de Odudua, mas de um escravo que ficara a cuidar do palácio, quando os príncipes saíram de Ifé para fundar os novos reinos. Não havia, portanto, razão para conceder-lhe precedência nem prestar-lhe homenagem. O passo seguinte não tardou a ser dado por Oió: o alafim passou a reivindicar a posição de irmão mais velho, ou seja, para usar uma palavra inglesa, de *paramountcy*, entre os obás iorubás".

Cidades iorubanas. Catherine Coquery-Vidrovitch adverte: o urbanismo iorubá não é um mito, uma fantasia de arqueólogos e historiadores. A *raison d'être* da cidade iorubá era constituir a residência real. "Daí o hábito de distinguir claramente, no urbanismo iorubá, entre o recinto sagrado do afim (ou palácio do obá), de um lado, e a cidade secular, de outro. O afim se situava no coração do dispositivo. Era o símbolo visível do poder e da prosperidade da cidade-estado". De preferência, o palácio real se erguia no alto, dominando o mercado à sua frente. Uma nota original do urbanismo iorubano, para Catherine, está no caráter imponente do recinto que separava o afim do resto da cidade, que "isolava cuidadosamente" o obá de seus súditos — "nota original" que não deixa de lembrar o antigo urbanismo chinês, que, seguindo o preceito confuciano, separava claramente, na grelha planejada, a residência imperial do espaço mundano da cidade-capital. Seriam caminhos próprios de afirmar a diferença do poder, inscrevendo-a fisicamente no corpo da cidade. Mas vamos adiante. Num comentário geral, Catherine fala da cultura urbana iorubá como "uma cultura específica, reforçada pela vontade deliberada das elites comerciais de ocupar, dominar e mesmo explorar populações locais ainda largamente inorganizadas". E ainda: "A tradição fala também de numerosos casos de lugarejos e vilarejos obrigados a se ajuntar em 'cidades'. Esta tendência autoritária de fundação de cidades se acentua no século XIX, no contexto agitado das 'guerras iorubás'. Mas remete à natureza mesma do urbanismo iorubano, que considerava a cidade mais como o modo de vida de uma comunidade vivente do que como um espaço materialmente construído: este último conceito, eminentemente ocidental, está ligado a uma arquitetura durável. Na África, ao contrário, o edificado é menos significativo, desde que o material de terra e palha não apresenta grande dificuldade de ser utilizado alhures. A cidade estando no coração da conquista (cultural tanto quanto militar), os deslocamentos de sítio resultam de desventuras conjunturais (bélicas ou ecológicas), que não a atingem como entidade social".

Da cidade à casa. Os africanos realizaram coisas admiráveis em matéria de habitação. Willett considera que as casas dos hãs ou jabas, da região de Nok, fornecem um exemplo notável da "exploração das possibilidades do barro em desenho arquitetônico". São moradias de plano oval, com uma cobertura de palha, subindo suave da fachada para o alto, mas caindo quase verticalmente no fundo da casa. A porta da frente, pequena e baixa, conduz à sala, definida por uma parede transversal, com uma abertura ovalada no centro, dando acesso aos quartos. Estes se separam por outra parede transversal, que se dilata nas extremidades, formando cavidades acessíveis apenas pelo alto. Nessas cavidades, miniceleiros domésticos, guardam-se os grãos, assim protegidos da chuva, mas também numa atmosfera que os pequenos fogos noturnos, acesos sob as camas de argila, mantêm seca. O *design* das camas comporta uma abertura, de modo que se possa acender algum fogo sob cada uma delas, formando "um verdadeiro hipocausto", diz Willett, um sistema geral de aquecimento da habitação, a contrabalançar as noites frias de dezembro e janeiro, quando a temperatura cai sob os ventos *harmattan* do deserto. Nas paredes dos quartos, há recessos, onde as pessoas guardam seus pertences. No dizer de Willett, os hãs ou jabas possuem uma tecnologia relativamente simples, mas se apossaram plenamente "do potencial plástico da arquitetura do barro", num patamar nunca alcançado pelos construtores europeus que trabalharam com este material, durante os (e depois dos) tempos medievais. Willett observa que, enquanto os europeus afixavam, em suas construções, peças decorativas previamente fabricadas, os hãs trabalhavam a visualidade diretamente no barro. Produzindo, assim, um *house design* que é "uma verdadeira escultura para se viver, algo além da mera máquina de morar reivindicada por Corbusier".

Outra forma construtiva interessante é encontrada entre os iorubás. Quatro casas retangulares, com varandas, são agrupadas lado a lado, de sorte a formar, no centro, um pátio quadrado, descoberto, para deixar a chuva cair — daí, sua designação técnica: *impluvium* (de *pluvia, pluviae*, chuva ou água de chuva, em latim). Originalmente, *impluvium* designava a cisterna construída no *atrium* da casa romana, para receber água de chuva dos telhados que a circunscreviam. No caso nagô, o que temos é um grupo de casas, chamando a atenção pelo arranjo. Em alguns desses *impluvia* de varandas amplas, o pátio é muito pequeno. As varandas funcionam então, conjuntamente, como uma sala espaçosa, área de encontro, circulação e trabalho. No "pátio da chuva" (implúvio), colocavam-se grandes potes para recolher água, com drenos canalizando o excesso para fora da área. Escavações em Ifé revelaram, de resto, pisos de *impluvia* feitos de cacos de cerâmica. Hoje, ao que se diz, *impluvia* já não são construídos em cidades e vilarejos da Iorubalândia. Tempos atrás, todavia, mesmo palácios foram erguidos segundo planta impluvial. Mas essa arquitetura dos pátios impluviais, com casas construídas a rés do chão, não tinham de resultar em composições necessariamente quadradas. As casas muitas vezes se agrupavam para formar outros desenhos, como o círculo ou a ferradura, que alteravam a estrutura claustral. Inalteráveis, na definição do arranjo, eram a contiguidade das casas, as varandas e o pátio central descoberto. Arranjo que recebia a denominação de *agbo ilê* (deixando de parte a difícil emissão do "gb" explosivo, pode-se pronunciar, brasileiramente, "aguibô ilê"), significando literalmente, segundo Samuel Johnson, em *The History of the Yorubas*, "grupo ou rebanho de casas". O dicionário *Oxford* dá ainda, para *agbo*, os sentidos de *ring of dancers*, roda de dançarinos; *fold*, curral, aprisco; *throng*, com suas ideias de grupo e aglomerado; além do citado *flock*, rebanho. A visão, portanto, é de agrupamento, de uma sugestiva roda de dança (figura viva do círculo), mas com um metaforismo de base rural. Quem fala de aprisco e rebanho, fala de campo. John Michael Vlach ("Affecting Architecture of the Yoruba", citado por Marianno Carneiro da Cunha em *Da Senzala ao Sobrado: Arquitetura Brasileira na Nigéria e na República Popular do Benim*) define: é a casa rural básica — "a unidade nuclear da arquitetura iorubá". Marianno fala então de uma evolução "da unidade isolada [rural] para o todo articulado [urbano]". A casa pequena do campo vai se acoplar a outras na cidade, formando o conjunto arquitetônico, o *agbo ile* — que, modernamente, passou a ser chamado pelos estudiosos de *compound*, "composto", denominação que, em comparação com a expressão iorubana tradicional, é não só um empobrecimento linguístico, como não representa ganho algum em precisão técnica ou conceitual. Na cidade, o *agbo ile*, com suas varandas e vestíbulos sociais, desenhando figuras geométricas em torno de grandes ou pequenos pátios impluviais, abriga, como diz Manuela Carneiro da Cunha (na "Introdução" ao estudo de Marianno), "a família poligâmica extensa", distribuída em "subunidades domésticas habitadas por membros masculinos da linhagem, pelas suas diferentes esposas e suas progenitoras". Para o homem, a família extensa é mais importante que a nuclear — esta é referida apenas como ponto de moradia, *ile mi* ("minha casa"), *ile ti mi* ("a casa que é minha"). A família nuclear ou subfamília é formada por esposa e filhos, numa espécie de matrifocalidade que se vai refletir mais tarde nas Américas, em meio a camadas populares negromestiças, como se vê na Bahia e nas Antilhas: casas onde o eixo central está na relação mãe-filhos, com as uniões homem-mulher marcadas pela instabilidade e a poliginia aceita sem maiores complicações.

E assim voltamos da casa à cidade. O *agbo ile*, ao proliferar, aparece como a unidade fundamental de habitação na cidade iorubá. Manuela Carneiro da Cunha: "Os relatos insistem na uniformidade dos conjuntos de casas urbanas iorubás, os *compounds*, que abrigavam famílias extensas: semelhantes nas diferentes cidades e semelhantes no plano entre si, qualquer que fosse a condição de seus moradores. Apenas as dimensões variavam com a riqueza, e os reis tinham pátios mais espaçosos e numerosos, destinados a receber sua corte e clientela. Há a menção curiosa e excepcional de grandes *compounds* circulares em Lagos, com vários pátios concêntricos, vistos pelo missionário saro Morgan [...]. Mas a regra continuava sendo a do *compound* quadrado ou retangular, fortificado, descrito em geral com uma abertura, embora se mencionem duas eventualmente em Abeokutá (com o peji de Exu do lado de fora) e até seis no palácio real de Oió". Marianno, por sua vez, seguindo Vlach, sublinha o caminho que conduz da casa rural básica à própria configuração da cidade — ou do módulo arquitetônico ao desenho urbanístico maior, passando pelo *agbo ile*: "As partes mais importantes do *compound*, sem dúvida, são a varanda, o vestíbulo e o pátio, pois neles é que se realiza a vida social. [...] os quartos têm apenas a função de dormitórios. São escuros, não têm janelas ou, se as tiverem, as persianas são mantidas fechadas. A varanda, ao contrário, é uma parte intensamente usada da casa: volta-se para o pátio, ou seja, para o interior do conjunto. Ela pode ter 2,5 metros de largura. Praticamente todas as atividades artesanais se realizam nessa varanda ou no espaço descoberto do pátio. Durante a estação seca, quando os dormitórios podem ficar quentes, as pessoas dormem nestes espaços exteriores. O pátio, às vezes, é usado como abrigo dos animais domésticos [...] Consequentemente, existe uma evolução da casa rural ou da 'casa-de-três-pernas' [com três paredes principais] para o *compound* [...]. Mas a organização espacial essencial mantém-se a mesma, com poucas variações com relação às casas rurais. As atividades desenvolvidas na cozinha são transferidas para a varanda da moradia urbana. [...] Veremos como este movimento em direção a uma unidade cada vez mais coerente, onde o espaço se fecha em torno a uma zona privilegiada, caracteriza a arquitetura iorubá [...]. O fenômeno todo é o que se chamou com pertinência de 'focalização interna'". Como afirma Vlach: "A forma da cidade, do *compound* e da casa rural, todas enfatizam o senso de foco interno". E Marianno completa: "De fato, o plano da cidade é uma ampliação do *compound* e seu foco interno é o *afin* (o palácio do rei) e o mercado principal, que se localizam no centro da cidade. Desta maneira, as cidades se desenvolveram concentricamente, como espirais cujo núcleo não está necessariamente no centro geométrico, conferindo-lhes um desenho contínuo e assimétrico".

Se a cidade negroafricana nasceu antes de qualquer intervenção europeia, não há dúvida de que a vida urbana, em algumas regiões da África, foi estimulada, a partir do século XV, pela presença de pequenos focos europeus que foram se instalando na linha litoral do continente. Entrava-se, então, na era das grandes navegações. Sagres — o "promontório sagrado" de que falava Ptolomeu, onde o Infante D. Henrique reuniu uma comunidade cosmopolita e multicultural de sábios e técnicos — foi o centro de estudos e planejamento, o laboratório, a base e a plataforma de lançamento de naves, com o objetivo de avançar sobre as fronteiras do desconhecido, numa aventura transoceânica que revolucionaria para sempre o planeta. Portugal — "o cais por excelência da Europa" (Cortesão, *História da Expansão Portuguesa*) — foi o ponto de partida. Na orla marítima da África localizavam-se os primeiros pontos de chegada. O passo inicial foi dado em 1415, com a tomada de Ceuta, praça mouro-africana da costa marroquina, dominando estrategicamente o estreito de Gibraltar. Ao longo daquele século, expedições lusas prosseguiram em seu avanço, costeando o continente africano. Em 1442, temos notícia de uma primeira operação envolvendo ouro e escravos negros. No final da década, seria construída uma feitoria-castelo na ilha de Arguim. Em 1482, a fortaleza de São Jorge da Mina. Iniciava-se então o período da implantação de fortes e entrepostos comerciais nos litorais da África — estabelecimentos que se tornariam marcantes entre os séculos XVI e XVIII, quando não só Portugal, mas também a Holanda, a França e a Inglaterra achavam-se já no páreo, disputando mercados africanos, em busca de escravos e metais preciosos. A costa ocidental africana se viu então crivada de postos europeus, mesmo que modestos e acantonados na franja litorânea, em ilhas ou estuários de rios navegáveis. Alguns desses estabelecimentos eram predominantemente militares. Outros, claramente comerciais. Mas, não raro, os papéis se combinavam, justapondo ponto de fogo e ponto de venda. E, de uma perspectiva antropológica, tinham o mesmo significado: eram, todos, focos ativos de irradiação cultural. Lugares de trocas não apenas de mercadorias, embora não devamos nos esquecer de que a própria troca de mercadorias tem sua semiótica e suas implicações culturais. As vestes, os gestos, os fazeres culinários, as armas, o mobiliário, os materiais, técnicas e estilos de construção — tudo é linguagem. E os fortes e armazéns europeus instauravam, em sua vizinhança, uma zona de contato e convivência envolvendo e afetando brancos e negros. Cada posto era um ponto de mistura. Genética, inclusive. Além disso, aqueles estabelecimentos costeiros não só promoviam excursões ao interior, aproveitando os cursos d'água mais fluentes, como atraíam mercadores que vinham de terras interioranas. Exerciam, assim, uma influência à distância. O caráter feitorial litorâneo não restringia o raio de alcance das mercadorias, nem das leituras que os africanos faziam da presença europeia em paragens costeiras do continente.

Duas exceções a esse padrão feitorial de assentamento foram promovidas, justamente, pelos portugueses. Uma, em Angola. A outra, em Moçambique. O projeto luso para Angola foi pensado como uma ampla ofensiva colonizadora. Já em 1490, uma expedição partiu de Portugal levando, além de missionários, oficiais mecânicos encarregados de construir edifícios. Ergueu-se então, em Mbanza-Congo, futura São Salvador, a igreja — depois, catedral — de Santa Cruz. Mas o projeto só começaria a se materializar na década de 1570, quando Portugal concedeu uma donataria, em Angola, a Paulo Dias Novais. O objetivo era transformar a região numa colônia agrícola, como o Brasil, com a grande vantagem de que ali se praticava um lucrativo tráfico de escravos e havia a perspectiva de achamento de minas de ouro. O donatário, carregando consigo sacerdotes e soldados, meteu mãos à obra. Em 1576, fundou a vila de Luanda. Em seguida, ergueu povoados e fortalezas, em luta constante contra o reino de Angola. Até que, em 1641, Luanda caiu sob domínio holandês. A colônia seria posteriormente retomada — sem se converter, no entanto, na sonhada província agrícola da monarquia lusitana. Desde o início, o cultivo da terra foi preterido, com todos se voltando para os negócios mais rendosos do comércio de escravos e marfim. Como disse Roy Glasgow, em *Nzinga*, "todos os esforços para desenvolver uma economia de base mais ampla em Angola foram subvertidos pelos traficantes e seus aliados africanos". A outra exceção, como disse, aconteceu na costa oriental do continente. Os portugueses chegaram mesmo a pensar em dominar inteiramente a África Austral, senhores que poderiam ser de uma vasta colônia, unindo Angola e Moçambique, do porto de Luanda ao porto de Sofala, do Atlântico ao Índico. Em 1505, atraídos pelo comércio de ouro a que os árabes ali se entregavam, criaram a capitania de Sofala, onde fizeram um forte. Em 1508, construíram outro, na ilha de Moçambique (hoje, ligada ao continente), saliência costeira a meio caminho entre o Cabo da Boa Esperança e a Índia. Uma posição geográfica que, de resto, como que contraditava sua realidade antropológica. Segundo disse Cortesão, "se os portos dessa costa, de Sofala para o norte, pertenciam ao mesmo sistema do tráfico marítimo muçulmano, a verdade é que a terra, os produtos, os homens e a sua civilização faziam dessa parte do mundo índico uma região à parte, muito mais solidária com a África em geral do que com os países asiáticos de civilização muito mais avançada". Na década de 1630, os lusos contavam já com povoações, fortes, feiras, igrejas e plantações distribuídos pelo território moçambicano, na beira do mar e no interior. A economia era de feitoria comercial (ouro, marfim, âmbar, escravos), mas ali também se via, em germe, uma colônia agrícola, com "os imensos e fertilíssimos prazos da Zambézia já distribuídos por muitos portugueses" (Cortesão). Daí em diante, veio um período terrível para os portugueses, que quase perderam o lugar. Mais tarde, com a administração pombalina, Angola e Moçambique recobrariam o ânimo, firmando a presença portuguesa em ambas as regiões.

Regra geral, contudo, os europeus estavam mais interessados em feitorizar do que em colonizar a África. Seu objetivo era o comércio portuário, não a conquista territorial, a dominação política e a implantação econômica. Sua presença litorânea repercutiu intensa e extensamente nos processos negroafricanos não de urbanismo, mas de urbanização. Em especial, a partir do incremento do comércio escravista no século XVII e, principalmente, no XVIII. Os oiós, por exemplo, já capturavam ijexás e ijebus para vender como escravos aos hauçás. Ou para pagar, com gente, os cavalos que compravam na Hauçalândia. Mas só no final do século XVII sua busca por escravos se tornou intensiva, em função do comércio negreiro no Atlântico. O reino de Aladá ou Ardra, que vinha crescendo no comércio com os portugueses, tornou-se grande exportador de escravos também a caminho do final do século XVII, fornecendo negros a holandeses e franceses. Africanos organizavam agora expedições militares com o objetivo de prear escravos. O século XVIII foi o ponto alto desse comércio, ao qual se dedicou com empenho o célebre Agajá, rei do Daomé, que daí emergiu como uma poderosa máquina estatal. Mas os europeus permaneciam litorâneos. Não se intrometiam nas terras, nem tinham o propósito de controlar cidades ou reinos africanos. Assim, se o comércio com os brancos significou um estímulo extraordinário ao desenvolvimento urbano negroafricano, o fato é que as cidades da África Ocidental continuaram se desenvolvendo longe do litoral, de forma autônoma, governando-se a si mesmas, livres de qualquer orientação ou tutela europeia. Ainda não haviam chegado os dias do "protetorado". Do avanço colonialista que desembocaria na Conferência de Berlim. Na partilha da África Negra entre os países mais poderosos da Europa.

V

Apesar das ricas histórias urbanas de Portugal e da África Negra, a cidade colonial ibérica demorou a se implantar e a vingar no Brasil. Portugal esperou meio século para tomar a iniciativa de erguer a Cidade do Salvador, na Bahia de Todos os Santos. Que, ainda assim, mais não foi, durante um bom tempo, que um pequeno conjunto de construções de barro e palha. A urbanização brasileira, de fato, foi extremamente lenta. Somente no século XVIII, já com Vila Rica (atual Ouro Preto) se projetando em Minas Gerais, o Brasil começaria a ter um elenco menos irrazoável de cidades.

Mesmo nossas vilas tardaram a se formar. Entre os tempos em que as aldeias indígenas reinaram nos litorais brasílicos e os dias em que as primeiras vilas surgiram nesta mesma linha litorânea, o que tivemos foram umas décadas de póvoas e aldeolas luso-ameríndias. Brevíssima época a que chamo *período caramuru* da história do Brasil, já que a formação do povo brasileiro começou a se tecer aí, extraoficialmente, por meio de acasos e aventuras individuais. De façanhas solitárias, empreendimentos isolados, que não foram programados pela coroa lusitana. Mas nem por isso tais investidas, paralelas ou marginais ao poder metropolitano, deixaram de imprimir traços seus na vida brasílica — e de se gravar, de forma difusa e duradoura, em nossa memória e em nosso imaginário. Assim, antes que Portugal decidisse impor sua cultura nos trópicos, o vianês Diogo Álvares já se achava flanando por aqui, de mistura com a indiada canibal, vendo e promovendo farras e batalhas na praia baiana. Embora situada em espaço extraestatal, sua presença na Bahia, desde inícios do século XVI, teve efeitos na vida colonial. Alcançou repercussão (explícita e subliminar) em nossa criação estética e intelectual, como se pode ver em produções artísticas dos períodos barroco, arcádico e romântico, além de se enraizar na imaginação popular. E a alcunha que os tupinambás deram ao português — caramuru (moreia, enguia) — terminou por virar, entre nós, marca registrada de fogos de artifício. Se a coroa portuguesa deixou inicialmente no esquecimento, afastada de seus planos religiosos e mercantis, aquilo que hoje conhecemos como Brasil, isto não quer dizer que não houvesse vida por aqui. Caramurus perlongavam a costa e não se intimidavam à vista dos sertões. Faziam e aconteciam onde quer que se metessem, produzindo filhos e reproduzindo signos à revelia de decretos reais. "Todos constituíram descendência [...] pelo cruzamento com cunhãs; todos proliferaram largamente, como que indicando a solução para o problema da colonização e formação da raça no novo país", escreve Paulo Prado, em seu *Retrato do Brasil*. Freyre, por sua vez, considera "importantíssima" esta primeira fase do povoamento das terras brasileiras: "Sob o ponto de vista da miscigenação foram aqueles povoadores à-toa que prepararam o campo para o único processo de colonização que teria sido possível no Brasil: o da formação, pela poligamia — já que era escasso o número de europeus — de uma sociedade híbrida", escreve ele em *Casa-Grande & Senzala*. E adiante: "Muitos dos primeiros povoadores não fizeram senão dissolver-se no meio da população nativa. [...] Mesmo aqueles, porém, que desapareceram no escuro da vida indígena sem deixar nome, impõem-se [...] à atenção de quem se ocupe da história genética da sociedade brasileira. Bem ou mal, neles é que madrugou essa sociedade".

Muitos foram os lusos que se fixaram em nossos trópicos, antes que o governo lusitano desse início ao processo de colonização das terras divisadas pelas naus do capitão Cabral. Na verdade, o fenômeno caramuru ocorreu nos vários sítios do planeta em cujas direções se lançou a onda expansionista europeia dos séculos XV e XVI. Houve caramurus nas Américas, na Ásia e na África. "Na Alta Guiné [...] comerciantes portugueses e degredados subiam muitos rios e ribeiros, penetrando muitas vezes consideravelmente no interior. Muitos deles fixavam-se nas aldeias negras, onde, juntamente com seus descendentes mulatos, funcionavam como chefes ou intermediários nas trocas comerciais de ouro, marfim e escravos, entre brancos e negros. Os que foram completamente assimilados pelos nativos, prescindindo de roupas, tatuando-se, falando os dialetos locais e participando até em ritos e celebrações feiticistas, eram denominados tangomãos ou lançados", conta-nos Boxer, em O *Império Colonial Português*. Boxer observa, ainda, que as consequências da ação desses caramurus em território africano não foram nada insignificantes. "Por meio destes lançados ou tangomãos, o português tornou-se, e permaneceu durante séculos, a língua franca da Alta Guiné". No caso brasileiro, esta espécie de povoação extraoficial, fundada no acasalamento de signos e na combinação de genes, ocorreu em diversos pontos de nossa extensão territorial. De Pernambuco a Santa Catarina, no mínimo. Melhor que enfileirar exemplos, porém, é pensar no significado de tal colonização assistemática. Aquela era uma gente que nada tinha a perder. Europeus desgarrados ou expelidos de seus lugares de origem, não estavam aqui para impor uma cultura, disseminar uma crença ou cumprir tarefas previamente programadas. Achavam-se à solta. Não tinham sequer como fazer valer seus padrões culturais, de forma organizada, num meio em que eram minoria quase insignificante, tendo de assimilar falas e condutas estranhas ao modo europeu de vida, se quisessem apenas sobreviver. Não eram representantes de um projeto estruturado de transplantação cultural, mas navegantes ao sabor das ondas da aventura, sob as bênçãos do Santo Deus Imprevisto. A couraça caracterológica europeia rachara — e eles não deviam contas a ninguém. Incorporaram, antes, do plano pragmático ao espiritual, discursos e comportamentos ameríndios. E foram fazendo filhos nas índias — mamelucos que exibiam uma outra tez e eventualmente cultivavam signos fragmentários e impuros das formações culturais paternas. A vida econômica tropical favorecia o ócio e a irresponsabilidade: era o tempo do escambo, não da produção organizada. E os caramurus experimentaram um processo relativamente simétrico de aculturação em mão dupla: assimilando signos dos códigos ameríndios, inoculando signos (e genes) de códigos da velha Europa.

Em O *Povo Brasileiro*, Darcy Ribeiro se apropria da expressão *cuñadazgo*, para se referir aos caramurus em termos de uma "fase cunhadística" da implantação europeia na zona costeira da Terra do Brasil. Sérgio Buarque tratara o tema, em *Tentativas de Mitologia*: "curiosa instituição que, segundo um jesuíta anônimo, serviu de base à ocupação do Paraguai: o *cunhadio*. Tomando para si as mulheres nativas, empregadas no labor agrário, de acordo com a tradição indígena que fazia da lavoura mister feminino, puderam os brancos assegurar-se rapidamente da cooperação dos irmãos ou parentes dessas mulheres em suas atividades bélicas, predatórias e aventureiras. [...] Não é um pouco esse cunhadio — *cuñadazgo* —, o que vemos instalar-se ao menos nos primeiros tempos entre os colonizadores de Piratininga?". Darcy acredita que sim — e generaliza: o cunhadio possibilitou a criação do Brasil. Sem o estabelecimento de laços de parentesco com os índios, aqueles primeiros náufragos, ou degredados aqui largados pelas naus que bolinavam em nosso litoral, mais não teriam sido que "uma erupção passageira na costa atlântica", sem consequências histórico-culturais. Para Darcy, homens como Diogo Álvares e João Ramalho são "heróis civilizadores". Em *Os Mecanismos da Conquista Colonial*, por sua vez, Ruggiero Romano — ordenando cronologicamente os principais fatos que ocorreram no continente entre as décadas de 1490 e 1550 — destacou apenas dois marcos relativos à peripécia brasileira: abril de 1500, obviamente, e 1509, quando Diogo Álvares "fundou o primeiro estabelecimento português no Brasil". Já em *Literatura e Sociedade*, Antonio Candido encarou a presença do Caramuru como "fonte de civilização". Mais recentemente, em *A Construção do Brasil*, Jorge Couto insistiu: "Mesmo antes de a Coroa desencadear o processo de colonização do Brasil já se tinha iniciado, de maneira informal, a miscigenação entre homens lusos e mulheres tupis. Os precursores desse movimento — que teria profundas repercussões na configuração étnica, demográfica e cultural do Brasil — foram os 'lançados', náufragos, desertores ou degredados, primitivos habitantes europeus da Terra de Santa Cruz". Ramalho e Diogo aparecem como "exemplos paradigmáticos" desse processo. Mas Diogo foi quem se transformou no grande símbolo brasileiro dessa época, já que a figura de Ramalho não ultrapassou de modo significativo as fronteiras de São Paulo, permanecendo praticamente encerrada em meio às serranias que ele habitou. Diogo Caramuru, ao contrário, converteu-se em referência de nossa gente, da sátira de Gregório de Mattos às cartilhas escolares. Fixou-se definitivamente no horizonte brasileiro — emprestando hoje seu nome a nada menos que 189 logradouros públicos espalhados pelo país.

O *período caramuru* abriu caminho para a implantação da cidade no Brasil. Não por acaso Darcy trata a póvoa de Diogo como "base essencial da instalação lusitana na Bahia". D. João III já sabia disso. Antes que Thomé de Sousa partisse de Lisboa para construir Salvador, o rei enviou uma carta a Diogo, convocando-o para acalmar o ânimo indígena e se engajar na obra construtiva. Para fazer avançar o processo colonizador. Tome-se como referência o ano de 1520, véspera da subida ao trono de D. João III, cujo reinado significará uma guinada total na geopolítica lusitana, com forte repercussão no Brasil. A presença portuguesa nos trópicos brasílicos se resumia, então, às feitorias do pau-brasil e a focos caramurus como o da Bahia e o da ilha de São Vicente. A primeira feitoria foi construída em 1504, nas imediações de Cabo Frio. Américo Vespúcio (primeiro europeu a navegar por toda a fronteira atlântica do Brasil e homem que deu nome ao continente, graças à expressão *América*, forjada pelo cosmógrafo Waldseemüller) a ergueu, em cinco meses de trabalho. E outras poucas vieram no seu rastro. Costuma-se defini-las como um misto de entreposto comercial e base militar. É excessivo. Regra geral, uma feitoria era um depósito sofrivelmente fortificado. Um armazém armado. Ou um barracão cercado de estacas. Mas não deixou de ter o seu lugar, mesmo mínimo, nos procedimentos colonizadores. Os índios carregavam para lá o pau-brasil, trocando-o por artigos variados. Facas e facões, inclusive — ferramentas que lhes permitiam dar, numa fração de segundo, um salto histórico espetacular: do elenco de utensílios da idade da pedra ao repertório de instrumentos do mundo metalúrgico. Feito o escambo, os toros eram estocados, à espera de navios que os viessem recolher. Coisa que, de resto, intrigava os índios, perplexos com os incansáveis carregamentos de madeira que sucessivas embarcações se encarregavam de conduzir oceano afora. Conta-se mesmo que um deles, certa vez, perguntou: e lá, de onde vocês vêm, não existem árvores? Não sei a resposta. Mas a implantação desse tipo de entreposto, com homens fixos no local, deslocava a relação entre o europeu e o ameríndio para outro patamar. Já não se tratava de simples contato. De trocas e troças *en passant*. Mas de complementaridade econômica ajustada em convívio social. A feitoria e a taba coexistiam numa relação vicinal. Mas a feitoria não teve a *significância* das experiências de Caramuru e Ramalho, que se enfronharam na vida ameríndia e, nesta imersão radical — no sentido etimológico, inclusive, de radicar, ir à raiz, arraigar-se —, converteram-se em poderosos exemplos de uma nova raça de morubixabas.

Pouco se sabe da vida de Ramalho. Talvez fosse cristão-novo, já que o sinal que usava como assinatura era, segundo Theodoro Sampaio, um símbolo judaico. Entre suas mulheres, a principal foi a índia Bartira (nome que alguns julgam significar "flor", que em tupi se diz *ypotira*). Bartira, também chamada Mbcy, mas batizada como Isabel, era filha do tupiniquim Tibiriçá, chefe da aldeia de Inhapuambuçu ou Piratininga, principal assentamento ameríndio daquelas terras paulistas. Ramalho — "muito conhecido e venerado entre os gentios", segundo Manoel da Nóbrega, nas *Cartas do Brasil* — ganhou prestígio e poder através do concubinato. Do cunhadio. Teve imensa descendência mameluca (ou *brasilíndia*, como Darcy prefere dizer) e ascendência sobre milhares de índios. Diz Ulrico Schmidel, em seu *Relatos de la Conquista del Río de la Plata y Paraguay*, que era capaz de reunir, num só dia, 5 mil guerreiros indígenas. Com seus descendentes mamelucos, distribuiu pontos de comércio pelo litoral. Ergueu uma aldeia, que se prolongaria na vila de Santo André da Borda do Campo. E foi o maior responsável pela aliança inicial de portugueses e tupiniquins em São Paulo, viabilizando a colonização regional. Ainda em âmbito vicentino, devemos fazer referência a Mestre Cosme, que, de acordo com Edith Porchat, em *Informações Históricas sobre São Paulo no Século de sua Fundação*, aqui chegou "como degredado acusado de crime político". Ainda Porchat: "Vivendo no seu povoado entre a ilha do Mudo e a ponta do morro Tumiaru ou Santo Antonio, fazia comércio, entretanto, pelo porto de São Vicente (Ponta da Praia) [...]. Por aquele porto da Ponta da Praia, o bacharel [Cosme, homem ilustrado, também era tratado assim] negociava escravos, vendia barcos ou permutava gêneros da terra, e fornecia guias para a navegação do sul ou penetração das florestas, quando os aventureiros europeus começaram a interessar-se pelas riquezas do Rio da Prata". Além disso, segundo Theodoro Sampaio, em texto publicado na *Revista do Instituto Histórico e Geográfico de São Paulo* e intitulado "Quem era o Bacharel Degradado em Cananeia?", Mestre Cosme foi o fundador do povoado do Iguape. E, voltando a Porchat, "teria fundado entre 1510 e 1516 o primeiro povoado brasileiro em São Vicente".

Na Bahia, ficava a póvoa mestiça de Diogo Caramuru. Póvoa de porte considerável, comparável a um povoado português, mas que logo se retrairia, em consequência da colonização estatal do Brasil. Em sua *Historia General y Natural de las Índias*, Oviedo y Valdés (o autor da célebre declaração de que a pólvora está para os infiéis como o incenso para o Senhor) diz que ali havia umas trezentas casas — "*caserias desparçidas pero á vista unas de otras muchas dellas*" — e cerca de mil índios. Essas casas teriam sido construídas um pouco à moda indígena, com cipó e sapé, mas não eram malocas, nem sugeririam a taba tupi: casas "*desparçidas*", espalhadas, feitas de barro, e não ocas de palha desenhando a praça da aldeia. Tampouco se veria, ali, algo que lembrasse a vila natal de Diogo — Viana do Castelo, então um retângulo de seis ruas paralelas, dentro de muros de traçado ovoide. O arraial do Caramuru era já uma outra coisa, apontando para futuros assentamentos brasileiros. Seus casebres avulsos, pontuando o arvoredo à beira-mar, dispersavam-se por terras onde hoje estão o Farol e o Porto da Barra. Ali, Diogo e Paraguaçu viviam cercados de índios e índias, de um punhado de europeus e de mestiços de ambos os sexos. No Porto da Barra, Caramuru fez sua camboa de pescar. Um pouco mais para dentro, no sopé do Outeiro Grande, sua casa e uma pequena fortificação. Neste espaço, reinava. Era um "caudilho", diz Oviedo y Valdés, trazendo os índios sujeitados, a lhe guardarem *"tanto acatamiento, como se nasçiera señor dellos"*. E assim como Ramalho providenciou a aliança de portugueses e tupiniquins em São Vicente, Diogo fez o encontro baiano de lusos e tupinambás. Repito que não há como comparar tais empreendimentos — por sua repercussão social, cultural e genética — com barracões abertos numa ponta de praia para administrar a extração e estocagem do pau-brasil. Ramalho, sim, era um *feitor*, um *factor*, no sentido original da palavra: um *fazedor*. Além disso, os caramurus vicentinos não deixavam de manter, eles próprios, feitorias informais. Construíam e negociavam barcos, reparavam e abasteciam embarcações, vendiam índios e gêneros alimentares, forneciam intérpretes. Diogo também negociava. Abasteceu a nau São Pedro, da expedição de Simão de Alcazaba ao Estreito de Magalhães, quando ela ancorou na Bahia. E o fez em troca de uma chalupa e duas pipas de vinho. Mas com uma diferença: ao contrário dos caramurus paulistas, ele jamais se envolveu com o comércio de gente. Nunca traficou escravos índios.

Mas, enfim, D. João III assumiu o poder, dando outro sentido à ação lusitana no mundo. "O novo monarca português adotou uma orientação política oposta à seguida pelo seu antecessor. Abandonou definitivamente os projetos imperiais manuelinos para o triângulo Jerusalém-Egito-Arábia, de expansão militar no Norte de África e de imposição naval da presença portuguesa na China. Optou, sempre que possível, por concentrar esforços na manutenção da hegemonia no Atlântico Sul e conferiu especial ênfase à ocupação das duas margens atlânticas: a africana e, sobretudo, a americana, opção em que se inserem o projeto de colonização da Costa da Malagueta, na fachada ocidental de África, e o início do processo de colonização do Brasil", na síntese de Jorge Couto. O rei caminhou com lentidão, é verdade. Mas tudo teria sido ainda mais lento e difícil se caramurus não tivessem preparado o terreno, mesmo involuntariamente, para a investida colonizadora oficial. Do ponto de vista militar, as dificuldades de desembarque seriam enormes, com milhares de índios apontando flechas para os navios lusos — enredo que teria como desfecho, muito provavelmente, espetáculos sanguinários, desde que os conquistadores não atravessariam o Atlântico para brincar de antropólogo. Complicado seria também, sem o bilinguismo caramuru, o desempenho no campo da comunicação verbal. Assim como, sem a capacidade mobilizadora dos neomorubixabas brancos, convocando indígenas para o trabalho construtivo, a execução de obras de engenharia, assediadas ainda por setas certeiras, arrastar-se-ia no tempo. E o aprendizado da vida tropical teria de ser feito passo a passo, desde o início. O projeto colonizador assentou-se, para sua sorte, em bases preexistentes. Os diogos álvares e joões ramalhos se anteciparam, com suas póvoas. Não eram vilas, no sentido político-administrativo do termo. Não possuíam organização municipal. Nem funcionários, soldados ou vigários. Mas ali estava já um modo de vida que as vilas tentariam ordenar legalmente, para conhecer o êxito ou o fracasso. Foi o que aconteceu em São Vicente. Martim Afonso de Sousa chegou a uma póvoa que já tinha esse nome, e que contava com casa de pedra coberta de telhas e torre para defesa, porto e comércio, hortas e criação de galinhas e porcos. Martim a elegeu então para vila, definindo condutas e distribuindo terras, com o intuito de a todos propiciar, no dizer de seu irmão Pero Lopes, no *Diário da Navegação*, uma "vida segura e conversável". Segura, vida alguma seria, naquela época e lugar. Conversável, a de São Vicente o era — e há uns bons quinze anos. Martim não fundou São Vicente: encenou a cerimônia inaugural da vila. Mas houve casos diversos, sob as capitanias e o Governo-Geral. Aqui, os portugueses se serviam da base indígena, como em Piratininga, no centro mesmo da atual cidade de São Paulo. Ali, povoados caramurus ganhavam melhoramentos, como em Porto Seguro. Adiante, surgiam vilas realmente novas, como a do cimo do Morro de São Paulo, em Tinharé, ou a dos Ilhéus, na baía do Pontal.

O caso de Porto Seguro é interessante. A esquadra cabralina deixou ali dois degredados, a fim de que, aprendendo a língua e os costumes do lugar, viessem a ter serventia, em função da eventual colonização daquelas terras. Abandonados naquela imensidão de céu e mar, desataram em prantos. Eram as primeiras peças para alimentar a futura conversa de que o Brasil, nos tempos iniciais de sua existência, não passou de uma colônia de degredados. Mas esta é apenas uma parte — e nem sequer a maior — da verdade. Pessoas eram condenadas ao degredo, naquela época, por motivos hoje ridículos. Ser "vidente", por exemplo. E nem todos vieram para cá, ou aqui ficaram, contra sua vontade. Os degredados chorões de Cabral permaneceram compulsoriamente na praia. Mas outros cinco marinheiros (mais que o dobro dos degredados), na véspera da partida da armada, fugiram das embarcações, mergulhando na noite tropical. Ocultaram-se na mata, em alguma curva de rio ou nas malocas tupiniquins. Haviam *escolhido* viver ali, naquelas praias claras, ao doce balanço das redes tupis. O Brasil atraiu naquele dia — e continuaria atraindo. Se navios deixavam degredados em nossos litorais, marinheiros também iludiam a vigilância das embarcações, fugindo para o meio dos índios. Da armada de Martim Afonso, três escaparam na Bahia. Em *Primeiros Povoadores do Brasil*, João Fernando de Almeida Prado se pergunta pela razão de tantas fugas, "numa época em que o litoral das terras descobertas era perigosamente inóspito". É um raciocínio almofadinha. O que jovens marujos esperavam encontrar aqui, depois de cruzar sem temor o mar oceano, era liberdade, riqueza e sexo. Poderia haver atrativo maior? Mas voltemos a Porto Seguro. Sete europeus passaram a viver ali, iniciando a miscigenação e o sincretismo na Terra do Brasil. Porque os índios abrigaram os forasteiros. E estes estavam já enfeitiçados pela beleza das índias. Nem durante a celebração da Santa Missa, Caminha conseguiu desviar os olhos das coxas de uma jovem índia, que se estendia nua nas proximidades do altar. Sabemos ainda que, depois de algum tempo, um dos degredados, falante já do tupi, foi levado a Portugal, onde prestou informações ao rei sobre o Brasil e os *brasis*, como também eram chamados os índios. Mas aquele grupo tanto pode ter se integrado nas malocas praieiras, como constituído aldeia própria, luso-tupiniquim. Especialmente se houve uma feitoria em Porto Seguro, coisa que ainda hoje se discute. Em todo caso, um povoado vingou na região — e não é absurdo que, em sua origem, estivessem degredados e desertores de Cabral.

O donatário da capitania, Pero do Campo Tourinho — um mareante de Viana do Castelo, mestre de caravela na rota de Flandres, labutando no comércio europeu de tecidos finos —, vendeu tudo o que tinha em Portugal e partiu para Porto Seguro com mulher, filhos, parentes e cerca de seiscentos colonos — em sua maioria, agricultores e homens afeitos ao mar, pescadores nascidos na mesma Viana. Ao desembarcar na foz do Buranhém, ao sul da Baía Cabrália, ele ingressou numa região que vinha sendo colonizada, informalmente, há mais de três décadas. Desde os dias dos caramurus da esquadra do capitão Cabral. "Nenhum dos outros donatários teve tão próspero desembarque", comentou Manuel Aires de Casal, em sua *Corografia Brasílica*, a propósito do fato de ali se acharem "muitos portugueses, e alguns deles com mais de trinta anos no país, com vários mamelucos em boa paz, e harmonia com os indígenas". Tourinho logo se encontrou com João de Tiba, líder daquela gente. E partiu para fazer uma série de melhoramentos na póvoa que ali existia. Construiu capela, fortificou o vilarejo com uma paliçada de taipa, abriu forja, montou estaleiro e fez casa avarandada, com vista para o mar. Construiu também outras póvoas, como a de Santa Cruz. Distribuiu terras para roças. E autorizou a construção de engenhos. Os tupiniquins reagiram. Aconteceram escaramuças e alguns encontros bélicos mais sérios. Tourinho logo percebeu que não derrotaria os índios. Com a mediação de João de Tiba, tratou de celebrar acordos de paz. Os tupiniquins passaram então a abastecer, com farinha de mandioca, caça e outros produtos, as povoações que iam brotando na capitania. E também se engajaram nas expedições de pesca de seus moradores. "Os colonos cultivavam apenas em suas roças o que restritamente necessitavam para alimento; e, como homens do mar que pela maior parte eram na Europa, favorecidos pela proximidade dos baixos Abrolhos, tão abundante de garoupas, ao mar iam buscar a indústria a que mais se dedicaram: a da pesca. E não só levavam pescado às capitanias vizinhas, como, devidamente preparado, ao próprio Reino. Os pescadores encontravam sempre entre os índios, pouco amigos de cultivar a terra, gente para as suas campanhas", informa Francisco Adolfo de Varnhagen, na *História Geral do Brasil*. Esta paz duraria exatos dez anos, quando então a capitania entrou em parafuso, rumo à ruína.

Duas outras vilas significativas — a de Olinda, construída por Duarte Coelho, e a do Pereira ou Vila Velha, obra de Pereira Coutinho, o "Rusticão" — conheceram destinos tão distintos quanto as personalidades e disposições administrativas de seus capitães, ambos, aliás, escolados no serviço do mar. Duarte Coelho, filho da pequena nobreza agrária lusitana de Entre-Douro-e-Minho, militar de carreira, circulou à vontade "no grande teatro dos mares da Ásia" (Varnhagen). Serviu na Índia. Conheceu a China, a Tailândia e o atual Vietnã. Comandou armada na Costa da Malagueta e nos Açores. Pereira Coutinho, por sua vez, serviu na Índia com Vasco da Gama, quando ganhou a alcunha de Rusticão. E chegou a ser promovido capitão de Goa. O cognome Rusticão lhe foi pespegado porque não era a delicadeza que o distinguia. Antes que diplomata, era um soldado. Havia grandes diferenças entre ele e Duarte Coelho, como disse. Ao contrário do Rusticão, Duarte, filho bastardo de Gonçalo Coelho, que comandara expedições ao Brasil entre 1501 e 1503, conhecia já nossas terras litorâneas. Acompanhara o pai nas viagens, aprendendo sobre o lugar e seus índios. Um outro ponto era a atitude e o poder de ambos diante das delinquências e desordens. Duarte era exemplo de disciplina pessoal. De austeridade e autoridade. Queria degredados e contraventores à distância. E, em vez de tolerar a lambança sexual com as índias (apesar de aceitar a exceção de Jerônimo de Albuquerque vivendo com a filha de um morubixaba, mãe de onze dos seus filhos), fazia com que seus homens *casassem* com elas. Por fim, estabeleceu um norte e o perseguiu com determinação: a produção de açúcar. Negou-se, inclusive, a explorar o pau-brasil, preferindo firmar contratos com mercadores europeus, que teriam concessões para implantar engenhos em Pernambuco e comercializariam seus açúcares na Europa. E foi o primeiro a pensar em transplantação cultural. Em aqui fazer uma "Nova Lusitânia".

Ao chegar à sua Capitania da Bahia de Todos os Santos, o Rusticão se estabeleceu nas proximidades da enseada da Barra e ordenou a construção de casas para os cem moradores que formariam a Vila Velha. Tratou, ainda, de construir dois engenhos e de plantar algodão e cana. Nos primeiros anos, viveu em paz com os índios — e os moradores de Vila Velha puderam fazer roças fora do arraial. Mas seus portugueses não demoraram a praticar desmandos. O Rusticão, já velho e doente, não tinha autoridade sobre eles. E veio a reação indígena. De início, com ataques que mantinham a povoação insegura. Até que, em 1545, os tupinambás incendiaram os engenhos de açúcar, destruíram as plantações, mataram colonos e sitiaram a vila. Os portugueses se viram sem comida e obrigados a buscar água, por mar, na Capitania dos Ilhéus. Era uma guerra previsível. A paz dos primeiros anos foi, muito provavelmente, tecida por Caramuru. Mas não poderia durar. Os tupinambás — que haviam invadido aquelas terras, tomando-as ferozmente das mãos dos tupinaés — sabiam o que era uma empresa de conquista. Iam enxotados pelo avanço lusitano, com a perspectiva de serem escravizados. Além dos índios — e das disputas internas que dividiam os portugueses —, havia os franceses. A vinda do donatário não os afastou da Ponta do Padrão. Eles continuaram fazendo seu comércio e atiçando os tupinambás contra os lusos. Quando Vila Velha foi abandonada, avançaram sobre ela. E a saquearam, levando-lhe a artilharia. Anunciaram aos tupinambás, na ocasião, um projeto de domínio. Já não pretendiam apenas traficar, mas ocupar áreas do Brasil. Como fariam, mais tarde, no Rio de Janeiro. Mas fiquemos na Vila Velha. Os tupinambás a mantinham isolada. Os franceses espicaçavam o ânimo indígena contra os lusos. E estes, acuados, assistiam a brigas internas. A anomia se instalou. Restavam a dispersão e a fuga. Uma parte dos habitantes foi para Ilhéus. Outra, para Porto Seguro, no rastro do Rusticão. Duarte Coelho protestou: o Rusticão não tinha pulso para resistir "às doidices e desmandos dos doidos e mal ensinados". No fim das contas, chegou-se a um tratado de paz com os índios. Diogo Caramuru mediou o acerto, e o Rusticão resolveu regressar. Mas seu navio naufragou nos baixios da Ilha de Itaparica. O donatário e sua *entourage* caíram nas mãos dos índios ilhéus, inimigos dos tupinambás de Kirymuré (sítio onde hoje está Salvador). Apenas Diogo foi poupado. Os demais, como disse Luiz dos Santos Vilhena (*A Bahia no Século XVIII*), foram "sepultados nos ventres dos gentios que habitavam aquela ilha".

A Capitania de Pernambuco, a Nova Lusitânia de Duarte Coelho, compreendia o atual Estado de Alagoas e boa parte de Pernambuco. Mas ficou com este nome: Pernambuco, do tupi *paranã-mbuca* — "uma abertura à qual os naturais chamam Pernambuco, que, em sua língua, é o mesmo que pedra furada ou buraco que fez o mar, de que se forma a garganta da barra", em descrição do frei Raphael de Jesus, no *Castrioto Lusitano*. É a passagem natural aberta na muralha do recife, o lagamar na conjunção dos rios Capiberibe e Beberibe. Duarte construiu duas vilas na região: Olinda e Igaraçu, do tupi *ygara-açu*, "canoa grande". Quanto a Olinda, vila erguida numa colina algo afastada do mar, suspeita-se que Duarte tenha encontrado seu nome no *Amadís de Gaula*, livro de cavalaria muito lido naquele tempo e que faz, do *caballero de la verde espada*, um símbolo do cavaleirismo medieval e do amante inteiramente devotado ao objeto de seu amor, a bela Oriana. Olinda é nome de uma das personagens do livro. Uma mulher bonita, mas, sobretudo, comedida. Olinda, a circunspecta. Igaraçu não parece ter brotado em solo intacto. Existia, por ali, um fortim de madeira e uma feitoria de pau-brasil, onde Duarte se abrigou. E Olinda foi erguida num sítio onde existiu uma aldeia indígena, ou mesmo construção europeia. Em 1548, Hans Staden esteve em Olinda e Igaraçu, que contava então com cerca de duzentos moradores e estava sitiada pelos caetés, que a atacavam com flechas incendiárias. O cerco durou quase um mês, até que os índios desistiram de tomar a povoação. Uma povoação, aliás, de casas rústicas, já que o objetivo dos índios ao disparar flechas incendiárias, carregando mechas acesas de algodão embebido em cera, era "atear fogo ao teto das choças", no relato de Staden. Casebres de barro com cobertura de palha, portanto. Igualmente rústicas eram as casas de Olinda, à exceção da "torre" de Duarte Coelho, feita de pedra e cal, no centro do cimo da colina. Era esta vila o núcleo das transações de importação e exportação, habitada por famílias algo fidalgas e colonos de variada origem social, além de cristãos-novos dedicados ao comércio e ao negócio do açúcar.

A Nova Lusitânia é sempre citada como exemplo de sucesso colonizador. O donatário mantinha os colonos na linha. Contemplava o surgimento de engenhos e canaviais. E não usava o topônimo tupi para se referir às suas terras. Falava, sempre, Nova Lusitânia. Designação que expressava seu projeto de reproduzir Portugal nos trópicos. Designação culta, aliás — e sabe-se que ele gostava de empregar expressões latinas em sua correspondência com o rei de Portugal. Evaldo Cabral de Mello, no texto "Uma Nova Lusitânia", observa: "a escolha de Nova Lusitânia denota, no primeiro donatário, certo gosto das humanidades, sabido que o emprego de Lusitânia constitui novidade dos fins do século XV trazida pelo renascimento dos estudos clássicos, que haviam identificado os portugueses aos lusitanos sublevados outrora contra a dominação romana". Sobre a produção açucareira, especificamente, o mesmo Cabral escreve: "Nas entrelinhas de suas [de Duarte Coelho] cartas dá para perceber que sua resistência às pressões da coroa visando à busca de metais preciosos e sua oposição ao corte de pau-brasil, atividades eminentemente dispersivas do esforço colonizador, por conseguinte, comprometedoras da estabilidade da capitania, resultavam do seu projeto de criação de uma colônia baseada na produção de açúcar por um número reduzido de engenhos, que concentrariam a etapa fabril e que moeriam a cana de uma classe média de agricultores, encarregados do cultivo". Note-se, ainda, que o objetivo de Duarte não era a concentração na monocultura canavieira, que tantos problemas iriam gerar na Bahia. Ele estimulou, em vez disso, a produção de algodão e alimentos. Em suas próprias palavras, lemos: "Entre todos os moradores e povoadores, uns fazem engenhos de açúcar porque são poderosos para isso, outros canaviais, outros algodoais, outros mantimentos, que é a principal e mais necessária coisa para a terra, outros usam de pescar, que também é muito necessário para a terra, outros usam de navios que andam buscando mantimentos e tratando por terra conforme ao regimento que tenho posto, outros são mestres de engenhos, outros mestres de açúcares, carpinteiros, ferreiros, oleiros e oficiais de formas e sinos para os açúcares e outros oficiais". Uma estrutura social mais diversificada do que a simples estratificação em senhores e escravos. Mas o projeto não sobreviverá ao século XVI.

Igaraçu e Olinda, atravessando tempos extremamente difíceis, resistiram, para chegar aos nossos dias. Porto Seguro e Ilhéus, apesar das falências das respectivas capitanias, quando se viram praticamente reduzidos a uma situação de tapera, também sobreviveram. São Vicente seria destruída pelo mar (pelo "sinistro de uma invasão das ondas do mar", no dizer de Varnhagen) em inícios da década de 1540, mas para ser reconstruída, pouco depois, no local onde hoje está a cidade do mesmo nome. Já a Vila Velha, atacada pelos tupinambás, abandonada por seus moradores e saqueada pelos franceses, não voltaria a se recuperar. Foi deixada de parte. Mas o fim do Rusticão, devorado pelos canibais de Itaparica, acabou favonendo o projeto português para o Brasil. A coroa lusitana decidiu reaver aquele território, indenizando os herdeiros. Por esse expediente, a Bahia de Todos os Santos se converteu em Capitania Real. E, a partir daí, a coroa portuguesa decidiu implantar de fato, no Novo Mundo, um projeto seu de cidade. A Cidade do Salvador da Bahia de Todos os Santos, capital da América Portuguesa, centro vital do Atlântico Sul.

2.
CIDADE IBÉRICA NA AMÉRICA

I

Depois da queda do Império Romano e do fim do domínio islâmico em parte da Europa, o que vamos ter de significativo, na história urbana do "velho continente", é o ressurgimento da cidade avulsa, independente, autônoma, sem o sentido maior de "nacionalidade" ou império. É a reaparição da cidade-estado. Mais precisamente, da cidade-estado renascentista, repontando na Itália, graças, entre outras coisas, à existência prévia de toda uma infraestrutura citadina montada pela Roma clássica.

O Renascimento foi um fenômeno urbano — assim como urbana foi "toda grande explosão de criatividade na história humana", lembra-nos o Peter Hall de *Cities in Civilization*, perguntando-se sobre o que faz com que "a chama criativa queime, tão especial e unicamente, em cidades e não no campo". Em Atenas, Berlim ou Paris — nunca em horizonte campestre. Para Hall, porque a própria vida urbana exige continuamente soluções novas para os novos desafios que ela mesma não cessa de criar. E porque a ordem urbana, para se manter, requer um formidável grau de ação coletiva. Na época a que me refiro, as cidades ocidentais de maior brilho foram Veneza e Florença — sobretudo, Florença. Ambas se realizaram como centros financeiros e comerciais, dando as cartas europeias nos negócios com o Oriente, impondo-se não tanto pelas armas ou pelo peso demográfico, e sim por seu poder econômico. Mas Florença foi muito mais que isso. Foi um dos mais poderosos polos de pensamento, experimentação e inovação da história da humanidade, retomando a cultura da Antiguidade clássica para mesclar o complexo greco-romano com sua própria tradição vernacular — e avançar em várias direções. Cidade de onde a movimentação renascentista se irradiou para o Ocidente, revolucionando a vida europeia. Cidade que gastava seus lucros em arte. Cidade da cultura. Arquitetônica e urbanística, inclusive — e fortemente. Com a redescoberta do *Tratado de Arquitetura* de Vitrúvio. Com Brunelleschi, o primeiro arquiteto do *rinascimento*, desenhando a cúpula gótica da catedral florentina. Com da Vinci. Ou Alberti (humanista, músico, matemático, arquiteto, cientista, pintor e atleta — encarnação do tipo ideal do "homem renascentista"), criador do templo de Malatesta em Rimini, teórico "instaurador" do urbanismo, na visão mais recente de Françoise Choay, em *A Regra e o Modelo*. E o mais notável, observa Hall, é que, mesmo por procedimentos burocráticos envolvendo comitês deliberativos, Florença sempre escolheu, para a realização de suas obras, artistas e arquitetos radicais. Era cidade excepcionalmente criativa, excepcionalmente aberta ao novo. E exportava sua linguagem arquitetônica para toda a Itália.

Mas já no século XVI, as cidades-estado italianas, ciosas de sua autonomia, incapazes de união, algo indiferentes a questões de fé e império, se viram ficando para trás. Apesar de sua paixão pela Roma antiga, não foram elas, mas Espanha e Portugal que herdaram o sentido romano de nação e missão, na construção de um império. Inicia-se aí o período da supremacia ibérica — no mundo e na história das cidades. Entre os séculos XV e XVI, os lusitanos se lançaram no Índico, então dominado por mercadores muçulmanos, para estender o império português ao Oriente. E sua entrada naquele oceano alteraria a geografia comercial ali estabelecida: mercadorias orientais passando às mãos de Veneza e Gênova, pelos acessos do Golfo Pérsico e do Mar Vermelho. Como os lusos planejavam fechar o Mar Vermelho às embarcações muçulmanas, a expansão oriental do império português teria de encarar Veneza e os mouros. Portugal encarou — e venceu. Do périplo maior de Vasco da Gama à vitória decisiva sobre os muçulmanos, diante da cidade portuária de Diu, no litoral do Indostão, em 1509. "Paralela e simultaneamente, Lisboa e Antuérpia tornavam-se os grandes centros de distribuição dos produtos orientais. Estas duas cidades iam herdar as prosperidades e o movimento cosmopolita de Alexandria e Veneza", escreve Cortesão, na *História da Expansão Portuguesa*. Ainda no dizer de Cortesão, o que em Veneza e Alexandria era motivo de luto, tornou-se, para Lisboa, "motivo de júbilo e consagração urbana". Nem é por outra razão que Joel Kotkin considera que, depois da viagem de Vasco e da vitória em Diu, "o comércio mundial e o futuro das cidades caíram fora do controle de árabes, chineses e outros povos, e foram parar nas mãos dos portugueses e espanhóis". Os próprios italianos, como já o fizera Colombo, passaram a trabalhar para os ibéricos. E a conquista do Novo Mundo liquidou a fatura. Na Espanha, expandiram-se cidades como Sevilha e Madri. Lisboa, "insignificante duzentos anos antes, emergiu como a cidade maior, o porto principal do imenso império português. Com uma população de mais de 100 mil habitantes, assumiu ares de grande capital imperial, influenciando eventos em escala global".

Mas Madri e Lisboa não permaneceriam por muito tempo na vanguarda das cidades europeias. O primado do econômico, quando milhões de quilômetros quadrados se incorporavam ao mercado mundial, era algo para o qual a mentalidade ainda medieval de lusos e castelhanos não estava preparada. A Igreja Católica combatia o lucro. E os únicos homens de negócio daquela parte da Europa, que poderiam tê-la dinamizado comercialmente com seus capitais e *know-how*, caíram vítimas da intolerância religiosa. Eram os judeus, que Lisboa e Madri expulsaram da Península, obrigando-os a se dispersar em direção a outros lugares, onde se converteram em elementos vitais do jogo mercantil. Assim, ao longo do século XVII, enquanto Lisboa e Madri declinavam, outros centros europeus floresceram e se afirmaram. Paris chegou a sonhar ser uma nova Roma. Mas não tinha força econômica. Antes que centro ativo de banqueiros e mercadores, era cidade aristocrática e intelectual, sugando de seu entorno a riqueza que não produzia. Saltaram para a linha de frente, então, cidades que souberam lidar com as novas realidades e os novos caminhos materiais do mundo: Amsterdã e Londres. O grau de urbanização da Holanda, nessa época, não tinha rival na Europa. E Amsterdã, acolhendo a diáspora judaica da Península, vai aparecer como a joia mais viva do "século de ouro" neerlandês. Calvinismo, pragmatismo e negócios, numa cidade terra-a-terra, com cerca de 140 mil habitantes. Pragmatismo que se inscreveria na própria criação arquitetônica holandesa, como nos mostra Paul Zumthor, em *A Holanda no Tempo de Rembrandt*, ao falar do caráter utilitário, "fortemente marcado pelas exigências do comércio e da navegação", da arquitetura de Amsterdã: ao longo dos canais da cidade, os lotes eram estreitos na frente e compridos em profundidade, de modo a assegurar a todas as casas acesso direto à via aquática — "era muito importante, para os negociantes que as habitavam, ter a entrada de seus imóveis ao alcance da grua de seus barcos". E a Holanda atuava em escala mundial. Providenciando, inclusive, um assentamento em Manhattan: Nova Amsterdã. Àquela altura, a produção açucareira da Bahia e de Pernambuco era um negócio mais flamengo do que luso. A burguesia holandesa financiara boa parte da empresa açucareira no Brasil. E, se o Brasil produzia o açúcar, era a Holanda que o transportava, refinava e comercializava na Europa. E logo estaria disputando o Brasil com Madri e Lisboa. Ocupando significativa extensão territorial da América Portuguesa. Criando o Recife holandês. Mas, em 1664, é Londres que toma Nova Amsterdã dos neerlandeses — para rebatizá-la de Nova York. É Londres que se impõe como a capital mundial.

Ou seja: as cidades ibéricas nas Américas foram construídas e deram seus primeiros passos no tempo em que Lisboa e Madri resplandeciam. Não eram a Lisboa e a Madri desimportantes do início do século XV. Nem a Lisboa e a Madri eclipsadas por Amsterdã e Londres, no final do século XVII. Mas a Madri do Escorial e a Lisboa dos Jerônimos. Cidades em seu esplendor. E que tipo de cidade esta Madri e esta Lisboa decidiram plantar no Novo Mundo, em suas terras de ultramar? Aqui, mais uma vez, as coroas lisboeta e castelhana, em sua expansão imperial, parecem querer reproduzir o exemplo de Roma. A capital do Império Romano não foi nítida cidade ortogonal. Mas espalhou pelo mundo cidades em grelha ou xadrez, a partir do modelo grego, hipodâmico. Era o quadriculado latino, tão distinto do dédalo islâmico. Como em Timgad, fundada na Argélia, no ano 100 — e ainda hoje citada, nos estudos históricos sobre o tema, como exemplo de *grid planning*. Exemplo talvez mais agudo das novas cidades enxadrezadas que o Império Romano construiu. Lusos e castelhanos tinham agora uma nova visão desse *urban design* — trazido, traduzido e repensado a partir do século inaugural do Renascimento, em Florença, que avalizou a grelha. E gerou uma série de planos geométricos da cidade ideal, em xadrez ou em disposição radial-concêntrica, estrelando-se no caminho da Sforzinda, de Filarete. O planejamento espanhol fez uma opção clara pela grelha. Clara e, depois, oficial, determinada por Felipe II nas *Leyes Generales de los Reynos de Indias* (1573), documento tipicamente renascentista. Nessa grelha hispânica, o destaque seria a *plaza mayor*. Vitrúvio (já traduzido então para o espanhol e o português), mas também Alberti. Da descrição vitruviana de um *forum*, Alberti desenvolveu a concepção de uma *piazza*. Nascia assim a ideia renascentista de praça, que teria uma repercussão espantosa. A Itália se encheu dessas praças. E é no campo geral da *piazza* vitrúvio-albertiana que se situa, também, a *plaza mayor* do planejamento urbano castelhano para o Novo Mundo. De Timgad a Lima e Buenos Aires, portanto — passando pelo Renascimento. Costuma-se pensar que Portugal foi por outro caminho. Não foi. A diferença entre a cidade lusa e a cidade hispânica, no Novo Mundo, não está no plano. Mas no que aconteceu ao plano, em sua implantação objetiva no continente americano.

Em *A Invenção da América*, Edmundo O'Gorman observa que, desde os primórdios do século XVI, a América foi pensada como a possibilidade de construção de uma Nova Europa. E que havia dois caminhos para materializar tal projeto. De uma parte, a adaptação das novas circunstâncias americanas ao modelo europeu, tomado assim como "arquétipo". De outra, inversamente, a adaptação do modelo europeu às novas circunstâncias, caso em que tal modelo se tornaria "o ponto de partida de um desenvolvimento histórico empreendido por conta própria". Tanto os portugueses quanto os espanhóis optaram pelo primeiro caminho. Pela conformação das realidades tropicais ao "arquétipo" europeu. Nas palavras de O'Gorman, "seja na esfera de interesses religiosos, políticos e econômicos, seja quanto à organização das relações sociais, verifica-se que a norma consistiu em transplantar para as terras da América as formas da vida europeia". Não é outra coisa o que diz Stuart Schwartz, em *Segredos Internos*: o Brasil foi criado não para transformar ou transcender, mas para *reproduzir* Portugal. Do mesmo modo, Darcy Ribeiro observa que nossos primeiros núcleos coloniais se plasmaram a partir de diversos processos adaptativos, associativos e ideológicos, dentre os quais se destacam a sua integração numa única estrutura sociopolítica, a incorporação da tecnologia europeia, a difusão da língua portuguesa e o controle da vida mental no eixo Igreja-Estado. As inovações tecnológicas, as novas formas de ordenação da vida social e o novo aparato ideológico "proporcionaram as bases sobre as quais se edificaram a sociedade e a cultura brasileiras como uma implantação colonial europeia". Salvador esteve no centro desse processo. Mas — e aqui está o ponto que cumpre ressaltar — ela mesma não foi pensada nesses termos. Lusos e espanhóis quiseram transplantar, para as Américas, todas as suas instituições sociais. Mas não a forma urbana das cidades peninsulares. O que pretendiam com isso? Construir, de fato, uma Nova Espanha? Passar Portugal a limpo?

Quando os ibéricos partiram para construir cidades nas Américas, havia-se já definido o urbanismo renascentista. De modo sistemático, costuma-se contrastá-lo com o urbanismo muçulmano. Se o urbanismo renascentista, tomando como modelo a Antiguidade greco-latina, aparece como a encarnação do "espírito de geometria" e da racionalidade, o urbanismo muçulmano é visto como sua antítese — reino das formas orgânicas, do desalinho, da desordem. Mas devemos matizar o contraste. Carlos Fabião soube ver: "A cidade andaluza, ou, mais corretamente, a cidade mediterrânica, define-se antes de tudo pelo seu contraste com o urbanismo clássico. Enquanto neste a régua e o esquadro são a expressão natural de um poder racional e racionalizador, o espaço urbano mediterrânico gera-se a si próprio como um corpo vivo, em que os equilíbrios são orgânicos e funcionais. Quando, porém, mesmo em pleno apogeu da civilização islâmica, é imposta a intervenção de um poder central com pretensões hegemônicas, seja na Bagdá abássida, seja na Córdoba califal, então os arquitetos retomam inevitavelmente o vocabulário da ortogonalidade. A cidade palatina de Medina Al Azahra, perto de Córdoba, gizada durante o califado omíada, é o exemplo da mais geometrizada e racional ocupação do solo urbano". Não devemos nos esquecer, portanto, da relativa flexibilidade do quadriculado romano, nem da planta circular de Bagdá, ou do plano regular do Cairo. O xadrez romano e o dédalo islâmico não são absolutos. Ainda assim, o contraste se mantém. O urbanismo clássico e o urbanismo islâmico — mesmo que a cultura árabe tradicional não tenha qualquer espécie de tratado acerca da estruturação do espaço urbano — são antípodas. As figuras do xadrez e do labirinto, com que se costuma defini-los, dizem tudo.

Na verdade, os gregos, como os romanos, tanto tinham cidades de ruas irregulares, a exemplo de Atenas, quanto cidades de desenho geométrico, como as que foram projetadas ou ampliadas por Hipódamo de Mileto — a quem Aristóteles, na *Política*, trata como o criador de uma grelha grega específica, associada a uma teoria social do urbanismo. As colônias gregas eram cidades planejadas. "Numa região não familiar, a paisagem urbana tinha de ser diagramaticamente inteligível", escreve Spiro Kostof, em *A History of Architecture*, enumerando traços distintivos dessas cidades: o território urbano, em sua inteireza, era concebido como uma forma geometricamente racional; esta forma regia edificações públicas e privadas; e ordenava o crescimento futuro da cidade. Nesse horizonte, a pólis era, ao mesmo tempo, obra de arte ("configuração deliberada e artificial que estabelecia suas próprias regras internas de comportamento arquitetônico") e experimento controlado, com limites físicos e demográficos predeterminados. Os árabes, ao contrário, preferiram, quase sempre, passar ao largo da regularidade, permitindo a materialização urbana da forma típica do labirinto. O desenho desordenado das ruas. Os becos sem saída. Estudiosos assinalam que gregos e romanos, ao pensarem um assentamento citadino, concentravam-se na circulação, no movimento, nas vias de passagem, na rua — fator público dinâmico. Os árabes, diversamente, voltavam-se para a fixidez, a ideologia da intimidade última da moradia, a personalidade própria da habitação — elemento individual estático. Pouco se importavam, em princípio, com a clareza e a racionalidade da rede pública das vias de comunicação. A rua mais não seria do que o caminho para casa. Casa que existia, sobretudo, para si mesma — e não para olhares externos.

Com o Renascimento, o urbanismo e a arquitetura da Antiguidade clássica voltaram à luz em cidades utópicas, desenhadas em círculos ou estrelas. O modelo geométrico era variável. Invariável era a ideia, que tomaria conta de quase toda a Europa, de que a melhor cidade era a de feitio geométrico. E Vitrúvio — segundo Luiz Walter Coelho Filho, em *A Fortaleza do Salvador na Baía de Todos os Santos* — constituiu-se na "principal fonte teórica" do projeto da Cidade da Bahia. Vitrúvio e os renascentistas. No momento em que Portugal e Espanha decidiram construir núcleos urbanos no Novo Mundo, os poderes lisboeta e castelhano tinham, à sua disposição, dois modelos de cidade. De uma parte, a cidade real. De outra, a cidade ideal. A cidade tal como ela realmente existia em terras da Ibéria — cidade peninsular de fisionomia e caráter islâmico-medieval. E a cidade tal como pensada ou imaginada a partir dos escritos de Vitrúvio e dos arquitetos e urbanistas do Renascimento. Entre as cidades real e ideal, as coroas lusitana e espanhola fizeram sua escolha recair sobre a última. Optaram pela projeção atlântica do projeto renascentista. Não reproduziriam, aqui, os polos urbanos peninsulares. E isto significa que os ibéricos transplantariam, para as Américas, suas línguas, suas culturas, suas instituições. Mas não as suas cidades. A escolha foi outra: pontuar o território americano com povoações cujo desenho seria extraído do pensamento urbanístico clássico-renascentista. Teoricamente, ao menos. Porque, no caso português, tal disposição não vingou.

Veja-se o que aconteceu com o projeto da cidade-fortaleza baiana, elaborado por Miguel de Arruda, arquiteto-mor do reino. Salvador foi inteiramente definida e desenhada em prancheta lisboeta, em "traços e amostras" cuja execução, confiada ao arquiteto Luís Dias, deveria ser rigorosamente cumprida. Mesmo o nome e o escudo d'armas da futura cidade-fortaleza foram escolhidos na metrópole de ultramar. Por tudo isso, Edison Carneiro, em *A Cidade do Salvador, 1549: uma Reconstituição Histórica*, comparou sem hesitar: "uma Brasília do século XVI". Coelho Filho, por sua vez, defende a extração vitruviano-renascentista da cidade. "A Fortaleza do Salvador foi construída no platô: à frente, o mar; no fundo, o pântano. Os acessos eram restritos aos limites norte e sul. O padrão de escolha foi compatível com as ideias defendidas e aceitas no século XVI. Ela era uma cidade irregular, apesar do seu traçado geométrico. Adotou o princípio da adaptação ao sítio, condição recomendada por Vitrúvio e defendida por Cataneo. A geometria foi bem utilizada na obtenção da poligonal e do traçado. Nesse ponto, ela é um bom exemplo do saber renascentista: explorar ao máximo a geometria a partir da topografia", escreve. Para insistir: "A matemática e a arquitetura se combinaram em mentes abertas ao saber permitindo a criação da Fortaleza do Salvador. O traçado da nova cidade é um exercício de geometria e simetria [...]. A geometria está expressa nas linhas retas das suas ruas e quarteirões. O traçado adapta-se à topografia, mas busca a regularidade, e a disposição espacial de cada parte segue padrões históricos onde cada componente tem lógica própria. O jogo é complexo, mas sistêmico. A Fortaleza era um todo lógico e suas partes foram definidas por desdobramento mental". E tornar a insistir: "A Fortaleza do Salvador foi construída combinando simetria e topografia. O relevo do terreno determinou a proporção de vários quarteirões, mas é visível o raciocínio matemático empregado no projeto. O traçado urbano está relacionado a padrões que buscam a simetria desenvolvida pelos gregos e resgatada no Renascimento".

A exposição corresponde aos fatos. Já em *Cidade Brasileira*, Murillo Marx anotava: "Salvador [...] situou-se da maneira tradicional sobre escarpada elevação. Porém, teve e guarda um centro reticulado, que luta por se adaptar a um relevo rebelde. Dentro do perímetro original da capital baiana, o tabuleiro curioso ainda pode ser apreciado". E J. B. Bury, em "The Architecture and Art of Colonial Brazil", fala do *"fairly regular layout of upper Salvador"*, do desenho absolutamente regular do centro histórico da capital baiana — e, ainda, que também o Rio de Janeiro de Mem de Sá, fundado em 1567 no alto do Morro do Castelo, foi implantado segundo um plano ortogonal. A Cidade da Bahia, fruto do geometrismo do urbanismo colonial lusitano, foi de fato concebida no âmbito maior do pensamento renascentista, sob o signo da Antiguidade greco-romana encarnada na figura de Vitrúvio. É nítida a disposição geométrica da planta da cidade-fortaleza. A vontade de racionalidade. A intenção simétrica. A mancha matriz da cidade — situada num platô, onde o relevo não pode ser tratado como rebelde, nem caprichoso — exibe desenho reticulado. O traçado é de um tabuleiro. E a projeção racional da grelha é visível ainda nos movimentos iniciais da cidade para fora de seu perímetro primeiro, para além de seus muros e portas originais, no sentido do Terreiro e do Pelourinho. Mas a cidade não estacionou aí. Avançou por vales e cumeadas. E, nesse crescimento em terreno acidentado, a racionalidade não se sustentou. Toda pretensão de regularidade foi por água abaixo. A claridade da geometria cedeu ao emaranhado, ao jogo desregrado de sombra e luz, às variações "orgânicas", na ausência de um *pattern* estruturador. Também o Rio desceu desorganizadamente do Castelo para a várzea e a orla do mar. Não só pelas condições topográficas, mas até porque a ordem geométrica, exigindo disciplina, intencionalidade global, espera ser garantida por instâncias superiores. Sem determinações municipais explícitas, o mundo em construção, quando entregue a si mesmo, parece tender para a descontração e a irregularidade. Antes que simetria, as pessoas buscam comodidade. E vão arrumando as coisas desarrumadamente, ao sabor da ocasião e da conveniência. De qualquer modo, o fato é que o projeto renascentista para Salvador ficou circunscrito ao seu primeiro espaço edificado. Não se manteve quando a cidade principiou a caminhar, despoliciada, para novas direções.

E aqui podemos voltar a O'Gorman, Schwartz e Darcy. O projeto de transplantação cultural, de reprodução das formas da vida europeia nos trópicos americanos, não se cumpriu em sua inteireza. Foi subvertido pela ação simultânea de forças poderosas. Pela própria circunstância ambiental brasileira. As formas lusas de vida social não permaneceriam idênticas a si mesmas, a partir do instante de sua inserção em nossa contextura tropical. No terreno antropológico, os lusos se viram em contato íntimo e intenso, ainda que socialmente assimétrico, com ricas formações culturais extraeuropeias. Principalmente com a cultura tradicional dos grupos tupis e com diversas configurações negroafricanas de cultura. A presença dessas forças — e, sobretudo, os processos de mestiçagem e sincretismo desencadeados já no século XVI — mandou pelos ares o projeto de pura e simples transplantação, para conduzir à criação de um mundo realmente novo nos trópicos. Construímos uma sociedade estruturalmente europeia. Uma nova variação da civilização latina. Mas, também, um mundo neoafricano, no caminho da constituição de uma sociedade e de uma cultura essencialmente mestiças. Tome-se o caso da língua. Produto final de muitas misturas, o português era já um domínio linguístico autônomo e estável (na medida em que sistemas linguísticos podem ser estáveis), quando se imiscuiu na realidade brasílica. Aqui, enveredaria por novos lances de sincretismo verbal. Com influxos do tupi e de idiomas africanos, articular-se-ia então a história da língua portuguesa no Brasil. E os sincretismos foram se encarregando da definição de uma realidade linguística particular, de sorte que hoje podemos distinguir, no horizonte internacional da língua portuguesa, dois grandes dialetos: o lusitano e o brasileiro. Coisas parecidas aconteceram com outros sistemas e práticas que os portugueses tentaram transplantar. Em campo religioso, inclusive. Mas o caso da cidade é específico. Distingue-se de tudo o mais. É claro que houve sincretismo arquitetônico, com o emprego de mão de obra indígena e de técnicas e materiais ameríndios de construção — cipó substituindo a pregaria, a palha brasílica cobrindo casas lusas. Mas não é só ou principalmente disso que se trata.

O que há de absolutamente único, na dimensão urbana, é que o poder lusitano não tentou transplantar para cá uma cidade portuguesa. Mas sim materializar, entre nós, uma ideia renascentista de urbe. O projeto não vingou porque, escapando ao desígnio oficial, os portugueses que aqui moravam partiram para tentar recriar suas cidades natais. Foram, à revelia do Estado, tratando de refazer o modelo da capital do reino e de outros núcleos lusitanos — como Coimbra, o Porto, Viana do Castelo —, a fim de ter uma cidade como as que havia em sua terra de origem. A cidade junto ao mar, dividida em alta e baixa, numa profusão de ladeiras e ruas sinuosas, numa desordem de esquinas e vielas inesperadas. Se a programação geométrica se implantou sem discussão, depois foi a topografia que deu as cartas, sem tomar conhecimento de projetos. Ou seja: quase que se transplantou, em sua integridade, justamente aquilo que, em plano oficial, não se quis transplantar. Em *Civilização Material, Economia e Capitalismo*, referindo-se a Salvador e Constantinopla (antiga Bizâncio, atual Istambul), Fernand Braudel escreveu: "Uma cidade cresce em determinado lugar, casa-se com ele e nunca mais o abandona, salvo raríssimas exceções". Se as implantações da Cidade da Bahia e de Constantinopla apresentam sérios inconvenientes, oferecem igualmente largas vantagens, "senão os entraves não teriam sido aceitos nem seriam suportados". Em Constantinopla, o que conta, em meio àqueles mares tempestuosos, é o seu porto, o Chifre de Ouro, "o único abrigado num imenso percurso". Em Salvador, é a tranquila extensão azul da Bahia de Todos os Santos — "um Mediterrâneo em miniatura, bem abrigado atrás das suas ilhas". E não é só. Na escolha do sítio escarpado e na ocupação flexível do relevo dificultoso, reconhece-se de imediato a formação geocultural portuguesa. O próprio Braudel, por sinal, observa que "somente duas civilizações fabricaram largamente a cidade intricada e irregular: o Islã (incluindo a Índia do Norte) e o Ocidente medieval". A ambas retraça seus vínculos a primeira capital da América Portuguesa. E Salvador, guardando embora o seu centro marcado pela intencionalidade renascentista, se desenvolveu para assumir uma fisionomia de cidade lusitana. De núcleo urbano filiado ao modelo mediterrânico, islâmico-medieval, de cidade. Em suma (e para lembrar o que Oliveira Marques observou, a propósito de Lisboa): projetada como cidade renascentista, Salvador se realizou, objetivamente, como cidade *hamita*.

II

A tese hoje prevalecente reza que a cidade nasceu numa encruzilhada, em consequência do incremento da produção agrícola e sob pressão do crescimento populacional. Esta seria a condição de formação do fenômeno urbano, independentemente do fato de que esta ou aquela cidade particular tenha se constelado, objetivamente, em função de um local de culto ou de comércio, ou, ainda, nas cercanias de uma edificação militar. Ou seja: a revolução agrícola provocou a revolução urbana. Historicamente, portanto, o campo gera a cidade. E a cidade brota, na paisagem rural, como *locus* daqueles que já não vivem diretamente do cultivo da terra. *Locus* privilegiado. Ela é a sede do poder. O signo maior da centralização estatal emergente. O *habitat* da autoridade, do aparelho burocrático e religioso, do aparato militar. O que implica, obviamente, especialização do trabalho e existência de classes sociais. Vale dizer, um corpo social diferenciado, hierarquizado e centralizado. Assim, se o campo gera a cidade, esta, por sua vez, controla e domina o campo, do ponto de vista técnico tanto quanto do ponto de vista militar. É toda uma nova forma de ordenação social que se impõe, impensável sem a tecnologia da escrita. Sem os caracteres cuneiformes gravados em plaquetas mesopotâmicas; sem a escrita egípcia exibindo, na superposição de cruzes dentro de um círculo, o hieróglifo de *cidade*. A cidade nasce então como produto do excedente econômico e da expansão demográfica, destacando, do conjunto da população, um grupo dominante, que detém o monopólio da coerção organizada, servindo-se da escrita como instrumento indispensável ao exercício do poder. Mas esta é uma tese genética de caráter geral. Depois que a realidade urbana se instaura no planeta, os núcleos citadinos concretos podem se configurar de múltiplas formas. Veja-se o caso da cidade ibérica no Novo Mundo. Se, historicamente, em termos planetários, o campo gerou a cidade, o que aconteceu aqui, na colonização europeia das Américas, foi uma *inversão*. Para lembrar a distinção de Pirenne, a cidade europeia foi centrípeta; a americana, centrífuga. Aqui, a cidade antecedeu o campo. Ou, o que é mais preciso, coube à cidade — por menor e mais isolada que fosse — o papel de gerar o campo. De irradiar currais e plantações.

É verdade que, no espaço da colonização espanhola, isto não ocorreu de imediato. Em seu primeiro estágio, a chamada "fase caribenha" (*circa* 1493-1515), não se pode dizer, de modo aceitável, que a cidade tenha dado nascimento e forma ao campo. Ela ficou como que encerrada em si mesma. A formação imediata de uma economia mineira e o estabelecimento do sistema de *encomienda* não favoreciam o processo de criação do campo. Não abriam caminho para uma nova vida rural. Para a *hispanização* do campo. A *encomienda*, instituição tipicamente espanhola, era uma espécie de concessão. Concedia-se, por exemplo, a um espanhol socialmente destacado (que, assim, se tornava "encomendeiro") uma determinada aldeia, para que o cacique e seus índios ficassem à sua disposição, trabalhando a seu serviço nas minas. A terra continuava nas mãos dos índios e a aldeia prosseguia em sua vida de sempre. A novidade era que o cacique, a autoridade indígena tradicional, tinha de fazer seus homens, que não eram escravizados, trabalhar para o encomendeiro. Pagar tributo sob a forma de trabalho. O concessionário-encomendeiro passava a ter, para seu serviço, um lote de mão de obra indígena. Mas a aldeia permanecia lá, funcionando normalmente. O encomendeiro, por sua vez, era homem citadino. Ficava na *villa*, como todos os espanhóis, enquanto os índios permaneciam em seus *pueblos*. Resultado: um mundo dividido: a cidade espanhola, o campo índio. Assim, a criação do campo pela cidade só vai acontecer mais tarde, no final ou com a falência da fase mineradora. Com o esgotamento dos depósitos aluvionais de minério e o forte declínio da mão de obra indígena. Nesse momento, diante da necessidade de redirecionar sua economia e recompor demograficamente o território conquistado, é que as cidades de Hispaniola (hoje, República Dominicana e Haiti) e de Cuba vão criar uma existência e uma produção agrícolas, com a construção de engenhos, a plantação da cana-de-açúcar e a importação de escravos africanos. Em seguida, com a conquista do México e do Peru, espanhóis que não eram encomendeiros irão comprar terras para plantar e criar gado, com vistas ao mercado urbano. As próprias *encomiendas* vão terminar não se diferenciando dessas propriedades. Até que predomine a *hacienda*, entidade realmente agrária, hispanizando o campo.

Houve retardamento também no Brasil. Mas este foi maior — afinal, antes de a Cidade da Bahia aparecer nos mapas, a América Espanhola já contava com a Cidade do México, a do Panamá, Bogotá, Quito, Lima, La Paz, Assunção do Paraguai e Santiago do Chile —, e por outra razão. De início, os lusos pensaram em colonizar o Brasil à africana, reproduzindo, ao longo do litoral, a prática da implantação de fortes e feitorias. Só adiante, quando viram o risco de perder o território ultramarino, foi que se decidiram pela colonização à espanhola — isto é, pela conquista e ocupação total das novas terras, com a construção de vilas e cidades, segundo a perspectiva de que colonizar era, sobretudo, urbanizar. Aí, sim, a cidade passou a definir e gerar o campo também na América Portuguesa. Os lusos tiveram de implantar Salvador e empreender a conquista militar do Recôncavo, para só então estabelecer os engenhos de açúcar e promover a expansão dos canaviais. Em Pernambuco, os canaviais nasceram em consequência das construções de Olinda e Igaraçu. E o mesmo se pode dizer do Rio de Janeiro: as plantações de cana-de-açúcar são posteriores à implantação da cidade, depois da expulsão dos franceses, na década de 1560. Em todos esses casos, a cidade criou o campo. O fenômeno não foi, aliás, exclusivamente americano. Aconteceu em outras partes do mundo, em condições semelhantes às nossas. Braudel tocou no assunto. Fala, primeiro, da América, "onde a Europa reconstrói as suas cidades, na realidade lançadas de paraquedas no vazio e onde os habitantes criam, quer sozinhos, quer com os indígenas, campos que dão de comer". Para, então, observar: "Passa-se o mesmo na Sibéria, esse outro Novo Mundo: em 1652, nasce Irkutsk, antes dos campos próximos que hão de alimentá-la". A partir daí, da produção do campo pela cidade, estabelece-se a reciprocidade: a cidade produz crescimento e é produzida por ele. Mas o fato é que, na América Espanhola como no Brasil, só mais tarde o campo vai gerar cidades.

Na Europa, houve cidades que surgiram de repente, criadas do nada. Tanto ao tempo da dominação romana, quanto ao longo do renascimento urbano do século XII. Mas a regra foi a formação gradual. A construção no tempo. Roma foi uma aldeia consagrada à etrusca, em base augural, somando pessoas e processos para se fazer cidade. Lisboa não chegou à construção da Torre de Belém e aos dias cosmopolitas das grandes navegações, sem ampliar aos poucos o castro de onde se originou. Paris foi um assentamento colonial romano numa ilha do Sena, antes de se tornar o centro intelectual mais brilhante da França. Marselha assentou gradualmente suas bases, para se tornar um dia o maior porto da Gália. Veneza, com sua base oriental se enriquecendo de criações góticas e renascentistas, começou como comunidade pesqueira em ilhas incultas de lagunas italianas, crescendo aos poucos como póvoa comercial, na troca de sal e peixe pelo trigo de seus vizinhos. Em suma: cidades europeias, cidades forjadas de forma progressiva, por acumulações históricas. Mas o que aponto não é a existência de um passado, o que seria banal, e sim o modo como a cidade europeia nasceu. Mais que nascer, ela se formou. Mais do que uma fundação, conheceu um processo fundacional. Foi-se configurando pela agregação gradual de pessoas em determinado sítio, onde se organizava o mercado. E incorporou progressivamente levas de gentes, pensamentos e técnicas.

Na América, ao contrário, as cidades ibéricas brotaram *ex nihilo*. Cidades criadas de um só golpe. Nascidas de projetos e decisões dos poderes ultramarinos, são criações deliberadas, urdidas entre mesas e pranchetas metropolitanas. Para surgir, assim, como cidades planejadas, concebidas racionalmente, em resposta às exigências e necessidades do processo colonizador. Lima, fundada por Francisco Pizarro em 1535, foi assentada de acordo com uma planta geométrica (uma *traza*) previamente definida. Salvador saiu de um desenho feito em Lisboa para se implantar na Bahia de Todos os Santos. E assim por diante. Por isso mesmo, a observação geral de Ángel Rama, em *A Cidade das Letras*: "Desde a remodelação de Tenochtitlán, logo depois de sua destruição por Hernán Cortés em 1521, até à inauguração, em 1960, do mais fabuloso sonho de urbe de que foram capazes os americanos, a Brasília, de Lúcio Costa e Oscar Niemeyer, a cidade latino-americana veio sendo basicamente um parto da inteligência, pois ficou inscrita em um ciclo cultural em que a cidade passava a ser um sonho de uma ordem e encontrou, nas terras do novo continente, o único lugar propício para encarnar". E mais:

"Antes de ser uma realidade de ruas, casas e praças, que só podem existir, e ainda assim gradualmente, no transcurso do tempo histórico, as cidades [ibéricas] emergiam já completas por um parto da inteligência nas normas que as teorizavam, nos atos fundacionais que as estatuíam, nos planos que as desenhavam idealmente". Em *Sor Juana Inés de la Cruz o Las Trampas de la Fe*, Octavio Paz escreveu: "O século XVI foi o século da evangelização e da edificação. Século arquiteto e artífice: conventos, igrejas, hospitais, cidades". Apenas entre fins do século XV e inícios do XVII, os espanhóis fundaram mais de duzentos assentamentos urbanos nas Américas. Os séculos XVII e XVIII levaram adiante a obra construtora. E não há dúvida: o que existe de mais importante, na história mundial da cidade, entre aqueles séculos, aconteceu no Novo Mundo. São as realizações urbanísticas que se impõem nos imensos vazios do continente americano. Mas, se falamos de diferenças entre a cidade europeia e a cidade ibérica da América, cabe falar, também, das diferenças das cidades americanas entre si. Distinguir, no conjunto das cidades ibéricas da América, a cidade hispânica e a cidade lusa. Porque elas se diferenciam sob vários aspectos. Do histórico ao urbanístico. Antes disso, porém, uma observação.

Lusos e espanhóis encontraram realidades extremamente dessemelhantes nas terras que conquistaram. Ao chegar à chamada América Nuclear, os espanhóis, ao mesmo tempo perplexos e fascinados, se viram diante de grandes impérios e cidades. De sociedades complexas, com sua nobreza, seus plebeus, seus escravos. De centros urbanos excepcionalmente populosos, tanto entre os povos mesoamericanos quanto entre os andinos. De uma arquitetura sólida e monumental e de técnicas produtivas refinadas. Do sistema asteca de escrita e do sistema numérico decimal dos incas, o *quipu*, que permitia a elaboração de arquivos, censos e estatísticas. Os portugueses, não. Encontraram aldeias, a agricultura de coivara, malocas de palha, índios nus. A distância entre esses mundos culturais — o dos astecas e incas e o dos tupis e jês — era uma distância estelar. Astecas e incas estavam para os tupis algo assim como Roma esteve para os primeiros habitantes da Península Ibérica. Apresentava-se ali — em Tenochtitlán e Cuzco, mas também em centros regionais como Quito, Cholula, Tlaxcala e Tzintzuntzan — o espetáculo das civilizações urbanas. É bem verdade que, se tivessem começado sua conquista territorial pela Amazônia, os portugueses teriam deparado sociedades altamente estruturadas, estratificadas (com a prática da escravidão em larga escala), autoras de obras físicas extraordinárias, culturalmente originais, com sítios densamente povoados. Eram os chamados "cacicados complexos" da Amazônia. Mas os lusos não iniciaram por aquelas terras sua aventura tropical ultramarina. Deram não só seus primeiros, como seus segundos e terceiros passos, pela margem atlântica do Brasil, onde só havia tabas.

O império incaico impressionou os espanhóis. Com o porte e a beleza das cidades, as obras de arquitetura, as vias de comunicação ligando Cuzco a todo o altiplano andino e a agricultura em terraços, plantados e irrigados a mais de 3 mil metros de altitude. Um império de templos, palácios, estradas e esculturas megalíticas, que se estendia de Cuzco a Quito e ao lago Titicaca, avançando ainda por terras da Colômbia e do Chile. Ali estava uma civilização urbana digna de nota. Cuzco era cidade rica e febril, com seu imponente templo do Sol, rebrilhando em ouro e prata. O império asteca, por sua vez, era uma instável confederação de cidades-estado. Tenochtitlán — a jovem capital imperial, "resplandecente metrópole do século XVI", na definição de Jacques Soustelle em *Os Astecas na Véspera da Conquista Espanhola* —, cidade lacustre, como Veneza, cobria uma superfície de mil hectares e possuía uma população de cerca de 300 mil habitantes. Os espanhóis, ao vê-la pela primeira vez, à noite e à distância, descreram de seus olhos. Grandes torres, templos e pirâmides se erguiam da água — "*parecía a las cosas de encantamiento que cuentan en el libro de Amadís [...] [os soldados] decían que si aquello que veían, si era entre sueños*", relata Bernal Díaz del Castillo, na *Historia Verdadera de la Conquista de la Nueva España*. De perto, à luz do dia, Tenochtitlán continuou a maravilhar. Com sua grande praça central retangular, seus belos prédios públicos, o palácio de Montezuma e seu zoológico de serpentes e jaguares, os jardins elevados em terraços, o mercado agitado e colorido, o vaivém dos barcos nos canais, as pontes elevadiças de madeira, o luxo de mantos bordados, plumas e joias de ouro dos moradores mais ricos, a clareza do traçado de suas ruas longas, largas e retas, alinhadas em desenho ortogonal. Na síntese de George C. Vaillant, em *La Civilización Azteca*, "em contraste com as aldeias grises e as colinas queimadas da Espanha, Tenochtitlán deve ter parecido um paraíso, graças a seus jardins verdes e edifícios brancos, que se assentavam no centro dos lagos azuis, circundados por altas montanhas". Os espanhóis não apenas encontraram esses formidáveis núcleos urbanos. Eles conquistaram, ressemantizaram e utilizaram para seus propósitos algumas das grandes cidades ameríndias. Hernán Cortés destruiu Tenochtitlán. Em 1533, foi a vez da tomada de Cuzco, coração do império inca. "O triunfo deve ser evidente, claro, carregado de efeito de demonstração: os lugares sagrados do novo culto surgem muito frequentemente sobre as ruínas dos velhos templos. O exemplo mais notório é seguramente o da igreja erguida — em sinal de vitória, de desprezo, de supremacia — no topo da pirâmide de Cholula", escreve Ruggiero Romano. O caso de Tenochtitlán diz tudo. A Cidade do México foi construída sobre a capital asteca destruída. A praça principal espanhola (atual Zócalo), sobre a praça principal ameríndia. A catedral, sobre o templo de Huitzilopochtli e de Tláloc, o deus da chuva. O palácio do governador, sobre o de Montezuma. E é claro que nada disso aconteceria na América Portuguesa.

Também os colonizadores ingleses não encontraram cidades indígenas no que hoje são os EUA. Elas haviam desaparecido antes de eles chegarem. Em *Vida nas Cidades*, Witold Rybczynski nos fala de culturas urbanas indígenas como a do Mississippi — cuja maior cidade foi Cahokia (onde hoje está Saint Louis), alcançando seu apogeu no século XII, com 40 mil habitantes — e a anasazi, cujas cidades mais famosas, localizadas em Mesa Verde e Chaco Canyon, floresceram entre 1100 e 1300, para então desaparecer subitamente, por razões ignoradas. Quando os espanhóis entraram na região, viram somente suas ruínas. Os colonizadores ingleses não toparam mais do que aldeias em seu caminho, como as dos algonquinos e iroqueses. Comentando o assunto, Rybczynski pontua que não havia, por parte dos puritanos anglo-americanos, "qualquer intenção de catequizar os índios". Para, então, fazer uma observação estapafúrdia, afirmando que, mesmo que houvesse tal intenção, seria difícil empreender um esforço catequético, "porque não havia uma grande cultura indígena e não existiam cidades". Ora, também no Brasil não havia cidades — e sacerdotes de diversas ordens religiosas desenvolveram um espantoso trabalho catequético. Em especial os jesuítas, muitos dos quais se moviam em maré milenarista. Para executar seus propósitos, eles criaram, inclusive, uma forma própria de aldeamento. Porque catequese nada tem a ver com a existência ou inexistência de cidades. Não é um problema urbanístico, mas uma questão cultural. A explicação da indiferença superior do pastor puritano, lacrado em copas étnicas, e do empenho quase sobre-humano do jesuíta, no campo missionário, está nos mundos culturais que eles habitaram e nos quais estavam enraizados.

III

Se espanhóis e lusos se irmanavam no zelo catequético (e a Companhia de Jesus foi criação de Inácio de Loyola, um ibérico descendente de judeus), vamos encontrar, na localização no espaço geográfico, uma grande diferença a distinguir as cidades que eles fizeram construir no Novo Mundo. Na América Espanhola, as cidades foram situadas principalmente no interior dos territórios conquistados. Sérgio Buarque, em *Raízes do Brasil*, observa: a colonização castelhana "parece fugir deliberadamente da marinha preferindo as terras do interior e os planaltos". Mas não foi bem uma questão de preferência, e sim de ideologia, geografia e economia. Na América Portuguesa, diversamente, não ocorreu uma ocupação imediata de terras interioranas. As cidades surgiram no litoral, com repercussões futuras em todas as dimensões da vida social e cultural do Brasil, do delineamento do perfil atlântico da malha urbana brasileira ao estilo do viver litorâneo que aqui se definiu.

Por conta disso, fixou-se a tese do "caranguejismo" como um dos traços peculiares e mesmo individualizadores da experiência histórica brasileira, nos primeiros séculos coloniais. Não é. Partilhamos o suposto "caranguejismo" com os norte-americanos. Na linha de frente da colonização inglesa, em terras hoje norte-americanas, o que se viu foram cidades litorâneas, portuárias, a exemplo de Boston, Newport e Nova York. E os anglo-americanos, aliás, foram mais lentos do que nós. No começo do século XIX, o vale do Mississippi marcava o ponto extremo do povoamento nos EUA. Ou, como escreveu Darcy, em *As Américas e a Civilização*: "Depois de dois séculos, as treze colônias ainda arranhavam a costa ['como caranguejos', faltou dizer], desconhecendo o interior". Foi somente a partir da segunda metade daquele século que os ianques começaram a conquistar o "velho oeste" — extenso território estendendo-se dos vales do Missouri e do Mississippi ao litoral do Pacífico —, dizimando índios, aviando diligências, abrindo caminho para o ouro descoberto em 1848 na Califórnia, disparando a cavalaria, despachando pistoleiros e prostitutas, assentando trilhos de trem. Além disso, que tal inverter os termos, e dizer que os espanhóis adentraram a terra como lhamas, refugiando-se em planaltos e deixando o litoral no abandono? Teríamos então o "caranguejismo" de um lado e o "lhamaísmo" de outro? Não é bem assim. Tradições urbanas diversas, fontes e bases econômicas dessemelhantes e a disposição da rede de assentamentos ameríndios foram fortes condicionantes das localizações diferenciadas de espanhóis e lusos nas Américas.

Mas vamos com mais vagar. Em inícios do século XVII, Frei Vicente do Salvador, autor da primeira *História do Brasil* escrita por um brasileiro, fez a seguinte anotação: "Da largura que a Terra do Brasil tem para o sertão não trato, porque até agora não houve quem a andasse por negligência dos portugueses, que, sendo grandes conquistadores de terras, não se aproveitam delas, mas contentam-se de as andar arranhando ao longo do mar como caranguejos". Citada por Sérgio Buarque em *Raízes do Brasil*, a declaração ganhou celebridade, passando a ser repetida *ad nauseam*. Todos desandaram a falar, em tom depreciativo, do "caranguejismo" da colonização lusitana.

Do seu confinamento comodista em terras litorais. Mas a afirmação de Frei Vicente é duplamente injusta. De uma parte, porque se refere, com desdém, ao que foi uma proeza, não só exigindo determinação e coragem, como cobrando alto preço em vidas: a obra do assentamento lusitano na fronteira atlântica dos trópicos brasílicos. As primeiras vilas não se implantaram, na orla marítima do Brasil, sem muitas guerras. Ao tentar desembarcar no Rio Grande do Norte, Aires da Cunha foi recebido por balas e flechas de franceses e potiguares. Cerca de setenta portugueses morreram na refrega. E Cunha bateu em retirada, naufragando sem deixar vestígios. Olinda foi construída em combate aos caetés. Igaraçu não teve sossego. A pequena póvoa de Nazaré, erguida onde hoje se encontra São Luís do Maranhão, sofreu com o cerco indígena. A conquista de Sergipe, com o objetivo de estabelecer comunicação por terra entre Olinda e Salvador (por mar não era nada fácil, ao contrário do que supôs Sérgio Buarque: as águas andavam infestadas de franceses e fortes ventos contrários empurravam navios para pontos imprevistos, como Camamu — canhões e monções no caminho, portanto), vinculando os dois principais núcleos da colonização portuguesa, resultou numa guerra que se estendeu de 1575 a 1590 — quinze anos de luta, com milhares de mortos. Ilhéus, como Porto Seguro, morreu nas mãos dos aimorés. No atual Espírito Santo, os goitacases (de goitacá, corruptela de *waitaká*) cobriram de flechas a tentativa colonizadora de Vasco Fernandes Coutinho. O Rio foi conquistado em luta armada. E Frei Vicente não deveria desprezar o esforço e a morte de tanta gente. Manter-se na franja do litoral era já uma façanha. E nenhuma contestação mais direta do "caranguejismo" do que as palavras de Duarte Coelho ao rei de Portugal: "Somos obrigados a conquistar por polegadas a terra que Vossa Alteza nos fez mercê por léguas".

De outra parte, a observação de Frei Vicente é injusta, ainda, porque, enquanto ele escrevia sua *História do Brasil*, não só o litoral brasileiro estava sempre sujeito a investidas de piratas e invasores estrangeiros (por isso mesmo, pelo menos quinze fortalezas foram construídas, entre os séculos XVI e XVIII, para defender a Bahia de Todos os Santos — e o próprio Frei Vicente, aliás, foi prisioneiro dos holandeses), os quais chegaram a dominar Pernambuco por um bom tempo, como lusos e brasileiros haviam já ultrapassado a faixa litorânea e começado a se embrenhar pelos sertões. Desde o século XVI, bandeiras voltadas para a captura de índios e a procura de metais preciosos marcavam a vida baiana. Simultaneamente, a Casa da Torre, belo solar barroco situado na atual Praia do Forte, foi avançando para o sertão com seus currais e suas boiadas, para chegar a compor, ainda no século XVII, um verdadeiro império territorial, no interior do qual, alguém o disse, caberia um Portugal inteiro. Em resumo, jamais a colonização lusitana iria adiante, na conquista do extenso território brasileiro, se não conseguisse dominar o litoral, imenso peito aberto para o mar, com fortes, feitorias, vilas, cidades, engenhos e plantações. Para isso, os portugueses tiveram de enfrentar outros europeus (ao contrário de espanhóis e norte-americanos, que nunca experimentaram ameaça realmente séria de invasão e conquista de seus territórios) e diversos grupos indígenas, que tudo fizeram para confiná-los à orla marítima. Eles não estavam simplesmente "arranhando" o litoral, mas assentando as bases de um império no ultramar. Bases sólidas, sem as quais não teriam nem manteriam sequer a posse das terras definidas no Tratado de Tordesilhas. E perderiam o Brasil. Só depois de assegurar o controle das praias brasileiras e de sua hinterlândia mais imediata — mesmo assim, deixando um vazio imenso entre o sul de Salvador e o norte da baía de Guanabara — é que poderiam, de fato, se arriscar sertão adentro. E não foi nada fácil impor esse domínio. A ocupação do litoral brasílico foi feita com enormes sacrifícios. Com pólvora e sangue. Tentar caracterizar tal empreitada política, militar e cultural em termos de "caranguejismo" é falsificar os fatos. É querer reduzir uma empresa histórica de alta envergadura a uma cena de comédia e preguiça.

Um aspecto relevante, para a discussão do tema da localização dos sítios urbanos espanhóis e portugueses na América, está na espécie de relacionamento que esses povos entretinham com o mar. Em *A América Latina na Época Colonial*, Stuart B. Schwartz e James Lockhart tocam no assunto: "Embora a Península Ibérica seja cercada de água, Castela fica no interior, cercada de terras, e marinheiros não tinham lugar em sua sociedade". Acontece que América Espanhola e América Castelhana são expressões equivalentes. Permutáveis. Lockhart e Schwartz: "A América espanhola é, com mais propriedade, a América castelhana, mantida pela coroa de Castela, conquistada e colonizada por súditos castelhanos. Assim, a experiência individual de Castela torna-se especialmente relevante. Castela, que dominava o núcleo da Península, com mais terra e gente do que os dois outros grandes reinos de Portugal e Aragão, era também o mais interior, voltado para dentro de si e etnocêntrico". No século XVI, com cerca de 80% da população espanhola e senhora de cerca de 70% das terras do que é hoje a Espanha, tendo Madri encravada no centro desse território, Castela — à exceção de um pedaço distante de seu sudoeste, de Sevilha para o sul — vivia solenemente de costas para o mar. Bem outra era a realidade lusitana. Portugal contava com cidades que se davam bem com a praia e o mar. Cidades que, embora situadas em estuários, eram percebidas acima de tudo como marítimas. "Lisboa,

Cidade Marítima" é, por sinal, o título de um ensaio de Oliveira Marques. Nele, o historiador começa por citar uma cantiga de João Zorro, de finais do século XIII, na qual Lisboa se debruça não sobre o Tejo, mas sobre o mar. Talvez, continua Marques, para os portugueses da Idade Média o Tejo só começasse muito para montante, onde as marés deixavam de se fazer sentir. "Claro está que, se Lisboa ficava sobre o mar, com mais forte razão seriam considerados marítimos os lugares de rio abaixo." E esta percepção marinha alcançou o tempo das viagens ao Novo Mundo. Viana do Castelo, muito antes de se tornar município, em 1258, era já uma comunidade marinha. E quando Diogo Caramuru lá nasceu, o que havia ali, junto à foz do Lima (que recebeu da Antiguidade o mito do Letes: o rio do esquecimento, lavando a memória de quem o atravessasse), era uma povoação atlântica, íntima das viagens por mar. Em *Portugal, a Terra e o Homem*, Cortesão definiu Viana como a "capital marítima" do Minho. E em *Os Mareantes de Viana e a Construção da Atlantidade*, Manuel António Fernandes Moreira escreveu: "As colmeias de pescadores e os grupos de mareantes contribuíram, decisivamente, para o progresso urbanístico, econômico e social do litoral português". Não surpreende, pois, que, enquanto os espanhóis erguiam no Novo Mundo núcleos urbanos localizados à madrilenha, Portugal tenha construído cidades talássicas.

É certo que tais tradições divergentes contaram na escolha dos sítios das cidades. Para os lusos, era natural ter póvoas e centros urbanos marítimos, como a própria capital portuguesa. Para os castelhanos, lugar de cidade era no interior (mesmo Sevilha ficava a quilômetros do litoral, aonde seus navios chegavam graças à fácil navegação no Guadalquivir). Mas é claro que isto não explica tudo. Havia, desde logo, o fator geográfico. Não nos esqueçamos de que o litoral sul-americano do Pacífico — estendendo-se da região de Santiago do Chile à Colômbia — é uma longa zona desértica de cerca de 180 mil quilômetros quadrados. Trata-se do deserto de Atacama, imensidão árida, com seus salares, gêiseres e flamingos. Uma das regiões mais secas e expulsivas do mundo. E se ao norte do Chile abre-se o Atacama, ao sul vê-se outro extremo. O gelo toma conta da paisagem. É difícil viver e sobreviver ali. Ainda hoje, a densidade demográfica da região é baixíssima, com a maioria de sua pequena população concentrada em Punta Arenas, no estreito de Magalhães. As montanhas dos Andes, que então guardavam formidáveis riquezas minerais, ficam mais para o interior. E era ali, em terras interioranas, que viviam as populações indígenas. Índios e espanhóis não teriam razão alguma para eleger o deserto ou o gelo como espaço feito sob medida para o bem viver. Afora isso, também não será demais lembrar que, quando havia exigência político-econômica e as condições eram propícias, os espanhóis nunca se recusaram a estabelecer cidades na orla do mar, a exemplo de Santo Domingo, Havana, Veracruz, Cartagena e Acapulco, entre outras. E a localização litorânea de novas cidades estava não apenas prevista, como também devidamente determinada nas *Leyes*. Se o assentamento vai ser edificado na linha costeira, ordena-se levar em consideração a qualidade do porto (*"en la costa del mar, sea el sitio levantado, sano y fuerte, teniendo consideración al abrigo, fondo, y defensa del puerto"*). Situar a *plaza mayor* no embarcadouro (e não no meio da povoação, como nos núcleos interioranos). Não deixar que o mar fique ao sul ou a oeste da cidade. Implantar a igreja de tal forma que ela seja sempre vista pelas embarcações que se aproximam ou se distanciam do porto.

Mas não nos esqueçamos de que a localização dos agrupamentos indígenas mais complexos e dos grandes focos de riqueza mineral foi determinante para a distribuição espacial dos espanhóis nas Américas Central e do Sul, ao longo da primeira metade do século XVI. Lembre-se que os castelhanos se serviram da malha indígena que já existia. Que os locais das maiores e mais ricas jazidas de prata logo se converteram em cidades. Ou, ainda, que um deslocamento na localização das minas podia fazer, de uma hora para outra, com que antigos centros se tornassem cidades fantasmas — e seus raros moradores, saudando algum visitante inesperado, retirassem a cabeça junto com o chapéu. No Brasil, diferentemente, o litoral ofereceu terras férteis para a expansão dos canaviais. Os engenhos não deviam ficar longe do litoral, já que despesas com transporte reduziriam seus lucros. E nossa inserção no comércio internacional, com as exportações de açúcar, exigia estruturas portuárias, levando os lusos a fixar cidades na linha litorânea ou na proximidade do mar, como as que tinham em Portugal. A dimensão econômica pesa para valer. E, quando o fulcro da economia se desloca, carrega as coisas consigo. Ao dar o ar de sua graça em fins do século XVII, no centro territorial da colônia — principalmente em Minas Gerais —, o ouro brasileiro fez surgir, ao seu redor, todo um rosário de vilas ricas. Do mesmo modo, os espanhóis conduziram seu processo colonizador em função do lucro e da riqueza. Concentraram suas energias nas zonas que ofertavam ouro e prata. Mas deixaram o resto de seu território no abandono. Em abandono talvez maior do que aquele a que foi relegado o sertão brasileiro, ao longo da Idade do Açúcar. Mas há mais — e mais importante ainda. Ao reclamar da litoraneidade lusa, Sérgio Buarque se esquece de que o Atlântico era o *axis mundi*, naquela época. E Portugal era um império atlântico. Tinha terras e interesses no Brasil e na África. A Cidade da Bahia foi pensada, entre outras coisas, como uma capital do Atlântico Sul. Porto e mercado para as triangulações Lisboa-Brasil-Angola e Lisboa-Brasil-Goa, a receber negreiros da África e naus da Carreira da Índia, que traziam para cá porcelanas, escrivaninhas e outros objetos e signos do viver chinês. Não era este o caso da Espanha. E seus filhos sul-americanos só experimentariam um deslocamento econômico, do Pacífico para o Atlântico, quando, tempos depois da conquista, Buenos Aires aparecesse como forte cidade comercial, dada a todos os contrabandos. Como disse Frédéric Mauro ("Colonizações Latinas"), "os portugueses construíram um império marítimo à maneira dos atenienses, e não um império territorial segundo os romanos, como fizeram os espanhóis".

Mas vamos adiante. Ángel Rama fala do isolamento das cidades espanholas no Novo Mundo: "Nas antípodas do critério de uma *frontier* progressiva, que regeria a colonização dos Estados Unidos e a primeira época da conquista do Brasil pelos portugueses, a conquista espanhola foi uma frenética cavalgada por um continente imenso, atravessando rios, selvas, montanhas, de uma extensão próxima a 10 mil quilômetros, deixando à sua passagem uma fileira de cidades, praticamente incomunicáveis e isoladas no imenso vazio americano, só percorrido por aterrorizadas populações indígenas". Numa comparação com o Brasil, todavia, somos tentados a ver nos domínios espanhóis a existência de uma rede de focos urbanos. No Brasil, sim, tínhamos a grande soledade. A malha urbana esgarçada, para a qual o próprio emprego da expressão "rede" soa como um despropósito, quase um disparate. Aqui, vilas e cidades reinavam em suas solidões. No século XVII, o México e o Peru exibiam cidades interligadas. Desde o século anterior, era possível falar de conexões interurbanas, como a que vinculava cidades andinas em função de Lima, ou a que conectava Zacatecas à Cidade do México e ao porto de Veracruz. No Brasil seiscentista, não era isto o que se via. Se cidades mexicanas e peruanas apareciam interligadas, cada cidade brasileira parecia simplesmente ignorar as demais, voltadas todas, como estavam, não para as tramas internas da vida continental, mas para Lisboa. E era isto o que Portugal queria. Veja-se o caso da Bahia de Todos os Santos. Lá estava Salvador, bem construída e povoada, com suas edificações militares e religiosas, a escutar os sermões de Vieira e as sátiras de Gregório. Em sua hinterlândia — o Recôncavo Baiano — haviam se formado já as primeiras vilas, como a de Nossa Senhora do Rosário do Porto da Cachoeira. Pois bem. Salvador e o Recôncavo viviam entrelaçados, solidários, aprofundando sempre mais os seus vínculos. Mas que ligações efetivas existiam entre a Cidade da Bahia e São Luís do Maranhão? Ou entre Natal e Santos? Recife, Belém do Pará e o Rio de Janeiro? Nenhumas. Não havia uma verdadeira rede urbana. Nem viária. A comunicação era praticamente inexistente. Como se o Brasil não tivesse vida interna. Como se cada cidade e as eventuais vilas do seu entorno formassem uma entidade autônoma, uma comunidade apartada, existindo apenas para si mesma. E para Portugal.

IV

Espanhóis e lusos, integrando por quase um milênio as redes dos impérios romano e islâmico, essencialmente urbanos, eram, sobretudo, moradores de cidades. Schwartz e Lockhart observam também que, se a vida na Espanha era já centrada na cidade, ela seria ainda mais urbana na sociedade que se articulou no Novo Mundo — inicialmente, no Caribe: "uma parte tão grande da população espanhola estava na cidade de Santo Domingo, em pouco tempo transformada num complexo urbano bem construído com muitos edifícios de pedra, que o nome dado à ilha começou a ser ignorado e toda a região passou a ser chamada pelo nome da cidade". E a práxis urbanística e arquitetônica, no continente americano, se deu em condições realmente excepcionais. Leonardo Benevolo: "na Europa já existem as cidades e as benfeitorias territoriais criadas na Idade Média, que bastam para as necessidades da sociedade renascentista e são modificadas só em parte; no resto do mundo, ao contrário, os conquistadores e os mercadores europeus encontram um enorme espaço vazio, onde podem realizar novos grandes programas de colonização e de urbanização". É a glória de qualquer arquiteto, diz Vitrúvio em seu *Tratado*, ao narrar o encontro entre o arquiteto Dinócrates, notável por sua beleza física, e Alexandre Magno. Ángel Rama, por seu turno, nos fala de "uma oportunidade única nas terras virgens de um enorme continente, cujos valores próprios foram ignorados pela cegueira antropológica". Em vez de realizar intervenções apenas pontuais, como nas cidades europeias, os arquitetos e urbanistas no Novo Mundo podiam construir, do nada, cidades inteiras. E construíram, espanhóis e portugueses, cidades diferentes entre si.

De início, a intenção de Portugal e da Espanha, com relação às cidades que construiriam no continente americano, foi a mesma. Criar centros urbanos seguindo um esquema geométrico. A disposição original da Cidade da Bahia mostra isso com clareza, no caso português. A realidade urbana da América Espanhola é bem conhecida, a esse respeito — muito embora o plano geométrico não tenha sido aplicado em seus movimentos colonizadores iniciais, no estágio caribenho ou antilhano. De fato, a primeira fase do processo espanhol de colonização aconteceu no arquipélago do Caribe, nas

Antilhas — e seus primeiros assentamentos, como Isabela, foram irregulares e de tipo feitorial, à lusitana. A construção da capital da ilha Hispaniola, durante o governo de Cristóvão Colombo, também não se pautou pela ordenação geométrica do solo urbano. Só mais tarde, quando Santo Domingo teve de ser reconstruída, depois de devastada por um furacão, em 1502, no governo de Nicolás de Ovando, foi que o geometrismo presidiu à organização espacial citadina. "O novo plano urbano foi a primeira instância do traçado geométrico na América", assinala Richard Morse, em "The Urban Development of Colonial Spanish America". Mas as Antilhas, depois do rápido esgotamento de suas minas de ouro, acabaram se convertendo em base para a conquista e exploração de territórios continentais, tanto na Mesoamérica quanto nos Andes. Sob o comando de Diego Velázquez de Cuéllar, os espanhóis passaram de Hispaniola para Cuba — e daí para o México. Em outra direção, deslocaram-se para o Panamá, tomando então o rumo do Peru. Entre o México e o Peru, ficavam os impérios, as sociedades complexas — em suma: o centro — das Américas. Outras zonas, como o leste brasileiro, eram "subdesenvolvidas", periféricas, ainda que não verdadeiramente marginais, como o sertão brasileiro e a Bacia do Prata. E foi ali, nas zonas centrais ou principais do continente, que os espanhóis partiram para implantar cidades lineares, geométricas, de acordo com o *chessboard layout*, a planta ou *traza* em grelha. Assim, enquanto o modelo renascentista se desfiguraria no Brasil, com o crescimento orgânico de Salvador e do Rio, a regularidade — a cidade *abstrata* — se impôs na América sob domínio hispânico.

O que tivemos na América Espanhola foi, na verdade, a aplicação de um modelo particular, mantendo o geometrismo, mas não a circularidade, dos planos urbanos renascentistas. De saída, os espanhóis se libertaram de restrições e imposições topográficas. Privilegiaram o terreno plano para a construção de suas cidades — e adotaram a planta geométrica, em reticulado, cuja origem remonta à antiga Índia e a Babilônia. Era a cidade simétrica, com uma grande praça no centro, a *plaza mayor*, e a grade de ruas largas e retas, formando quarteirões retangulares, repartidos cada um em quatro lotes, cuja ocupação era definida pelo governo. Daí que, em *Contrastes e Confrontos*, Euclydes da Cunha possa falar das "longas ruas retilíneas e retangularmente cruzadas" de Assunção do Paraguai. E o fato de Euclydes publicar isto em princípios do século XX revela uma das características centrais da matriz urbana que os espanhóis multiplicaram no continente americano. É que a cidade hispânica na América, um tanto à maneira dos centros urbanos planejados da Grécia, como que prevê e aprisiona seu próprio futuro. O esquema de suas ruas e quarteirões poderia se estender, sem afetar a planta, sempre que o crescimento da cidade o exigisse. Isto é: a planta podia se expandir indefinidamente, que o centro se manteria estável — e a cidade, morfologicamente idêntica a si mesma, em sua estrutura global. De fato, esta estrutura atravessou séculos, como no caso exemplar de Lima, no Peru. E Euclydes pôde a ela se referir no *novecento*. Escreve Benevolo: "algumas cidades que no início tinham poucas dezenas de quarteirões crescem, com o mesmo desenho, até se tornarem grandes metrópoles. O desenho inicial estabelecido no século XVI pode servir ao desenvolvimento da cidade no século XIX e em nossos dias; de fato se assemelha, por vários aspectos, a um plano regulador contemporâneo". E Rama: o projeto espanhol não considerava suficiente "organizar os homens dentro de uma repetida paisagem urbana, pois também requeria que fossem moldados com destino a um futuro, do mesmo modo sonhado de forma planificada, em obediência às exigências colonizadoras".

Outra característica central dos estabelecimentos espanhóis nas Américas é que a cidade se organiza, horizontalmente, como um ícone, um *diagrama* da ordem social: o governo e a Igreja no centro, na *plaza mayor*, e o restante da sociedade distribuído hierarquicamente pelos quarteirões, com os grupos marginalizados enxotados para a periferia. A sociedade se reproduz e se inscreve em termos icônicos, tal como está estruturada, na materialidade mesma do tecido urbano. Schwartz e Lockhart: "De um lado da praça ficava a igreja principal, de outro o prédio do conselho municipal, de outro a residência do governador ou de seu representante; as demais propriedades que davam para a praça, assim como as outras próximas, tornavam-se residências dos cidadãos locais mais importantes (em geral, os encomendeiros), que seriam as mais imponentes, de modo que logo o centro estava tomado de prédios. No entanto, os cidadãos ricos alugavam lojas que davam para a rua ou para a praça a mercadores, artesãos, cartórios e outros. Quando a cidade crescia, uma arcada logo cercava a praça. Colonos espanhóis mais humildes tinham suas casas num anel exterior de lotes, e mais além dele outros lotes eram destinados a hortas e jardins". Na periferia, fora da cidade propriamente dita, ou em sua orla sempre provisória, é que podiam ficar umas cabanas temporárias, abrigando índios (e, depois, negros) que serviam aos espanhóis. Cidade espanhola, periferia indígena, portanto. E a distribuição da população, projeção física da hierarquia social no espaço urbano, era oficialmente determinada. Rama fala, a propósito, de "uma razão ordenadora que se revela em uma ordem social hierárquica transposta para uma ordem distributiva geométrica [...] permitindo que leiamos a sociedade ao ler o mapa de uma cidade". Ao mesmo tempo, considera esta projeção ou tradução da ordem social na forma distributiva da cidade mais importante do que o modelo geométrico do xadrez. Ou, por outra, o que interessa mesmo é o "princípio reitor" que está por trás do modelo adotado. "Poderia ter sido outra a constituição geométrica, sem que por isso ficasse afetada a norma central que regia a trasladação [da ordem social para a ordem urbana]. De fato, o modelo frequente no pensamento renascentista, que derivou da lição de Vitrúvio [...] foi circular e ainda mais revelador da ordem hierárquica que o inspirava, pois situava o poder no ponto central e distribuía a seu redor, em sucessivos círculos concêntricos, os diversos estratos sociais. Obedecia aos mesmos princípios reguladores do tabuleiro de damas: unidade, planificação e ordem rigorosa, que traduziam uma hierarquia social. Tanto um como outro modelo eram apenas variações de uma mesma concepção da razão ordenadora, que impunha que a planta urbana se desenhasse *a cordel y regla*, como dizem frequentemente as instruções reais aos conquistadores."

Mas por que os espanhóis aplicaram a grelha? Muito se discutiu a propósito dos precedentes formais e da base filosófica do ambiente construído que hoje é considerado como a cidade hispano-americana "clássica". Morse examinou essas hipóteses explicativas. Alguns viram, no plano enxadrezado, um signo "do desejo imperial de domínio" e "uma necessidade burocrática de ordem e simetria". Seu paradigma, na Espanha, estaria no plano retangular de Santa Fé de Granada, fundada um ano antes da viagem de Colombo. Plano cuja inspiração foi retraçada a fontes da Antiguidade clássica. A Vitrúvio, principalmente. Para outros, Santa Fé se filiava ao *layout* das cidadelas medievais do sul da França e do norte da Espanha. Houve, ainda, quem privilegiasse os tratados medievais espanhóis derivados de Tomás de Aquino, a tradição tomístico-aristotélica, como explicação da morfologia da cidade hispano-americana — o que vem a dar no mesmo, já que Vitrúvio se alimentou da Grécia e, em matéria de urbanismo, Aquino, além de citar outro autor romano, Vegécio, mais não faz que repetir Aristóteles e Vitrúvio. É provável, também, que essa matriz prático-teórica tenha sido reforçada pela visão de Tenochtitlán, com sua praça central cercada de prédios monumentais. Spiro Kostof é outro que passa tais hipóteses em revista. Fala das cidadelas medievais como um *training ground* para a urbanização da América. Observa que o discurso em favor do plano em grelha está presente na Península, no final do século XIV, na descrição da cidade ideal feita pelo catalão Eximeniç e, mais tarde, na obra de Rodrigo Sánchez de Arévalo. Detecta a influência de Vitrúvio nas *Leyes*, assinalando que textos de Vitrúvio e de Alberti circulavam no Novo Mundo, importados por livreiros mexicanos. Ainda segundo Kostof, esse *pedigree* de planejamento era excepcional, desde que os espanhóis, em sua experiência cotidiana, praticamente só conheciam cidades desordenadas — e não contavam com nenhuma *plaza* monumental planejada, no centro da forma urbana. Daí seu fascínio por Tenochtitlán, cidade ordenada numa escala e numa magnificência que não faziam parte de suas vivências arquiteturais. Seria por isso mesmo obtuso não reconhecer que eles podiam ter-se inspirado na capital de Montezuma. Mesmo porque a Cidade do México assimilara diretamente a praça monumental e a grelha astecas. O que me parece inaceitável é a tese da "congenialidade" da *traza*. Se era "congenial", por que não deu forma a Cuzco? Por que se precisaria de um arquiteto treinado em Vitrúvio para tentar aplicá-la no Brasil? E por que não se sustentou, quando Salvador e Rio começaram a crescer por si próprias? Antes que natural, ditada pela circunstância física, conforme à própria vastidão do território americano, o esquema geométrico, para usar a expressão de Rama, foi um *parto da inteligência*. Na América Portuguesa, nada teve de "congenial" à natureza do território. O ideal, para a coroa lusitana, era a criação de núcleos urbanos ordenados, "cartesianos". Mas não só alguns núcleos se formaram de modo não premeditado, como outros, assentados inicialmente em grelha, não mantiveram a regularidade, ao crescer, em terrenos plenos de desníveis, para além de seus perímetros primeiros. Nesses casos, prevaleceu o pragmatismo lusitano, com a célebre "medida do possível".

Sérgio Buarque foi dos primeiros a comparar a cidade hispânica e a portuguesa no Novo Mundo. Mas de uma perspectiva equivocada. Para ele, a colonização espanhola se caracterizou "por uma aplicação insistente em assegurar o predomínio militar, econômico e político da metrópole sobre as terras conquistadas, mediante a criação de grandes núcleos de povoação estáveis e bem ordenados". A portuguesa, ao contrário, "cuidou menos em construir, planejar ou plantar alicerces, do que em feitorizar uma riqueza fácil e quase ao alcance da mão" (na verdade, a riqueza, em territórios castelhanos, estava bem mais ao alcance da mão). Prosseguindo, Sérgio sublinha a vontade de racionalidade, a disposição antinatural da cidade hispânica na América, tão diversa, assim, da indisciplina e da imprecisão com que as cidades portuguesas foram implantadas no Brasil. "Já à primeira vista, o próprio traçado dos centros urbanos na América Espanhola denuncia o esforço determinado de vencer e retificar a fantasia caprichosa da paisagem agreste: é um ato definido da vontade humana. As ruas não se deixam modelar pela sinuosidade e pelas asperezas do solo; impõem-lhes antes o acento voluntário da linha reta. O plano regular [...] foi um triunfo da aspiração de ordenar e dominar o mundo conquistado. O traço retilíneo, em que se exprime a direção da vontade a um fim previsto e eleito, manifesta bem essa deliberação. E não é por acaso que ele impera decididamente em todas essas cidades espanholas, as primeiras cidades 'abstratas' que edificaram europeus em nosso continente." Muito diferente é sua visão dos assentamentos luso-brasileiros. Vigoram, aqui, a extravagância e o desalinho. O desapreço pela nitidez geométrica, que expressa uma vontade construtora enérgica. "A cidade que os portugueses construíram na América não é produto mental, não chega a contradizer o quadro da natureza, e sua silhueta se enlaça na linha da paisagem. Nenhum rigor, nenhum método, nenhuma previdência, sempre esse significativo abandono que exprime a palavra 'desleixo.'" No caso espanhol, teríamos a ordem do ladrilhador. No português, os acasos do semeador. E isto pede para ser contestado. Não só porque a intenção primeira foi outra, ou porque as cidades luso-brasileiras não sejam meândricas, menos afeitas ao quadrilátero do que ao arabesco. É que a sua fantasia, a sua acomodação coleante aos caprichos do relevo, as suas concessões à natureza, não decorrem de uma postura mais de feitorização da riqueza fácil do que de firme postura de colonização. O problema está em que Sérgio, além de passar ao largo da vontade construtiva do barroco, se esquece da matriz urbanística que dominava a mentalidade lusitana — e assim acabou informando a fisionomia de nossos primeiros assentamentos coloniais. Antes que a lógica geométrica, a cidade brasileira prolonga, no Novo Mundo, o urbanismo medieval lusitano. A questão não é de postura feitorial ou de entrega ao desleixo. Mas de matriz urbanística.

Para tentar demonstrar que, no âmbito lusitano, a rotina e as "experiências sucessivas" predominaram sobre o planejamento e a razão, Sérgio escreve que "raros são os estabelecimentos fundados [...] no Brasil, que não tenham mudado uma, duas ou mais vezes de sítio, e a presença da clássica vila velha ao lado de certos centros urbanos de origem colonial é persistente testemunho dessa atitude tateante e perdulária". Sérgio não se importa de não recordar que tais vilas velhas implicam acontecimentos ou processos históricos. A "vila velha" baiana, assim como a do Espírito Santo, ficou "velha", antes de mais nada, por conta de ataques indígenas. Mas não é isto o mais importante. O que realmente conta — e é impressionante que ele não se dê conta disso — é que a "tateante e perdulária" mudança de sítio aconteceu também na América Espanhola. Desde o início. Foi tateando o terreno que os espanhóis acabaram encontrando um lugar para Santo Domingo. Buenos Aires foi fundada em 1536, abandonada em 1541 e refundada em 1580, quando enfim se fez *pueblo*, na articulação de pampa e *puerto*. A Cidade do Panamá mudou de lugar. E os portos espanhóis eram surpreendentemente móveis, como o de Veracruz, que se mudou várias vezes. Morse observa que muitas fundações urbanas hispano-americanas foram efêmeras em consequência da escolha equivocada do sítio, de ataques indígenas, da escassez de recursos naturais e possibilidades econômicas ou, simplesmente, da atração exercida por novas paragens. Diz, ainda, que muitas cidades mudaram seis ou mais vezes de lugar. Faz referência à pitoresca Nova Burgos (em Nova Granada), a chamada "cidade portátil" — porque era literalmente carregada, de um lugar para outro, nas costas de seus moradores, sempre em busca de um sítio onde os índios os deixassem em paz, cultivando o campo. Além disso, Morse cita um livro revelador, *Milícia y Descripción de las Índias* (1599), onde o caudilho Bernardo de Vargas Machuca compôs um manual para fundadores de cidades. Entre outras coisas, Machuca elabora um rito de fundação do novo núcleo: o fundador deve enterrar o punhal numa árvore, brandir a espada, desafiar ao duelo qualquer adversário, abrir clareira golpeando arbustos, proclamar seus direitos, etc., mas com a ressalva de que a cidade poderá se transferir, posteriormente, para algum local mais apropriado. Só depois disso se vai fazer a praça retangular e o quadriculado dos quarteirões. Ou seja: antes mesmo de iniciar a obra, cuida-se de anunciar sua possível mudança. Coisa que, de fato, ocorreu no Peru: os fundadores de Jauja avisaram que ficariam naquele sítio apenas até encontrar outro melhor.

Está claro que os espanhóis não replicaram, no continente americano, a cidade peninsular europeia. Rama salienta que, apesar do adjetivo anteposto aos velhos nomes com que os conquistadores designaram as regiões dominadas — Nova Espanha, Nova Galícia, Nova Granada —, não se tratou de reproduzir o modelo das cidades metropolitanas. Talvez seja melhor ver tal adjetivo nos termos de Benedict Anderson, em *Comunidades Imaginadas*. Anderson (notando, aliás, que o adjetivo se mantém mesmo quando os senhores caem, como na passagem de Nouvelle Orléans a New Orleans) lembra que o emprego de "novo" para nomear locais políticos ou religiosos não era inédito. Cita, a propósito, exemplos do sudeste asiático, mas para assinalar a diferença. Na Ásia, "novo" significa, diacronicamente, "sucessor" de algo que desapareceu. "O que é desconcertante nos nomes americanos dos séculos XVI a XVIII é que 'novo' e 'velho' eram entendidos sincronicamente", diz. "Essa inédita novidade sincrônica só podia surgir historicamente quando houvesse grupos consideráveis de pessoas em condições de se conceberem vivendo vidas *paralelas* às de outros grupos consideráveis de gente — mesmo que nunca se encontrassem, mas com certeza seguindo a mesma trajetória". Foi o que se viu no Novo Mundo. "Para que esse senso de paralelismo ou simultaneidade pudesse surgir e também ter vastas consequências políticas era necessário que a distância entre os grupos paralelos fosse grande, e que o mais novo deles tivesse um tamanho considerável e fosse estabelecido de forma duradoura, além de estar solidamente subordinado ao mais velho. Essas condições foram encontradas nas Américas, como nunca ocorrera antes." Primeiro, "a imensidão do Atlântico e as condições geográficas profundamente diferentes em cada um de seus lados impediam a forma de absorção gradual dos povos dentro de unidades político-culturais mais amplas que transformou Las Españas na Espanha e submergiu a Escócia no Reino Unido". Segundo, a imigração europeia para as Américas se deu em larga escala — o tamanho dessa comunidade migrante e sua superioridade militar, econômica e tecnológica frente aos índios garantiam sua coesão cultural e ascendência política local. Terceiro, as metrópoles tiveram meios para impor sua vontade aos ultramarinos durante séculos. Para ficar nesses termos, na América Espanhola não tivemos uma reprodução do modelo urbano peninsular, mas a criação de uma nova forma de cidades paralelas. Voltando a Rama, os conquistadores "perceberam progressivamente, no transcurso do século XVI, que se haviam afastado da *cidade orgânica* medieval em que haviam nascido e crescido, para entrar em uma nova distribuição do espaço, que enquadrava um novo modo de vida, que já não era o que haviam conhecido em suas origens peninsulares". Suas cidades são "abstratas" (Buarque), "ideais" (Rama). Cidades onde a curva do real foi submetida à régua do espírito.

Os portugueses, diversamente, superpuseram as coisas: criaram cidades paralelas que, no fim das contas, reproduziram a cidade lusitana. Por isso, Recife, sob domínio holandês, vai destoar de nossas demais cidades seiscentistas, às exceções de São Luís e Belém, ainda bem incipientes. Basta compará-la com Olinda, a "Lisboa pequena", como a chamaram naquela época. "Ao entrarem na Vila de Olinda, os holandeses já encontraram, sob o ponto de vista urbano, uma aglomeração definida, à maneira lusitana, com as características que se encontram em outras vilas e cidades do Brasil, com memórias de núcleos urbanos do Portugal ibérico. A vila tinha cerca de 2 mil vizinhos, alguns de grande cabedal, entre praças, arruamentos, igrejas, conventos e colégios, dispostos nas colinas, quer nas partes elevadas ou à meia ladeira, ligados por caminhos irregulares, na disposição que lembra o medieval das cidades informais", escreve José Luiz Mota Menezes, em "Arquitetura e Urbanismo no Recife do Conde João Maurício de Nassau". Os holandeses acharam complicado fortificar a vila, destruindo-a para se voltar para o Recife. Olinda seria incendiada em 1631, para renascer somente em 1654, com a expulsão dos batavos. Nesse período, todos os investimentos se direcionaram ao Recife, uma península, curvando-se em direção à ilha de Antonio Vaz. A ilha se transformaria na assim chamada "cidade maurícia", Mauritsstadt. Entre 1631 e 1637, já se esboçara ali, ainda nas palavras de Mota Menezes, um "outro tipo de organização urbana, que orientará a definição das ruas, praças, etc., instalando outra memória urbana, diferente, culturalmente, daquela decorrente das cidades portuguesas". Uma ponte vai ligar a ilha à península. E ambas, ilha e península — hoje, Recife —, ingressaram na esfera da racionalidade construtiva. "Nessa nova orientação", prossegue Mota Menezes, "encontra-se presente o racional, o geometrismo das cidades regulares, em face das interpretações mais singulares de Vitrúvio [...]. Assim, o primeiro choque de culturas vem se dar na nova forma de conceber o núcleo urbano, em contraponto com a maneira adotada pelos portugueses no Brasil, onde poucas são as exceções, como São Luís do Maranhão ou trechos de núcleos que se destacam por certos princípios geométricos mal esboçados. Predominando sempre o irregular sobre o regular, em disposição diferente daquelas fundações espanholas, determinadas pelas Ordenações Filipinas".

Pernambuco vai conhecer então, sob Nassau, a "razão ordenadora" do solo citadino. As quadras envolvendo a praça central, as casas flamengas, os palácios do príncipe, as drenagens à holandesa na ilha de Antonio Vaz sofrendo, como a Holanda, inundações na maré alta. Recife propriamente dita, peninsular, continuará crescendo a partir de seu traçado português, com ruas estreitas e becos. Na ilha, na Mauritsstadt, é que vamos ter o sentido geométrico renascentista que chegara ao urbanismo holandês. Foi ali que Nassau construiu Vrijburg. E encarnou o momento maior do planejamento urbano, no Brasil do século XVII. Ele próprio, aliás, concentrado na cidade maurícia, media as ruas de seu projeto urbanizador, construído, de início, com as pedras e entulhos de uma Olinda incendiada. Na reocupação lusitana do território, todavia, vai-se apagar lentamente, como disse Mota Menezes, a memória urbana holandesa. Mas, Recife à parte, o que tivemos, no Brasil, foi a construção ultramarina de réplicas das cidades lusitanas. "As características da cidade portuguesa na América se opõem às da fundação espanhola no continente e nas Filipinas. Um desenho urbano especial foi trazido pelos castelhanos para atender a vasto projeto de colonização. [...] O estabelecimento colonial espanhol contrasta com as cidades de cunho medieval na Península Ibérica e no ultramar português. É, com poucas exceções, regular, em grelha, mononuclear e tem certa nitidez de limites", esclarece Murillo Marx, em *Cidade Brasileira*. Irregular, polinuclear (a praça da Sé, a praça do governo, o centro comercial) e de limites indefinidos, a cidade brasileira aponta, com seus vícios e virtudes, a paternidade lusa. No dizer de Murillo, "o típico aglomerado medieval lusitano foi transplantado para a banda oriental americana da linha de Tordesilhas". Ainda Murillo: "Como as cidades medievais, acomodando-se em terrenos acidentados e à imagem das portuguesas, as povoações brasileiras mais antigas são marcadas pela irregularidade. Há casos extremos, como o denunciado em Ouro Preto, e outros menos evidentes, como o de Goiana em Pernambuco. É constante a presença das ruas tortas, das esquinas em ângulo diferente, da variação de largura nos logradouros de todo tipo, do sobe-e-desce das ladeiras. O sítio urbano, geralmente, decide e justifica esses traçados irregulares. E, na verdade, uma determinada ideia e imagem de cidade o escolheu para assento".

V

Mas vamos matizar. Encontram-se, na América Espanhola, casos de urbanização desordenada. E, na América Portuguesa, exemplos de racionalidade construtiva. Ao se apropriar de Cuzco, os espanhóis não alteraram praças, nem alargaram ruas. Mas o desalinho compareceu também nas cidades que construíram. J. B. Bury chama a atenção para o contraste entre os centros administrativos e os núcleos mineiros da América Espanhola. Lembra que a expansão "desinibida" da rede das ruas em Guanajuato e Zacatecas, no México, ou em Huancavelica e Potosí, no Peru, encontra paralelo perfeito no que ocorreu em cidades mineiras do Brasil. Eram assentamentos que nada tinham de geométricos. Não se encontrava ali *plaza mayor*, nem grade de ruas. Mas cidades desproporcionadas, com as construções se distribuindo em função das jazidas. Em contrapartida, tivemos, no Brasil, a racionalidade dos conjuntos barrocos de Salvador, do Rio e de Alcântara, para não falar do elenco de vilas que se vai implantar na Amazônia.

Nestor Goulart Reis Filho examinou o assunto, em suas "Notas sobre o Urbanismo Barroco no Brasil". Para ele, esses conjuntos urbanos nasceram do planejamento. Do conhecimento da ordem. E esta foi a grande novidade urbanística daqueles antigos centros, durante o século XVIII. Chamamos "conjunto urbano", aqui, um grupo de prédios (comerciais e residenciais) construídos de acordo com um projeto comum. Tomados isoladamente, cada um deles não possui maior importância arquitetônica. Não são *monumentos*. Mas, "reunidos de acordo com o desenho de conjunto, os edifícios relativamente simples dos particulares adquirem caráter monumental, que até então havia sido privilégio dos edifícios e das praças de caráter aristocrático, nas quais se instalavam as edificações públicas, as do clero e da nobreza". A natureza monumental do conjunto se mostra, assim, em seu próprio caráter de *conjunto*. Um outro aspecto relevante é que tal conjunto não é obra do poder laico ou religioso, nem empreendimento de um membro da nobreza. Mas construção de comerciantes. No Rio, o conjunto mais importante foi o do Pátio do Carmo, atual Praça XV. Em Salvador, o do Cais da Farinha, no bairro da Praia. Era um conjunto de quadras, formadas por edifícios que tinham o mesmo número de andares e o mesmo acabamento externo, de modo que o observador pensava ver um único prédio em cada quadra. E Reis Filho contrapõe sua existência à ideia de que o urbanismo lusitano fora sinônimo de desregramento. Ao contemplar os conjuntos do urbanismo barroco setecentista, o que o urbanista nos ensina é que eles surgem como "uma barreira de racionalidade formal". E há um dado importante: "Tudo nos leva a supor que o conjunto do Cais da Farinha [...] fosse influência urbanística direta dos planos pombalinos da Cidade Baixa de Lisboa. Tudo, menos um fato paradoxal: os quarteirões mais antigos do Cais da Farinha são mais antigos que o projeto de Lisboa. Já existiam em 1756, quando apenas se cogitava da reconstrução de Lisboa, destruída pelo terremoto do ano anterior. Uma parte do conjunto urbanístico da Colônia antecedeu ao da metrópole".

Ainda assim, não devemos deixar de parte as consequências políticas, sociais e culturais dos diferentes modelos urbanísticos praticados na América Espanhola e na Portuguesa, no século XVI. Nas cidades "clássicas" da América Espanhola, o que se procurava estabelecer — em vez do convívio indisciplinado, do trato social mais íntimo e aleatório, aberto às mestiçagens e aos sincretismos — era uma distância ordenada com rigor. O tecido urbano como ícone diagramático da ordem social: "as cidades da Nova Espanha são a imagem de uma ordem que abarcou a sociedade inteira, o mundo e o transmundo", diria Octavio Paz. "A palavra-chave de todo esse sistema é a palavra *ordem*", acentua Rama — a "colocação das coisas no lugar que lhes corresponde". Era uma obsessão: a cidade hispano-americana deveria ser uma rigorosa trasladação da ordem social a uma ordem urbana. A constituição física da cidade, a organização formal e geométrica do espaço urbano, estava destinada a espelhar, manifestar e assegurar a conservação da ordem social. E isto já em sua concepção primeira. Em sua *traza*. Em seu desenho gráfico. Em todo o encadeamento sígnico anterior à sua materialização. Ou, como diz Rama, referindo-se às determinações do poder espanhol: "importante é o princípio postulado nas palavras do Rei: com anterioridade a toda realização, deve-se pensar na cidade, o que permitiria evitar as irrupções circunstanciais alheias às normas estabelecidas, entorpecendo-as ou as destruindo. A *ordem* deve ficar estabelecida antes que a cidade exista, para impedir assim toda futura *desordem*". O próprio Sérgio Buarque chama a nossa atenção para as *Leyes* recomendando que, só depois da construção dos edifícios e de concluída a povoação, é que se deveria "tratar de trazer, pacificamente, ao grêmio da Santa Igreja e à obediência das autoridades civis, todos os naturais da terra". A cidade hispano-americana ideal seria aquela que começasse do nada e se assentasse no vazio. É claro que isto não é possível, historicamente. Todo indivíduo que chega, nesta ou naquela cidade, traz consigo não apenas o seu corpo, mas também um passado que não é somente seu: uma língua, um *karma*, um conjunto de crenças e valores, um elenco de práticas, um leque de técnicas. Mas é a "irrealidade" primeira do projeto que faz com que Rama fale, dos polos urbanos implantados pela colonização espanhola, como de naves extraterrestres subitamente aterrissadas em solo americano.

O objetivo da coroa espanhola era impedir que a nova realidade, provocada nas Américas pela ação colonizadora, tivesse um desenvolvimento imprevisto. Tudo tinha de estar sob controle. Daí o empenho legislativo ou codificador dos castelhanos. "Minuciosamente especificada, traduzida em prescrições que pretendiam prever todas as circunstâncias possíveis, a política social e cultural espanhola parecia descartar por completo a possibilidade de qualquer contingência inesperada, como se a sociedade que se constituísse sob os auspícios de um desígnio do poder estivesse protegida de qualquer mudança, de qualquer processo de diferenciação", escreve José Luís Romero, em *América Latina: as Cidades e as Ideias*. E aqui Romero vai ao ponto central. Ao grão da questão. As imposições legais da Espanha, no sentido de determinar o desenho de suas cidades americanas, nascem da percepção do que era visto como um perigo. Da percepção de um risco "notório demais na experiência espanhola", depois de séculos de contato e contágio com os árabes e a cultura muçulmana. Não só o risco genérico da subversão, mas o modo específico que a subversão era capaz de assumir nas formas das misturas biológicas e culturais. Nas palavras do próprio Romero, o risco da mestiçagem e da transculturação. "E para prevenir tal risco, como também o de possíveis rebeliões, pareceu eficaz constituir a rede de cidades, de sociedades urbanas compactas, homogêneas e militantes, enquadradas dentro de um rigoroso sistema político rigidamente hierárquico e apoiado na sólida estrutura ideológica da monarquia cristã". Havia, então, uma fantasia monolítica, gerada pelo temor de que a América Espanhola viesse a viver desastrosos processos de mestiçagem e sincretismo. Este foi o sentido, a disposição inaugural, a direção primeira do projeto espanhol de colonização. Foi o seu móvel básico e central. Mas tal fantasia totalitária não resistiria inteira, ao baixar dos paraísos artificiais da racionalidade para o chão de barro do real. Para o acidentado âmbito das ocupações e preocupações humanas. "Tratava-se de uma ideologia, mas de uma ideologia extremada — quase uma espécie de delírio — que, a princípio, aspirava a ajustar plenamente a realidade. Entretanto, a realidade — a realidade social e cultural — da América Latina já era caótica. A audácia do experimento social e cultural desencadeou desde o primeiro momento processos que se tornaram incontroláveis, e o desígnio foi-se frustrando", escreve, ainda, Romero.

Kostof frisa, igualmente, que os espanhóis não pensavam na constituição de sociedades inter-raciais. Os índios deveriam permanecer isolados em suas próprias póvoas — onde os brancos eram proibidos de morar — ou em espaços residenciais restritos e circunscritos, nos assentamentos construídos para castelhanos. Lembra ainda Kostof que a Cidade do México continha duas municipalidades distintas. A capital dos espanhóis ocupava Tenochtitlán propriamente dita. A população indígena tinha seu próprio governo e praça em Tlatelolco — e, além daí, se distribuía irregularmente em bairros de "nativos". O *layout* em xadrez era também, portanto, um *cordon sanitaire*. Fornecia o desenho geométrico, matemático, de cidades que afastavam. Que preveniam contra a subversão. Contra a mistura e a mestiçagem, em especial. Implantando-se com uma distribuição hierárquica do espaço urbano, aquelas eram cidades com propósito segregador. É certo que, com o tempo, o modelo segregacionista geométrico (mas ele tem várias maneiras de se expressar no espaço urbanístico — e de se constituir e reconstituir na duração histórica) seria minado. A mistura cultural e a mestiçagem borrariam gradualmente o desenho. Avançariam, erodindo divisórias, subvertendo a limpeza da demarcação territorial. Tornando as separatrizes menos e menos eficazes. Mas o objetivo original, que norteou a *traza* e sua realização física, foi este: apartar. Morse — ao abordar a erosão em *longue durée* da dicotomia entre cidades de espanhóis e núcleos de índios, "causada pela mistura racial e a troca econômica", e o apartamento de espanhóis e índios no espaço interno da cidade hispano-americana — vai falar da Cidade do México como um "caso clássico de segregação". Ali, a *traza* geométrica, com seus quarteirões regulares, encontrava-se circundada por quatro irregularíssimos bairros indígenas, em forma de "L". Esses bairros eram administrados por funcionários índios e sua função era fornecer força de trabalho à cidade central. As fronteiras, prossegue Morse, foram se dissolvendo em decorrência da miscigenação e da redução da proporção numérica de índios para brancos. Surgiram, então, os conflitos. Distúrbios índio-mestiços. E veio a rebelião de

1692. O poder se esforçou então para "restaurar o arranjo dicotômico original", diz Morse, citando o relatório de uma comissão oficial criada para tratar do assunto, onde se lê que os índios deveriam ser congregados de volta em seus bairros, confinados neles, sem que sua presença fosse admitida no centro da cidade. Mas, àquela altura, a tendência para a mistura étnica e de culturas se tornara irreversível. E as novas tentativas segregacionistas do final do século XVIII fracassaram. Justamente ao contrário do que pretendiam os poderes metropolitano e colonial, a cidade foi e continuou sendo um espaço de trocas físicas e culturais.

Os portugueses foram mais flexíveis e pragmáticos. Não colocaram a segregação como princípio central de seu projeto colonizador e da construção de suas cidades tropicais. "Esse não foi o propósito de Portugal e, por isso, no âmbito da colonização portuguesa, o processo foi mais pragmático", avisa-nos o supracitado Romero. Na América Portuguesa, o que aconteceu foi a emergência de uma cidade menos sujeita a regras e mais indisciplinada, conforme o eram suas antecessoras em Portugal. Uma configuração urbana mais relaxada e convivial. Cidades que, por isso mesmo, favoreciam a mistura, o sincretismo, a mestiçagem. Muito mais, inclusive, do que a cidade islâmica, e mesmo do que a Lisboa cristã, já que não apresentavam a espécie de "apartheid cotidiano" que nelas vigorava. Oliveira Marques deu ressalte a este aspecto: "A compartimentação da cidade islâmica, em bairros separados, às vezes amuralhados, constitui outro princípio definidor da cidade medieval. Cada 'religião' habitava sua área, os cristãos num bairro, os judeus noutro, os muçulmanos noutro, evidentemente maior e melhor. Mas entre os próprios muçulmanos se estabeleciam divisões, correspondendo a cada qual seu bairro distinto. Os árabes não conviviam com os berberes e, entre árabes ou entre berberes, diferenciações tribais, cada uma com seu reflexo econômico, exigiam separação de áreas. Este 'apartheid' da vida cotidiana transformava a cidade islâmica num somatório de pequenas cidades em miniatura, cada qual com seu centro econômico, sua mesquita (ou igreja, ou sinagoga) e seu estilo de vida próprio". É certo que existiam espaços de convívio e integração. Na mesquita central (para os muçulmanos), no centro econômico. "Como a catedral cristã, a mesquita servia de templo de oração, de clube social, de casa da câmara, de parlamento e de escola." Mas o *apartheid* da vida cotidiana se mantinha em vigor. A Lisboa muçulmana era claramente segregacionista. Como segregacionista foi — menos, mas não muito — a Lisboa cristã.

Nesta, o espaço das "judiarias", como a da Alfama, era bem demarcado. Os judeus viviam em bairros próprios, limitados e delimitados. A depender do momento, das conjunturas, bairros se transformavam em guetos. É o que nos diz Maria José Ferro Tavares, em *Os Judeus na Época dos Descobrimentos*. As comunidades judaicas de Lisboa e de Évora eram fechadas por portões. "Limitada por portas que se abriam ao nascer do sol e se encerravam ao pôr do sol, a rua ou o bairro dos judeus continuou a ser frequentado por homens e mulheres cristãs que aí se iam abastecer de produtos e artigos, nacionais e importados, ou usar a arte de um mesteiral mais hábil. As portas procuravam cercear uma convivência que se julgava perniciosa, entre crentes e infiéis, sobretudo quando os elos podiam ser as mulheres de um ou outro lado." Mais tarde, a barra pesou de vez. Maria José: "No início do século XV, judeus e cristãos ocupavam o espaço do concelho [município], desenvolvendo entre si laços de vizinhança. As relações entre uns e outros foram sofrendo, ao longo desta centúria, oscilações comportamentais que evoluíram da integração completa no relacionamento diário às exclusões física e espacial e, por fim, à xenofobia religiosa que levou à rejeição da minoria [judaica]". Na América Portuguesa, não. O *apartheid* não vingou. Aqui, as divisões nunca se fixaram com tal nitidez. As coisas foram sempre mais atenuadas, ambíguas e confundíveis. Os cristãos-novos se misturaram, integrando-se ou se dissolvendo nos interstícios da sociedade escravista-colonial, como nos mostrou Anita Novinsky, em *Cristãos-Novos na Bahia*: "O cristão-novo no Brasil apresenta algumas características extremamente interessantes e que o distinguem nitidamente dos cristãos-novos que emigraram para os países do norte da Europa ou para o Levante. Miscigenou-se com a população nativa, criou raízes profundas na nova terra, integrando-se plenamente na organização social e política local. Esta organização, ao mesmo tempo que permitiu a integração e acomodação do cristão-novo, sofreu reciprocamente, deste, profunda influência". Os índios, quando aliados, não foram escorraçados ou eliminados. Misturaram-se com os ádvenas. Garcia d'Ávila, o senhor da Torre de Tatuapara, se casou com uma índia tupinambá, Francisca. E a filha deles, Isabel, mestiça brasileira dos campos de Itapoã, casou-se com um neto do Caramuru e da Caramurua, descendente, como ela, dos canibais de Kirymuré. E Garcia casou uma segunda vez, desta volta com uma judia, Mécia Roiz, que nunca abriu mão de práticas judaicas, ao sol de Praia do Forte. O que não quer dizer — sublinhe-se, em viva cor — que não houvesse preconceitos, discriminações e perseguições. O que não havia era o *apartheid* sociorracial inscrito no organismo urbano, seccionando-o ou expelindo oficialmente a gente de "sangue impuro" ou não branca para bairros ou distritos isolados nas franjas pobres e sujas da cidade.

Uma realidade algo difícil de apreender hoje em dia, quando a segregação socioespacial é verificável nas maiores cidades do país e mesmo em cidades menores, como Natal, dividida entre os que moram na vizinhança do centro e do Parque das Dunas e os que moram na Redinha, em Pajuçara ou na Lagoa Azul. Existem favelas, hoje, em toda a extensão do território brasileiro. E a realidade é a mesma, com quadrilhas profissionais, tráfico de drogas, repressão policial em descontrole, pedofilia e prostituição de menores — nos antros das igrejas e nos altares das gangues. A expansão urbana do país, ao longo do século XX e entrando pelo século XXI, aconteceu sem qualquer equilíbrio. Conhecemos, como nunca antes, a segregação espacial em base econômica. Espaços urbanos compráveis pelos ricos, quase sempre encerrados no âmbito de prédios e condomínios entrincheirados, com redes elétricas de proteção e guaritas de segurança, e espaços forçosamente determinados para os pobres. A massa proletária e subproletária não só não teve acesso aos serviços públicos mais elementares, como assistiu à segmentação implacável do sítio urbano. Mas esta não foi sempre a regra. A segregação espacial, montada na estratificação social, não existiu desde sempre, de forma tão aguda, no Brasil. É uma característica de nossa cidade moderna. Mas não era assim que as pessoas viviam nos núcleos urbanos coloniais. E mesmo durante boa parte do período imperial. Em termos de arquitetura e urbanismo, nos habituamos a falar de uma grande divisão histórica, separando cidades barrocas ou coloniais de cidades modernas. Seria melhor empregar expressões mais precisas. Falar da existência de uma cidade *barroco-escravista* e de uma *competitiva-moderna* (ou contemporânea), na história urbana do país. A cidade barroco-escravista não segregava nitidamente as pessoas, em termos socioespaciais. Havia divisões, mas não a espécie atual de *apartheid*. Em comparação com a cidade capitalista contemporânea, pode-se dizer que a velha cidade barroco-escravista quase não separava seus moradores. É um paradoxo. O regime escravista é o que mais rispidamente distingue os indivíduos. A democracia capitalista afirma que todos são iguais, em letra de lei. Mas enquanto a cidade brasileira contemporânea é ostensivamente segregacionista, na ordenação espacial de suas classes sociais, a cidade barroco-escravista mais agregava que apartava. Na cidade competitiva moderna ou contemporânea, os limites socioeconômicos entre os indivíduos coincidem, exata e pontualmente, com as fronteiras espaciais que os separam. Nunca o *apartheid* foi tão claro. Na cidade barroco-escravista, diversamente, senhores e escravos condividiam o mesmo espaço central citadino. E conviviam, vizinhos ou quase vizinhos, por quase todo o território urbano.

Mas o termo de comparação, aqui, é a cidade hispano-americana clássica. Se as *Leyes* determinavam manter os índios à distância da cidade que se edificava, o que ocorreu no Brasil foi o inverso. O governo português quis a mão de obra indígena na construção de Salvador. E os tupinambás se engajaram na obra construtiva. O caso de São Paulo é ainda mais extremo. A cidade nasceu não de uma determinação da coroa lusitana, mas a partir de um aldeamento jesuítico que incorporou brancos e mamelucos à sua população. Ainda no século XVIII, a língua portuguesa era superada pelo tupi na comunicação interpessoal cotidiana de seus moradores. Na Bahia, a relação entre senhor e escravo começava no espaço doméstico e se prolongava no espaço urbano. Brancos frequentavam feitiços bantos. A presença de pretos e pretas era visível em todos os pontos da cidade — do mercado à missa. Em *O Rio de Janeiro no Século XVII*, Vivaldo Coaracy observa que, naquele cento de anos, "caldeava-se a população carioca, uma população rude e áspera, agressiva e tenaz". E, em *D. João VI no Brasil*, falando também do Rio, mas já do século XIX, Oliveira Lima acentua a presença central de negromestiços no "espetáculo das ruas". Era o Rio cidade atravessada, de uma ponta a outra, pelo "incessante movimento popular de negra algazarra e negra alegria". Tardia foi a chegada de africanos escravizados no planalto de Piratininga, ali na virada do século XVII para o XVIII. Mas, já na década de 1730, São Paulo contava com uma igreja de Nossa Senhora do Rosário dos Pretos. Como a cidade não tinha um mercado de gêneros alimentares, as "pretas do tabuleiro" vendiam de tudo pelas ruas. E, não havendo iluminação nos largos e pátios locais, suas quitandas fixas clareavam a noite com o fogo dos rolos de cera presos nas guardas dos mesmos tabuleiros, como nos lembra Ernani Silva Bruno, em *História e Tradições da Cidade de São Paulo*. No início do século XVIII, a cidade se concentrava ainda na colina histórica, em seu triângulo seiscentista, delimitado pelos rios Tamanduateí e Anhangabaú. Tudo se passava dentro desse triângulo. Havia divisões, como foi dito. A gente mais pobre morava de um lado; a gente mais rica, de outro. Mas bastava dar alguns passos para ir de um a outro lado. Todos se viam e, de alguma forma, interagiam. E diversamente do que acontecia na Cidade do México, todos partilhavam a zona central da cidade. Em São Paulo, em Salvador, no Rio, em Ouro Preto, no Recife.

Vidas embaralhadas. A existência de senhores e escravos e, ao mesmo tempo, a inexistência de muros e portões separando "etnias", ou de uma cidade a reproduzir de modo rigorosamente icônico-diagramático a ordem social, como acontecia na América Espanhola, apontava para um convívio permissivo, que de fato se realizava. Para uma existência amontoada — não só nas ruas, mas nas casas geminadas, coladas umas nas outras, com "parede de permeio" — e mesmo promíscua. Tinha-se de qualquer lugar, sempre e imediatamente, a visão do "outro". A "alteridade" não estava fora, mas dentro dos limites urbanos. Dentro do sobrado, inclusive. E tudo isso foi fundamental para que nossas cidades, à sua maneira, não fossem simplesmente lusas. Para a sobrevivência e a afirmação de formas africanas de cultura em nosso ambiente construído. Para a configuração, em nossos trópicos, de uma sociedade simultaneamente hierárquica e informal, violenta e lúdica, desigual e gregária. Da espécie de sociedade mestiça que fomos — e que somos.

3.
CIDADES DO OURO, CIDADES DA AMAZÔNIA

I

No Brasil do século XVII, tivemos a coexistência das duas espécies básicas e dessemelhantes de cidade: a orgânica, tecida entre o pragmático e o aleatório, e a planejada, com sua estética geométrica. Coexistência encontrável tanto no interior de um mesmo núcleo urbano — caso de Salvador, com sua grelha flexível, sem a rigidez do traçado hispânico, estirando-se em desalinho para fora da mancha matriz —, quanto entre núcleos distintos. De um lado, Olinda, senhoreando colinas. De outro, a vila de São Luís do Maranhão, primando pela claridade formal, e a de Belém, espécie de polígono, em seu terraço entre a Baía de Guajará e o Rio Guamá.

Durante o século XVIII, com a nova e numerosa floração colonial de focos urbanos, esta coexistência de modelos citadinos distintos ganharia visibilidade maior. Num extremo, o elenco das vilas *unplanned* que se formaram nas Minas Gerais. Em outro, a série de assentamentos planejados, regidos pela lógica geométrica, que se foram implantando na Amazônia, em Mato Grosso e nos campos de Goiás. Coexistência de modelos que também pôde ser vista, posteriormente, no Rio Grande do Sul, como nos mostra Günter Weimer, em *Origem e Evolução das Cidades Rio-Grandenses*. Neste caso, examinando a fisionomia da antiga Porto Alegre, nascida em meados ou na segunda metade do século XVIII, com ruas que não se direcionavam em termos ortogonais, Weimer comenta que "fica ainda hoje muito claro que o traçado destas ruas seguiu a linha de maior declividade, conforme requeria a tradição medieval de despejar lixo na rua, à espera do primeiro aguaceiro, para que a enxurrada o levasse ribanceira abaixo. O traçado destas ruas, portanto, não era aleatório, mas feito dentro do pragmatismo que tão bem definia os procedimentos lusitanos". Em contrapartida, outras vilas, criadas mais ou menos na mesma época que Porto Alegre, inauguraram uma nova fase do urbanismo rio-grandense. Exemplar desta "nova fase" foi o projeto do governador José Custódio de Sá e Faria criando São José do Taquari, em 1767 — projeto em grelha, ganhando movimento por suas duas praças e pela variação do número de lotes no interior dos blocos retangulares. Em suma, o século XVIII assistiu ao surgimento, em escala inédita, de cidades planejadas e cidades implanejadas, projetando-se sincronicamente no espaço físico de nossos trópicos. Com isso, duas questões se apresentam à apreciação. *Primo*, qual o sentido da forma urbana amazônica e de suas similares em Goiás, no Mato Grosso e no Rio Grande do Sul? *Secondo*, como ficaram, nesses casos, os processos de mestiçagem e sincretismo, de misturas e apartamentos?

Fala-se muito, a propósito de cidades planejadas, em grelha, plano ortogonal, traçado em xadrez. Nas cidades mesopotâmicas — como Babilônia, a cidade geométrica de Hamurabi, com suas ruas lineares e muros que se recortavam em ângulos retos. Nas cidades administrativas do antigo império chinês. Em colônias da Grécia e de Roma. Na reconstrução hipodâmica de Mileto, arrasada na guerra contra os persas. Na japonesa Heijokyo, atual Nara. Em pequenos núcleos urbanos medievais. Em Savannah, na Geórgia, EUA. Em Buenos Aires e Nova York. Na Barcelona de Cerdà. Em Belo Horizonte e Brasília. Mas devemos observar uma coisa. A grelha é variável. Pode se materializar de muitas formas, em pequenos focos urbanos ou em metrópoles, ajustando-se a circunstâncias topográficas muito diversas. Como disse Spiro Kostof, em *The City Shaped*, a grelha é ubíqua, mas não previsível — sua virtude central é ter uma flexibilidade sem fim. Curvando-se, inclusive, como em Berna, na Suíça. Mas o xadrez puro, uma das atualizações possíveis da grelha, é outra coisa. Rigorosamente modular, com ângulos retos perfeitos, é muito raro de ser visto. A questão básica é o sítio. Na observação de Kostof, o terreno ideal para assentar o xadrez verdadeiro é aquele que, de tão plano, aproxima-se de uma folha de papel em branco. É o sítio que aceita sem senões o rigor abstrato do ângulo reto. Terrenos encrespados, com desvios, desníveis e curvas, criam problemas para o tabuleiro puro. Para a ortogonalidade, de um modo geral. Veja-se o caso da expansão de Salvador. Uma intenção enxadrística pura jamais poderia se realizar ali. O terreno não deixa. A grelha seria obrigada a conceder. E a se desfigurar. A irregularidade topográfica é um convite à irregularidade urbanística.

Mas este é apenas um aspecto da questão. Estruturações geométricas do espaço urbano sempre atraem discussões sobre seu significado. Se o crescimento "orgânico" de uma cidade costuma ser visto como "natural" (o que, evidentemente, não é: cidades não são roseiras, nem panteras — e, por isso mesmo, jamais crescem naturalmente), a intervenção geometrizante é explicitamente indestacável da intencionalidade. Daí, o questionamento. Qual o referencial último, a dimensão semântica deste ou daquele *pattern*? E as respostas variam conforme a época, a cultura, o lugar. Os aldeamentos jesuíticos, por exemplo, como em Trancoso ou Carapicuíba, tinham um desenho próprio, extraído das edificações citadinas, eclesiástico-pedagógicas, da Companhia de Jesus (o pátio fronteiro ao colégio ou igreja, como no Pátio do Colégio, em São Paulo): a capela ou igreja dominando visualmente a grande praça retangular, com as moradias erguidas sobre seus limites laterais, para compor o quadrilátero. "Denotam pelo seu traçado a disciplina e o método de redução dos indígenas ao cristianismo, bem como a organização e a cultura dos religiosos", sinaliza Murillo Marx. Nesse desenho, o controle visual é a nota forte. A aldeia jesuítica não era um espaço indígena, mas um espaço criado para transformar índios, sob severa disciplina e vigilância, em cristãos, súditos da coroa portuguesa. Tinha a ver com a "instituição total" de que fala Erving Goffman, em *Manicômios, Prisões e Conventos*: um lugar de moradia e trabalho, onde um grupo de pessoas, apartadas da sociedade global, leva uma vida fechada e formalmente administrada. Mas era, também, uma forma de defender os índios dos colonos que pretendiam escravizá-los. O plano em grelha, por sua vez, forma mais antiga e comum de planejamento urbano, celebrada por uns e detestada por outros, tem sido objeto de múltiplas leituras. Na América Espanhola, seria uma projeção da hierarquia social, distinguindo classes e segregando etnias, com pretensão de prevenir a mestiçagem. Em Nova York, foi proposto como recurso mais prático para parcelar e vender lotes, numa economia de mercado. Mas a grelha também já foi vista como o desenho mais adequado para a defesa da cidade, para vigiar grupos sociais ou populações inteiras, para promover uma distribuição mais equitativa da terra. Como se não bastasse, tanto foi associada à democracia quanto adotada pelo antigo absolutismo monárquico e pelo colonialismo moderno, a exemplo da França no Vietnã. Em muitos casos, porém, não há o que interpretar. O traçado quadriculado é apenas a solução menos imaginosa para construir cidades: retalha-se o terreno, deixando lotes vazios para futuras praças — e a obra está feita, como na formação de muitas cidades no interior de São Paulo e do Paraná.

Lewis Mumford se situou com lucidez nessa questão. Tanto negou o "espontaneísmo" e a "naturalização" da cidade "orgânica", quanto apontou a pluralidade de significados da grelha. "O planejamento orgânico não começa com uma finalidade preconcebida: move-se de necessidade a necessidade, de oportunidade a oportunidade, numa série de adaptações que se tornam, elas próprias, cada vez mais coerentes e cheias de propósito, de tal forma que geram um complexo plano final, dificilmente menos unificado que um modelo geométrico pré-formado. Cidades como Siena ilustram com perfeição esse processo. Embora a fase final de tal processo não se mostre claramente presente no princípio, como ocorre numa ordem não histórica mais racional, não significa isso que as considerações racionais e as previsões deliberadas não governaram cada característica do plano ou que um desenho deliberadamente unificado e integrado não possa daí resultar". Mais: "Aqueles que põem de lado as plantas orgânicas, como indignas do nome de planta, confundem o mero formalismo e a regularidade com finalidade, e a irregularidade com confusão intelectual ou incompetência técnica. As cidades da Idade Média confutam essa ilusão formalista. Apesar de toda a sua variedade, compõem um padrão universal; e seus próprios afastamentos e irregularidades, em geral, não são apenas válidos, porém, muitas vezes, sutis na sua mistura de necessidade prática e visão estética". De outra parte, Mumford escreve que "a interpretação dada por Oswald Spengler à planta em tabuleiro, como simples produto da petrificação final de uma cultura como civilização, constitui uma generalização insustentável". E prossegue: "a planta em tabuleiro ou grade tem sido sujeita a uma constante corrente de falsa especulação e interpretação. Às vezes, tais planos são mencionados como tipos peculiarmente norte-americanos ou do Novo Mundo; às vezes, em face da brilhante Pequim pré-comunista, como sinônimo de enfado. Até mesmo teóricos do urbanismo têm cometido erros dessa natureza, em grande parte por causa da sua incapacidade de compreender a diferença, conhecida dos estudantes de biologia, entre formas homólogas e análogas. Uma forma semelhante não tem, necessariamente, um significado semelhante, numa cultura diferente; além disso, funções semelhantes podem produzir formas inteiramente diferentes [...] o retângulo significava uma coisa para o sacerdote etrusco, outra para Hipódamo, uma terceira para o legionário romano que delimitava seu campo à lança e ainda outra para os membros da Comissão de Urbanização de Nova York, em 1811. Para o primeiro, o retângulo podia simbolizar uma lei cósmica; para os últimos, significava simplesmente as possibilidades mais favoráveis de especulação imobiliária". E não nos esqueçamos de que a modernidade antimodernista — avessa a Corbusier e aos CIAM (Congressos Internacionais de Arquitetura Moderna) — embaralhou o jogo, ao *planejar* espaços urbanos *orgânicos*. Coisas criadas na prancheta, mas procurando uma forma "natural", típica de cidades que se configuraram no tempo.

Além disso, a racionalidade geométrica pode ser ecologicamente irracional. Os CIAM propuseram um modelo urbano de aplicação universal, ignorando ecologias, topografias e antropologias. "Com a condição de preencher suas funções e ser eficaz, os urbanistas adotarão o mesmo plano de cidade para a França, o Japão, os Estados Unidos e a África do Norte. Corbusier chega a propor o mesmo esquema para o Rio e Argel", lembra Françoise Choay, em *O Urbanismo: Utopias e Realidades*. Vem daí uma das polêmicas em torno de Brasília. Fala-se que a cidade foi pensada para automóveis, não para pessoas. O que, na verdade, é uma característica universal da modernidade urbana — Rybczynski acrescentou, aos três modelos conceituais de cidade expostos por Kevin Lynch (o cósmico, o prático e o orgânico), um quarto, o da cidade do automóvel, refletindo a "mudança ocasional" que afetou os centros urbanos em inícios do século XX. "Da mesma forma que a cidade medieval permitia que seus habitantes circulassem facilmente de um lugar a outro, a cidade do automóvel permite que seus habitantes dirijam. E, como os motoristas andam mais rápido que os pedestres, a cidade do automóvel é muito maior — ela é espalhada". Os automóveis impõem uma geometria urbana para eles mesmos. Resta saber se pessoas os dirigem, ou se eles se deslocam sozinhos, submetendo-as a seu poder. Brasília é contemporânea da indústria automobilística no Brasil. A avenida W3 parecia um escândalo; hoje, tem seus engarrafamentos — como a Paralela, em Salvador. De outro ângulo, a crítica não é imotivada. A eliminação corbusieriana dos cruzamentos, através da articulação em amplos trevos, criou distâncias consideráveis. Grande também é a distância entre as superquadras e o segmento central da cidade. O deslocamento ficou praticamente reservado a proprietários de automóveis. Para Lúcio Costa, a ausência de cruzamentos restituiria o chão ao pedestre. Restituiu, sim. Mas ao preço de ele não poder se mover dali enquanto pedestre.

Uma crítica menos técnica diz respeito à ausência de ruas — e a rua, para os modernistas, era sinônimo de anacronismo —, acompanhada pelo refrão: "Brasília não tem esquinas". Como viver numa cidade sem esquinas? Bem, desde quando esquinas são necessárias, indispensáveis e essenciais à existência humana? As aldeias tupinambás não tinham esquinas. Nem por isso os pajés deixavam de convocar espíritos; os curumins, de tomar banho de mar ou de rio; os morubixabas, de conduzir batalhas; as cunhãs, de namorar. Ruas e esquinas não são a única forma possível do ponto de encontro. E quem disse que Brasília não tem esquinas? Lúcio Costa (*Registro de uma Vivência*): "As entrequadras têm comércio, com cafés, cadeiras nas calçadas, têm de tudo. Não têm cruzamentos, mas têm esquinas. As pessoas se encontram com os amigos ali. As 'esquinas' já estavam no plano, os críticos é que não perceberam". Brasília tem, inclusive, o célebre boteco da esquina. Mas houve, também, a atitude rebelde dos primeiros migrantes. Originalmente, as pequenas lojas das áreas residenciais do plano piloto fariam um serviço setorial, voltadas para o atendimento entrequadras. Os comerciantes não gostaram. Deram as costas às superquadras e voltaram as fachadas das lojas para a rua, recriando a típica via comercial das cidades tradicionais. O que se pode dizer, hoje, é que Brasília tem bem menos ruas do que as cidades antigas, mas não que não as tenha. Muitas das críticas feitas à capital brasileira aparecem, na verdade, como reações tradicionalistas à informação nova. Brasília subvertia o repertório cristalizado — a norma e a normalidade das cidades brasileiras. Daí, o choque. De um lado, a inovação proposta no plano da nova capital. De outro, hábitos adquiridos há tempos, tangendo migrantes para o abrigo acolhedor da redundância urbana. Pessoas originárias de antigas cidades brasileiras sentiam necessidade de traduzir Brasília em termos confortáveis para elas. Viam-se perdidas numa cidade de vanguarda. E não suportavam a angústia do novo.

Ruas, muitas vezes, representam respostas ao meio ambiente. Ao sol, ao calor, à luz. E são diferentes, sob este aspecto, as ruas das cidades geométricas e as das cidades geomórficas ou orgânicas. Regra geral, o que encontramos nas cidades implanejadas são ruas estreitas que se cruzam em medidas variáveis, quase aleatórias, serpenteando contra a linearidade. Mas Brasília foi uma cidade premeditada. E sua disciplina formal é evidente. Nesse caso, a grelha é um empecilho ao ir e vir das pessoas. Não andamos em ângulos retos. Preferimos curvas e atalhos. E o verde de Brasília ficou cheio deles. De pequenos caminhos que economizam passos, firmando finos sulcos vermelhos nos gramados. A leitura das ruas passou a ser um problema. James Holston (*A Cidade Modernista: uma Crítica de Brasília e sua Utopia*): "Essa rejeição da cidade utópica levou-os [os primeiros migrantes] a reafirmar esquemas conceituais familiares a respeito da vida urbana — familiarizando uma cidade desfamiliarizada. Assim, repudiaram a intenção do plano piloto, contrária à existência de ruas, voltando a frente de suas lojas para a calçada e para o trânsito. Ainda que limitada apenas a alguns setores comerciais, essa conversão reproduzia a vida da rua de comércio tradicional, em lugares onde a arquitetura pretendia negá-la. Embora não pudessem modificar a fachada de prédios residenciais, muitos burocratas de alto escalão mudaram-se para o outro lado do lago, onde construíram casas individuais. Muitas vezes com considerável ostentação e com vários estilos de arquitetura, essas casas exteriorizam o *status*, a riqueza e a personalidade de seus donos em fachadas elaboradas, que negam a estética modernista. Mais ainda, julgando uma 'mesma vida em comum' intolerável, a elite abandonou a ideia de construir clubes igualitários nas superquadras, como havia sido planejado. Em vez disso, muitos se associaram em clubes privados [...] antitéticos aos ideais utópicos da organização residencial em Brasília. Em consequência, um aspecto importante dessa estrutura coletiva que se havia planejado entrou em colapso. [...] O que resultou não foi, obviamente, o velho Brasil, mas tampouco foi a cidade imaginada". As casas burguesas, assentadas às margens ou na proximidade do lago, mais parecem ataques a Lúcio e Niemeyer, pelo que nelas há de visivelmente *fake*. Esta é uma acusação que pesa não sobre Brasília, e sim nos ombros de sua elite. Mas não é só. Oliveira Marques: "Calor e luz requerem ruas estreitas e sinuosas, se não há outra defesa contra eles ou se o conforto sobreleva aos valores estéticos de urbanização. É por certo muito mais cômodo passear num dos velhos bairros de Córdoba ou de Toledo do que numa das grandes avenidas que as edilidades resolveram construir desde o século passado". Mais: "Os gregos e os romanos, é verdade, tinham preferido a cidade regular, com planta em xadrez. Poderíamos dizer que os muçulmanos, descurando essa regularidade, melhoraram no fundo as condições de vida do habitante citadino". E ainda: "Muito sol e muito calor, coisa frequente no mundo islâmico [...] requeriam ou, pelo menos, justificavam, ruas estreitas, com esquinas a cada passo, oferecendo recantos sombrios e frescos". Em Brasília, temos a secura, o sol faiscando, o ar parado. A paisagem natural humanizada pode nos oferecer árvores paralisadas, sem acenos de folha. Sem que por elas passe a mais leve asa de vento. Andar sob o sol e a seca é um sacrifício. Mas as árvores cresceram já na asa sul, cobrindo os prédios unanimemente feios e exibindo suas folhagens caprichosas. Ofertando a sombra imensa. Brasília precisa de árvores. Porque as árvores fazem parte da utopia.

Mas vamos retomar o passo. A dicotomia entre cidade planejada e cidade geomórfica deve ser manejada *cum grano salis*. Em muitos casos, o orgânico e o geométrico se mostram contíguos ou se misturam num mesmo centro urbano. Especialmente em cidades idosas, que atravessaram diversos tempos históricos, sofrendo a ação de forças, técnicas e mentalidades distintas entre si. Ou, ainda, nas metrópoles contemporâneas, que tantas vezes sugerem um "museu de tudo", para lembrar a expressão de João Cabral. "A maioria das cidades históricas, e virtualmente todas aquelas de dimensão metropolitana, são quebra-cabeças de partes predeterminadas e espontâneas, variadamente entrosadas e justapostas" (Kostof). Sabemos também que, historicamente, a cidade planejada e a cidade geomórfica não aparecem como entidades que se sucederam no tempo. Elas sempre existiram lado a lado, sincronicamente. Sua coexistência, em nosso século XVIII, não é novidade. Mas cada caso é um caso. E o fato de que os dois modelos tenham passado a coexistir no Brasil, em termos numericamente inéditos para nós e num dado momento histórico-cultural, nos leva a refletir sobre o assunto. A contextualizar e tentar interpretar o geometrismo amazônico. Ao falar da *traza en damero* da Buenos Aires quinhentista, em *Buenos Aires: Evolución Historica*, Ramón Gutiérrez escreveu: "A *plaza mayor* resume as características de centralidade como elemento organizador do poder político e religioso, modificando assim o caráter autônomo que os espaços públicos desta índole tinham na Espanha e unificando a referência totalizadora da vida social e comunitária". Ángel Rama enfatizou, na planta hispano-americana clássica, a reprodução da ordem social na ordem geométrica citadina. Romero viu ali uma disposição preventiva antimestiçagem. E nós, diante das vilas geomórficas de Minas e das vilas geométricas da Amazônia, vemos o quê?

II

Minas Gerais surgiu de repente para a história do Brasil. Mas aquelas terras vinham sendo percorridas, povoadas e colonizadas, há algum tempo, por habitantes do mundo colonial luso-brasileiro. Já na primeira metade do século XVI, bandeiras da Bahia, partindo em busca de ouro e índios, alcançavam o interior mineiro. A primeira delas deixou Porto Seguro em 1533, para percorrer as várzeas e bacias do Jequitinhonha, as cabeceiras dos rios Pardo e das Velhas, antes de chegar ao São Francisco. A partir do século XVII, a Bahia deu início à colonização do território hoje mineiro, onde viveram aqueles que parecem ter sido os mais antigos seres humanos de que se tem notícia entre nós — o grupo negroide de Luzia, que, há cerca de 12 mil anos, circulava pela região onde hoje está o aeroporto de Confins, nas cercanias de Belo Horizonte. Em meio aos "barões do gado" da Bahia, destacavam-se, na época, os Ávilas da Casa da Torre e os Britos da Casa da Ponte. Ambos conquistaram ou adquiriram, através do instituto da sesmaria, enormes latifúndios. E falar de "enormes latifúndios" não é pleonasmo, mas uma definição precisa dos fatos: vastíssimas terras vastas. Em *Uma Comunidade Sertaneja: da Sesmaria ao Minifúndio*, Erivaldo Fagundes Neves recorreu a um neologismo para se referir àqueles mundos de terras, cujos currais e pontos de pouso, não raro, geraram vilas e cidades: "megalatifúndios". Impressionado com a vastidão das propriedades, André João Antonil, em *Cultura e Opulência do Brasil*, fez sua medição, cuja exatidão salta à vista. Simeão Ribeiro Pires checou, em *Raízes de Minas*, as 160 léguas que o jesuíta estimou, entre Morro do Chapéu e a nascente do Rio das Velhas. A distância linear entre um ponto e outro é de 1.035 quilômetros, a conversão resultando em 156 léguas. "Faltariam por certo quatro léguas de sesmaria. Distância perfeitamente coberta com o trecho até às nascentes do Rio Vanhu (Rio Pará)", conclui Simeão. "O depoimento de Antonil lança luz, ao lado de outros documentos, sobre o domínio baiano até à região central de Minas Gerais." Mas as terras da Casa da Ponte abrangiam todo o Vanhu. Simeão: "A própria área da Grande Belo Horizonte integrava os seus largos domínios". Avançando sobre o mesmo território, vieram da outra ponta os paulistas. Território onde, em 1693, o ouro aflorou. Para subverter em profundidade a vida colonial brasileira.

O século XVIII foi, para o Brasil, um período de mudanças imensas. Período em que se intensificaram nossos processos de expansão territorial, de contatos inter-regionais (providenciando, inclusive, a integração do Rio Grande do Sul na economia brasileira), de crescimento populacional, de imigração, de cruzamento interétnico e trocas culturais e de urbanização — para não dizer que aí se ensaiou a formação de um mercado interno, algo paradoxal numa colônia escravista agroexportadora. No centro de tudo, o ouro. A descoberta do ouro (depois, diamantes) em Minas, Mato Grosso, Goiás e Bahia fez com que uma sociedade agromercantil conhecesse, de modo surpreendente e quase instantâneo, uma nova forma de exploração e organização econômicas: a mineração. A procura de mananciais auríferos levou ao desbravamento e povoamento mais consistente de largas áreas do interior do futuro país. Movimentação demográfica que, com todas as suas demandas, gerou — em ritmo vertiginoso, para a época — um elenco de póvoas, vilas e, adiante, cidades, algumas das quais se projetariam, em tela de requinte e imponência, no esplendor de nossa arquitetura barroca. É o tempo do nascimento de povoações que se metamorfoseariam em Ouro Preto, Mariana, Sabará, São João del Rei. Avançou, por aí, a interiorização da teia urbana brasileira. Uma história que começa por São Paulo, cidade excêntrica, não no sentido etimológico da expressão, mas em sentido derivado. Não por se encontrar fora do *centrum*, mas por nele se ter implantado. Por ter nascido terra adentro (ainda que não longe da linha litoral), protegida pela muralha da Serra do Mar, ao tempo em que nossas povoações surgiam na praia. História que se prolonga na fundação de São Cristóvão, em 1590, incorporando de fato Sergipe aos domínios lusos. E, adiante, em Curitiba, onde também foi vencida a barreira à bruta da Serra do Mar. Como em São Paulo, o que havia, na fachada atlântica do atual Paraná, era aquele maciço montanhoso. A marinha se desenhava na baía de Paranaguá, território indígena visitado ocasionalmente, desde meados do século XVI, por navegadores e comerciantes de origem europeia — e, mais tarde, atravessado por bandeiras paulistas, em busca dos carijós. Ultrapassado o paredão empinado da serra, abria-se o primeiro planalto (plano alto, como a palavra diz), onde a Mata Atlântica se rarefazia em bosques e campinas. Eram os campos de Curitiba, expressão tupi traduzível por "lugar dos pinheiros". Em meados do século XVII, apareceu ouro nos riachos de Paranaguá. Na busca do metal luzente, garimpeiros subiram a Serra do Mar. Entraram pelo primeiro planalto paranaense, abrindo acampamentos, com cabanas de pau cobertas da palma do butiá. O ouro, porém, logo escasseou. Mesmo assim, os assentamentos do garimpo permaneceram. E, em 1693, veio o reconhecimento oficial de que aquelas casas e sua capela, nas cercanias do Rio Atuba, formavam a vila de Curitiba. O ato seguinte dessa história de nossa interiorização urbana vai começar naquele mesmo ano, com o ouro das Minas Gerais.

A população do Brasil começou a experimentar, então, um crescimento espantoso. Quase quintuplicou entre 1700 e 1750, graças à imigração. Com a concentração populacional na zona das minas, que arrastava para si bandos de aventureiros de origens diversas, cruzamentos e trocas se incrementaram. Envolvendo os grupos étnicos de sempre, mas não só. O caldo foi engrossado, como disse Manuel Diegues Júnior em *Etnias e Culturas no Brasil*, "de correntes judaicas e espanholas e, sobretudo, de novas correntes imigrantistas de Portugal". Ocorreu a corrida do ouro. Gente partindo alucinada em busca da pedraria rara. Os paulistas começaram a não gostar do que estavam vendo. Julgavam-se donos dos campos de ouro. Não só achavam que haviam desbravado a zona, como aquele território pertencia a São Paulo e ao Rio de Janeiro (a Capitania Real das Minas Gerais surgiria em 1720, como desdobramento da atividade mineralógica e, mais imediatamente, em resposta à revolta de Vila Rica). E queriam o monopólio das terras agora riquíssimas. Mas seria impossível bloquear a maré migratória. Nem o governo real estancaria tal fluxo humano, em sua obsessão de fortuna. E milhares de baianos e portugueses invadiram a região. Os paulistas toleraram a presença dos baianos. Mas a chegada dos portugueses foi demais. Era um jorro migratório que desconhecia limites, multiplicando-se nas brenhas e nas beiras dos rios. Uma enchente de gente lusa na zona da Serra do Espinhaço. Armou-se então, naquela terra de ninguém, onde a lei era letra ilegível, a disputa entre paulistas e portugueses, chamados "emboabas", expressão do tupi simplificado em "língua geral", designando "forasteiros". Uma série de episódios que passou à nossa história como Guerra dos Emboabas, quando não houve guerra alguma — e sim frouxidão dos paulistas, recuando a cada vez que os emboabas se mostravam dispostos à luta, até ceder, humilhados, os campos de ouro que haviam descoberto.

As cidades, que toda uma miscelânea humana começou a construir ali, tiveram, como forma embrionária, pousos e acampamentos de mineradores. Em *Sobrados e Mucambos*, Freyre fala de "arraiais movediços [...] que desapareciam e reapareciam como se fossem cenários de teatro de feira". Com o fito de produzir provisões de boca para aquela gente, que andava metida até à medula na busca e extração do ouro, pequenas roças — plantando milho e feijão, criando galinhas e porcos — apareceram nas margens dos caminhos, próximas aos principais campos auríferos. Entre as lavras e as roças, iam surgindo capelas e vendas. Pode-se então dizer que foi da conjunção de focos de atividade mineradora, sítios de gêneros alimentares, capelas toscas e pequenos pontos de comércio que nasceram as primeiras povoações mineiras. Os primeiros arraiais. Alguns não vingaram. Outros, sim — como os dos campos de Ribeirão do Carmo (futura Mariana), Ouro Preto e Sabará, que, em 1711, seriam erigidos em vilas. Em seguida, viriam as vilas de São João del Rei, Caeté, Serro e Tiradentes. Escreve Charles R. Boxer (*A Idade de Ouro do Brasil*): "Os mais antigos campos auríferos eram, naturalmente, os mais improvisados, e mesmo depois que começaram a tomar forma um tanto mais permanente, fazendo-se vilas em embrião, os elementos de moradia eram dos mais simples. Paredes de pau-a-pique, com telhados de folha de palmeira, sapé ou palha. O melhoramento que se seguiu foi o de moradias de caniçado rebocado, cobertas de sapé, sendo o piso de todas as casas, entretanto, de terra batida. Conforme a povoação foi prosperando e se estabilizando, as paredes foram rebocadas por dentro e por fora, pisos de madeira ou pedra foram colocados e telhas substituíram os telhados de sapé. Varandas e sacadas foram requintes que vieram mais tarde, e, finalmente, surgiu o melhor tipo de casa colonial, com coluna de canto e vigamento feitos de cedro, telhados de telhas e reboque sobre tijolos. Esse último tipo evoluiu lentamente, e mesmo em 1711 havia em Ouro Preto apenas uma casa coberta de telhas".

Na década de 1720, aquela sociedade instável e mesmo desordeira se acomodou, com bandos armados se recolhendo e o número de famílias aumentando. A região se foi enriquecendo. E, entre 1730 e 1750, aproximadamente, alcançou seu apogeu aurífero. A partir daí, o declínio começou a se desenhar. Duas décadas depois, "declínio" seria palavra fraca para os fatos. Os tempos eram de decadência. A sociedade opulenta ficara para trás. Mas é justamente nesse período, de meados para fins do século XVIII, que as cidades do ouro ganham suas casas requintadas, veem o término das obras do Palácio dos Governadores de Vila Rica, encantam-se com a reformulação de seus templos, assistem à reforma urbanística de Mariana. As construções florescem quando o ouro começa a escassear. Esplendor do ouro e esplendor da arquitetura não se apresentam em correspondência cronológica. Tome-se o caso das igrejas mineiras. Os primeiros santuários regionais foram rústicos. Singelas, ainda, eram as capelas caiadas de branco, em que se converteram. Mesmo nas primeiras décadas do século XVIII, os templos mineiros não primavam pelo requinte associado à imponência. Para ter uma ideia de como aquelas igrejas primeiras se configuravam, interna e externamente, basta pensar na capela de Nossa Senhora do Ó, em Sabará, ainda que esta seja uma capela especial, com motivos chineses, em lacre vermelho e ouro, *chinoiserie* assimilada em consequência da expansão oriental dos lusitanos (cuja presença em terras asiáticas, de resto, acabou gerando, a partir do século XVI, um ramo estético japonês, com a arte *namban*). Bem diversas desses primeiros templos mineiros são as igrejas que hoje contemplamos nas antigas cidades do ouro. Boa parte delas compõe um elenco de obras reconstruídas. De templos que começaram a ser reformulados, para ganhar outra fisionomia e solidez, a partir da década de 1750. Por essa época, Ouro Preto se transformou, da noite para o dia, em canteiro de obras. Ali se articulou, mesmo que informalmente, uma grande escola ao ar livre — escola de artes e arquitetura, com oficinas e ofícios, misturando os mais variados artífices: mestres de obras, carpinteiros, entalhadores, pintores, escultores. Profissionais que, além de construir e ensinar, ensaiavam buscas, procuravam a surpresa, o detalhe inédito, o toque inovador. Foi nesse meio que se formou o Aleijadinho, filho de arquiteto português com uma sua escrava africana — e o próprio Aleijadinho, mulato de cor escura, filho de escrava, teve também seus escravos.

"Se Ouro Preto é a cidade-síntese, a cidade-documento que nos entrega, na sua coerência e autenticidade, a imagem viva de uma cultura, de um estilo civilizador, de um modo de ser que marcaram toda uma decisiva época da formação mineira, da formação brasileira, a arte-síntese, a arte-documento que melhor exprimiu todos os valores e tendências que então aqui se manifestaram e prevaleceram não poderá ser outra senão a arte do Aleijadinho", sentencia Affonso Ávila, em *Iniciação ao Barroco Mineiro*. Aleijadinho está presente na história de nossa arquitetura, talha e escultura, pioneiro, entre nós, da estatuária em espaço aberto. Pense-se em seus profetas e na igreja de São Francisco de Assis de Ouro Preto. Aleijadinho deixa para trás o padrão ibérico, o partido quadrangular tradicional dos templos barrocos, apostando em formas leves e harmônicas, "apoiadas no movimento das massas e na fantasia escultural da fachada" de um templo sem ângulos retos, quase circular, com torres recuadas que pertencem tanto à frontaria quanto à fachada lateral. Para o Lúcio Costa de *Arquitetura*, São Francisco é a obra-prima arquitetônica do Aleijadinho — "obra sem paralelo, em que a energia, a força, a elegância e a finura se irmanam, conferindo à criação arquitetônica palpitação de coisa viva". E esta imaginação arquitetônica já não é propriamente lusa, mas brasileira — "em São Francisco esplende o barroco, mas o barroco brasileiro dos Gerais", na visão de Lourival Gomes Machado, em *Barroco Mineiro*. Affonso Ávila celebra, ainda, o "significado maior que a obra de Antonio Francisco Lisboa apresenta como o instante de afirmação da vontade criativa brasileira, longamente trabalhada pela evolução do barroco em nosso país, e o amadurecimento de uma linguagem plástica que logra atingir com ele a autonomia de uma verdadeira fantasia nacional. A arte do Aleijadinho, assimilando heranças formais e lições de técnica de toda a anterior experiência plástica luso-brasileira, repensando com elas talvez a própria soma de tradições da arte ocidental, da arte cristã, soube, mais do que a arte de qualquer outro criador brasileiro de sua época, encontrar a expressão adequada para uma sensibilidade já moldada por novos estímulos e condicionamentos. Toda a instância contraditória de uma sensibilidade nova, de um homem novo, parece animar a arte paradoxal mas superior de Antonio Francisco. Solene mas descontraída e alegre em São Francisco de Assis de Ouro Preto, ela é também solene, mas já então dramática e passional em Congonhas. [...] Dual, contraditório, dilacerado, o Aleijadinho é bem o barroco encarnado na dimensão humana e criativa de uma perplexidade mineira, brasileira".

Mas é óbvio que estas obras não existiam no vazio, ou isoladas numa insólita exposição artística, em meio à paisagem do mundo natural. É preciso ver em que textura urbana, em que desenho citadino, obras como a do Aleijadinho e de outros arquitetos e escultores mineiros existiam, concorrendo, vigorosa e decisivamente, para magnetizar e definir um âmbito, uma alma e uma fisionomia urbanos. E o que sobressai é a disposição orgânica das cidades do ouro. Não houve lugar ali para cidades geométricas. À exceção da Mariana reconstruída na década de 1740, ao ser escolhida para sediar o bispado, quando foi premiada com a execução de um plano ortogonal. Mas o caso de Mariana foi singular e tardio. Caso premeditado de reordenação urbanística, em consequência da nova função religiosa regional de que a cidade fora investida. Mas nenhuma das cidades do ouro nasceu de forma premeditada. Não é que elas se tenham formado de modo meramente espontâneo. É que os constrangimentos eram de outra ordem. Antes que da racionalidade da prancheta, vinham da distribuição das fontes de riqueza em determinado espaço físico. O assentamento nascia colado ao ouro — e volteava segundo os volteios de seus veios. Como se antecipasse aí, já em seus movimentos inaugurais, a estética barroca por vir. Sabará, por exemplo, nasceu margeando o ouro depositado no leito de cursos fluviais. Em sua origem, está um elenco de arraiais, com o arraial da Barra ocupando posição privilegiada, na confluência das águas do Sabará e do Rio das Velhas. A comunicação entre as póvoas podia se dar por terra, mas também requerer o recurso a canoas. E foi esta rede de arraiais assentados juntos a córregos e rios que, conectando-se mais estreitamente, deu origem à vila e, depois, cidade do Sabará. E o caso de Sabará não é único. As cidades do ouro apresentam processos semelhantes de formação e desenvolvimento, como nos ensinam Sylvio de Vasconcellos e outros estudiosos do assunto. Os mineradores se estabeleciam inicialmente na beira dos cursos d'água; o metal principiava a rarear nos leitos já cansados; a solução era subir a encosta atrás de mais ouro. O ouro determinava o lugar dos assentamentos — "configurações longilíneas, esparramadas, sem centros polarizantes definidos", como diz Vasconcellos, em *Arquitetura no Brasil*. Se o ouro apontava o lugar, a topografia fazia a sua exigência quanto à disposição do povoado. O caso de Ouro Preto é paradigmático. "Vila Rica surge na formação nacional como pujante exemplo da primeira cultura urbana de formação espontânea e de função não litorânea", escreve Gomes Machado. E a observação nos interessa, em especial, porque é através da apreciação de tal "formação espontânea", sob o signo do ouro, numa configuração geográfica onde o relevo não economiza caprichos e surpresas, que vamos chegar ao parentesco essencial de Ouro Preto com a Cidade da Bahia.

O nome Ouro Preto veio do fato de que o ouro, ali encontrado, vinha recoberto por uma fina camada escura de paládio, mineral usado, entre outras coisas, como catalisador em trabalhos de joalheria. Com o início da extração desse ouro, foram surgindo ali diversos arraiais, núcleos esparsos, dispersando-se pelo vale, às margens dos córregos de grãos preciosos, ou pelas encostas e cumeadas dos morros. Em 1711, quando o lugar se impôs com o título de Vila Rica de Ouro Preto, aqueles arraiais irregulares já estavam ligados entre si, ainda que de forma mais constelacional do que compacta. Daí as referências à "forma descosida" de sua tessitura, ao sobe-e--desce entre morro e vale, às conexões íngremes e tortuosas entre os núcleos primitivos. E a vila e sua população não pararam de crescer. Ávila: "Entre 1730 e 1760, a vila já estava urbanamente definida e grandes obras públicas são exigidas, construindo-se, então, já num padrão de engenharia que revela desejo de fixação e permanência social, o Palácio dos Governadores, os inúmeros e bem ornamentados chafarizes, as sólidas pontes de cantaria. As primitivas construções particulares de canga ou pau-a-pique começarão, pouco depois, a dar lugar a prédios com reforço de alvenaria e maiores requintes de acabamento. A população, já mineira por uma ou duas gerações, adquire certa consciência local e de conforto social e busca reunir recursos para empreendimentos urbanos, arquitetônicos e artísticos de maior vulto. Até os fins do século, a vila tem melhorado o seu arruamento, com praças e ruas pavimentadas de pedra. Estão construídas ou em fase de construção, dentre outras, as belas igrejas do Rosário, do Carmo e de São Francisco de Assis, terminando-se também a construção da Casa dos Contos e prosseguindo a da Casa de Câmara e Cadeia, enquanto uma Casa da Ópera se encontrava inaugurada desde 1770, sendo hoje o mais antigo teatro da América do Sul". Vem então a decadência. O apagar das luzes do ouro. Mas nenhuma outra atividade econômica de peso, depois disso, arrasta Ouro Preto para novas direções. A cidade, que em 1750 chegou a contar com 25 mil habitantes, não é atingida pela modernidade ou violentada pelos avanços predatórios do progresso. Permanece paralisada, na solidão das montanhas. Vive imersa em seu próprio pesadelo, mais do que no pesadelo da história. Atravessa o século XIX e entra no século XX como se quase nada tivesse acontecido, mais ou menos do mesmo modo com que se despedira do século XVIII. É claro que ali chegaram a linha férrea, o telégrafo, a telefonia, a iluminação pública, a rede de água e esgotos — e surgiram alguns prédios de sabor eclético. Mas a cidade não foi desfigurada. No rastro da reforma de Paris, sob a regência de Haussmann, o Rio foi atirado num violento processo de reurbanização, demolindo antigos casarões do centro da cidade, a fim de mais uma vez se afrancesar. No rastro da reforma do Rio, Salvador caiu na rede desse urbanismo predatório, que confundia reforma e destruição. E foi ferida fundamente, perdendo, inclusive, a sua Sé. Ouro Preto, não. Permaneceu ancorada ao largo das turbulências da época. E assim se preservou para nós.

Uma cidade de irregularidade extrema, submetendo-se sem pudor às peculiaridades topográficas do sítio em que se implantou. E que nos remete diretamente à antiga Cidade da Bahia. A formação de Ouro Preto não foi, repita-se, exatamente "espontânea". Sofreu a incontornável determinação da localização do ouro. O ouro obrigou à ocupação do vale e das cumeadas. Impôs a realidade do relevo onde se abrigava. Neste sentido, podemos dizer que o ouro foi o grande e verdadeiro urbanista de Ouro Preto. Acontece que a topografia local não é em nada especialmente dessemelhante à de Olinda ou Salvador. Em Salvador, o sítio escarpado, cercado de colinas e vales, foi escolhido sobretudo por razões militares de defesa. Em Ouro Preto, não houve escolha. O ouro exigiu. E os sítios aproximam as cidades. Fosse outro o relevo da região de Vila Rica, outro seria o desenho do assentamento urbano. O que é o mesmo que dizer que o acaso topográfico, o fato de o ouro ter rebrilhado em relevo montanhoso, conduziu a um desenho urbano análogo ao que se via no litoral baiano, unindo assim a cidade do interior e a da linha do mar. Como se não bastasse a identidade urbanística — com os núcleos urbanos se ajustando às curvas, saliências e ondulações dos terrenos, em suma, adaptando-se à circunstância física, para gerar as características expressões de extravagância, fantasia ou capricho —, havia a identidade arquitetônica. O traço de união fundamental da arquitetura barroca. Urbanismo e arquitetura se encarregaram, assim, de estabelecer o parentesco, estrutural e essencial, entre as duas grandes cidades barrocas do Brasil Colônia no século XVIII. Quando o ouro mineiro se reduziu a brilhos esporádicos, as cidades da região começaram a decair. Os mineiros foram se convertendo em lavradores ou pecuaristas, trocando córrego e bateia por enxadas e pastos. Mas a beleza e imponência de suas cidades se mantiveram, sob o olhar dos profetas de Congonhas. Suas originalidades permaneceram, insuperadas, únicas mesmo, em nosso meio. Cabe, por isso mesmo, contrastar as produções barrocas da Bahia de Todos os Santos e seu Recôncavo e as de Minas Gerais.

O barroco baiano foi altamente inventivo e maduramente arquitetado em suas criações verbais, com os sermões de Vieira e a poesia de Gregório de Mattos. Saindo do plano textual para o campo arquitetônico, a situação é outra. E nos convida a tratar de modo algo distinto a arquitetura religiosa e a arquitetura civil das casas particulares. O barroco religioso baiano, apesar de toda a sua beleza e capacidade construtiva, não exibe uma nota especialmente própria, uma forma que seja criação unicamente sua. Está preso ao padrão europeu. Mostra esplendor, como no delírio escultural da fachada da Ordem Terceira, com suas alegorias e sereias letradas, a lembrar o barroquismo extremo de um Churriguera, na América Espanhola; ou como na igreja de São Francisco, ideal ibérico do templo de ouro, com suas folhagens e colunas retorcidas, seus anjinhos bochechudos e salientes, seus motivos sensuais. Mas não exibe novidade. De outra parte, foram construídas, na capital barroca, residências estupendas, como a Casa dos Sete Candeeiros. Embora também aqui a originalidade não se imponha. Lúcio Costa escreveu: "A cidade de Salvador do século XVII e primeira metade de setecentos [...] era uma cidade marcadamente aristocrática [...] e a arquitetura de suas grandes casas, de porte severo e nobre, onde avultam belas portadas e lenços de pedra, quer dizer, peitoris inteiriços de cantaria, não teve paralelo no país, salvo a imponente casa chamada 'dos Contos', em Ouro Preto, com o seu senhorial saguão tipicamente português. [...] Este caráter próprio e inconfundível, embora ainda acentuadamente lusitano, foi aos poucos se diluindo, minado por uma crescente burguesia menos comprometida com os antigos dogmas e valores, e pela miscigenação. Assim, passo a passo, aquela solidez, aquela *carrure* foi se perdendo e a graça e o dengue crioulo se foram insinuando na feição arquitetônica das casas, não somente em Salvador, como em Cachoeira, principalmente: os vãos se alteiam e os seus enquadramentos enfeitados são decepados no encontro das tábuas extravasadas dos peitoris, com simples palmetas de remate, característica esta exclusivamente baiana que plasticamente os enfraquece; os cordões das caixilharias se entrecruzam em caprichosos e alegres arranjos e a cor intervém. [...] Tudo isto contribui para dar à cidade a sua graça, e conquanto a presença sóbria e aristocrática da casa de começo de setecentos, que sobreviveu com as suas sacadas de ferro batido, sua rica portada e seteiras, possa parecer, à primeira vista, mais rara, é precisamente esse variado e consentido convívio — esta simultaneidade — que atrai e seduz, e faz da Bahia o que ela é".

É uma leitura onde o olhar arquitetônico se vai transmudando em olhar antropológico. Onde se vê que uma cidade é expressão do povo que a constitui, habita e vivifica. Mas Lúcio fala do caráter "próprio e inconfundível" do casarão baiano com relação ao Brasil, não à matriz lusitana. É relevante observar a mestiçagem se manifestando em modificações e filigranas de arquitetura. Mas são alterações de pormenor, desvios de elementos, leveza e cor conferindo graça à austeridade portuguesa. Não se trata de inovação em matéria de concepção geral, planta, partido arquitetônico. Para Carlos Lemos, em *História da Casa Brasileira*, "onde Salvador inovou foi nos solares executados na periferia da cidade, todos isolados, sem compromissos com a vizinhança, mostrando suas quatro fachadas livres" (até então, o que se tinha eram as mansões geminadas dos centros citadinos). Exemplos: o Solar do Unhão e a casa do Conde dos Arcos. O que se viu em Minas foi o inverso. Ainda é Lemos quem classifica Minas como a mais portuguesa das regiões brasileiras, "porque foi extremamente rápida ali a ocupação territorial por reinóis ávidos de ouro, que logo anularam a rarefeita presença bandeirante e a espalhada população indígena". A arquitetura residencial mineira apresentou "certa uniformidade, tanto na sistemática construtiva, como no planejamento" — uma "uniformidade à feição das construções lusitanas", explicável, como foi dito, pela chegada de milhares de portugueses à região em muito curto espaço de tempo. Ao contrário do que ocorreu na Bahia, é na arquitetura religiosa que a originalidade mestiça vai transfigurar a matriz arquitetônica europeia.

Sylvio de Vasconcellos, em seu livro sobre o Aleijadinho, propõe uma explicação sociológica para o fato. "Na área das minerações, igrejas e capelas construíram-se por iniciativa popular que, se por um lado as condicionou a limitados recursos, por outro permitiu e estimulou particulares soluções plásticas. Estas, de fato, informaram o súbito e intenso processo de urbanização desenvolvido na área, manifestando-se não só nas construções religiosas como nas civis. Embora tivessem ambas conservado a técnica e os esquemas tradicionais portugueses, expressos nos estilos artísticos da época, sujeitaram-se, paralelamente, a um processo de adaptação específico que as diferenciou sobremaneira das lusitanas e mesmo das brasileiras litorâneas." Diferenciação visível na arquitetura civil, mas, sobretudo, na religiosa. Sylvio: "A arquitetura religiosa mineira diferencia-se ainda mais dos modelos originais portugueses. Concebida com intenção plástica, uma particular interpretação do barroco e do rococó nela evidenciou-se nitidamente". Além disso, sabe-se que a coroa portuguesa proibiu o estabelecimento de qualquer ordem religiosa regular em Minas. Foi o único lugar do Brasil onde isto aconteceu (os jesuítas não podiam sequer sonhar em pôr os pés em território mineiro). E esta proibição deixou o campo mais livre para exercícios criativos da imaginação plástica e arquitetônica. No dizer de Sylvio, deu "maior liberdade à criação local, menos sujeita aos padrões tradicionais que as congregações de regulares, cada uma à sua maneira, empregavam repetitivamente". De outra parte, informações estrangeiras chegavam em tempo relativamente rápido a Minas. E era visível a disposição para assimilá-las e traduzi-las em termos próprios. A abertura para o — e a prática do — novo. De outra perspectiva, Lourival Gomes Machado, ao sublinhar a "morfologia específica" do barroco mineiro, diz que sua singularidade está, sobretudo, na "inteira coerência entre os elementos utilitários e os puramente ornamentais, o que faz desaparecer um dos traços apontados como centrais no barroco europeu, qual seja o império despótico do decorativo". Bury, por sua vez, situa essa arquitetura em horizonte mais amplo: "Em 1760, a segunda geração dos povoadores, filha dos pioneiros, já está crescida e consciente de sua pátria. Alguns de seus componentes [...] são educados na Universidade de Coimbra, e sua estada na Europa parece que lhes estimula, mais que diminui, o ressentimento contra a subjugação do Brasil [...]. É a essa geração [...] que pertencem os pais da independência. Por esta geração foram construídas as mais notáveis igrejas mineiras. É compreensível que estas igrejas reflitam uma inteligência versátil, determinadas predileções artísticas e forte desejo de emancipação nacional. Arquitetonicamente, isso implica a criação de um estilo original brasileiro, do mesmo modo que, politicamente, implicou um país independente".

Bem, a disposição emancipadora, naquela época, não foi monopólio mineiro. Manifestou-se também, e de forma até mais radical, na Bahia (e baianos estudavam igualmente em Coimbra). Mas, contextualizada, somando-se ao que antes se disse — base laica do financiamento das construções, ausência de condicionamentos das ordens religiosas, circuito de informações, abertura para o novo —, a tese pode ganhar algum sentido.

Seja como tenha sido, o fato foi que se processou em Minas a transfiguração da matriz arquitetônica europeia. E assim como falamos de um barroco tropical mestiço com respeito à arquitetura textual de Gregório de Mattos, podemos também falar de um barroco tropical mestiço com relação à poética plástica, arquitetônico-escultural, do Aleijadinho. Quando pensamos na chamada Inconfidência Mineira, sentimos que um povo que construiu a igreja de São Francisco de Assis de Ouro Preto estava pronto para conduzir seu próprio destino. Estava preparado, material e espiritualmente, para declarar sua independência. Porque aquela igreja é única. Em sua planta quase circular, em seu assentamento leve no solo, na delicadeza de suas curvas, como se os materiais de que foi feita pudessem ter a ductibilidade da pedra-sabão. Não há nada ali do quadrado pesado, do "caixotão" da igreja barroca de Portugal, transplantada para a Bahia. É uma igreja barroca dona de si mesma, como antes, no Brasil, ninguém vira. "Novidade total", diz Gomes Machado. E não é outra a opinião de Germain Bazin, em *A Arquitetura Religiosa Barroca no Brasil*. Para fazer o que fez, o Aleijadinho rompeu "com todos os hábitos da província mineira e da arte luso-brasileira, criando um tipo absolutamente novo". Rompeu com o que a igreja fora até então no Brasil, enquanto edificação: "uma simples combinação de volumes, espécie de caixa cujo interior se vestia com uma decoração de madeira e cuja fachada era a única porção de arquitetura", escreve Bazin. Para então dizer tranquilamente que, "entre os monumentos do Ocidente, São Francisco de Ouro Preto é talvez um dos mais perfeitos".

III

A atual cultura amazônica se criou e se configurou no isolamento. É comum. O isolamento favoneia o desenvolvimento de características singulares de cultura, individualizando grupos ou regiões. Mas o caso amazônico não deixa de chamar a atenção. Seu desligamento do resto do Brasil, seu distanciamento dos polos mais ricos, movimentados e populosos do país, enfim, a sua solidão, no conjunto da vida brasileira, não foi somente profunda, mas muito, muito longa. Uma solidão extrema. Na verdade, a Amazônia atualmente brasileira achou-se só não apenas no espaço do Brasil, mas também com relação à América de língua espanhola. Em *Cultura Amazônica: uma Poética do Imaginário*, Paes Loureiro sublinhou esta solidão. A cultura local nasceu não somente da preponderância numérica do índio sobre o negro e o branco, mas da solidão. Física, econômica, política e cultural. Havia o problema do acesso à região. Era uma façanha chegar lá. Além da gigantesca barreira florestal, com todos os seus perigos, a navegação marítima era quase impraticável entre o Pará e o Maranhão ou o Rio de Janeiro. Rios eram então considerados não de todo navegáveis, para não mencionar o caso do Tocantins, que chegou a ser fechado legalmente, no intuito da redução do contrabando de ouro. Some-se ainda, ao bloqueio ambiental, a existência de índios guerreiros — treinados e temidos. De outra parte, havia a desconexão político-administrativa interna da América Portuguesa. O norte vivia desconectado do corpo dinâmico do Brasil, a tal ponto que Portugal decidiu dividir sua colônia ultramarina em dois estados distintos: o do Brasil e o do Maranhão e Grão-Pará. Em "A Ocupação Portuguesa do Vale Amazônico", Arthur Cezar Ferreira Reis observou: "As condições especialíssimas da região, na verdade desvinculada do Estado do Brasil, pelas dificuldades de comunicação e com características próprias, distintas, aos poucos foram indicando a conveniência de se lhe reconhecer, com a autonomia geográfica, a política". Nos anos de 1620, a autonomia se impôs. Surgia o Estado do Maranhão e Grão-Pará (abarcando os atuais Amazonas, Ceará e Piauí), subordinado não ao Governo-Geral do Brasil, mas diretamente a Lisboa. Uma segunda América Portuguesa, com sede em São Luís. Mais tarde, já com o Marquês de Pombal no poder, reconhecendo-se que, em matéria de crescimento e dinamismo, São Luís ficara para trás, o quadro vai ser invertido. A partir de 1751, teremos o Estado do Grão-Pará e Maranhão, sediado em Belém. E, em 1755, a criação da Capitania de São José do Rio Negro, origem do atual Estado do Amazonas. Como se não bastassem as separações física e política, a especificidade da economia amazônica, centrada no extrativismo das "drogas do sertão" (cacau, cravo, baunilha, etc.) e descolada da produção açucareira, também isolava. Não integrava a região no circuito brasileiro.

O que é impressionante, espantoso mesmo: o tempo de toda esta solidão, sob o céu imenso da floresta imensa — onde, para lembrar o verso modernista de Raul Bopp, em *Cobra Norato*, as noites encalhavam com carregamentos de estrelas. A penetração portuguesa pelo Atlântico Amazônico tem o seu ponto de partida em 1615, quando lusos e brasileiros derrotam os franceses e ocupam a Ilha de São Luís do Maranhão. A partir da tomada de São Luís, tem início um novo capítulo da história do Brasil: a conquista da Amazônia. Tratava-se de avançar sobre o grande rio. Para isso, uma armada partiu de São Luís, fundeando em janeiro de 1616 na baía de Guajará. Numa ponta de terra, ergueu-se um forte, o Presépio. Em sua vizinhança, uma igreja e algumas casas. Nascia assim a futura Cidade de Santa Maria de Belém do Pará. A foz do Amazonas estava sob controle. Missionários começaram a chegar. Vieram os primeiros entreveros com os índios, os tupinambás chefiados pelo guerreiro Guaimiaba, que se estenderam de 1617 a 1619. As lutas contra ingleses e holandeses, ao contrário, foram longas e ásperas, mas, já na década de 1620, os luso-brasileiros passaram a contar com índios aliados. Os ingleses caíram primeiro. E, em 1648, foi destruída a última posição holandesa na Amazônia, na região do lago Mariocay, no Amapá. A partir daí — e a partir do domínio do delta amazônico —, veio para o primeiro plano a consolidação da ocupação territorial. A expansão para o interior. O surgimento, em 1669, do núcleo inicial do que é hoje a cidade de Manaus, antiga Barra do Rio Negro. A essa altura, o isolamento já começara. Já principiara o longo apartamento amazônico com relação ao Brasil. Uma solidão que vai se estender das primeiras décadas do século XVII até meados do século XX. Até à década de 1960, pelo menos, quando se intensificaram os esforços para incorporar efetivamente a Amazônia ao Brasil, num processo que, por sinal, ainda não se completou.

Para melhor entender o complexo de cultura que ali se configurou, em séculos de solidão, devemos notar que na Amazônia, ao contrário do que ocorreu nos litorais da Bahia, de Pernambuco ou do Rio, o antigo catolicismo ibérico se encontrou, sobretudo, com sistemas religiosos ameríndios, principalmente tupis. Daí que os caboclos do vale amazônico, ao lado de santos católicos, falem de entidades como os anhangás, que podem aparecer sob a forma de veados de olhos de fogo; da cobra grande ou boiuna, despontando no meio da noite como um navio iluminado; dos companheiros-do-fundo, habitantes do leito de rios e igarapés; ou das mães-de-bicho, protetoras da vida animal e vegetal. Eduardo Galvão, em *Santos e Visagens*, diz que o caboclo amazônico, regra geral, é católico. "Não obstante, sua concepção do universo está impregnada de ideias e crenças que derivam do ancestral ameríndio. Essa maneira de ver o mundo não representa o simples produto da amalgamação de duas tradições, a ibérica e a do indígena. Essas duas fontes supriram o material básico de que evolveu a forma contemporânea da religião do caboclo amazônico. Porém, o seu processo de desenvolvimento e a maneira como funciona esse sistema de ideias não podem ser compreendidos através de uma simples enumeração e identificação dos elementos característicos às duas fontes primitivas. O processo de fusão desses elementos foi consideravelmente afetado pelas condições especiais do ambiente físico — a hileia amazônica, no que diz respeito à adaptação do homem e às técnicas utilizadas para explorar esse ambiente, e, em consequência, a estrutura da sociedade que aí se desenvolveu." É dessa contextura que nascem traços distintivos da simbologia amazônica, como a panema ("força mágica que incapacita o indivíduo para a realização de suas empreitadas, cuja fonte se atribui a mulheres grávidas ou menstruadas"); a pajelança (conjunto de práticas mágicas dos pajés, os xamãs amazônicos); a mitologia do boto, sagaz sedutor de mulheres ("algumas vezes, quando a mulher é casada, toma a semelhança do marido e a possui sem que a vítima [?] perceba o que está acontecendo" — desculpa extranatural para a infidelidade feminina e alguma gravidez indesejada), diante das quais aparece como um jovem belo e gentil, exímio dançarino, todo vestido de branco; ou a lenda de amor da tambatajá, um tipo de tajá, planta de folhas verdes brilhantes que carregam consigo uma flor menor, cujo interior apresenta às vezes matizes avermelhados, num desenho que os caboclos associam ao sexo feminino. Mas é evidente que as realidades ecológicas, antropológicas e sociais não afetaram de modo particularizante somente a esfera do extranatural, com a propensão cabocla para a fabulação mitopoética. Outras instituições lusas foram subvertidas, como a língua portuguesa, a mais fundamental de todas elas. É na Amazônia que um caboclo arma um *cacuri* para apanhar peixe na boca de um *igarapé* — literalmente, "caminho da canoa".

E aqui vamos nos aproximando das cidades, a começar por São Luís, na zona de transição maranhense. Regra geral, costumamos situar o Maranhão no Nordeste. Mas não devemos esquecer que a definição do que seja o Nordeste é mais histórico-política do que geográfico-ambiental. Uma definição que, nesse sentido, carece de critério. Que não prima pela clareza, nem pelo rigor. Aqui, as configurações ecossistêmicas podem ser deixadas de lado por determinações políticas. E é fácil flagrar estas violações da geografia e da realidade ambiental. A Mata Atlântica não se interrompe na região de Porto Seguro, Ponta de Areia e Mucuri. Não estaciona na fronteira entre Bahia e Espírito Santo. Desce em direção ao Rio de Janeiro e segue adiante. Se é difícil aceitar a classificação do Recôncavo Baiano no Nordeste, mais complicada é a inclusão, aí, de Porto Seguro, situada no Brasil Atlântico Central. Da mesma maneira, o cerrado conecta o oeste da Bahia não ao Recôncavo ou à zona da mata de Pernambuco, mas ao Planalto Central do país. Em outro extremo, as terras frescas do Maranhão, antes que se vincular ao sertão da Paraíba ou do Rio Grande do Norte, ligam-se ao mundo amazônico. Historicamente, como vimos, Maranhão e Pará comandaram a Amazônia brasileira. E, quando falo de Amazônia, aqui, o que tenho em mente corresponde àquele Estado do Maranhão e Grão-Pará — dele excluindo o que lhe pertenceu apenas nominalmente, o Ceará e o Piauí. E foi aí que se fez São Luís. Depois da tentativa de implantar no Rio a França Antártica, no século XVI, os franceses decidiram se instalar, em começos da centúria seguinte, na Ilha do Maranhão, que frequentavam há tempos, comerciando. Era o projeto da França Equinocial. E assim teve início, com ajuda dos índios locais, a construção de um povoado formado por casas cobertas de folhas de pindoba, uma capela em meio às árvores e, no alto de um rochedo, a fortaleza, que, em homenagem ao rei menino da França, recebeu o nome de São Luís, designação que logo se aplicaria a toda a povoação. Nesse período, os franceses enviaram à França um grupo de seis tupinambás, que fizeram sucesso em Paris, onde foram recebidos pelo rei, em visita oficial, no Louvre. Três deles morreram por lá, parece que de pneumonia. Os outros três voltaram casados, trazendo suas esposas francesas para viver com eles no Maranhão. Mas a vida da França Equinocial foi curta. Lusos e brasileiros se organizaram para tomar São Luís e aquelas terras, alcançando a vitória no final de 1615. Com a retirada dos franceses, tratou-se então de repensar e refazer a póvoa.

Deixando de parte o antigo largo, a capela e o forte feitos pelos franceses, a cidade renasceu em tabuleiro. O terreno foi submetido ao plano geométrico. Em grelha. Em *Arquitetura Luso-Brasileira no Maranhão*, Olavo Pereira da Silva Filho anota: "Reconquistada a província pelos portugueses em 1616 e com uma forma mais estável de ocupação, surgem, no mesmo sítio em que aportaram os franceses, as primeiras manifestações lusitanas de caráter urbano. Ao engenheiro-mor Francisco Frias de Mesquita, autor de importantes projetos arquitetônicos no litoral brasileiro e que acompanhou Jerônimo de Albuquerque na retomada do Maranhão, foi conferido o plano de São Luís. Frias procurou adaptar o núcleo urbano já existente aos padrões estabelecidos pelas *Leis das Índias*, dando-lhe [...] 'nova forma e ordem', como tudo que lhe foi ordenado pela Corte de Madri, a quem então obedecia a monarquia portuguesa. A esse código urbanístico [...] correspondem o traçado ortogonal dos arruamentos que serviu de diretriz para a malha de expansão da cidade, a largura constante das ruas, sem distinção de categoria principal ou secundária, e a orientação de acordo com os pontos cardeais". Segundo essa leitura, São Luís teria sido, depois da fundação francesa, uma cidade castelhana — que portugueses e brasileiros iriam lusitanizando e abrasileirando até que ela, mais tarde, recebesse cores e tambores africanos, celebrando seus voduns. Em *As Cidades da Amazônia no Século XVIII*, Renata Malcher de Araújo contraria frontalmente esta hipótese. E ela está certa. Frias — autor do projeto baiano do Forte do Mar ou de São Marcelo, que encantou Lúcio Costa por sua pureza formal e ganhou versos de Oswald de Andrade — é rebento da "escola de urbanismo português", forjada no diálogo entre a tratadística renascentista e o pragmatismo da ação colonizadora. Uma escola de urbanismo que, fundada na experimentação e em cursos rigorosos, já nos dera, no século XVI, o plano original, lógico, de Salvador (que "surgiu antes na dimensão política e depois na física", como Brasília, diz Renata Malcher) e as cidades planejadas do Oriente, a exemplo de Damão. É no campo desse urbanismo colonial lusitano que Frias vai desenhar o reticulado de São Luís. "O desenho de São Luís tem como base uma retícula quadrangular, num traçado em xadrez quase perfeito, que foi seguido, não obstante a topografia acidentada da ilha", escreve a autora, observando, ainda, que as fundações de São Luís e Belém devem ser necessariamente entendidas em conjunto, não somente em função da expulsão dos franceses, mas em dimensão urbanística.

Contestando a visão tradicional que se tem do urbanismo colonial lusitano, Renata Malcher vai situá-lo no campo do planejamento, da ordenação formal, da *Gestalt*, realçando a presença de engenheiros militares ao longo de todo o processo de criação urbana ultramarina, tanto no Brasil quanto na Índia. E a experiência urbanística amazônica, do século XVII ao XVIII, entre São Luís e Macapá, se inscreve nesse campo. Na linhagem das cidades premeditadas, regulares, que, em geometrismos variáveis, a coroa portuguesa implantou em terras do Oriente e na América Austral. Na verdade, Renata leva adiante, com rigor, um processo crítico de revisão da antiga leitura do urbanismo colonial português, tal como fixada por Sérgio Buarque. Processo que aparece já nas "Notas sobre o Urbanismo Barroco no Brasil", de Nestor Goulart Reis Filho. E que prossegue na obra de diversos estudiosos, sejam eles urbanistas ou historiadores. Como, por exemplo, no texto "O Processo de Urbanização nas Américas no Século XVIII", de João Antonio de Paula, o qual sublinha que "há semelhanças importantes entre os modos coloniais de Inglaterra, Espanha e Portugal [e França, acrescento, que também impôs grelhas em Nova Orleans e Saint Louis] no referente à estruturação urbana. A Espanha radicalmente, a América Inglesa em grande medida, Portugal, em tom menor, partilharam uma concepção de organização urbana onde o rigor do traçado em xadrez dominou". Não se trata exatamente de "tom menor", mas de uma espécie de descompasso entre o poder metropolitano e as autoridades coloniais. Em todo caso, desta nova perspectiva com que hoje encaramos o planejamento urbanístico luso, nos tempos coloniais, a experiência amazônica aparece como capítulo especial e exemplar.

À sombra de São Luís do Maranhão, nasceu Belém do Pará. Para lembrar a demora da colonização amazônica, lembre-se que os jesuítas só vão aparecer no Pará mais de cem anos depois do seu desembarque na Bahia. Assentaram residência por lá em 1653. E Antonio Vieira, que se encontrava então em Portugal, decidiu se juntar a eles, sob a pressão das circunstâncias. Retirado da política, fora também instado a se retirar da Europa, rumo a remoto exílio. Escolheu partir para terras do Maranhão e do Pará, onde seria não simplesmente um exilado, mas um incansável e combativo apóstolo. "Eu agora começo a ser religioso", escreveu, já no Maranhão, onde, segundo ele mesmo, andava vestido de pano grosseiro da terra, comia farinha de pau, dormia pouco, trabalhava da manhã à noite e, às vezes, cozinhava. Tanto no Maranhão quanto no Pará, os jesuítas foram mal recebidos pelos colonos, que conheciam sua fama de defensores dos índios. No Maranhão, tumulto, vaias. No Pará, "manifestações da hostilidade popular: pedras arremessadas à frágil cobertura da residência; bloqueio das ruas circunvizinhas, impedindo a passagem de víveres; vozear de grosserias e ameaças", relata João Lúcio de Azevedo, em *Os Jesuítas no Grão-Pará*. E Vieira tomou o rumo de Belém, trinta dias de viagem em pequenas embarcações. "Não o surpreendeu decerto a miséria evidente da povoação, nem as ruas lamacentas ensopadas pelas chuvas cotidianas; as casas cobertas de palha, entre as quais as edificações consagradas ao culto se distinguiam, por um aspecto relativamente grandioso, da mesquinhez geral. De um lado para o outro vagueavam índios quase nus, os brancos e mestiços vestidos de algodão grosseiro da terra, de um alvacento sujo, ou então tinto da cor avermelhada do *muruxy*, ainda hoje estimada dos naturais", escreve João Lúcio, em 1901. Prosseguindo: "Repartia-se a cidade em dois bairros: um mais antigo, limitado pelas atuais praças da Sé, do Carmo e de São João, chamava-se, como ainda agora, a *Cidade*. O outro, habitado depois, quando a população crescente foi carecendo de maior espaço, acompanhava o curso do rio, tomando por nome — a *Campina*. No ponto limítrofe de ambas as divisões, em lugar denominado pelos primeiros habitadores — o *Portão*, provavelmente por achar-se ali o que dava ingresso, pela muralha, ao povoado, ficava a nova residência dos jesuítas; pobre construção que, não podendo suportar o peso das telhas de barro, abateu de repente, e por espaço de muitos anos permaneceu com tetos de palha. Da vasta praça, onde se via também a Matriz, a casa da câmara e a do governador, partiam quatro ruas no sentido longitudinal, em frente ao colégio: as mesmas que presentemente se estendem até às igrejas do Carmo e de São João. Quatro vias transversais completavam esta parte, que fora a primitiva cidade".

A descrição de João Lúcio não deixa lugar para dúvida. Quatro ruas longitudinais, cortadas por quatro ruas transversais. Paralelismo e cruzamento — coisas que dificilmente nascem do improviso. Renata Malcher tem razão quando afirma que "a forma *urbis* de Belém não admite a hipótese de uma formação aleatória". A cidade velha de Belém foi implantada num terraço plano e alto, envolto por baía e rio, isolando-se da terra firme pelo alagado, o Piry. Uma "ilha-fortaleza natural", com perímetro bem definido. E o que se fez ali foi coisa estudada, *cosa mentale*. "O terraço natural onde se instalaram os baluartes do forte do Presépio definia, em última análise, a configuração da cidade pensada enquanto cidade-fortaleza [paradigma do urbanismo colonial português], ainda que não cercada por cortinas em todo o seu perímetro. O desenho do plano no terreno, ou seja, a definição da direção dos arruamentos, não poderia, pois, escapar à compreensão de conjunto da cidade-fortaleza. Note-se que o desenho das ruas da Cidade Velha segue uma intenção radiocêntrica a partir da praça, a praça-de-armas, e o alinhamento da primeira rua coincide com a direção cardeal norte-sul. As seguintes correspondem a leves inflexões [...]. O cruzamento de tais ruas radiais é feito por transversais, que cruzam ortogonalmente a rua central, e depois inflexionam para, outra vez, perfazer um ângulo reto com a via seguinte. A despeito de algumas 'falhas' na execução do conjunto, existe no traçado urbano da Cidade Velha de Belém uma clara noção de unidade de desenho." Ao colher uma citação da Rua do Norte, assim mesmo chamada, Renata fixa a metodologia do arruamento a partir de uma orientação cardeal. "Uma das transversais fixa também a direção leste-oeste marcando possivelmente o limite do perímetro inicialmente demarcado, que corresponderia à linha exterior (ou central, em termos futuros) do polígono que inspirava a forma *urbis* da cidade. Seguindo a lógica interna do desenho, que sugere o espaçamento das radiais e as inflexões das transversais a cerca de cada 15 graus, deduz-se que a figura norteadora era um polígono de 24 lados, ou melhor, a sexta parte de tal polígono, que perfazia um ângulo total de cerca de 60 graus dividido em quatro facetas. A referência formal do polígono de 24 lados evoca a rosa-dos-ventos vitruviana definida em 24 partes da circunferência. Esta figura nada mais é que o elemento gerador e primordial das orientações de cunho urbanístico do texto de Vitrúvio." Renata chega então a se perguntar se tal vocabulário formal urbanístico estaria em repertório exclusivamente erudito, ou se já teria transbordado para uma prática mais ampla. Concluindo, sobre a forma urbana de Belém: "Um processo não aleatório ou simplesmente cumulativo, mas norteado se não por um plano formal preestabelecido, certamente por uma ideia do urbano nitidamente concebida".

Esta linhagem do urbanismo lusitano ainda será aprofundada na região. No curto espaço de apenas quatro anos, na década de 1750, foram criadas na Amazônia brasileira cerca de sessenta povoações. Um verdadeiro *boom* urbanizador. E, desse conjunto de vilas definidas em série, ficaram para nós um elenco de desenhos originais que geraram — e geriram — as suas ordenações ou transformações urbanas. "Nestes, a lógica geométrica está, via de regra, presente e evidente", escreve Renata. É o tempo em que Portugal e o Brasil se encontram sob o comando intelectual e prático do Marquês de Pombal. E como o iluminismo pombalino se materializava em urbanismo racionalista, é nesse período que se vai fixar, numa região amazônica governada por Francisco Xavier de Mendonça Furtado (irmão de Pombal), a espécie de estrutura formal regular de núcleo urbano que, ali, vinha das fundações de São Luís e Belém, às primeiras luzes do século anterior. São as novas vilas amazônicas. "A implantação dessa rede de vilas obedeceu a determinados padrões de regularidade, que permitiam atender a objetivos simultaneamente civis e militares. Um documento considerado como chave para a compreensão desse processo é a Carta [Régia de 1755] de criação da Capitania de São José do Rio Negro (Amazonas) mencionada por Paulo Thedim Barreto, em 'O Piauí e sua Arquitetura'. A Carta traça as diretrizes básicas para a organização territorial e político-administrativa daquela capitania, com ênfase nos procedimentos, considerados como adequados, para a criação de vilas. O documento prescreve normas para o traçado de ruas e praças, obedecendo ao padrão clássico hipodâmico. Mas inclui também normas para o traçado dos lotes dentro das quadras e fixa padrões de fachadas, que conduzem a uma sistemática padronização da própria arquitetura. As normas urbanísticas fixavam padrões para traçado de ruas e as formas das quadras. Estabeleciam diretrizes para os padrões dos lotes e dos edifícios, visando a uniformização das fachadas dos prédios e sua integração em conjuntos maiores, em cada quadra. No exemplo ideal, os edifícios tinham todos a mesma altura, as mesmas dimensões de portas e janelas e os mesmos tipos de ornamentos, como se fossem partes de um conjunto maior", escrevia já Nestor Goulart Reis Filho, em seu estudo pioneiro. Documentos de época defendem esta regularidade em função da "formosura" do assentamento. E não devemos esquecer que algumas dessas vilas pombalinas se formaram pela reconfiguração de antigos aldeamentos indígenas — não raro, com a reunião, num mesmo lugar, de mais de um deles. Aldeamentos missionários foram radicalmente transformados, convertendo-se em vilas planejadas no campo da racionalidade geométrica — projeto que recuperava, no meio da floresta amazônica, o plano renascentista da cidade ideal. Vemos assim o projeto de transfigurar a antiga aldeia de Abacaxis na vila hexagonal de Serpa, coisa impensável no âmbito do urbanismo colonial castelhano. O projeto de Serpa é um cristal perfeito, no processo setecentista de transformação da Amazônia brasileira. Pombal queria vilas — e não aldeias — de índios.

Renata, por sua vez, destaca os casos de Macapá e Mazagão. Macapá foi criada com colonos açorianos, com índios trabalhando de pedreiros e carpinteiros na construção da vila, que recebeu este título em 1758. Uma vila geométrica fundada na própria linha equinocial (diz-se que, hoje, o estádio de futebol da cidade se localiza de modo que o paralelo passa pela linha do meio do campo), plena foz do Amazonas. Renata escreve que a "prioridade ideológica" que Mendonça Furtado deu a Macapá estaria ligada ao fato de a vila ter sido pensada como "uma experiência-modelo, que deveria espelhar um projeto administrativo e político". Renata: "A implantação dos colonos açorianos pretendeu aqui, mais do que nos outros lugares onde também foram colocados, encarnar o tópico da civilidade 'branca'". De fato, Mendonça Furtado acentua este aspecto. Em carta ao rei de Portugal, defende que, mais do que vila, Macapá deveria ser premiada com o título de cidade, por sua branquitude. "A mim me parecia que com o grande estabelecimento que tem a podia Sua Majestade fazer cidade, porque de primeiros povoadores há de ter perto de seiscentas pessoas brancas que, certamente, sem mescla, não as tem nenhuma deste Estado, e em poucos anos me persuado que há de ser a mais florescente de todas." É claro que esta brancura açoriana não irá se sustentar por muito tempo, até porque inexistiam impedimentos a intercursos sexuais entre brancos e índios. Mais do que ela, o que vai perdurar é a estrutura formal da cidade. Uma cidade retangular que, dentro do seu retângulo maior, guarda duas grandes praças também retangulares. Esta tipologia da praça dupla era uma novidade urbanística entre nós. E será replicada, tanto no sul da Bahia — em Prado e Viçosa, por exemplo —, quanto no projeto de Taquari, no Rio Grande do Sul. Ou, ainda, na própria Amazônia, em Silves, perto de Manaus. Em síntese, o que vemos em Macapá é uma estrutura clara, racionalista. Nas instruções do governador ao engenheiro Tomás Rodrigues da Costa, que assumira o comando da vila, salienta-se o cuidado formal com o assentamento: "As ruas se devem continuar na mesma forma e com a mesma perfeição com que estão feitas sem que morador algum se atreva a alterar o método com que estavam delineadas, não podendo em caso algum fazer deformidade nas ruas ou praças porque tudo se deve conservar na forma em que se acham. [...] Também será sumamente conveniente que os edifícios por fora tenham todos a mesma perspectiva, ficando somente a liberdade para seus donos para por dentro os poderem repartir como lhes parecer mais conveniente as suas acomodações". O governador seguinte, Manuel Bernardo de Melo e Castro, determinará, por sua vez, que "se façam os edifícios com Regularidade, Simetria, Retidão".

A história de Mazagão é outra. Em 1769, a coroa portuguesa decidiu sair de Mazagão — erguida em 1513 no norte da África, onde hoje está El Jadida, no litoral atlântico do Marrocos —, ao constatar que não tinha como sustentá-la, diante dos ataques de milhares de soldados mouros e berberes. Mas não se tratou apenas de abandonar a praça. Tratou-se de evacuá-la, transferindo seus moradores para o Pará. Eles foram levados para Lisboa e, de lá, remetidos para a Amazônia. Imigração compulsória. Trezentas e setenta famílias de mazaganenses, mais de 1.500 pessoas, foram forçadas a deixar Lisboa, tomando o rumo amazônico. E resistiram durante anos, até conseguir permissão da rainha para abandonar a vila amazônica construída para abrigá-los (curiosamente, construindo outra Mazagão nas proximidades da primeira). Esta vila também se fez na base da racionalidade geométrica do urbanismo pombalino. Renata Malcher: "O desenho urbano de Mazagão faz-se a partir de uma estrutura em malha reticulada, que incorpora na sua modulação as diferentes medidas das quadras e das ruas. Isto é, a cidade desenha-se sobre uma retícula que já é em si a sua estrutura viária. [...] É um desenho simples, na medida em que a estrutura é visível e orienta todo o processo. A praça faz-se pela supressão de uma das quadras [...]. A metodologia básica de tal plano é a mesma que orientou a maioria das criações urbanas da América Espanhola. Outros casos de desenhos como este aparecem no urbanismo brasileiro, de que a própria cidade de São Luís pode ser um modelo. Vejam-se também os exemplos de Guaratuba, em São Paulo, e o mais próximo, de São João de Parnaíba no Piauí, onde do mesmo modo a malha incorpora as ruas e a praça faz-se por supressão de uma quadra. [...] No projeto de Mazagão uma variação é introduzida no desenho pela disposição da frente das casas, que ocupa apenas dois dos lados das quadras, permitindo combinações diferentes. A disposição adotada tem, de resto, uma expressão um tanto aleatória, que dá bastante movimento ao plano urbano".

Esta experiência amazônica de planejamento e construção de vilas geométricas — somando-se à experiência baiana de planejamento e construção de conjuntos urbanos — esteve na base da reconstrução pombalina de Lisboa, arrasada pelo terremoto de 1755. O tremor de terra abateu cerca de 10 mil prédios, incluindo igrejas, mas atingiu quase somente o centro da cidade, poupando bairros como a Alfama, a Madre de Deus e a Mouraria. Tratava-se, então, de reconstruir a Baixa de Lisboa — e seu plano (concebido pelo próprio Pombal, com os arquitetos Eugénio dos Santos e Manuel da Maia; depois, Carlos Mardel) ficou pronto em 1758. "A cidade nova refletia a concepção que o estadista [Pombal] tinha do Estado: planta geométrica e retilínea, alçados iguais para todos os edifícios, ausência de palácios ou de qualquer sinal exterior que pudesse sugerir a nobreza do proprietário. Nenhuma porta diferente. A preocupação da uniformidade foi ao ponto de se decretar a proibição de alegretes ou vasos com cravos às janelas. As próprias igrejas foram obrigadas a alinhar pela altura dos demais prédios e também o desenho delas foi feito pelos arquitetos do Estado", resume Hermano Saraiva, em sua *História Concisa de Portugal*. E isto não destoa das orientações que conduziram a construção das vilas amazônicas e dos conjuntos barrocos de Salvador, do Rio e de Alcântara do Maranhão. Renata Malcher chamou a atenção para o fato: o projeto da Lisboa pombalina seria conceitualmente impensável e de execução impossível, não fosse a experiência prévia de engenheiros e arquitetos lusos na feitura de assentamentos coloniais, em diversos pontos do império português. Reis Filho, por sua vez, ressalta que os quarteirões mais antigos do Cais da Farinha, na Bahia, existiam em 1756, "quando apenas se cogitava da reconstrução de Lisboa". Tais concepções, do traçado geométrico aos prédios padronizados, faziam parte já, portanto, do patrimônio comum do pensamento construtivo, urbanístico-arquitetônico, do mundo de língua portuguesa.

IV

E aqui podemos retomar nossa questão inicial. Associação e dissociação — entre etnias, grupos e classes sociais — aconteceram, ao mesmo tempo, tanto nas cidades do ouro quanto nas vilas amazônicas. A cidade geomórfica mineira agregava, mas também separava. A cidade geométrica amazônica não impedia as mesclas de genes e signos. Tais processos não foram ideologicamente determinados ou predeterminados, portanto, a partir de um desenho urbano. A determinação foi, sobretudo, cultural. O que é, de fato, digno de nota. Se não havia um propósito de propiciar misturas na disposição das cidades barrocas das Minas, existia, ao contrário, o claro e explícito desígnio oficial de promover a miscigenação nas cidades geométricas da Amazônia. E isso diz tudo.

Falamos muito da riqueza da sociedade do ouro. Mas, quase sempre, nos esquecemos de sua pobreza. É a outra face da moeda, tão real quanto a primeira. O mundo do ouro, nas Minas Gerais, não somente nasceu pobre e morreu pobre. Mais que isso: viveu pobre. André João Antonil já sublinhava o fato, em frases que ficaram célebres. A descoberta do ouro atraiu multidões de aventureiros. Mas para serranias intocadas pela colonização. Dezenas de milhares de pessoas se acharam então, de repente, numa área de estupenda riqueza mineral, mas onde não havia roças, nem rebanhos. E o açoite da fome desceu sobre todos. Foi o *birth trauma* do ouro brasileiro. Muitos desertaram da empreitada. Para que o ouro não se consumisse em brilhos infernais, vieram as roças, com suas espigas de milho, seus pés de feijão, suas abóboras, galinhas ciscando nos quintais das granjas. E a coisa andou. Mas nem por isso a pobreza foi embora. Mesmo quando o ouro passou a ser produzido em volume espantoso, a riqueza restou em raras mãos. A grande maioria da população livre ou liberta de Minas continuou pobre. Dos escravos, não é preciso falar. Mas mesmo os senhores ricos viam muito ouro luzir fora de seu alcance. Era levada para Lisboa grande parte do que se lavava nas areias auríferas. E esta exploração atravessou a história mineira. Tiradentes (senhor de escravo), no final do século XVIII, protestava contra um governo que ali só ia "ensopar-se em riquezas". Filiava-se, assim, à tradição do combate à drenagem tributária que, enxugando a riqueza produzida naquelas serras, irrigava a fortuna dissipável dos reinóis. Mas a tributação não feria apenas a elite senhorial, desde que não se resumia ao ouro. O habitante de Minas pagava caro para existir. Caía sobre a população forra um imposto direto sobre sua liberdade. Em O *Avesso da Memória*, Luciano Figueiredo escreveu: "A pesada carga tributária que incidia sobre a população mineira contribuiu não só como importante fator de empobrecimento das camadas sociais despossuídas mas, no caso das mulheres forras, tornou o meretrício quase inevitável". E esta pobreza, corolário do sistema colonial, marcou a trama da vida nas cidades do ouro.

Os brancos nunca deixaram de constituir, ali, um agrupamento demográfico pouco significativo. Os escravos predominavam no conjunto societário, chegando a representar, na década de 1740, mais de 70% da população total da capitania (exclusive os índios livres). Eram negros importados da África ou comprados em outras áreas da colônia, desfalcando plantéis escravistas regionais na Bahia, em Pernambuco e no Rio. No primeiro caso, informa Charles R. Boxer, "os mineiros preferiam os 'minas' exportados principalmente de Ajuda, tanto por serem mais fortes e vigorosos do que os bantos como porque acreditavam terem eles poder quase mágico para descobrir ouro". Dessa presença mina em Minas (mina-jeje, *ewe-fon*, negros do antigo Daomé), sobreviveu um minidicionário do "falar mina" na Ouro Preto setecentista, composto por Antônio da Costa Peixoto e objeto de estudo de Yeda Pessoa de Castro, em *A Língua Mina-Jeje no Brasil*. Mas também havia bantos em Minas, assim como "cabos-verdes" e "moçambiques". Entre o grupo branco e a massa escrava, crescia a mestiçagem. A mulataria. As razões podem ter sido muitas, entre o trabalho, o amor e o sexo (*huhádumi*, "venha me foder", registra o vocabulário de Costa Peixoto, que Yeda remete ao fon *wa du mi*). E havia a crença, já referida, de que pretos e pretas minas, exportados de Ajuda, tinham um dom para descobrir depósitos de ouro. Uma preta mina, mais que uma putinha ou um amor, era um talismã. Uma perspectiva de fortuna, entrelaçamento de gozo, lavras e palavras, na associação linguística entre ouro preto, preta mina e mina preta. E crescia a mulataria. Seus caminhos e destinos podiam divergir. De um lado, a ascensão social de mulatos. De outro, a sorte sórdida da maioria dos mestiços, naufragando na pobreza. Ascensão de bacharéis, mas também de pintores, músicos, escultores. Os brancos mantinham distância do trabalho manual. Os pretos eram metidos na labuta das áreas mineráveis. Sobrava para os mulatos um campo de produção artesanal, em que se empenhavam profissionalmente, ganhando dinheiro. Eram eles os criadores e executores de obras que, na época, estavam longe de ser classificadas como "artísticas". Retábulos, chafarizes, pinturas, móveis não eram obras de artistas, mas de artesãos. Mesmo a arquitetura era vista no campo das artesanias. E os mulatos iam tomando conta do setor. Além disso, burlava-se a lei — e lá iam mulatos ocupando cargos oficiais, desde que tivessem posses.

A riqueza clareava. Mas a maioria dos mulatos não tinha como escapar do confinamento social. Era uma legião de bastardos vivendo no porão da sociedade. Bastarda e mestiça era a maioria das crianças que nasciam nas cidades do ouro. Laura de Mello e Souza, em *Desclassificados do Ouro*, reproduz uma pesquisa de Donald Ramos sobre a população setecentista de Ouro Preto, falando da importância das mulheres como chefes de família. "De todos os fogos [residências] arrolados, 45% eram dirigidos por mulheres, sendo que em 83,1% destes casos, elas nunca haviam se casado. Estava longe o tempo em que faltavam mulheres nas Minas: a partir da metade do século, tornaram-se numerosas — o que encorajou a promiscuidade e criou condições para a predominância de fogos femininos. Estas mulheres eram, na sua grande maioria, negras e mestiças pobres, o que pode ser verificado no fato de pouquíssimas — 5,2% — dentre elas serem chamadas, em Vila Rica, de *senhoras* ou *damas*." Laura: "A gente livre pobre que descambou com frequência para a desclassificação social foi, pois, no século XVIII, predominantemente negra e mestiça, bastarda e oriunda de casas dirigidas por mulheres sozinhas. Franja da sociedade organizada, apresentava uma mescla curiosa de crime e trabalho, liberdade e cativeiro, norma e infração". Pretos e mulatos compunham a maioria da massa dos deserdados. E como viviam nas cidades do ouro? É evidente que não ocupavam sobrados senhoriais. Nem as casas térreas dos que tinham como viver com menos aperto. Formavam a população das cafuas dependuradas nas encostas dos morros. No centro de Ouro Preto, não funcionaria nenhuma típica venda mineira dirigida por preta forra, que, além de mescla de boteco e armazém, servia de lar e prostíbulo (uma mesma expressão mina-jeje, *nhono xome*, designava, na cidade, venda e bordel). Negras devotas poderiam deixar escorrer ouro dos cabelos, na pia batismal das igrejas, mas também poderiam passar fome. Mestiçagem e sincretismo nunca excluíram (nem foram excluídos de) nada disso. Abarcaram o Aleijadinho e o assaltante das veredas, o bacharel e a dona do puteiro.

Passemos, então, ao outro campo. O processo de mestiçagem, na região amazônica, começou no momento mesmo em que os europeus a alcançaram. Falando sobre o século XVII, Eduardo Galvão salienta que a integração dos índios, na sociedade colonial, não se deu "sem traumatismos". Mas isso não impediu as mestiçagens e os sincretismos culturais. Ainda segundo Galvão, os fatos mais característicos desse período foram, além da mudança na economia primária do índio, voltada antes para consumo interno, a "desintegração das sociedades indígenas" e a "assimilação do nativo à sociedade colonial". Um processo interessante foi a *tupinização* dos povos indígenas da Amazônia. Tupinambás litorâneos, que se tinham aliado aos franceses em luta contra os lusos, migraram massivamente para terras amazônicas. Mas o mais importante foi que os missionários, na prática catequética de seus aldeamentos, adotaram como meio de comunicação a chamada "língua geral", forma esquemática do tupi. Os colonos também a empregavam, em detrimento do português. Aconteceu então, ali, um movimento de "homogeneização linguística", como disse Darcy Ribeiro: "Sob essas compulsões [novos modos de trabalho e convívio de elementos de grupos indígenas diversos num mesmo aldeamento] é que se tupinizaram as populações aborígenes da Amazônia, em sua maioria pertencentes a outros troncos linguísticos, mas que passaram a falar a língua geral, aprendida não como um idioma indígena, mas como a fala da civilização". No século XVIII, as autoridades coloniais adotaram medidas para impor o português como língua oficial na Amazônia. Mas, mesmo na segunda metade do século XIX, o naturalista Henry Walter Bates ainda podia escrever: "O tupi é falado com pouca corrupção ao longo das margens do Amazonas numa extensão de 2.500 milhas". E o próprio Galvão, pesquisando na década de 1970, anota: "ainda hoje no Rio Negro, o 'geral' é a língua que predomina, seja sobre o português, seja sobre outros dialetos indígenas, como o tucano e o macu". Voltando aos séculos XVII e XVIII, o que se pode dizer é que ali se formava uma sociedade mestiçada e sincrética. Darcy: "ao lado da vida tribal que fenecia em todo o vale, alçava-se uma sociedade nova de mestiços que constituiria uma variante cultural diferenciada da sociedade brasileira: a dos caboclos da Amazônia".

O planejamento urbano na Amazônia setecentista, manifestando-se na variedade formal de suas disposições geométricas, não implicou afastamento. E muito menos segregação. Galvão chega a dizer que, em matéria de incorporação de índios à vida colonial, a política pombalina foi mais bem-sucedida que a dos jesuítas. Claro. Os jesuítas queriam distância entre índios e colonos. Pombal, que expulsou os inacianos da América Portuguesa, queria convívio e acasalamento. Entre 1757 e 1798, vigorou uma lei, o chamado "Diretório dos Índios", regulamentando a conduta colonizadora diante dos indígenas amazônicos — lei cuja aplicação se pretendia ampliar para toda a América Portuguesa. Em *O Diretório dos Índios: um Projeto de "Civilização" no Brasil do Século XVIII*, Rita Heloísa de Almeida observa que tal documento jurídico "teve o cunho de carta de orientação de amplitude equivalente às Constituições que atualmente regem as nações". Ainda Rita, resumindo: "Pelo Diretório ficava estabelecido o uso exclusivo da língua portuguesa, estimulava-se o casamento entre índios e brancos, assim como um convívio social e comunitário nas novas povoações ou nas antigas missões que então se elevavam a vilas. No interior destas povoações ficariam seus habitantes, índios e brancos, sujeitos às mesmas leis civis que regiam as populações urbanas de Portugal, os quais contariam, nas administrações locais, com representações da Justiça e da Fazenda, e gozariam do direito a ocupar cargos públicos". Já Mércio Gomes, passando em revista a legislação indigenista anterior à nossa declaração de independência nacional, em *Os Índios e o Brasil*, assim sintetiza o Diretório de Pombal: "Conjunto de 95 artigos que constituem o último ordenamento português sobre os índios. Reitera a retirada dos poderes temporal e espiritual dos jesuítas. Concede liberdade para todos os índios. Favorece a entrada de não índios nas aldeias, incentiva casamentos mistos, cria vilas e *lugares* (povoados) de índios e brancos. Nomeia diretores leigos. Promove a produção agrícola e cria impostos. Manda demarcar áreas para os índios. Proíbe o ensino das línguas indígenas e torna obrigatório o português". De resto, a leitura das leis indigenistas (desde o "Regimento" de Thomé de Sousa, datado de 15 de dezembro de 1548), acompanhada do estudo das ações do poder colonial, pulveriza a atual e fantasiosa crença sub-romântica, alimentada por muitos antropólogos e historiadores maniqueístas, de que os portugueses vieram para cá promover uma guerra de limpeza étnica — que é o que significa a palavra *genocídio* —, destinada a varrer do mapa as populações indígenas. A disposição foi principalmente para as misturas. E é por isso mesmo que parcela altamente significativa da atual população brasileira tem ascendência ameríndia.

O fato de Pombal ter suspendido o poder dos missionários sobre os índios — e expulsado os jesuítas — foi fundamental para intensificar as texturas da mestiçagem e os jogos do sincretismo. Jaime Cortesão já observava que, ao eliminar do horizonte brasileiro a Companhia de Jesus, Pombal "contribuíra poderosamente para a fusão das raças, e, por consequência, para o desenvolvimento político da nação". Os aldeamentos missionários protegiam os índios de serem escravizados pelos brancos. Mas, nesse afã protecionista, impediam maiores contatos entre brancos e índios. Bloqueavam relações interétnicas e interculturais. Considerando que os colonos luso-brasileiros eram já seres corrompidos (e, por isso mesmo, corruptores) e cultivando a fantasia de que o índio devia ser preservado em sua pureza essencial — com vistas, inclusive, à implantação de um futuro império cristão universal, como se vê em escritos de Vieira —, os jesuítas instituíram o seu *apartheid*. Atravancaram ao extremo as trocas genéticas e semióticas entre a população ameríndia e a população colonial, que, desde as criações de São Luís e Belém, incluía muitos açorianos. Pombal rompeu esses enclaves que cerceavam encontros. Importavam-lhe, fundamentalmente, a urbanização, o contato e a mestiçagem — caminhos para assegurar a ocupação física e humana do território, exigindo a integração do índio no processo civilizador dos trópicos, conduzido por um Portugal iluminista. "Este período foi definitivo para a integração do índio na sociedade mestiça que se formava", escreve Galvão, destacando a importância do fato de que o casamento inter-racial foi então estimulado pelas autoridades coloniais, "que concediam terras, forneciam instrumentos de lavoura e davam acesso a funções políticas a portugueses que se uniam legalmente às índias". Renata Malcher enfatiza o mesmo tópico. O governo pombalino na Amazônia, além de dar liberdade civil aos índios, instaura "uma política de incentivo a casamentos mistos, insistindo na eliminação dos preconceitos e discriminações sofridos pelos indígenas. No mesmo sentido é incentivada a introdução de população branca nos aldeamentos, obrigando-a à convivência com os índios".

Não se tratava de uma ruptura, mas de uma radicalização, por assim dizer, da política indigenista lusitana, que aqui se vinha desenvolvendo desde o século XVI. "Uma clara e contínua intenção de incorporar nativos à colonização pode ser vista como a política que, desde o início, definiu a relação dos portugueses com os índios no Brasil", escreve Rita Heloísa de Almeida. Mas, se sempre houve o propósito de incorporação do índio, este propósito foi ainda mais avivado durante a vigência do ideário pombalino em terras amazônicas. Pombal queria estabelecer o domínio territorial e promover a ocupação demográfica da Amazônia. Mas o importante, de nosso ponto de vista, é que ele *pôde*, culturalmente, escolher, para isso, os caminhos da transformação de aldeamentos em vilas e do incentivo oficial à mestiçagem. As consequências dessa postura foram profundas e duradouras. E estão aí, hoje, diante de nossos olhos. Vilas pombalinas são cidades amazônicas, nos dias que correm. Basta olhar no mapa. E a mestiçagem, que vinha girando desde o século XVI, prossegue agora no século XXI. Entre as muitas definições que podemos dar de Manaus, no momento presente da realidade amazônica, não estaremos errados ao dizer que ela — caminhando em direção a 2 milhões de habitantes, com a Zona Franca e mais de quatrocentas indústrias operando em seu polo industrial — também é uma cidade neoindígena. Uma cidade essencialmente cabocla.

V

O urbanismo geométrico da Amazônia setecentista se inscreve na linhagem das cidades planejadas no Brasil. Foi um urbanismo mais "de estruturação" que "de expressão", para trazer ao contexto a conhecida distinção feita por Fernando Pessoa. E esta é uma linhagem que tem o seu ponto de partida na Salvador de meados do século XVI, alcança o esplendor em Brasília, vem conhecendo desdobramentos posteriores (como no caso de Palmas, no Tocantins) — e certamente nos reserva surpresas para o futuro. Numa linha do tempo não exaustiva, temos os casos de Salvador e do Rio no século XVI. De São Luís e Belém, no século XVII. No século XVIII, a reforma de Mariana. A construção de Vila Bela, em Mato Grosso. As vilas da Amazônia, do Rio Grande do Sul, de Goiás. No final do século XIX, Aracaju e Belo Horizonte. No século XX, Goiânia e Brasília. "Mariana, a antiga Vila Bela, Teresina, Belo Horizonte e Goiânia são exemplos cujo sucesso e influência regional variaram, mas cuja importância é preciso reconhecer. São, em outros momentos e situações, as antecessoras de Brasília. A nova capital federal é a síntese dessa ação urbanizadora e a sua expressão mais alta", escreve, a propósito, Murillo Marx, em *Cidade Brasileira*. Também Renata Malcher, em sua visão das vilas setecentistas da Amazônia, traz Brasília na cabeça: "Já só no século XX, praticamente, a Amazônia voltou a ver vilas e cidades novas serem fundadas, feitas em função de outra penetração no território, provocada pela abertura de estradas, em especial, a Transamazônica e a Belém-Brasília. E estas são tão recentes quanto a nova capital do Brasil. Brasília, aliás, é um bom pretexto para reinvocar a vanguarda da metodologia da urbanização das cidades da Amazônia no século XVIII, feitas, como a capital, sobre o discurso do poder que as constituía. Serve também para lembrar a permanência da 'utopia' que, inevitavelmente, paira sobre tais projetos".

Podemos pensar aqui, num horizonte bastante genérico, o sentido da estruturação urbana formalizada, geométrica, no Brasil. É evidente que o sentido do traçado urbano regular ou racionalista é dado numa espécie de tripé relacional. Numa ponta, a grelha surge em plano dialógico, situada no próprio campo das linguagens urbanísticas. Em outra, sua aparição é indestacável da contextura cultural, solicitando assim leituras interpretativas de natureza histórica, sociológica e antropológica. E, ainda em outra, a grelha se materializa em circunstâncias concretas, do ponto de vista político e social — sob o jogo e o fogo de interesses e projetos de determinados atores em movimento no conjunto da sociedade. O que significa que, embora venha carregada de história e de um caráter geral e generalizável, cada grelha é igualmente singular. O assunto, como se vê, é complexo. Diz respeito a modos de apropriação e organização social do espaço físico, numa certa cultura. Ao instante dessa cultura em determinado momento histórico, social e político. E à sua inscrição na "série urbanística", digamos assim, transpondo, para nosso campo, uma expressão cunhada originalmente em terreno literário, por Iuri Tinianov. De qualquer sorte — e de modo genérico, repito —, penso que, no caso brasileiro, podemos fazer uma grande distinção. Num primeiro momento, a grelha brasileira é indissociável, principalmente, dos conceitos de *colonizar* e *civilizar*. Num segundo, de *civilizar* e *modernizar*. Do plano original de Salvador às vilas amazônicas, o ordenamento urbano está sob o signo do colonizar-civilizar. À dupla modernização-civilização, vinculam-se as grelhas de Aracaju e Belo Horizonte — mas, aqui, com a expressão "civilização" (que, aliás, vem do latim *civitas*, cidade) existindo em outro espaço semântico e ideológico. Já não se trata de elevar índios ao âmbito civilizado, fazendo-os fiéis a Deus e súditos do rei. A perspectiva agora é a de um processo construtivo que, empreendendo um esforço de atualização histórica, aponta ainda para o futuro. Nos casos de Aracaju e Belo Horizonte, o que temos são desejos de concreções civilizadoras. Trata-se de deixar para trás o mundo colonial, barroco e escravista para se inscrever numa contemporaneidade. E isto em conjunturas diferentes, mas onde o Brasil se repensava e pensava seus destinos. Com Aracaju, o que se tinha era a perspectiva do fim da sociedade escravista. Com Belo Horizonte, a instauração do horizonte republicano. Nos dois exemplos, todavia, sobressai o desejo de se livrar do passado. No caso sergipano, este passado se expressava em São Cristóvão. No caso mineiro, em Ouro Preto. Eram as duas capitais que tinham de ser superadas, para que Sergipe e Minas colocassem seus pés em novos caminhos. Aracaju nasceu como afirmação de um novo Sergipe, avançando na produção do açúcar, em busca de novos ares e luzes. E é isto — embora o plano de Sebastião Basílio Pirro (Aracaju) não tenha o brilho do de Aarão Reis (Belo Horizonte) — o que se inscreve em sua regularidade geométrica.

Com relação ao primeiro momento, Salvador foi um gesto decisivo de Portugal diante do Brasil. A cidade-fortaleza, sede da nova estrutura político-administrativa do Governo-Geral, centralizaria a ação colonizadora. No dizer de Frei Vicente, o rei resolvera fazer uma cidade "que fosse como coração no meio do corpo, donde todas [as capitanias] se socorressem e fossem governadas". Mas a dimensão civilizatória não estava ausente da empreitada. O propósito do rei, como disse Simão de Vasconcelos em sua *Crônica da Companhia de Jesus do Estado do Brasil*, era "dar princípio a um Estado em que pretendia fundar Império". Tudo foi planejado. Thomé de Sousa recebeu um "Regimento" assinado pelo monarca luso. Espécie de "plano piloto", enfeixando as determinações sobre o que o governador deveria fazer, o "Regimento" era, ao mesmo tempo, amplo e minucioso. Fixava os poderes do Governo-Geral, a alçada da Justiça, as atribuições do fisco e, até, uma política demográfica para o Brasil, no caminho da construção de uma "civilização cristã" nos trópicos. A forma da cidade, também definida em Lisboa, procura responder à missão colonial-civilizadora. E o faz na linguagem urbanística avançada da época, em terreno vitruviano-renascentista. O aspecto civilizatório comparece também no caso de Mariana, único no rol das cidades do ouro. Elevada à categoria de cidade e tornando-se sede de bispado, Mariana não poderia permanecer cidade rude, desaprumada, com ruas e prédios em desordem. Foi reconstruída, então, em risco regular. Em plano ortogonal. "O grupo menor de estabelecimentos urbanos brasileiros excepcionais pelas suas características é o que reúne os casos de maior influência. É o das novas capitais. A sua fundação, ou adaptação com este objetivo importante, conferindo especiais prerrogativas a uma aglomeração sobre as demais, motivou a ordenação condigna do plano urbanístico", escreve Murillo Marx, citando o exemplo de Salvador — "criada já com a categoria de cidade, com traçado reticulado, praça principal e contorno fortificado". E o de Mariana — onde aflora "o desejo frustrado mas manifesto de consolidar Mariana como sede administrativa das Minas Gerais, elevada primeiro a cidade, merecedora da mitra episcopal e de traça mais regular".

No tocante à Amazônia, o projeto pombalino era ocupar aqueles amplos espaços, urbanizar-colonizar-civilizar, fazendo a região avançar no plano econômico. Vem daí a criação da Companhia Geral do Grão-Pará e Maranhão, detendo o monopólio comercial e agrícola da região — exclusividade da ação econômica que mereceu crítica explícita de Adam Smith (que, por sinal, escreve "Fernambuco" e "Marannon"), em *Riqueza das Nações*. Vem daí também a notável investida urbanística, multiplicando vilas. Quanto a isso, passo a palavra, uma vez mais, a Renata Malcher: "Prescindindo de modelos rígidos, o urbanismo colonial português enriqueceu a experiência urbanizadora da modernidade com uma imensa variedade de exemplos e situações diferentes. No século XVIII, a amplitude deste quadro permite que se lhe diga que era uma forma madura. [...] A sua maturidade também se mede pela sistematização que engendrou do fazer cidades instituído como um legado do processo civilizatório. [...] Entre as cidades criadas na região, Macapá é o exemplo mais representativo do modelo do projeto reformador [pombalino], enquanto programa ideológico e enquanto forma. É a vila planeada, desenhada com um método preciso, com relações formais que permitem a leitura alegórica dos seus elementos. [...] Mais do que isso, a vila é, ela própria, alegoria da cidade [...] que se queria fazer na região. Com posturas precisas regulando a vivência urbana nos mais elementares detalhes, com a forma urbana legível e clara, Macapá é o modelo da vila civil e civilizada que a reforma pregava. Queria também ser o exemplo da vila colonial que verdadeiramente se constituísse de colonos, a cuidar da terra e a fazer produzir o território". Nos termos do projeto pombalino, urbanizar era colonizar e civilizar. Mas, para que o urbanismo civilizasse, deveria expressar ordem lógica. Simetria. Existiu assim na Amazônia, nesse período, uma geometria da colonização.

Num segundo momento da história da grelha brasileira, como disse, predomina o binômio modernização-civilização. Veja-se Belo Horizonte. Vista como relíquia de um passado sem retorno, fisicamente isolada em ambiente montanhoso, deslocada dos centros vitais da nova realidade mineira, distante de qualquer tipo de racionalismo, Ouro Preto perdeu seu posto. Em 1897, à sombra da serra do Curral del Rei, instalou-se a nova capital de Minas Gerais, Belo Horizonte. O plano da cidade é muito interessante — e guarda sua originalidade. Aarão Reis, que o elaborou, partiu para uma solução algo experimental. Operou pela superposição direta de duas grelhas descoincidentes, de dois planos ortogonais orientados em sentidos diversos, aos quais acrescentou elementos estranhos, como estrelas, a fim de quebrar ainda mais a agudez do tabuleiro. Yves Bruand assim descreveu sua "dupla trama ortogonal rígida", em *Arquitetura Contemporânea no Brasil*: "A rede de base desenhava ruas retilíneas que se cortam em ângulos retos e quarteirões quadrados semelhantes em todas as dimensões; ela foi completada por um sistema de avenidas largas, diagonais, que constituíam uma rede menos fechada do que a anterior, mas rigorosa em sua clareza e regularidade. A conjunção dos dois elementos respeitava o princípio do tabuleiro de xadrez, fazendo nele as correções destinadas a remediar seus inconvenientes: a multiplicação dos eixos de direção reduzia as distâncias e evitava deslocamentos em linha quebrada; a variedade das combinações possíveis quebrava a monotonia absoluta do xadrez puro sem alterar a perfeição geométrica da figura global; esta era mesmo reforçada pela operação". Bruand observa ainda que Aarão escolheu o tabuleiro, "mas corrigindo-o por meio de amplas artérias oblíquas, de estrelas, de balões, uma preocupação constante com as perspectivas monumentais que provinha diretamente do Velho Mundo e onde aparecia mais uma vez a influência de Haussmann. Portanto, o plano de Belo Horizonte era uma tentativa de síntese original e uma experiência interessante". De certa forma, o plano reproduz o esquema de Jeffersonville (concebido por Thomas Jefferson), que apresentava superposição de grelhas, com ruas diagonais atravessando os quarteirões — o que levou Kostof a uma derrapada geográfica: "Este mesmo [plano] híbrido [...] vai reaparecer, no final do século, nos planos originais de duas grandes cidades argentinas: La Plata e Belo Horizonte". O plano de Aarão foi respeitado em suas linhas gerais, mas não seguido à risca, nem executado por inteiro. Era superior ao que foi realizado. Bruand: "O objetivo — criar uma cidade ordenada, arejada, não isenta de uma certa grandeza natural — foi atingido". Em si mesmo, o plano continha apenas um grave defeito: a obsessão geométrica cega ao relevo do sítio — contrariamente a tudo o que acontecera nas cidades do ouro.

No campo da história política, Belo Horizonte é sucessora de Ouro Preto. Mas, em matéria urbanística, Mariana é sua antecessora. E por aqui vamos ver a predominância do binômio modernização-civilização. Em Mariana, o plano ortogonal foi um correspondente urbanístico do novo estatuto do lugar, convertido em centro do poder religioso nas Minas Gerais. O plano de Belo Horizonte, por sua vez, fixava a ordem de uma nova capital, em resposta às realidades emergentes de Minas e do Brasil, vivendo então seus primeiros dias republicanos e federativos. Minas queria se projetar para o futuro, abrindo maior espaço para si na cena nacional — e a construção de Belo Horizonte seria o signo desta nova e enérgica disposição (lembre-se, aliás, que, um ano após a "proclamação da república", instalou-se a Assembleia Nacional Constituinte, aprovando, por larga maioria de votos, a construção de uma nova capital para o Brasil, que deveria se localizar no Planalto Central do país). Para sua elite dirigente, Minas deveria ostentar um centro de poder dinâmico e ousado, em dia com as novidades civilizatórias do mundo. A forma avançada da cidade falaria por si mesma desta postura. Contemporaneidade, racionalidade e projeto de futuro que jamais poderiam se deixar representar por uma anciã dos tempos coloniais como Ouro Preto. Além disso, os novos meios de vida, produção e comunicação explodiriam os quadros da cidade barroca. Ouro Preto era coisa de museu. Pesado e disforme objeto colonial dos tempos da escravidão. Construir Belo Horizonte, mobilizando os mineiros em função do projeto, era demonstrar modernidade, força e audácia, em busca da ampliação da presença e do poder de Minas no espaço nacional brasileiro — sob o signo do positivismo republicano, que inscrevera um slogan comtiano na bandeira do país. Belo Horizonte, em seu plano e na própria materialidade de sua estruturação urbana, expressaria isto: ordem e progresso. Neste sentido, a cidade aparece como uma espécie de Mariana positivista dos tempos republicanos, ainda que sem um centímetro da beleza do antigo burgo barroco. De fato, a nova capital mineira não teve nem tem estatura estética para encarar Ouro Preto ou Mariana. As cidades do ouro permanecem, ainda hoje, o que de mais belo a imaginação arquitetônica foi capaz de gerar nos Gerais.

Mas vamos nos aproximar de Brasília, sob um céu quase hipnótico, deslumbrante paralisia em azul. Brasília é filha de três processos. Projeta-se, nas alturas claras e secas do Planalto Central, a partir de uma estrela de três pontas. Nasce no e do momento histórico vivido pelo Brasil na década de 1950, em suas dimensões política, econômica e cultural. Da linguagem internacional da vanguarda arquitetônica das primeiras décadas do século transato — e da história desta linguagem em sua inserção nas tramas culturais do Brasil. E, ainda, das trajetórias individuais do criador de sua forma urbana, Lúcio Costa, e de seu arquiteto, Niemeyer — homens que trouxeram, para o campo da vanguarda, a experiência barroca brasileira. Cidade com um forte traço distintivo, que deve desde logo ser negritado. Assim como Belo Horizonte foi planejada e implantada para mudar Minas, Brasília foi pensada, ela mesma, como instrumento de mobilização e transformação social e cultural, apontando para um outro futuro brasileiro. Esta, a sua diferença radical com relação ao Brasil que até então existia. Esta, a sua dimensão utópica. Mas desçamos daí para um nível mais pedestre. O terreno em que Brasília pousou era plano. Podia-se fazer ali um traçado em xadrez puro, rigorosamente modular. Mas não foi esta a escolha de Lúcio Costa. Mesmo num terreno plano, o arquiteto-urbanista pode não querer o xadrez puro, mas uma grelha com dimensões e ritmos variados, jogando com a largura das ruas e a extensão das quadras, por exemplo. Não é tão cristalino. Mas bem mais rico visualmente — e mais agradável e menos monótono. No plano de Lúcio, a grelha é suavemente ondulada, dispondo-se em duas asas amplas, que, colando-se a um eixo central, desenham, no chão vermelho do cerrado, a forma de um arco e flecha ou a figura de um pássaro. O corte radical do eixo, abrindo-se para construções diferenciadas, a ondulação do desenho e o arranjo livre dos blocos, dentro de cada superquadra, deram à grelha brasiliense uma fisionomia suave e própria. Sem a monotonia do xadrez. Sem qualquer monotonia. Lúcio soube quebrá-la já na concepção e localização de um eixo central em descaída, situando num descampado, abaixo do nível regular do sítio, as edificações que mais chamam a atenção. Naquele descampado, ficam os ministérios. Os palácios. Estão no centro e no extremo perpendicular da grelha, que dividem ao meio, para providenciar outra respiração urbana. E deixar que o deslize vá em frente, chegando ao Palácio da Alvorada, uma das mais bonitas construções feitas no Brasil, do século XVI até hoje.

 O caso de Brasília é especial, quando pensamos no sentido da cidade que se construiu. Os pares conceituais a que fiz referência parecem se condensar num tripé envolvente: colonizar-modernizar-civilizar. Lembre-se que Lúcio recorreu ao simbolismo da cruz. E que, ao riscar uma cruz no território planaltino, não só recorreu a um signo arquetipal de cidade, como se comportou, diante do espaço do futuro núcleo urbano, como o colonizador lusitano diante do futuro Brasil. É o que ele mesmo diz, na "Memória Descritiva do Plano Piloto" (em *Registro de uma Vivência*): "Trata-se de um ato deliberado de posse, de um gesto de sentido ainda desbravador, nos moldes da tradição colonial". Brasília vai nascer "do gesto primário de quem assinala um lugar ou dele toma posse: dois eixos cruzando-se em ângulo reto, ou seja, o próprio sinal da cruz". Era este o signo da conquista. Achantar o padrão ou a cruz. Ou ambos. E Lúcio riscou uma cruz na terra da futura Brasília, tomou posse daquele espaço, com o propósito de convertê-lo em território, construindo a nova capital brasileira. Como um colonizador lusitano. Como um jesuíta. Até porque Brasília iria nascer entre os paralelos 15 e 16, terras da antiga Capitania de Porto Seguro, lugar da arribada da frota do capitão Cabral, ponto do "achamento" quinhentista do Brasil. Caminharíamos, assim, de um velho para um novo começo. O Brasil retomando posse de si mesmo. Num momento nacional em que todo projeto, como o de Brasília, corria o sério risco de trocar a luz do sonho pela luz do sol. Em *Por Que Construí Brasília*, Juscelino Kubitschek sustenta a mesma visão. "O grande desafio da nossa história estava ali: seria forçar-se o deslocamento do eixo do desenvolvimento nacional. Ao invés do litoral — que já havia alcançado certo nível de progresso —, povoar-se o Planalto Central. O núcleo populacional, criado naquela longínqua região, espraiar-se-ia como uma mancha de óleo, fazendo com que todo o interior abrisse os olhos para o futuro grandioso do país. Assim, o brasileiro poderia tomar posse do seu imenso território. E a mudança da capital seria o veículo. O instrumento. O fator que iria desencadear novo ciclo bandeirante." E ainda: "O litoral foi de fato uma monovidência nacional. Vivia-se por ele. Agia-se em função dele. E o que ocorria em relação ao resto do Brasil? A resposta é simples: o deserto sem fim desdobrado nas suas características regionais — a caatinga, no Nordeste; o cerrado, no Planalto Central; o pantanal, nas regiões alagadiças de Mato Grosso; as pastagens, nas zonas de pecuária do Triângulo Mineiro e das coxilhas rio-grandenses; e a tenebrosa, indevassável e misteriosa floresta amazônica, no extremo norte do país. [...] Tratava-se, pois, de um mundo inexplorado. Dotado de riquezas fabulosas, mas praticamente virgem do trabalho humano".

Mas Kubitschek fala também de "uma estética urbanística única no mundo", "revolucionária" — e do "futuro grandioso" do país. Registram-se, aqui, as questões da modernização e da civilização. Naquele período, aconteceu a combinação de duas realidades tão raras quanto fundamentais, na história brasileira. De uma parte, o país experimentou um ritmo inédito de crescimento — da expansão urbana à abertura e asfaltamento de estradas, passando pela implantação da indústria automobilística, o avanço do setor de pesquisa e exploração do petróleo, os primórdios da industrialização nordestina. Se a modernização do país se ensaiara em torno da Primeira Guerra Mundial, para ganhar impulso decisivo no primeiro período varguista, da Revolução de 1930 ao Estado Novo, o salto urbano-industrial só se daria, de fato, a partir da gestão de Kubitschek, mergulhada no então chamado "desenvolvimentismo", regido pelo célebre "plano de metas", quando o Brasil se dispôs a fazer "50 anos em 5". De outra parte, foram vividos, ali, tempos de liberdade. Discussões corriam sem entraves, ideias circulavam em sua inteireza, não havia presos políticos no país, comunistas e socialistas se movimentavam à luz do dia. Democracia e desenvolvimento, portanto. E, nesse clima, o Brasil se convenceu de que era dono de seu nariz. De que tinha seu futuro em suas mãos. E se colocou por inteiro sob o signo da ação, exalando autoconfiança por todos os poros. No plano mais estritamente cultural, depois do mormaço e da melancolia das duas décadas anteriores, a inquietude e a invenção voltavam a reinar. O Brasil se manifestava agora, com intensidade inédita, como um país de vanguarda. Criou-se então, entre nós, uma "ecologia" do novo. Um contexto mais amplo para a inovação arquitetônica, cujos representantes tinham atravessado, no papel de vanguarda solitária, aqueles anos de reação às linguagens experimentais, sintomaticamente marcados pela ressurreição do soneto. A situação mudara radicalmente. Nas artes plásticas, com as experiências do concretismo e do neoconcretismo. Em literatura, com Guimarães Rosa e seu *Grande Sertão: Veredas*, transcendendo o "regionalismo" anterior, numa narrativa culta e inventiva, que incorporava o experimentalismo joyciano. Na poesia, com João Cabral de Melo Neto deixando de ser um ponto luminoso isolado em meio ao conservadorismo dominante, para assistir à irrupção da vanguarda concretista, nucleada no "grupo Noigandres". Na música popular, com o milagre bossa-novista de João Gilberto e Tom Jobim. Como se não bastasse, a escola brasileira de futebol, reinventando o esporte inglês, gerou uma seleção que, com Garrincha e Pelé, empalmou a Copa do Mundo, nos gramados da Suécia, em 1958. O Brasil do conjunto da Pampulha era agora, também, o Brasil do violão de João Gilberto e dos ideogramas concretistas, invertendo o influxo cultural que vinha dos centros metropolitanos para as culturas periféricas. E levando Umberto Eco, numa entrevista à *Folha de S. Paulo*, a definir como paradoxal a nossa situação no mundo: uma periferia que também é centro. Brasília foi o supersigno desse processo, unidade semântica mais vistosa da afirmação moderna do Brasil, como povo e nação. Onde transparece a ideia de que o Brasil poderia produzir um novo projeto civilizatório, aflorando em fragmentos. (Não por acaso, em seguida à construção da nova capital, Sérgio Buarque começaria a organizar a *História Geral da Civilização Brasileira*, e Ênio da Silveira projetaria uma editora chamada "Civilização Brasileira", com uma publicação que marcou época no país, a *Revista Civilização Brasileira*.) O próprio Lúcio dizia que Brasília deveria "ser concebida não como simples organismo capaz de preencher satisfatoriamente e sem esforço as funções vitais próprias de uma cidade moderna qualquer, não apenas como *urbs*, mas como *civitas*". No dia em que saiu de casa para apresentar o plano da cidade, ele tinha uma cruz e um monumento na cabeça. Mas, mais que isso, como arquiteto e pensador de um país jovem e fogoso, carregava consigo uma utopia.

Cabe, aqui, uma última questão, que coloca, em campos separados, no seu evoluir histórico, de um lado os casos de Belém e Macapá — e, de outro, os de Salvador e Belo Horizonte. As cidades amazônicas cresceram. E não foi pouco. Veja-se o exemplo de Belém. Já em princípios da quarta década do século XVIII, a cidade impressiona positivamente os que a contemplam. Demorando-se em Belém, Charles-Marie de La Condamine, em sua *Viagem na América Meridional Descendo o Rio das Amazonas*, escreveu: "Afigurava-se-nos, chegando ao Pará, e saídos das matas do Amazonas, ver-nos transportados à Europa. Encontramos uma grande cidade, ruas bem alinhadas, casas risonhas, a maior parte construída desde trinta anos em pedra e cascalho, igrejas magníficas". E Belém continuou andando. Na década de 1770, a igreja onde Vieira ficou preso foi demolida — e em seu lugar surgiu um novo e belo templo ("uma joia da arquitetura", no dizer de Germain Bazin), projetado pelo naturalista e arquiteto bolonhês Antonio Landi, cujas obras alteraram significativamente a paisagem da cidade. Nesse passo, não devemos nos esquecer de que, em volta de um dos fortes amazônicos, o de São José do Rio Negro, feito de barro e pedra, foi-se formando, a partir de 1669, um povoado que se transformaria na vila de Manaus. Vila que se faria cidade, já no século XIX, com o nome de Barra do Rio Negro. Para, um pouco depois, em 1856, voltar a se chamar Manaus, resplandecendo adiante como centro de luxo e riquezas, sob o signo do látex extraído dos seringais amazônicos.

Surpreende como Belém e Macapá atravessaram, urbanisticamente, esses tempos. Comentando a expansão urbana destas cidades, Renata Malcher escreve: "No século XIX [Belém] vai aumentar consideravelmente, quase triplicando a sua extensão. Na segunda metade de oitocentos e na passagem para o século XX, o 'boom' econômico da borracha vai outra vez influir no crescimento urbano. Em toda a sequência da expansão da cidade, em nenhum momento se perdem os vínculos formais do seu desenho. Também em Macapá o crescimento urbano se dá em perfeita continuidade com a matriz geradora do século XVIII". É coisa bem diferente o que podemos falar de Salvador e Belo Horizonte. Nestas, não existiu determinação, ou disposição suficiente do poder, para sustentar o padrão geométrico de ordenamento urbano. Também houve complacência, relaxamento das autoridades coloniais, diante de arraiais que foram crescendo desorganizadamente, por iniciativa própria, sem qualquer espécie de planejamento, entregues antes a uma às vezes feliz intuição ou sensibilidade estético-pragmática. Em Salvador e Belo Horizonte, a sociedade construiu suas cidades à revelia do Estado. Ou, melhor dizendo, o Estado implantou um modelo de cidade — e a sociedade teceu outro. Ou ainda: Salvador e Belo Horizonte cresceram, mas as suas grelhas, não. As grelhas originais foram asfixiadas e abandonadas na expansão das cidades. Não serviram como padrão norteador do desenvolvimento urbano. No caso de Salvador, parece ter prevalecido a célebre lassidão lusitana, sua facilidade para compor e propor — mas indisposição ou incapacidade para impor — qualquer conjunto de princípios rígidos. A população colonial foi desmanchando a cada nova esquina, ao seu modo e ao seu gosto, o desenho geométrico que o poder metropolitano definira. E este nunca pareceu se incomodar com as desfigurações e reconfigurações de seu modelo urbanístico original. Talvez até porque aquela "desordem" citadina era o que se tinha, como imagem urbana familiar e dominante, em Portugal. O caso de Belo Horizonte não é diverso. A cidade nasceu ordenada, segundo um desenho geométrico. Em seguida, como que para mais uma vez confirmar a irregularidade geral brasileira, passou pelo mesmo processo que Salvador havia já experimentado: o núcleo original não conseguiu estender sua ordem aos novos espaços construídos. Ao ultrapassar em alta velocidade os limites da Avenida do Contorno, a cidade avançou sobre o sopé da serra, esparramando-se à vontade, "numa profusão caótica de loteamentos diferentes e contrastantes" (Murillo Marx). Verdade que o plano original, mesmo não realizado em sua inteireza, marca, ainda hoje, Belo Horizonte. Mas de forma muito circunscrita, já que a cidade cresceu para todos os lados. É uma espécie de carimbo fundacional, de *Gestalt* primeira, marco de planejamento e racionalidade, ilhado no meio da urbe. Como um equivalente do "centro histórico" das cidades mais antigas. No caso, uma ínsula racionalista algo eclética, funcionando quase à sua maneira, no mar desordenado que a cerca — e é provável que sua área não chegue a representar, hoje, 3% da superfície total da cidade. Com uma diferença: em Salvador, parece ter predominado a versão mais complacente e cúmplice do "*laissez-faire*"; já no exemplo de Belo Horizonte, vingaram a imprevisão, a ânsia de ocupá-la (verticalizando-a), a falta de controle administrativo, a especulação imobiliária. Esta, de par com a estupidez dos governantes, só vai atingir Salvador bem mais tarde.

Das grandes capitais brasileiras, somente Brasília não se desfigurou. Primeiro, porque é *proibido* desfigurar Brasília. Segundo — e mais importante —, porque parcela significativa e influente da população brasiliense não quer que a cidade seja desfigurada. Brasília ganhou consistência urbana e humana. E assumiu um sentido todo seu de identidade cívica, referenciada não numa bandeira ou numa fantasia qualquer, mas em seu próprio plano urbanístico civilizador, erguendo-se em clara contraposição formal aos enigmas e estigmas do cerrado. É o sítio claramente culturalizado, com seu lago artificial, sua grelha ondulada e seus prédios públicos vistosos que promovem a identificação entre os indivíduos, enlaçando e entrelaçando todos eles. Ser brasiliense, neste sentido, é adotar e assumir a grelha brasiliense. O desenho de Lúcio Costa e os edifícios de Niemeyer. Trata-se de um caso muito raro de identificação entre cidadão e forma urbana. Como se a produção de uma deformidade qualquer, no tecido urbano, representasse um aleijão anímico nas pessoas que, mais que o habitam, encarnam. Brasília só é um aglomerado de pessoas na medida em que essas pessoas representam e significam um desenho de cidade. Elas são os eixos, as superquadras, a esplanada palaciana dos servidores públicos. Elas são aquela solidão e aqueles prazeres estéticos únicos, numa cidade ao mesmo tempo sexista e tanática, sob a cúpula azul do céu. O habitante de Salvador tende a se ler nos termos de uma incerta "baianidade". O de Aracaju, no sentido de uma hospitalidade, seriedade e criatividade que seriam só dele. O de São Paulo, como batalhador diário, promovendo suas conquistas pessoais, de metrô ou de ônibus, no campo ideológico de uma espécie de bandeirantismo cotidiano. O de Porto Alegre, encarnando o mito oitocentista do *gaúcho*, criado com a Revolução Farroupilha. O do Rio de Janeiro, assumindo uma sociabilidade praieira, de embolada com a feijoada e signos umbandistas de algum modo referendados por uma Bahia mítica. E assim por diante. São sempre fantasias de um *tópos* que pairam sobre o lugar real. O mito brasiliense, ao contrário, embora não seja menos ideológico, aparece impresso em seu próprio chão. É o plano piloto. É a cidade em si. Enquanto forma, desenho de urbe. O brasiliense se encontra consigo mesmo naquela configuração citadina específica. Naquela grelha.

Interroga-nos ainda, de qualquer forma, a ordem geométrica. Tudo se passa como se a instauração (ou o projeto de instauração) de toda nova ordem ideológica, política ou social solicitasse, como símbolo ou alegoria de sua própria afirmação, uma nova ordenação urbana. E uma ordenação lógica, geométrica, diagramática. O que é que queremos dizer para nós mesmos, através de nossas cidades planejadas? Mas a pergunta, em última análise, seria: de onde vem o amor humano pela simetria? É uma pergunta sem fim. Antes que tentar respondê-la — falando de nosso eterno fascínio pela geometria, enquanto ordenação espacial especificamente humana, pela sistematização de número e magnitude num assentamento que antevemos ideal, dentro de linhas finitas —, adiantemos, para finalizar, que não houve, em nenhum dos momentos da história das cidades planejadas, no Brasil, uma *intenção* segregacionista. Pelo contrário, apesar da brancura provisória dos açorianos de Macapá, apontamos sempre para amálgamas e mesclas. E sempre nos resolvemos, conflituosamente ou não, em misturas.

4.
FLOREIOS EM BUSCA DA ÁFRICA

I

No século XIX, a África Negra experimentou transformações espetaculares, que subverteram todas as dimensões de sua existência. Em primeiro lugar, a extinção gradual, embora rápida, do comércio negreiro com europeus e americanos, em função do qual ela se havia estruturado e em torno do qual girava a sua economia. Em segundo lugar, o avanço do colonialismo europeu: o advento de uma nova espécie de imperialismo, que ganhou corpo nos principais países da Europa, no contexto de um aprofundamento historicamente inédito do processo de mundialização da economia. Objetivamente, esse novo imperialismo, que acabaria produzindo a Primeira Guerra Mundial, traduziu-se em conquista formal e anexação de territórios, dominação política e militar, com os europeus ditando as regras do jogo, comandando, segundo seus interesses, a vida dos povos e das sociedades da África — com a exceção da Etiópia, que resistiu à invasão italiana, e da Libéria, que não contava para nada e, por causa de sua insignificância, não atraiu desejos de conquista e controle. Agora, o que havia não era apenas a presença solitária de Portugal, com as colônias de Angola e Moçambique. Ou, ainda, a Gâmbia sob domínio britânico e o Senegal francês, como se via no fim do século XVIII. As potências europeias entraram pesado no jogo, num processo que conduziria à partilha da África Negra. Foi o fim da soberania africana. Com fundas consequências políticas, sociais, econômicas — e urbanas.

O encerramento do tráfico atlântico de escravos transtornou completamente a vida africana. O comércio de peças humanas deu lugar — progressiva, mas irreversivelmente — a transações com outros produtos, como o marfim, o ouro, a goma arábica, a madeira ou penas de avestruz. Mas, principalmente, óleo de palma. Em *Africa: a Biography of the Continent*, John Reader informa: o óleo de palma, extraído de palmeiras que cresciam em estado silvestre nas florestas úmidas da Costa dos Escravos, "fornecia lubrificantes para o maquinário da Europa e o material bruto para um produto que mantinha seus trabalhadores limpos: sabão Palmolive" — *palm-oil*,

Palmolive... Sujo ficava o horizonte africano. Sujo, atravancado e caótico — palco, inclusive, para aventureiros contrabandearem armas. Entre eles, o poeta Rimbaud. Afinal, durante os séculos XVII e XVIII, a África Negra se voltara quase inteiramente para o tráfico escravista. Oió fizera sua cavalaria avançar para o litoral, eliminando intermediários, a fim de negociar diretamente com os europeus. O Daomé chegou a enviar embaixadas a Portugal e ao Brasil, com o propósito de monopolizar a exportação de escravos para a Bahia. O reino do Congo não media esforços para vender negros aos europeus. Aladá controlava portos para exportação de pretos. Os axantes, na atual Gana, começaram trocando ouro por escravos, mas logo passaram a trocar escravos por ouro. E assim por diante. Não só estavam todos engajados no comércio de negros, como as cidades e os reinos da África Negra haviam montado uma enorme estrutura para suas operações escravistas, envolvendo estradas, portos, depósitos, exércitos, barcos, milícias de mercenários, etc. E então, quando atingiram seu mais alto grau de eficiência na produção de cativos, o Atlântico fechou as portas. O negócio acabou. Crise total. Os africanos não apenas viram secar aquela formidável fonte de riqueza. Foi pior. Ficaram com grandes estoques de escravos nas mãos, sem ter para onde enviá-los. E escravos implicavam despesas — em alimentação, ao menos. A saída encontrada foi botar aquela multidão de escravos para trabalhar. Para produzir alimentos. E dar conta das novas demandas europeias. Além disso, como escravo começou a ser vendido a preço de banana, todo mundo passou a ter os seus em casa. A África conhecera a escravidão muito antes da chegada dos europeus, é certo — mas agora a instituição assumia proporções nunca antes experimentadas, transformando o continente numa vasta sociedade escravista. Paul E. Lovejoy examinou o assunto, em *Transformations in Slavery: a History of Slavery in Africa*. Com o fim do tráfico atlântico, o escravismo se converteu em peça básica e fundamental do funcionamento econômico interno da própria África. E, em vez de recuar com o fechamento do comércio externo, o sistema se expandiu, em resposta às novas realidades. O número de escravos cresceu espetacularmente, incrementando o dinamismo econômico em escala continental. No califado de Sokoto, com o beneplácito do Corão; na produção de sal, em Serra Leoa; no Egito, onde o governo passou a aceitar o pagamento de tributos em escravos e em escravos passou a pagar o soldo de seus soldados; nas plantações do litoral do Quênia; no Zanzibar, obrigando a transferência de atividades agrícolas da ilha para o continente; etc. Na cidade iorubá de Ibadã, houve indivíduos que chegaram a possuir, entre as décadas de 1860 e 1870, mais de 2 mil escravos. E, entre os axantes, a situação chegou a tal ponto, que os senhores negros passaram a temer a eclosão de rebeliões de seus escravos igualmente negros.

Enquanto isso, o colonialismo avançava. Os ingleses tomaram dos holandeses a colônia do Cabo, em princípios do século XIX. Os franceses se instalaram na Argélia em 1830. Mas nada faria então prever o que aconteceria nas décadas de 1870-1880. "O descobrimento casual do diamante no Transvaal em 1867, depois o ouro no Rand em 1881 e o cobre na Rodésia [atual Zimbábue], colocaram a África entre os continentes onde, como na Austrália e na América, migrantes de espírito aventureiro podiam realizar fortunas fabulosas. [...] A onda de imigrantes que rebentou sobre os camponeses bôeres, constituindo da noite para o dia as cidades de Kimberley e Joanesburgo, a sucessão de descobertas de minérios, despertaram as velhas lendas sobre a presença do ouro em outras regiões", escreve Henri Brunschwig, em *A Partilha da África Negra*. Mas aventuras individuais, mesmo com o apoio de governos, não são intervenções estatais. Estas vão acontecer a partir da disputa pela bacia do Congo. Portugal permanecia em suas possessões. A França e a Inglaterra já vinham movendo peças no tabuleiro. Mas entrou em cena Leopoldo II, da Bélgica, que há tempos pretendia, como chegou a dizer, uma fatia do *magnifique gâteau africain*. E Bismarck içou bandeiras alemãs na África Atlântica. Veio, então, a Conferência de Berlim, "primeira vez que a África era objeto de uma conferência internacional", conta Brunschwig — *objeto*, sim, pois que não foi convidada sequer a assistir ao evento. Nasceu aí, em meados da década de 1880, inventado e controlado por Leopoldo II, o Estado Independente do Congo, futuro Congo Belga, cuja saga de violência e crueldade inspiraria Joseph Conrad na criação de *Heart of Darkness*. E a maré colonialista se espraiou. Em 1895, os franceses tinham já um império na África Ocidental, incluindo o Senegal e o Daomé. A Inglaterra dominava zonas populosas e comercialmente estratégicas, na Nigéria e no Zimbábue. A Alemanha ocupava grandes áreas do leste e do sudoeste (Tanganica, Camarões). Enfim, o continente africano se achava, em seu conjunto, sob domínio direto ou indireto da Europa. "Em 1880, apenas uma décima parte da África estava vagamente ocupada pelos europeus. Em vinte anos vão-se eles apoderar de todo o resto", lembra Joseph Ki-Zerbo, em *História da África Negra*. Falamos de Kimberley e Joanesburgo brotando da noite para o dia, em consequência da descoberta de um diamante, em meio às bonitas pedras com que uma criança brincava. Um geólogo foi então enviado para inspecionar a região, concluindo que ela nada tinha de diamantina: a pedra fora colocada ali por algum pilantra que pretendia valorizar terrenos, ou expelida entre fezes de alguma avestruz migrante, vinda de uma região diamantífera ainda desconhecida. Mas logo um jovem pastor preto achou outra pedra estupenda. Em seguida, mais diamantes descobertos. E choveu gente na região. Em três meses, havia 5 mil mineiros escavando, formando New Rush, rebatizada Kimberley, nome do então secretário do governo inglês para assuntos coloniais. Mas a questão não foi só mineralógica. O fim do comércio atlântico de escravos e o colonialismo — levando os negros a reorientar sua economia com base num modo de produção escravista e trazendo a África para o jogo da economia de mercado — alteraram, de forma radical, a paisagem urbana do continente.

Na África Ocidental, as mudanças começaram a aparecer na primeira metade do século XIX. Em princípios daquele século, os iorubás começaram a sentir, nas terras ao norte de Oió, o peso da pressão muçulmana. Os fulanis, que tinham chegado à atual Nigéria como nômades pacíficos, deflagraram uma *jihad* sob o comando de Usman dan Fodio. Conquistaram territórios hauçás e nupês. Nessa época, iniciou-se uma guerra intraiorubana, contrapondo Ilorim e Oió. Ilorim declarou sua independência de Oió e se aliou a guerreiros fulanis e hauçás, passando a atacar aldeias nagôs e a vender seus prisioneiros como escravos. Nas décadas de 1820-1830, cidades e povoados nortistas da região iorubá foram pilhados e destruídos. A própria Ilorim, preparando uma armadilha para si mesma, quando pensava ter estabelecido uma aliança, caiu sob controle fulani. Oió (a velha Oió, Katunga) foi abandonada por seus moradores ("*la réponse yoruba classique fut la désertion*", comenta Catherine Coquery-Vidrovitch). Os iorubás desertavam, fugiam para o sul, a fim de escapar da escravização e da morte. Mas o sul também se incendiava, com as chamadas "guerras iorubás" — e os nagôs, além de lutar entre si, viviam sob a mira dos fons do Daomé, que atingiam, principalmente, Ketu. A guerra vinha e continuou rolando. Ifé e Ijebu-Odê se coligaram para derrotar Owu, cidade de cerca de 30 mil habitantes, avançando em seguida sobre núcleos urbanos egbás. Guerras intestinas que pipocaram no horizonte confuso que se criou com o fim do comércio atlântico de escravos, exigindo redefinições gerais de economia e sociedade, e a imposição ainda mais clara da economia de mercado, com a entrada em cena da Inglaterra, que em 1851 fez de Lagos um protetorado, para anexá-lo dez anos depois (oficialmente, Lagos foi "cedido" aos ingleses pelo rei Dosunmu, obrigado a assinar tal "tratado" a bordo de um navio britânico). Daí ao final do século, o que houve foi um rosário de guerras fratricidas, feitas de conquistas e reconquistas, de surpresas e traições, mortes e mais mortes, envolvendo reinos e cidades iorubás, de Ifé a Ibadã, de Oió a Ilorim, de Ekiti a Abeokutá, de Modakeké a Ilexá. Os ifés foram expulsos de sua velha cidade e ficaram anos sem rei. "Em 1892, quando ainda estavam no exílio, eles viram pela primeira vez um *shilling* e o primeiro homem branco visitou Ifé, depois da derrota de Ijebu-Odê pelas tropas governamentais de Lagos", reconta William Bascom. Em 1893, os iorubanos fizeram um acordo com o governo de Lagos — e foram aninhados sob o Protetorado da Grã-Bretanha. Finalmente, a recalcitrante e solitária Ilorim, que não queria desistir de levar a *jihad* até à linha do mar, foi ocupada pelos soldados da Royal Niger Company. Com o estabelecimento da paz, os iorubanos não estavam apenas completamente exaustos, como ainda se viram repartidos pelas fronteiras colonialistas. A maior parte deles ficou sob domínio inglês, na Nigéria. Mas Ketu e Shabé estavam agora no Daomé, sob controle francês. Houve, ainda, quem se achasse no Togo, agora alemão. Tudo estava mudado. E, em 1900, ao apagar das luzes do século XIX, uma linha ferroviária alcançou e envolveu Ibadã.

"O resultado foi uma mutação urbana extraordinária", escreve Catherine Coquery-Vidrovitch. Cidades foram abandonadas ou destruídas; cidades se viram de repente às voltas com levas de migrantes; cidades novas surgiram. O que ficou de pé e o que se levantou, como Abeokutá e a nova Oió, passou a experimentar uma nova realidade, decorrente do próprio caos migratório que inflou demograficamente os polos citadinos nascentes ou sobreviventes: o caráter heterogêneo que assumiram então as populações urbanas. Ilorim apareceu como maioritariamente muçulmana, sob a regência de um emir fulani. Ifé deixou de ser somente a cidade dos ifés. Acolheu refugiados, como os oiós. Ao mesmo tempo, depois da vitória sobre Owu, ifés e ijebus, carregando consigo refugiados oiós, acamparam em Ibadã, abandonada pelos egbás. E dela fizeram uma praça-forte. Os egbás, por sua vez, retirando-se para o sul, fundaram Abeokutá em 1830 — e aí asilaram egbás de tudo quanto foi canto e os refugiados de Owu. "Refugiados entre diferentes subgrupos iorubás, criando um grau de diversidade étnica [...] que não existira previamente, mas que aumentou regularmente com a grande mobilidade que se seguiu ao estabelecimento da Pax Brittanica", nota Bascom. Catherine, por sua vez, sublinha que os refugiados traziam com eles uma das características centrais das migrações urbanas — a heterogeneidade, individual ou coletiva. Qualquer que fosse a origem da cidade, ela estava na obrigação de responder às mesmas urgências: um adensamento inédito de pessoas, explicitando problemas de segurança, ajustamento ao novo ambiente, integração social e política, sobrevivência econômica. Naquele momento, segundo Akin L. Mabogunje (*Urbanization in Nigeria*), seis cidades iorubanas — entre elas, Ibadã, Ilorim, Abeokutá e Oxogbô — tinham mais de 40 mil habitantes. Outras seis ficavam na faixa entre os 10 e 20 mil, e cinco contavam com mais de 5 mil moradores — números comparáveis aos das cidades médias da Europa, na mesma época. Espantoso, para Catherine, foi a rapidez com que a gente da savana, migrando para o sul, se adaptou à vida florestal. *Au niveau de la cité*, a integração política foi também notável, com os iorubanos utilizando estruturas patriarcais, a organização por linhagem, para integrar um mosaico populacional numa "estrutura centralizada e territorialmente definida, em termos políticos tanto quanto econômicos".

Vê-se, assim, que grandes mudanças urbanas na África Negra (em várias partes do continente, na verdade) vinham acontecendo antes da intervenção colonial em larga escala, a partir do final do século XIX. O que não quer dizer que esta intervenção não tenha significado uma ruptura profunda. Mas este é já um outro tema. Apenas adianto que o colonialismo, apesar de todas as transformações que produziu, não representou uma espécie de rolo compressor, destruindo as bases e redes urbanas existentes. Ainda aqui, é bom nuançar as coisas, especialmente no tocante ao relacionamento do negro africano com as cidades que o colonialismo estabeleceu ou redimensionou, do ponto de vista físico e também cultural. Catherine observa que só a partir da dominação colonial, do novo contexto criado, é que se torna possível entender o conceito de africanos como *strangers to the city* — estranhos à cidade —, sustentado por Leonard Plotnicov. Os africanos, na verdade, não se sentiriam estranhos à cidade, mas ao modelo político, econômico e cultural que, este sim, lhes era estranho — e que foi imposto pelo colonialismo europeu. Em termos sintéticos, os africanos passaram, então, a estranhar a estranheza. Não a cidade. Viram-se repentinamente privados de "uma parte de seu universo". E foram forçados a se adaptar às novas realidades. Vale dizer, a se compor com o modelo imposto, "mas também a criar, inventar novas estratégias" para sobreviver na cidade, "combinando o antigo e o novo". Tanto é que, desde antes mesmo do fim do período colonial, tais cidades foram, em grande parte, "reinvestidas", ressemantizadas ou ressemiotizadas por eles. Foram se convertendo em um "crisol cultural", um cadinho, onde se foi forjando uma sociedade, feita por meio de sínteses entre a tradição e a novidade. Uma vez mais, escreve Catherine, "não foi a cidade que fez o africano, mas o africano que fez a cidade".

II

Os escravos que a África vendia para o Brasil traziam consigo seu repertório genético, suas línguas, seus deuses, visões de mundo, conhecimentos e técnicas. Mas, se foram fundamentais para a constituição biológica de nosso povo e para a formação estética e religiosa da sociedade brasileira, não é significativamente visível qualquer influência deles na dimensão urbanística e arquitetônica do país, em tempos coloniais ou pós-coloniais (mesmo que alguém se sinta, como eu, inclinado a perceber resquícios do *agbo ile* no modo como famílias extensas procuram se reunir e se agrupar em arranjos habitacionais, nos bairros populares de algumas cidades brasileiras, como Salvador). Nesse campo, eles não impuseram nem disseminaram modelos africanos. Mesmo porque não teriam poder suficiente para comandar aqui, à sua maneira, processos de edificação espacial, construindo cidades ou bairros. Mas, se o tivessem, fariam? Penso que não. Seria sempre mais provável sua adesão aos padrões e modelos construtivos da classe dirigente e das camadas branqueadas da população. Não só por uma questão de identificação com o senhor, psicologicamente tão corriqueira, mas também pelo reconhecimento de um campo técnico que não dominavam. De qualquer sorte, não parece evidente qualquer influxo negroafricano mais forte no plano de nossas cidades, no desenho de seus bairros, na definição arquitetônica de um tipo de moradia. Quanto a este último aspecto, Carlos Lemos escreve: "Se a história de nossa casa tem o seu começo nas terras lusitanas, também tem seus vínculos com a oca indígena e até perceptíveis compromissos com a África e com o Oriente, com a Índia, nas tentativas de contornar os incômodos do calor abrasador". A África a que Lemos se refere é a das construções de prédios oficiais e de residências dos colonizadores, não a de uma linguagem arquitetônica própria, em terreno erudito ou vernacular. E o mesmo Lemos escreve: "Só o negro escravo não contribuiu na definição da casa nacional, embora tenha sido figura indispensável ao seu funcionamento".

Lemos lembra, a propósito, uma observação de Lúcio Costa: o negro escravizado foi, entre nós, elevador, guindaste, esgoto e ventilador. O sobrado senhorial não funcionaria sem ele. A urbanização das principais cidades brasileiras foi acontecendo, já desde o século XVII, no sentido da verticalização. As residências urbanas mais ricas, construídas sobre o alinhamento das ruas, iam de três a seis andares, em Salvador e no Recife. Eram prédios altos. Mas não havia água encanada, esgotamento sanitário, elevadores. Era o negro escravizado quem resolvia as coisas. "Para tudo servia o escravo. É sempre a sua presença que resolve os problemas de bilhas d'água, dos barris de esgoto (os 'tigres') ou do lixo, especialmente nos sobrados mais altos das áreas centrais, que chegavam a alcançar quatro, cinco e mesmo seis pavimentos. Era todo um sistema de uso da casa que, como a construção, estava apoiado sobre o trabalho escravo e, por isso mesmo, ligava-se a nível tecnológico bastante primitivo. Esse mesmo nível tecnológico era apresentado pelas cidades, cujo uso, de modo indireto, estava baseado na escravidão. A ausência de equipamentos adequados nos centros urbanos, quer para o fornecimento de água, quer para o serviço de esgoto e, mesmo, a deficiência do abastecimento, eram situações que pressupunham a existência de escravos no meio doméstico; a permanência dessas falhas até à abolição poderia ser vista, até certo ponto, como uma confirmação dessa relação", escreve Nestor Goulart Reis Filho, em *Quadro da Arquitetura no Brasil*. Os negros faziam não só a cidade, mas também o sobrado, funcionar. Nas ruas, geralmente cantando, carregavam fardos pesados. Subiam ladeiras empinadas conduzindo os mais variados objetos. Cadeirinhas de arruar, inclusive. Nas casas, subiam e desciam escadarias levando para fora fezes, assim como trazendo água de fontes e chafarizes para o banho das sinhás e sinhazinhas, que depois ganhavam cafunés afrodisíacos das mucamas. Em resumo, os negros não imprimiram nada de propriamente africano em nosso urbanismo e em nossa arquitetura, embora fizessem funcionar cidades e casas do Brasil colonial.

Günter Weimer, reconhecendo que "um dos capítulos mais difíceis de ser abordado é o da contribuição africana à arquitetura brasileira", acredita divisar tal influxo na configuração de Salvador. Diz que, "como praça militar que abrigaria um governo para todo o território", Salvador não poderia ter um plano "de feição popular", ressuscitando, antes, "a tradição clássica das cidades de traçado regular". Ao mesmo tempo, "fortalecida com seu rígido desenho castrense, explodiu em seus limites e se tornou a maior cidade africana das Américas". Enquanto "as ruas principais passaram pelo topo das colinas e eram reservadas aos senhores brancos", as encostas da cidade se encheram de negros, que ali "puderam fazer efusiva aplicação do traçado das cidades africanas". Mas não há como defender essa tese. Até porque os negros não ficaram concentrados nas encostas do sítio urbano. Distribuíram-se por toda a cidade. Pelo alto das colinas, inclusive, como na Quinta das Beatas. Nas encostas que desciam para o mar, viviam muitas vezes pessoas de posses, a exemplo do que se via no Sodré. Veja-se, aliás, o caso do bairro da Barroquinha, na parte "histórica" de Salvador, no século XIX. Não era uma encosta, mas um vale onde havia um pântano, por onde passava o Rio das Tripas. Um vale que ficava bem perto da Praça do Palácio, residência dos governadores coloniais, abrindo-se entre a descida da atual Praça Castro Alves e a elevação que vai formar a colina de São Bento. É por onde passa a Baixa dos Sapateiros, celebrada por Ary Barroso, compositor que nunca pôs os pés na Bahia. Lá no alto, o Campo da Pólvora, o Desterro e a Mouraria. Pretos não moravam no vale, inicialmente. Mas foram ocupando o lugar

— onde se implantou, no quintal da igreja, o primeiro terreiro de candomblé jeje-nagô no Brasil. "Nas primeiras décadas do século XIX, a Barroquinha foi se tornando um bairro de população predominantemente negromestiça. A Rua da Lama [...] chegou a ser um *point* importante em meados do século, além de abrigar o candomblé nagô, contava com uma pequena mesquita e um clube malê. Várias personalidades importantes no universo afro-baiano residiam ou estabeleceram no bairro, ou nas suas cercanias, seus pequenos negócios. A Barroquinha daquela época era um reduto cultural africano na cidade da Bahia", escreve Renato da Silveira, em *O Candomblé da Barroquinha*. Mas o que se via ali não era uma ordenação urbana à africana. Nem as casas destoavam do padrão arquitetônico lusitano adaptado à existência tropical. Eram, estruturalmente, casas de origem portuguesa, com variações já brasileiras na disposição de seus cômodos — os quais, aí sim, poderiam admitir usos de natureza africana. Além disso, havia a igreja, em cuja irmandade se formou o terreiro nagô. Em lugares mais distantes, como Itapoã, as cabanas dos pescadores, tecidas na palha, lembrariam um arremedo de casa luso-brasileira com materiais e técnicas construtivas tupinambás. Não vemos, em Salvador, nenhum esboço de organização espacial ou de linguagem arquitetônica que remeta, de modo claro e direto, à experiência urbana negroafricana. Nem mesmo nas casas que se foram construindo para sediar terreiros de candomblé.

Nos calundus dos séculos XVII e XVIII, temos um culto de origem claramente africana — embora já sincretizado com elementos lusos, como a cruz, e ameríndios, no uso da carimã ou de peles de animais brasílicos. Mas, no espaço físico em que o culto se implanta e se realiza, não encontramos a forma de um templo que nos leve a criações arquitetônicas da África Negra. O que se vê é a casa brasileira, de extração portuguesa, utilizada para fins culturais extralusitanos. Tome-se o calundu encontrado em Porto Seguro, em 1646. O rito acontecia à noite, na casa de um liberto chamado Domingos Umbata. E nada indica que esta casa tivesse qualquer traço físico incomum. Que a linguagem de sua edificação a distinguisse na paisagem arquitetural da vila. O mesmo se pode dizer do calundu de Branca, que a Inquisição flagrou na Vila do Rio Real, também na Bahia, em 1701. O rito acontecia numa casa comum de chácara, nas cercanias da vila. Do mesmo modo, o calundu de Luzia Pinta funcionava na casa em que ela morava, nas proximidades de Sabará, em Minas Gerais, nas primeiras décadas do século XVIII. Os atabaques batiam na sala da casa, onde ficava um altar e uma cadeira de alto espaldar, na qual Luzia se sentava, vestida de anjo, para emitir seus brilhos. E ainda a mesma coisa deve ser dita a propósito do calundu descoberto numa casa da Rua do Pasto, em Cachoeira, no Recôncavo Baiano, em 1785. Na verdade, bairros baianos, cariocas ou mineiros não destoam do padrão medieval lusitano, a não ser pelas características físicas e culturais de sua população. E as casas são a "casa brasileira", de que Carlos Lemos nos fala, cujo centro, ao contrário da casa tipicamente lusitana e em resposta à nossa circunstância climática, já não é o fogo, o fogão. Se as casas de calundu tivessem alguma especificidade arquitetônica, ela seria prontamente descrita nos textos da Inquisição ou na documentação policial que nos chegou. E não haveria interesse algum em diferenciá-las visualmente no espaço urbano. É certo que calundus funcionaram sob o olhar complacente (e mesmo, às vezes, cúmplice e protetor) de alguns senhores e autoridades coloniais. Mas foram, também, perseguidos e violados. Seria então preferível assentá-los discretamente, a fim de não chamar a atenção alheia. Assentá-los numa casa corriqueira. De tipo popular. E que a manifestação de raiz africana, tingida já pelo cristianismo ou por práticas e elementos ameríndios, acontecesse lá dentro. Em volta da tigela com água e carimã do calundu de Porto Seguro. Na dança de Branca vestida de tanga, no calundu de Rio Real. No transe de Luzia, entre cocares e ervas, na antiga cidade das Minas Gerais. Na flecha encontrada no quarto de Sebastião, em Cachoeira. O que contava, então, era a imantação de um espaço. A sua transfiguração interna. Diferença que se manifestava não em materialidade arquitetônica, mas na dimensão do símbolo. Não seria diverso, portanto, do que poderia acontecer — e acontecia — na soma de cubículos de uma senzala.

As coisas poderiam se ter processado de outro modo, com a criação dos terreiros do candomblé jeje-nagô, a partir do Iá Omi Axé Airá Intilê? Terreiros de candomblé, tal como os conhecemos, não existiam na África. São uma invenção brasileira. Na Iorubalândia, os deuses eram cultuados não só em regiões ou templos distintos, como dentro da linhagem familiar. Aqui, jejes e nagôs de grupos diversos se viram agrupados. Em resposta à nova realidade, agruparam eles os seus deuses. E assim nasceu esta entidade sincrética que é o terreiro de candomblé. Foi um processo brasileiro de reinvenção institucional. Vários deuses partilhando o novo espaço do terreiro — e a estruturação familiar do culto abrindo-se para todos. No terreiro, "operou-se uma síntese original: a reunião de cultos a orixás [e, também, a voduns] que, na África, se realizavam em separado, seja em templos, seja em cidades; a condensação do próprio espaço geográfico africano nos dispositivos morfo-simbólicos da 'roça' (*oká*), outra palavra para 'terreiro' e que conota as comunidades litúrgicas como situadas no mato, fora do contexto urbano. Na condensação do terreiro, transpõe-se muito da concepção espacial contida na cosmovisão nagô. Ali se acham presentes as representações dos grandes espaços em que se assenta a existência: o *orum* (o invisível, o além) e o *aiyê* (mundo visível). Visível e invisível são como duas metades de uma cabaça (*igba nla meji*), antes unidas, depois separadas pela violação de um tabu — segundo um mito de origem. *Orum* e *aiyê*, embora diferentes, interpenetram-se, coexistem", escreve Muniz Sodré, em O *Terreiro e a Cidade*. E Juana Elbein, em *Os Nagô e a Morte*: "O 'terreiro' concentra, num espaço geográfico limitado, os principais locais e as regiões onde se originaram e onde se praticam os cultos da religião tradicional africana. Os orixás cujos cultos estão disseminados nas diversas regiões da África *Yorùbá*, adorados em vilas e cidades separadas e às vezes bastante distantes, são contidos no 'terreiro' nas diversas casas-templos, os ilê-orixá". Juana vê o espaço do terreiro dividido em espaço-urbano ("compreendendo as construções de uso público e privado", onde ficam casas de membros da comunidade, o "barracão" das festas, os ilês dos orixás, o ilê axé, destinado à reclusão das iaôs) e "um espaço virgem, que compreende as árvores e uma fonte, considerado como o 'mato', equivalendo à floresta africana". Neste sentido, o terreiro jeje-nagô seria um ícone ou um "modelo reduzido", para lembrar a expressão de Lévi-Strauss, do espaço original iorubano, com as casas e a reserva vegetal, simulacro de floresta, da qual são retirados os espécimes indispensáveis à prática litúrgica. Juana, no caminho apontado por Roger Bastide, conclui: "o lugar de culto na Bahia aparece sempre como um verdadeiro microcosmo da terra ancestral".

Ainda hoje, as pessoas empregam a palavra "roça" para designar o "terreiro", embora este esteja há tempos envolvido pela cidade, situando-se em espaço citadino — e, não raro, com suas reservas vegetais ameaçadas pelo avanço urbano desordenado e pela especulação imobiliária. Mas "terreiro" e "roça" quase se equivalem, semanticamente. Ambos remetem a um mundo rural, semirrural ou, pelo menos, suburbano ou periférico, antes que subúrbio e periferia ganhassem seus atuais sentidos. "Terreiro" pode significar, também, a praça de um povoado, cidade ou vila, como no caso do Terreiro de Jesus, em Salvador. Mas a palavra — *terrarius, terrarium* — implica terra: a área de terra batida fronteira a casas populares ou a casas de fazenda. "Roça", por sua vez, é designação de área de mato ou plantação, de pequena propriedade situada além ou na fronteira dos limites de uma cidade. Que a comunidade candomblezeira tenha recebido os nomes de "terreiro" e "roça" é compreensível. O primeiro terreiro jeje-nagô surgiu em pleno circuito citadino. Mas a expansão desses centros de culto se deu em direção aos limites do centro urbano, em Salvador. No estudo "O Candomblé da Bahia na Década de Trinta", Vivaldo da Costa Lima chama a atenção para isso. Se calundus ou cultos exclusivos desse ou daquele deus africano podiam acontecer em áreas centrais da cidade e o terreiro da Barroquinha surgiu quase dentro da mancha matriz de Salvador, o fato é que as organizações comunitárias religiosas, sintetizando espaços e deuses da África Negra, deslocaram-se para a franja urbana. Precisavam de lugares maiores. E esses terrenos mais amplos não só se achavam mais facilmente na periferia da urbe, como, aí, eram mais baratos. Nesses lugares, construíam-se os templos. Eram territórios africanizados em plano simbólico, mas, arquitetonicamente, luso-brasileiros. Havia as casas, o chão de terra batida, o barracão, as plantas cultivadas, as árvores do culto. Terreiro e roça. Muniz Sodré faz uma relação entre a Casa de Xangô, do Centro Cruz Santa do Axé do Opô Afonjá, em Salvador, e o palácio do *afin*, em Oió. Acha que muito da organização dos palácios iorubanos foi incorporado na constituição daquele terreiro baiano. Simbólica e ideologicamente, sim. Arquitetonicamente, não. Não há qualquer africanidade nítida, mas explícito lusitanismo tropicalizado, na casa de Xangô que sedia o terreiro. Basta comparar aquela casa com o santuário de Oxum em Oxogbô, altar em meio às árvores, onde o barro, o branco, a madeira e a palha desenham uma forma orgânica que nada tem de parecido a uma casa portuguesa, sugerindo, antes, formas sexuais femininas: clitóris, boceta, ovário. Um santuário-vulva. Muniz está certo na leitura que faz da casa de Tia Ciata, no Rio de Janeiro, em *Samba, o Dono do Corpo*. Mas não é sustentável o paralelo que procura estabelecer entre o palácio de Oió e a casa do Axé do Opô Afonjá. O plano, o agenciamento e a fisionomia da casa baiana dizem outra coisa.

E há um detalhe que os estudiosos não podem desprezar, inscrito na Constituição Política do Império do Brasil. Em seu artigo quinto, lê-se: "A Religião Católica Apostólica Romana continuará a ser a Religião do Império. Todas as outras Religiões serão permitidas com seu culto doméstico, ou particular, em casas para isso determinadas, sem forma alguma exterior de Templo". Temos, aí, uma permissão e uma proibição. A permissão ocorre na dimensão simbólico-ideológica: permite-se a existência de religiões que não a católica. A proibição, por sua vez, incide sobre a expressão física dessas religiões, em termos de seus locais de encontro e rito. Não se pode ter *forma alguma exterior de templo*. É uma proibição arquitetônica. A mesquita ou a sinagoga poderiam existir, mas não se exteriorizar materialmente como uma construção religiosa específica. Pedro I, além de bancar o corpo de sacerdotes e a estrutura eclesiástica do catolicismo, não queria isso. Mas não era novidade. Ele apenas oficializava, na manhã de um Brasil independente, a continuação de uma prática. Que, aliás, seria sempre mais severa e desrespeitosa com a vida religiosa de negros. Mas, enfim, terreiros não poderiam assumir a forma exterior de templo. Impedidos de aparecer como tais, em sua exterioridade, os templos negros existiriam então apenas para dentro de suas fachadas. Daí que tenham se materializado, geralmente, em casas comuns. De feitio popular. Feitas de taipa. Casas de barro e palha em bairros urbanos ou chácaras. Dos calundus seiscentistas aos terreiros dos séculos XIX e XX, o mistério e a africanidade ficariam guardados em cômodos internos. Em espaços que não se desvelavam fisicamente em sua própria e real natureza. Que não davam na vista. Com isso, podemos ter perdido muito, em matéria de sensibilidade técnica e competência estética.

Inscrito no corpo da terra de uma cidade, o terreiro é o lugar onde se manifesta uma determinada força ou potência. O *ganz Andere*, de que fala Mircea Eliade, em *O Sagrado e o Profano*. Mas este *locus* da hierofania é, também, marco tópico de uma *diferença*. Configura-se como território específico, singularizando-se no espaço da etnia ou classe dominante. Um lugar que se faz imantar por um outro jogo de signos. Que, por isso mesmo, possui uma identidade distinta. Ali está o ponto — o instante e a instância — onde o escravo ou o descendente de escravo já não é aquilo nem isto, mas "filho" de um deus ou de uma deusa. De uma entidade sagrada africana. De um orixá, vodum ou inquice. Filho de Iemanjá, de Nanã ou Dandalunda. Nos termos de Eliade, o terreiro é onde uma pedra pode não ser somente pedra, uma árvore pode não ser somente árvore — mas uma entidade radiante e irradiadora, franqueada à manifestação do sagrado. Um elemento do mundo natural, sim, mas semantizado para a encarnação de uma força estranha e superior. Se Salvador fora pensada, de uma perspectiva lusitana, como a materialização de uma cidade ideal do Renascimento e se, concretamente, cresceu feito uma Nova Lisboa ou um novo Porto, réplica tropical da metrópole banhada pelo Tejo ou da urbe que escala a margem do Douro, a criação dos terreiros de candomblé, em seu sítio, significou a abertura de espaços relativamente públicos que apontavam para outro horizonte. Outro universo cultural. E que engendraram na cidade mais um *mundo cultural paralelo*. O mundo do machado de Xangô, da faca de Ogum, do ofá de Oxóssi, da labareda de Oiá-Iansã e dos espelhos de Oxum. Mas este "mundo paralelo" nada teve de novo ou renovador, em dimensão urbanística e arquitetônica. Manifestou-se com exuberância, mas nos cômodos das casas de sempre. Não é coisa diferente o que se pode dizer da Casa das Minas, culto dos voduns, em São Luís do Maranhão. Em *A Casa das Minas*, Nunes Pereira escreveu: "Há séculos a Casa Grande das Minas já se erguia nesse trecho da Rua São Pantaleão, fixando-lhe a minha memória, desde 1900, esses mesmos aspectos coloniais: baixa, com várias janelas de rótulas, sobre aquela rua". Mas para então acrescentar que aquela casa "tem uma alma". É o que interessa nos terreiros: não a arquitetura, que repete modelos conhecidos — mas a *alma*.

Teriam existido, ao menos, um urbanismo e uma arquitetura quilombolas, em terras brasileiras? "Quilombo" é palavra que nos veio dos bantos, encontrável nos idiomas quicongo e quimbundo. Entre nós, designou qualquer povoação de negros fugidos da escravidão. Na África, tinha o sentido geral de aldeamento ou rancharia — e o sentido específico de acampamento de guerra. Em seu livro sobre Ginga (*Nzinga*), a rainha de Matamba, Roy Glasgow escreve que os jagas "viviam em acampamentos muito bem vigiados, os quilombos [...]. Nzinga e seus pais viviam num quilombo, participando regular e entusiasticamente dos exercícios militares". No caso, trata-se de um acampamento de guerra. Glasgow: "Os jagas selecionavam com cuidado seu acampamento de guerra, escolhendo de preferência uma localidade perto de um precipício. A seleção da localidade era responsabilidade de seu general e dos chefes religiosos, que subsequentemente supervisionavam a construção do acampamento circular, cercado por doze fortes estacas, cada uma vigiada por um capitão e que proporcionava a base de um elaborado sistema de segurança. O acampamento dividia-se em sete blocos, com um oficial importante à testa de cada bloco; e cada bloco estava separado de seus vizinhos por fortes grades e cancelas. O monarca, seus servos e seus guardas residiam no círculo mais interno. As casas em cada bloco erguiam-se uma bem perto da outra e os ocupantes expunham sempre armas à entrada de suas casas, pois, dadas as condições incertas que caracterizavam, às vezes, o ambiente hostil tornava necessário, a uma notícia momentânea, mobilizar todos os membros do acampamento, para se empenharem no ataque ou na defesa".

Glasgow descreve um *kilombo* em Angola. Não fala se os escravos negros daqueles senhores negros — e a própria Ginga, dona de mucamas, participou do tráfico negreiro —, que eram usados em serviços domésticos e nos agrícolas, também fugiam para constituir quilombos, nem como estes seriam. Mas avança um ponto interessante, ao tratar Palmares como "a expressão mais pura" da resistência angolana no Brasil. Para ele, os angolanos levaram ao quilombo brasileiro "sua língua, cultura e forma de governo". E prossegue: "A área central do quilombo era onde o Rei, Ganga-Zambi, recebia seus hóspedes; esse local era idêntico à corte do rei (ou da rainha) em Angola. Igualmente, tanto no Brasil como na África, seus [dos angolanos] quilombos eram situados no interior de densas florestas, próximos a escarpas (*pungos*) e penhascos íngremes que proporcionavam uma vista panorâmica da região. Frente às realidades estratégicas esses observatórios rochosos serviam como linha avançada de defesa pela possibilidade que forneciam de assinalar a aproximação de um inimigo". Bem, vamos por partes. Nada que lembre o acampamento de guerra angolano, com sua estrutura circular, foi reproduzido em Palmares. E a "área central do quilombo" em nada foi idêntica à corte angolana. Nem mesmo a escolha de um sítio facilmente defensável e de difícil acesso deve ser vista como algo caracteristicamente africano. É o que há de mais elementar, universalmente, em matéria militar. Além disso, Glasgow generaliza fora de qualquer base factual. Os quilombos brasileiros nunca se concentraram "no interior de densas florestas", situando-se na proximidade de penhascos íngremes. Muitos se localizaram na periferia de centros urbanos. Em vales, colinas, terrenos planos. José Alípio Goulart, em *Da Fuga ao Suicídio: Aspectos de Rebeldia dos Escravos no Brasil*, anotou "que, em regra, os escravos costumavam aquilombar-se em local não muito distanciado das propriedades onde serviam" — e isto por razões que tanto podiam ser comerciais quanto sexuais.

Como, por exemplo, no caso do quilombo descoberto em 1629 nas cercanias de Salvador, no Rio Vermelho, hoje um bairro da cidade. Aliás, entre 1629 e 1637, a Câmara de Salvador não cessou de adotar medidas para reprimir os quilombos que floriam na periferia urbana. E o fenômeno não ficou restrito ao século XVII. No século XVIII, nas redondezas da atual cidade de Ipirá, também na Bahia, tivemos o quilombo do Camisão. Quilombos existiam também, por essa época, nas vizinhanças de Maragogipe, Nazaré das Farinhas e Santo Amaro da Purificação. Sem falar do quilombo do Buraco do Tatu, que durou pelo menos vinte anos, situado às margens da atual estrada que liga o bairro de Campinas a Santo Amaro do Ipitanga, próxima do aeroporto de Salvador. Um texto do "governo interino" da Bahia, datado de 1764, informa que os quilombolas do Buraco do Tatu raptavam escravas — "aquelas pretas que melhor lhes pareciam" —, levando-as para viver com eles. E chegavam a entrar à noite pelas ruas de Salvador, "a prover-se de pólvora, chumbo e demais bagatelas que precisavam para a sua defesa". Lembre-se, ainda, que a guerra não parece ter sido o móvel central dos quilombos brasileiros. A relação entre o quilombo e a ordem escravocrata admitiu muitas nuanças, que foram da constância guerrilheira à convivência pacífica, com trocas econômicas, inclusive. Exemplo disso foi o Quilombo de Trombetas, no Pará, com sua produção de fumo, cacau e salsaparrilha comercializada no porto amazônico de Óbidos. O assentamento foi destruído pela repressão senhorial, mas seus sobreviventes fundaram Cidade da Maravilha, um dos quilombos mais importantes de nossa história. Segundo Kátia Mattoso, Cidade da Maravilha era "tão pacífica que seus comerciantes ambulantes descem a correnteza e vendem suas mercadorias em toda a beira-rio. Sabe-se que, por volta de 1852, eles se animam a chegar até às paróquias para batizar seus filhos. Se por acaso encontram os antigos senhores, pedem-lhes a bênção e prosseguem sem ser perseguidos". O quilombo não se pensava, em princípio, como uma entidade isolada — e, menos ainda, isolacionista. Não tem a ver com o sonho contracultural das "sociedades alternativas".

Mesmo com relação a Palmares, um governador pernambucano se viu obrigado a tentar impedir que colonos negociassem com quilombolas. Em *Os Africanos no Brasil*, Nina Rodrigues já destacava o estreitamento de "relações comerciais" entre os palmarinos e seus vizinhos. "Faziam comércio com algumas populações da redondeza, que lhes forneciam armamentos e munições, fazendas, gêneros alimentícios e outros produtos de que eles careciam", escreve, por sua vez, Luiz Luna em *O Negro na Luta contra a Escravidão*. "Enquanto a ênfase, ao pensar Palmares, tem sido — em parte devido à natureza dos documentos disponíveis — na guerra e nas estratégias militares, mais atenção deveria ser dada a estratégias de dissimulação, aos meios pelos quais os palmarinos interagiam com as populações vizinhas, aos meios pelos quais eles sem dúvida vieram a saber bem mais sobre os brancos e suas intenções do que estes sabiam sobre eles", afirmou, mais recentemente, Richard Price, em "Palmares como poderia ter sido". Mas vejamos Palmares mais de perto, ainda que não tenhamos, sobre o assunto, todas as informações que desejaríamos ter. Palmares era, na verdade, um elenco de arraiais. Nove, no total. Existiam, naquela região, povoações diversas, de Andalaquituche a Macaco, passando por Serinhaém, Dambrabanga e Subupira. Povoações preocupadas com seus sistemas defensivos, cercadas de paliçadas de pau a pique. Algumas, como Macaco, o arraial-fortaleza principal, e Subupira, chegaram a ter muros de pedra para a sua defesa. O arraial era, portanto, um recinto fortificado. Como uma cidadela medieval. Lá dentro, haveria pelo menos uma rua longa, de largura variável. Os arraiais maiores chegaram a ter três e mesmo quatro ruas. As casas, cobertas de palmas, alinhavam-se lado a lado, ao longo dessas ruas. Dezenas e dezenas de casas (em 1675, uma expedição repressora encontrou uma praça forte com mais de 2 mil casas). No largo principal, no centro do povoado, ficavam os prédios do poder. A sede política do mandachuva local, ou do reduzido grêmio que ditava as ordens ali, e a igreja ou capela (sim: igreja — não há notícia de terreiros, calundus e feitiços na vida palmarina, muito embora saibamos que fortes colorações religiosas banto estavam impressas na região, evidenciando-se, desde o início, nos nomes ou títulos de seus líderes, Ganga Zumba e Zumbi, ambos remetendo ao Nzambi Ampungo dos bacongos). A seu lado, o mercado, uma oficina de artesãos (metalúrgicos, inclusive) e a fonte ou cisterna de água. Do lado de fora do muro ou da paliçada, viam-se os pomares, as plantações. Dentro ou fora delas, o roubo, o assassinato, o adultério e a deserção implicavam a pena de morte. Na capela, todos rezavam, ajoelhados diante de imagens de Nossa Senhora. E falavam em língua portuguesa, ainda que de mistura com expressões de origem africana, como ainda hoje o fazemos. O sincretismo religioso e a língua portuguesa marcaram a existência palmarina. Assim como a escravidão. Os palmarinos não eram somente negros fugidos das agruras do escravismo. Mas negros escravocratas. Raptavam homens para penar em suas plantações. E mulheres (negras, índias, brancas, mestiças) para serenar seus desejos sexuais. Agora, frente a fantasias como a de Glasgow, olhemos com calma e de longe: o que temos, diante de nós, não é, de modo algum, um assentamento africano em terras nordestinas do Brasil, mas um típico arraial luso-brasileiro, com seu largo e sua igrejinha.

A referência à existência, nos povoados de Palmares, de igrejinhas ou capelas — com imagens do Menino Jesus, Nossa Senhora da Conceição, São Brás — não deve causar estranheza. No filme *Quilombo*, de Cacá Diegues, os palmarinos cultuam orixás. Histórica e antropologicamente, não faz sentido. Bantos não cultuavam orixás, mas inquices, como ainda hoje o fazem em seus terreiros brasileiros, como o Bate Folha, em Salvador. Os orixás são uma criação iorubana. E, na época de Palmares, no século XVII, ainda não havia iorubás na América Portuguesa. Eles só começaram a chegar bem depois, mais para o final do século XVIII. Antes disso, ao contrário, a religião católica já se achava implantada em Angola. A própria rainha Ginga, como outros milhares ou milhões de africanos, chegou a se converter ao cristianismo e foi à pia batismal, em Luanda, ganhando então o nome de Ana de Sousa. Além disso, Ginga, como os palmarinos, sabia falar português, língua que deve ter aprendido no trato com mercadores e missionários lusos. Por outro lado, é difícil imaginar que em Palmares, como nos calundus seiscentistas do Brasil, não vigorassem formas e práticas religiosas sincréticas. Mesmo porque a população quilombola se compunha de negros, mulatos, brancos e índios. No artigo "A Arqueologia de Palmares", Pedro Paulo de Abreu Funari fala de um "achado significativo". Na escavação de uma trincheira, encontrou-se um grande vaso cerâmico, ao qual se associavam dois machados líticos, em posição vertical, com seus gumes voltados para baixo. "As conotações simbólicas desses objetos ainda não estão claras mas, com cautela, pode-se supor que os machados exerciam uma função religiosa, provavelmente de tipo apotropaico ou propiciatório", escreve Funari. Nada disso surpreende. Mas o que quero sublinhar é que, dos pontos de vista urbanístico e arquitetônico, as vilas palmarinas não apresentavam qualquer diferença especial, que as constituíssem num conjunto apartado do ambiente construído colonial. Os relatos históricos falam do largo e da igreja. Das casas cobertas de palha. Do uso de cerâmica europeia e indígena. E, na capital quilombola, da "casa do conselho" do rei, espécie de Câmara, onde se reuniam os maiorais. Ou mesmo do "palácio" de Ganga Zumba. Se houvesse algum traço urbanístico ou arquitetônico claramente africano nessas vilas, ele teria sido retratado ou denunciado pela documentação histórica existente, que hoje encontramos reunida em *A Destruição de Angola Janga*. Mas não é isso o que se vê.

Aproveitemos para rememorar, aqui, a leitura de Catherine Coquery-Vidrovitch sobre organizações africanas tradicionais do espaço, formulada a propósito de vestígios urbanos encontrados na atual Mauritânia, todos anteriores à era cristã. Eram assentamentos localizados em falésias, longe das áreas cultiváveis. Catherine vai ver aí uma organização em *deux temps*. No alto das falésias, construções de pedra para a estação chuvosa e a prática da pecuária e do cultivo do milhete. Em nível mais baixo, instalações precárias para a estação seca, onde as atividades principais, além da pecuária, eram a pesca e a coleta. Catherine acredita que este pode ser um dos traços distintivos dos antigos assentamentos africanos: um fracionamento funcional do espaço organizado em dois setores, ocupados sucessivamente pela população de um mesmo conjunto urbano. Um tipo de ordenamento espacial que difere da "visão centrada e precisamente localizada da cidade medieval do Ocidente, apertada no interior de muralhas, em redor de seus edifícios monumentais: a igreja, o palácio e, mais tarde, a atalaia e o mercado". Na África, os indivíduos se organizariam em espaços fragmentados segundo estações e funções, como trabalho ou repouso. "A ausência de apropriação privada, individual, do solo, traço comum de todas as antigas sociedades africanas, favorecia esta possibilidade de extensão e variação da ocupação humana, incluindo-se aí a cidade. O mercado, lugar de encontro por excelência, podia também por si mesmo constituir um espaço, sem maior proximidade com a cidade." Mais: "A disposição em recintos justapostos correspondia às comunidades familiares, que dispunham entre si os espaços de circulação e das atividades coletivas [...] o habitat urbano respondia a uma organização social dada, fundada sobre a família extensa: o espaço de uma parentela se detinha onde o do grupo vizinho de parentes podia começar. Os espaços sagrados, os altares que mantinham os vínculos com os ancestrais eram igualmente disseminados, tanto no interior dos espaços habitados quanto nos campos". O que não implicava desconexão. Catherine cita, a propósito, Jean Devisse ("Histoire et Tradition Urbaine au Sahel"): "Fragmentado e mesmo retalhado, o espaço religioso da comunidade africana é perfeitamente conhecido e percebido".

Os espaços urbanos podiam então se estender entrecortados por áreas de produção e culto, terrenos baldios, bosques sagrados, etc. Ainda segundo Catherine, os materiais de construção, à base de terra e tijolos crus, contribuíam, por seu caráter provisório, para a flexibilidade do habitat, a mobilidade dos habitantes e a precariedade dos monumentos. Seria este um dos traços específicos do urbanismo tradicional africano: a segmentação funcional do espaço. Existiria alguma coisa de parecido com isso, mesmo longinquamente, nos quilombos do Brasil? Em Palmares, como em tantos outros lugares do Brasil, tínhamos a vila e, fora dela, as plantações. Até onde se sabe, a segmentação funcional do espaço, em âmbito palmarino, não dizia respeito a estações, estruturas de parentesco ou espaços sagrados. O que havia era a vila — e suas roças, situadas fora do núcleo urbano. Uma divisão espacial comum a qualquer vila ou arraial que se implantou no Brasil, fosse em Pernambuco, no Recôncavo Baiano ou no Rio Grande do Sul. O mesmo se pode dizer do quilombo do Rio Trombetas, no Pará, com suas roças de mandioca e plantações de fumo, que mantinham relações comerciais, inclusive, com os holandeses da Guiana. E da Cidade da Maravilha, que o sucedeu, onde as casas dos quilombolas mais sugeriam moradias indígenas. O que tivemos e temos de algo remotamente mais próximo àquela segmentação espacial africana de que fala Catherine, é a repartição de um terreiro em espaço-urbano e espaço-mato, com os ilês dos orixás, as árvores sagradas, os peregunes. Mas as coisas não se equivalem, nem o terreiro é uma cidade.

III

Se os negros africanos não influenciaram diretamente o urbanismo e a arquitetura no Brasil, é surpreendente, em contrapartida, o influxo e o sucesso da arquitetura luso-brasileira na África Ocidental. Levada para lá — fato digno de nota — por ex-escravos, que retornaram às suas terras de origem ou às terras de antepassados seus, fosse por vontade própria ou pressionados a embarcar para o outro lado do Atlântico. Neste último caso, especialmente depois que uma série de conspirações e levantes escravos das primeiras décadas do século XIX, culminando na Revolta dos Malês (1835), deixou os senhores inquietos e temerosos, diante da possibilidade de se tornarem vítimas de uma chacina racial como a que os negros tinham promovido no Haiti. Em *Fluxo e Refluxo do Tráfico de Escravos entre o Golfo do Benim e a Bahia de Todos os Santos*, Pierre Verger nos lembra que, pós-1835, entrou em vigor uma lei que permitia a reexportação de pretos forros, desde que sob suspeita de vínculo com insurreições escravas. Naquele mesmo ano, muitos libertos foram deportados para a África. Verger cita, a propósito, um discurso do então deputado da Bahia e ex-ministro dos Assuntos Estrangeiros do Brasil, Miguel Calmon, defensor da tese de que os libertos deviam ser expulsos do país: "É certamente vantajoso que estes homens libertos, semibárbaros, voltem para seu país natal. Esta medida é necessária para o avanço de nossa civilização, para a diminuição da ameaça das insurreições e para encorajar a introdução no Brasil de uma mão de obra mais útil". Adiante, o mesmo Calmon afirma que não via, no estabelecimento de ex-escravos na África, "somente um depósito sem despesas para nossos africanos libertos, mas um núcleo de população, talvez mesmo um novo Estado, que, participando de nossa civilização e de nossa língua, contribuirá um dia para a extensão de nosso comércio e de nossa indústria nascente". Apesar do cinismo de suas palavras, Calmon acabou apontando para algo que viria a ocorrer. Retornados por vontade própria ou recambiados compulsoriamente, muitos negros desembarcaram então na África Ocidental, onde se identificaram como *brasileiros*, formando comunidades próprias. As "comunidades brasileiras" que pontuaram — e, ainda hoje, pontilham — cidades litorâneas do antigo Daomé (Agüê, Badagri, Porto Novo) e da Nigéria (Lagos, principalmente, mas também se interiorizando em direção a lugares como Abeokutá), além de núcleos urbanos de Gana e do Togo. De acordo com Manuela Carneiro da Cunha, em *Negros, Estrangeiros*, cerca de 7 mil negros cruzaram o Atlântico de torna-viagem.

"A sociedade brasileira que se formava em algumas cidades do golfo do Benim, como Agüê, Uidá, Porto Novo e Lagos, principalmente, era composta de comerciantes de escravos vindos de Portugal e do Brasil, de seus descendentes mulatos, seus antigos servidores, de capitães de navios negreiros estabelecidos na África e de africanos libertos que tinham voltado do Brasil, principalmente da Bahia. Mais tarde, libertos vindos de Cuba vieram juntar-se a eles", informa Verger, para acrescentar: "O laço que unia gente de origem e de passado tão diversos era a religião católica". É certo que muitas vezes havia muçulmanos, católicos e candomblezeiros numa mesma família e todos se reuniam para custear o culto de deuses africanos como Ogum, mas o catolicismo era, de fato, o *trait d'union* da comunidade. Os ex-escravos não só continuaram cultivando a língua portuguesa (proibida, posteriormente, como língua de ensino na Nigéria, pelos ingleses), como mantiveram nomes "brancos" e vestes "ocidentais", celebravam missas e organizavam com brilho, todos os anos, em Lagos, a Festa do Senhor do Bonfim, no mesmo dia em que ela acontecia em Salvador. Ainda em Lagos, a colônia brasileira conservava tradições como a do bumba meu boi. E empregava receitas culinárias levadas do Brasil, fazendo feijão de leite, moqueca de peixe e feijoada. Verger: "Esse fenômeno de fidelidade é comparável ao dos descendentes de africanos que, na Bahia, continuam a celebrar o culto dos deuses levados pelos seus ancestrais do golfo do Benim e cantam em iorubá os mesmos cânticos da África". Como se não bastasse, aquela gente se mantinha informada sobre o que acontecia no Brasil, promovendo, inclusive, festas, bailes à fantasia e um desfile carnavalesco pelas ruas da cidade, em comemoração ao fim do regime escravista em nosso país, no 13 de maio de 1888. Contato que era também físico, pessoal, com a rota Benim-Bahia, deslocamentos atlânticos feitos em pequenos veleiros.

Com respeito ao que mais nos interessa no momento, a "fidelidade" de que fala Verger estendeu-se também, com impressionante nitidez, ao campo da arquitetura. Os libertos, na verdade, desprezavam a arquitetura tradicional africana. Assim como se vestiam à ocidental e se consideravam civilizados, queriam casas sólidas, claras e espaçosas como as do Brasil. Sobrados senhoriais, de preferência. E assentaram suas casas em espaços definidos das cidades. Em bairros brasileiros. Manuela anota: "No exílio se constrói uma nova territorialidade: o bairro brasileiro". No Daomé, os libertos brasileiros se estabeleceram no bairro português, como se viu em Uidá. A comunidade brasileira de Lagos aparece mais tarde. E aí, sim, temos o *bairro brasileiro*. Ainda Manuela: "O bairro brasileiro foi a transposição do Brasil em terras d'África. Há uma referência a uma seção exclusivamente pernambucana do bairro, com um chefe próprio. Parece significativo que não haja, ao contrário, menção a um agrupamento por cidades de origem: grupos de vizinhança egbás, ijexás, ijebus, etc. não são jamais referidos. Construiu-se desde cedo em Lagos um cemitério brasileiro, contrariamente ao costume iorubá tradicional de se enterrarem os mortos no *compound*. O cemitério passou a ser um elemento de referência importante: enterrarem-se os mortos em um cemitério coletivo reservado aos brasileiros supunha fazer prevalecer esta identidade sobre a identidade de linhagem, afirmada como suprema no enterro doméstico". E mais: "O bairro era claramente também centro de comércio, onde as mercadorias eram distribuídas para o comércio de varejo, através de uma rede clientelista, que não se restringia aos laços familiares. Assim, o bairro brasileiro era um microuniverso, dando morada aos vivos como aos mortos e englobando-os num espaço social delimitado e exclusivo". Para esses brasileiros negros da África, a referência suprema era a Bahia. Se a África fora durante muito tempo uma entidade quase mítica, um páramo sempre idealizado para pretos escravizados no Brasil, agora seria a vez de a Bahia ser idealizada e mitificada por negros forros do Brasil vivendo livres na África. Como na composição de Ary Barroso, aqueles pretos libertos sonhavam em uníssono: "Bahia, terra da felicidade!". A utopia ficava, assim, do outro lado do mar oceano. "Não, senhor padre, a África não é minha terra. Nasci no Brasil, na Bahia, na 'terra dos brancos'... Sim, era feliz então, na boa terra do Brasil! Que belas igrejas, que belas casas!", disse um liberto a um missionário francês (*Diário do Padre Baudin*, citado por Manuela). A reconstrução da felicidade passava então, entre outras coisas, mas fundamentalmente, pela reconstrução daquelas casas. Pelo refazer, na África, dos sobrados coloniais de Salvador e do Recife escravistas.

Aqueles negros brasileiros de Lagos tinham como realizar seu sonho senhorial. Conseguiram fazer fortuna, formando, rapidamente, uma burguesia nascente. Uma elite de comerciantes, artesãos e fazendeiros ricos, à qual, de resto, não eram nada estranhas, muito pelo contrário, as operações do tráfico escravista. Eles haviam passado de mercadorias a mercadores. E, além de terem o dinheiro necessário para executar as obras de arquitetura com que sonhavam, eram, eles mesmos, admiráveis construtores. Mestres de obra, pedreiros e carpinteiros treinados no Brasil. Técnicos qualificados, como nenhuns outros por ali. Homens que, depois de muito construir no Brasil, ergueram a primeira catedral de Lagos, a Holy Cross. E as primeiras mesquitas da cidade, onde elementos islâmicos se gravam e se enramam na estrutura brasileira dos prédios. Assim, também, as suas casas. Os seus belos sobrados, replicando à perfeição os da Bahia e de Pernambuco. Convertia-se então o clássico casarão colonial brasileiro em obra e propriedade de ex--escravos. Com isso, o bairro brasileiro de Lagos se delimitou não apenas em termos de demarcação territorial, mas também como espaço edificado específico, estilisticamente distinto dos demais. Daí o comentário de Manuela: "A arquitetura brasileira em Lagos reflete a ambiguidade da situação de seus construtores: brancos para os lagosianos, negros para os europeus, apegados a uma Bahia idílica e ilusória, burguesia africana em busca de identidade, iorubás atrás das fachadas de seus sobrados". Mas essa arquitetura fez um sucesso imediato. E extraordinário. Não ficou de modo algum restrita à colônia brasileira de Lagos. Seduziu não só outros grupos sociais, como conquistou os iorubás nativos, tradicionais, disseminando-se rapidamente por áreas interioranas, para tomar lugares como Abeokutá e Ijebu-Odê. Em suma, sobrados patriarcais luso-brasileiros se espalharam por toda a superfície do "país iorubá", brotando nos mais diversos cantos da Iorubalândia. Mesmo na década de 1920, uma nova cidade, Irawo, foi totalmente construída de acordo com os modelos, princípios e técnicas dos brasileiros negros da África. E se alguns desses sobrados poderiam estar tranquilamente pousados em ruas do Recife ou da Cidade da Bahia, outros apresentaram inovações, de modo que não é desproposital falar, como já se falou, de uma "arquitetura colonial brasileira lagosiana".

Enquanto isso, no Brasil, negros e negromestiços estavam não construindo, mas imantando cidades. Na África, brasileiros pretos embranqueciam cidades negras. No Brasil, empreteciam cidades brancas. A começar por seu número no espaço urbano. Desde o século XVIII, viajantes estrangeiros que passavam pela Bahia nunca deixavam de se impressionar com a quantidade de negros circulando pela cidade. Em 1714, Amédée François Frézier definiu Salvador como "uma nova Guiné". Mais de cem anos depois, em sua *Viagem pelo Norte do Brasil no Ano de 1859*, Robert Avé-Lallemant observava que "se não se soubesse que ela fica no Brasil, poder-se-ia sem muita imaginação tomá-la por uma capital africana". E escrevia: "tudo parece negro: negros na praia, negros na cidade, negros na parte baixa, negros nos bairros altos. Tudo que corre, grita, trabalha, tudo que transporta e carrega, é negro". Não era diferente a impressão dos estrangeiros que chegavam ao Rio de Janeiro, nesse mesmo período. "Do momento em que eram levados de bote à praia até chegarem a uma casa particular ou hotel, eram cercados por escravos negros com rostos cheios de cicatrizes, dentes limados e roupas de estilos africanos. Em especial no calor do meio-dia, quando os brancos desertavam das ruas, os estrangeiros sentiam com frequência que não tinham desembarcado na capital do Brasil, mas na África", escreve Mary Karasch, em *A Vida dos Escravos no Rio de Janeiro (1808-1850)*. E esta presença numérica se traduzia em presença cultural, nas alterações por que passava a língua portuguesa, nos cultos religiosos dos calundus e candomblés, nas intervenções criativas na música e no carnaval.

5.
SERTÃO, CIDADE, SEGREGAÇÃO

I

Há dois tipos básicos de crítica à cidade e à vida urbana. Uma é a crítica contrastiva. Outra é a crítica objetal. No primeiro caso, contrasta-se a cidade com o mundo extracitadino. Com a vida no campo. Nas lonjuras do sertão. Numa aldeia de pescadores perdida na luminosidade praieira, ou sob estrelas. No segundo caso, discute-se a cidade em si. Tanto numa visão panorâmica, quanto em *close reading*. Se comparação houver, não será externa. É a cidade confrontada consigo mesma. Sincronicamente, com relação a outras cidades. Diacronicamente, com relação a seu próprio passado ou a cidades do passado. Ou, ainda, com referência a um modelo ideal de cidade, supostamente situado fora da ordem histórica.

A propósito, Kotkin cita o teólogo Jacques Ellul, lembrando-nos de que a cidade está ligada à queda humana do espaço da graça e representa a tentativa de criação de uma nova ordem. Fomos expulsos do Éden. E Caim construiu uma cidade para substituir o jardim divino. A cidade é fruto da Queda. Refúgio ou exílio da humanidade expulsa do sítio paradísico. E seu fundador foi o primeiro assassino de que se tem notícia. Deus fez o primeiro jardim — Caim, a primeira cidade. "Mesmo assim, o ideal buscado pelos primeiros cristãos [que consideravam corruptas e corruptoras as cidades do Império Romano] se revelou urbano: é a Nova Jerusalém descrita pelo apóstolo São João no final do Livro do Apocalipse. Posteriormente, muitos outros modelos de uma cidade ideal ou inalcançável forneceriam material para sermões. A Jerusalém celeste de São João, com a forma de um cubo — diferentemente da Atlântida circular de Platão — e com três portões em cada um de seus quatro lados, é uma promessa de bem-aventurança que somente a intervenção divina poderia trazer para a terra", escreve Joseph Rykwert, em *A Sedução do Lugar*. Deus, que fez o jardim, teria de recuperar a cidade. Mas esta ambivalência diante do fenômeno urbano não se restringe à tradição judaico-cristã. Estende-se para muitas direções, culturas, épocas e lugares. "As cidades, do mesmo modo que seus habitantes, são uma mistura de coisas boas e ruins. Desde a invenção da escrita, há cerca de 5 mil anos, os registros criticando a cidade têm sido implacáveis. E mesmo assim as pessoas sempre se amontoaram em cidades e as suas qualidades também foram louvadas com brio", escreve, ainda, Rykwert.

A cidade sempre foi objeto de celebração e crítica. Ora vista como a vitória da ordem sobre o caos, ora como o caos em si mesma. Nas mitologias mais antigas, como a babilônica, ela é o triunfo do deus sobre as águas e os monstros marinhos. A vitória do cosmos sobre o caos, com Marduk criando o mundo a partir do corpo do dragão Tiamat. Em mitologias mais modernas, ela pode aparecer como o avesso dos ditames divinos, criando o caos onde Deus fizera existir ordem e beleza. Em O Homem e o Mundo Natural, Keith Thomas lembra que, no século XVII, muitos escritores diziam que Deus criou o campo — e o ser humano, a cidade (a frase, na verdade, é de William Cowper, em The Task). Daí em diante, a corrente só fez engrossar, envolvendo figuras tão díspares quanto um pregador puritano e D. H. Lawrence, o autor de Women in Love. Thomas: "Foi, por certo, a intensificação de uma aguda separação entre cidade e campo, mais nítida que qualquer coisa que possamos encontrar na Idade Média, o que encorajou esse anseio sentimental pelos prazeres rurais e a idealização dos atrativos espirituais e estéticos do campo". Mas, se há controvérsia acerca do papel da mão de obra divina na criação do campo, dúvida nenhuma paira sobre a autoria humana do ambiente citadino. Num extremo, Deus, dito o arquiteto supremo do universo. Noutro, o inseto arquiteto, como a formiga ou a abelha, reproduzindo *ad infinitum* uma construção inscrita em sua programação genética. Entre um extremo e outro, entre o superiormente divino e o meramente natural, o homem-arquiteto, animal semiótico, construtor de cidades.

A cidade — irrompendo agressivamente, com ostensiva artificialidade, no "jardim da natureza" — é assim muitas vezes vista como a criação humana por excelência. "O homem constrói e ama as cidades porque a forma urbana representa uma imagem ideal de seus próprios ideais", diz Sibyl Moholy-Nagy, em A Cidade como Destino. Para acrescentar: "O que constitui o denominador comum de todas as cidades, desde Nínive até Nova York, é um culto idolátrico coletivo que exige o domínio da Natureza, do Destino, do Saber e da Riqueza". De outro ângulo, Fernand Braudel afirma: "A cidade é corte, ruptura, destino do mundo. Quando surge, portadora da escrita, abre as portas ao que chamamos *história*. Quando renasce na Europa, com o século XI, começa a ascensão do pequeno continente. Floresce na Itália, e é o Renascimento. É assim desde as cidades — *poleis* — da Grécia clássica, depois as *medinas* das conquistas muçulmanas, até os nossos dias. Todos os grandes momentos do crescimento se exprimem por uma explosão urbana". Já Oswald Spengler (*A Decadência do Ocidente*), que avaliava o vigor de uma civilização por seu vínculo com a terra e via no crescimento das cidades um índice de decadência ou envelhecimento civilizacional, escreveu: "O perfil da cidade contradiz as linhas da natureza. Ele *nega* qualquer natureza. Quer distinguir-se dela, superá-la". E esse tipo de visão, com as variações esperáveis, aparece nas mais diversas épocas da história. Sobre o Renascimento, André Chastel ("O Artista") comenta: "O arquiteto, modelo da arte-ciência, conhecedor das possibilidades da matemática, assumia facilmente um significado universal. No fundo, esse *artífice* de nível superior é parente do homem completo descrito por Pico, feito para dominar a natureza. Já no *De Dignitate et Excellentia Hominis*, de Giannozzo Manetti, lê-se que a grandeza do homem é expressa pela sua capacidade de construir: às pirâmides, à pomba mecânica de Árquitas, às invenções de Arquimedes, acrescenta-se agora a cúpula de Brunelleschi. Na sua fase otimista, Ficino e os seus amigos não perdem nenhuma oportunidade de exaltar o tempo presente em que os trabalhos do arquiteto, do engenheiro e do pintor demonstram a nobreza do espírito humano: através do exercício da Razão organizadora, o homem torna-se *deus in terris*". Na modernidade, Corbusier vai ver, na urbe, coisas que só a humanidade pode fazer.

Toda iniciativa habitacional humana — por mais precária e provisória que seja, limitando-se a introduzir modificações mínimas no meio ambiente, a apenas arranhar de leve o mundo natural — procura sempre marcar sua *diferença* frente ao entorno. Pouco importa que isto se faça com riscos no chão, incisões em árvores ou a abertura de uma clareira. Um fogo aceso na noite, para além de seu propósito prático, é também signo da presença humana. A paliçada que cerca uma aldeia indígena cumpre objetivos de proteção e defesa — mas tem, também, a função de demarcação simbólica de um território. De avivamento de uma diferença essencial, contrastante, face à natureza (a ideia de um ser primitivo integrado na circunstância ambiental, vivendo em perfeito equilíbrio com o meio ambiente, é uma fantasia de ecologistas modernos) e ao "outro", tantas vezes visto como exterior ao círculo da humanidade. Mircea Eliade defende essa tese: as defesas dos lugares habitados teriam sido, em sua origem, defesas mágicas, dispostas a impedir mais os ataques dos demônios do que os assaltos dos humanos. Mas a cidade assinala o corte, a descontinuidade radical entre o mundo dos homens e o mundo dos bichos e das plantas, com uma nitidez inédita. Acintosa. Espetacular. Por isso, tantos projetos de reforma social, como os de Thomas Morus e Tommaso Campanella, se expressaram em termos urbanos. Daí, também, que a cidade tenha sido criticada, rejeitada e até desprezada por poetas de tantas épocas e lugares. Como no *Gilgamesh*. Ou entre os poetas do movimento romântico europeu — salvo raríssimas exceções, como a de William Blake ("o símbolo central da imaginação, em toda a obra de Blake, é a cidade", notou Northrop Frye, em *Fearful Symmetry*) —, em sua recusa do mundo industrial e celebração idealizadora da vida campestre e da *göttliche Natur*. Para o poeta romântico, alma lírica e melancólica, a vida urbana carecia de virtude e verdade. No novo meio mundano dos séculos XVIII e XIX, ele aparecia ou se definia como uma figura automarginalizada. Vivia numa espécie de autoexílio, sentindo-se radicalmente estranho no espaço público moderno. Orgulhoso, solitário, distante com relação à massa humana. Ao movimento grosseiro e brutal de coisas, indivíduos e números nas cidades oitocentistas do Ocidente. O real histórico não lhe fazia bem. O presente era um incômodo, sinônimo de um mal-estar essencial. Melhor a espontaneidade e a força do mundo primitivo, os galopes galantes de cavaleiros medievais, do que a hipocrisia civilizada. Enfim, o poeta romântico europeu se quer o representante de uma aristocracia do espírito, olhando superiormente a indescritível vulgaridade do seu tempo. Sua alma deseja a pureza e a solidão dos campos, não a mediocridade do mundo burguês.

As cidades sempre tiveram seus amantes, críticos, detratores e inimigos. Kostof assinala que Confúcio privilegiava a cidade, enquanto o taoísmo e o budismo pendiam para o campo. "Na China, a visão confuciana de que a função própria da elite era governar, de que o governo presumia cidades e de que o propósito do governo era civilizar o campo, chocava-se com o ideal último do taoísmo e do budismo de uma existência rural." Mas se uns execram — e outros louvam — os centros urbanos, o fato é que a cidade ocidental moderna, em especial, parece ter-se configurado para despertar extremos. Em *A Regra e o Modelo*, Françoise Choay convoca Rousseau e Marx ao tablado, como polos opostos do pensamento acerca do fenômeno urbano no mundo industrial. E chama a atenção para o fato de que as posturas de ambos, diante do urbano e da urbanização, não são "epifenomenais". Comprometem, antes, suas filosofias e suas concepções da humanidade e do mundo. A atitude que leva Rousseau "a denunciar 'as grandes cidades onde reina uma horrível corrupção' e a educar Émile longe dos 'negros costumes das cidades' radica-se no centro mesmo de seu pensamento. Com efeito, o que é a cidade para ele senão o local por excelência da sociedade, isto é, de um estado, certamente inscrito na natureza do homem, mas que não cessa também de ameaçá-la? 'A sociedade deprava e perverte os homens' porque os expõe à desnaturação, em outras palavras, à perda de sua liberdade individual, da independência natural que lhes é própria, para aliená-los pela submissão à vontade alheia. A cidade é o lugar das relações arbitrárias, o local da máscara, do parecer, da falsidade", escreve Françoise. É bem verdade que Rousseau imagina que a liberdade humana pode ser preservada, numa cidade colocada sob a regência de um "contrato social" aceito por todos: submissão à lei, não à vontade alheia. Seu modelo é a "cidade antiga", que, por suas dimensões, não impedia o contato direto entre as pessoas. Sabemos, de fato, que os gregos tinham uma política demográfica bem definida. Não permitiam que a população de suas cidades passasse de certo limite, ditado pela capacidade do campo para alimentá-la. Quando o limite era ultrapassado, organizava-se uma expedição para formar nova colônia. No tempo de Péricles, Atenas tinha cerca de 40 mil habitantes. Mas o que se considerava ideal era que uma cidade não tivesse mais de dez mil moradores. Rousseau se debruça sobre esse tempo. Com nostalgia. E, no *Emílio*, ataca a grande cidade francesa: "Diz-se que Paris vale uma província ao rei da França; eu julgo que lhe custa várias, sob mais de um aspecto. Paris é alimentada pelas províncias e a maior parte de seus rendimentos distribuem-se nesta cidade e aí ficam, sem nunca voltar ao povo ou ao Rei. É inconcebível que, neste século de calculadores, não haja um que saiba ver que a França seria muito mais poderosa se Paris fosse aniquilada".

Também Marx é um crítico feroz da cidade industrial. Mas seu ataque às taras da metrópole, como diz a mesma Françoise Choay, "não significa condenação ou desconfiança diante do construir, nem recuo com relação ao espaço edificado". Marx denuncia a miséria, a dor, o desamparo e a incomunicabilidade entre os seres humanos nas cidades modernas do Ocidente. Mas tais traços não seriam inerentes ao mundo urbano. Dizem respeito a um determinado momento histórico, sendo, por isso mesmo, superáveis. E, seja como for, os centros urbanos industriais do Ocidente representam um grande avanço, em comparação a tudo que existiu antes. "O privilégio concedido ao modo de urbanização do homem ocidental [...] radica-se em que, para ele [Marx], o homem somente se realiza ao sair de si mesmo, para a exterioridade, por meio de uma práxis que o força a violentar a terra e transformá-la em mundo construído" (Choay). Neste sentido, a grande cidade industrial aparece como um largo progresso na história da humanidade. "De um lado, graças à variedade e ao número das populações que reúne e graças à sua exploração das técnicas de comunicação, ela anuncia a universalização das culturas. De outro lado, através da errância do proletariado, desprovido de toda tradição, incerto a cada dia da moradia e do emprego, prepara o grande desenraizamento, a grande ruptura desalienadora dos homens com os lugares, a libertação dos laços naturais gabados pelo 'reacionário Proudhon' e que, prendendo-o ao mundo animal, impedem que o homem se realize." Françoise está certa: o que Marx exalta é o próprio processo de urbanização — em si e por si. Radicalizando, ele antevê o dia em que não mais haverá diferença entre cidade e campo. O dia em que as cidades desconheçam quaisquer fronteiras — e os campos se urbanizem. A natureza que se dane. Marx aponta em direção a um planeta-cidade ou uma cidade planetária, estendendo-se, elétrica e nervosa, sobre a superfície terrestre. Como se vê no *Manifesto do Partido Comunista*, que ele escreveu em parceria com Engels (um dos fundadores da sociologia urbana), Marx foi dos primeiros e maiores profetas da globalização.

De outra parte, impressiona muito o ressentimento intelectual que a cidade provoca. Richard Lehan examinou o assunto, em *The City in Literature*. Se a cidade é a grande criação da humanidade, e vem regendo nossas vidas e nosso destino cultural por séculos, natural, também, que seja o alvo maior de nossas críticas. E quem vai negar que ela as merece? As cidades fizeram nascer movimentos intelectuais e estéticos. Ensinaram aos impressionistas a qualidade plástica de sua paisagem. E sempre ofereceram o espetáculo de suas misérias, discriminações, crimes e sarjetas. Liberaram e aprisionaram as pessoas, ao mesmo tempo. Daí que, diante dela, reflexões e sentimentos variem do extremo do fascínio pela heterogeneidade ao extremo do horror pela entropia. Para uns, a natureza é tudo. Para outros, o mundo tecnológico. Maiakóvski (nascido na aldeia de Bagdádi, em Kutaíssi, na Geórgia), em "Eu Mesmo": "Cerca de sete anos. Meu pai começou a me levar para a ronda das matas, a cavalo. Um desfiladeiro. Noite. Envoltos na neblina. Nem via meu pai. Uma vereda estreitíssima. Meu pai provavelmente empurrou com a manga um ramo de roseira-brava. O ramo cravou os espinhos em minhas faces. Soltando pequenos gritos, vou tirando os espinhos. De repente, desapareceram a dor e o nevoeiro. Na neblina que se dispersou sob nossos pés, algo mais brilhante que o céu. É a eletricidade. A fábrica de aduelas do príncipe Nakachidze. Depois de ver a eletricidade, deixei completamente de me interessar pela natureza. Objeto não aperfeiçoado". Para uns, a imagem da felicidade se condensa na choupana de um bosque. Para outros, só o que conta é o frenesi das metrópoles. Mas é sempre bom lembrar o óbvio. Crítica e recusa são coisas distintas. O crítico mais feroz de um determinado tipo de cidade pode estar manifestando sua saudade de um modelo urbano antigo, sua discordância de um modelo atual ou sugerindo um modelo futuro. Dostoiévski atacava São Petersburgo, que considerava artificial, mas não Nóvgorod ou Kíev. Pode-se, ainda, criticar e celebrar a mesma cidade, ao mesmo tempo, por razões distintas — fato, aliás, corriqueiro no dia a dia das populações dos centros urbanos. Recusa é outra coisa. É a condenação ou rejeição da cidade como tal.

Nas Américas, as críticas contrastiva e objetal seguiram seu curso. Repetiram-se, aqui, as reações, o sentimento de perda, a nostalgia, a ansiedade e as angústias que marcam a transição da sociedade rural para a sociedade urbana e industrial. Thomas Jefferson, antes de ser presidente dos EUA, morou em Paris. Não concordaria com Rousseau sobre a vantagem de aniquilar a cidade. Apaixonou-se por ela. Apenas não queria que nada de parecido com Paris viesse a existir um dia nos EUA. Nesse ponto, concordava com o filósofo: as grandes cidades são sinônimos de pestilência. Destroem a moral, a saúde e a liberdade humanas. Não se deveria permitir que elas viessem para corromper o povo norte-americano. Nos EUA, as pessoas deveriam levar suas vidas à sua maneira, com autonomia e um mínimo possível de presença governamental em seu horizonte. "Sobretudo, evitando o tipo de atividade econômica que levou a população a se amontoar em grandes cidades", no resumo de Hugh Brogan, em sua *History of the United States*. E Jefferson, que era arquiteto, propunha o modelo de assentamento urbano que julgava ideal para a vida, numa democracia genuína. Como em Savannah, na Geórgia, com seu plano em xadrez — um povoado claro, simples, tranquilo, sem qualquer sentido de centralidade ou hierarquia. Ou no esquema de Jeffersonville. (Ele era tão fascinado pelo xadrez que chegou a propô-lo como padrão geométrico para a definição territorial do país pós-independência, quando terras desconhecidas do oeste precisaram ser delimitadas e governadas: o *chess-board* aplicado não para o esquema de uma simples cidade, mas para boa parte do território norte-americano, onde os novos estados seriam desenhados de forma retangular.) Este ruralismo jeffersoniano se enraizava no passado colonial dos EUA. Do século XVII ao XIX, o agrarismo predominou na vida norte-americana — em 1790, o grau de urbanização dos EUA era bem mais baixo que o das Américas de línguas neolatinas. Agrarismo de base religiosa, fundado na visão puritana da grande cidade como antro do vício e da corrupção.

Jefferson encarnou tal tradição em nome da democracia. Nele, "a idealização agrária é princípio ético-político, a busca da felicidade, da liberdade, da vida, baseadas numa interdição dos males da civilização urbana, da industrialização", observou João Antônio de Paula, citando, a propósito, Vernon Louis Parrington, para quem Jefferson acreditava que "uma classe agrícola livre era a espinha dorsal de todo grande povo, a produtora da riqueza real e conservadora da independência varonil". E se ele pertencia a uma tradição, criou também uma linhagem. A esta se filiam Ralph Waldo Emerson — que dizia que a Europa tinha produzido a cidade de Caim, mas os EUA traziam a esperança de uma Nova Jerusalém — e a "metafísica da natureza" de Henry Thoreau, o desobediente civil. Mais recentemente, na linhagem de Jefferson e Emerson, inscreve-se também a crítica virulenta de Frank Lloyd Wright, que é, simultaneamente, contrastiva e objetal. Escreve ele, em "Broadacre" (na antologia *O Urbanismo*, organizada por Choay): "A felicidade do cidadão convenientemente 'urbanizado' consiste em aglutinar-se aos outros dentro da desordem, iludido como é pelo calor hipnótico e pelo contato forçado com a multidão. A violência e o rumor mecânico da grande cidade agitam sua cabeça 'urbanizada', enchem seus ouvidos 'urbanizados' — como o canto dos pássaros, o sussurro do vento nas árvores, as vozes dos animais ou dos seres amados enchiam outrora seu coração". Mais: "Ele trocou seu contato original com os rios, os bosques, os campos e os animais pela agitação permanente, a contaminação do óxido de carbono e um conjunto de celas de aluguel instaladas sobre a rigidez de um solo artificial". Nas grandes cidades, "a horizontalidade natural — a direção da liberdade humana sobre a terra — desaparece ou desapareceu. O cidadão condena-se a um empilhamento artificial e aspira a uma verticalidade estéril". Enfim, para Lloyd Wright, a vida do urbanita é "a aventura cega de um animal artificioso". Mas, no fim das contas, sua perspectiva é utópica, no sentido mais profundo e genuíno da expressão: "Como um velho navio ou um velho edifício irremediavelmente inadaptado a nossas necessidades atuais, a cidade continua a prestar serviço, habitada porque não temos coragem de rejeitá-la e de permitir que o espírito do tempo, do lugar e do homem construa as novas cidades, de que tanto necessitamos".

Não tivemos, que eu saiba, nada de parecido com o agrarismo jeffersoniano. Mas, também entre nós, o elogio do homem e do mundo naturais pôde ser visto já no século XVIII — embora não em contraposição direta à cidade, ainda que, naquela época, a população de Ouro Preto fosse considerável. Elogio que regeu a poesia do arcadismo, com os versos neoclássicos, ainda que repassados de barroquismo, de Cláudio Manuel da Costa e companheiros. Adiante, teremos o romantismo. Regra quase geral, nossos poetas românticos, no rastro de seus mestres europeus, também idealizaram a vida campestre. Na verdade, o inventor do nacionalismo literário brasileiro foi um francês: Ferdinand Denis, em seu *Resumé de l'Histoire Littéraire du Brésil*. Para Denis, o brasileiro — "*ardent comme l'Africain, chevaleresque comme le guerrier des bords du Tage, rêveur comme l'Américain* [o índio]" ["ardente como o africano, cavalheiresco como o guerreiro das margens do

Tejo, sonhador como o americano"] — deveria se afastar dos modelos clássicos, concentrando-se na observação de seu próprio mundo. No campo literário, havia que rejeitar imposições culturais que se achavam em desarmonia com o clima, o cenário e as tradições do Novo Mundo. Era preciso contemplar a natureza dos trópicos. E descartar as "ideias mitológicas" da Antiguidade clássica, substituindo-as pelo fabulário indígena e por heróis selvagens. O novo poeta brasileiro, na iminência de emergir de dentro do naufrágio do colonialismo europeu, poderia celebrar assim os prodigiosos eventos do seu século, sem jamais se esquecer do passado das nações indígenas. Repassando e aclimatando as obsessões românticas dos mundos exótico e natural, Denis apontava então para um binômio — natureza/indianismo — fadado a exercer larga influência em nosso ambiente cultural. Sua tese foi assumida pelos primeiros românticos brasileiros, passando a orientar toda uma série de criações literárias. Mas não era preciso ser índio: o simples estar perto da natureza era estar perto do que havia de mais puro. Como escreveu Dante Moreira Leite, em *O Caráter Nacional Brasileiro*, "a poesia romântica — principalmente com Fagundes Varela — opõe a vida rural à vida urbana, como se a primeira, por estar mais próxima da natureza, fosse mais pura e mais autêntica, enquanto a segunda seria desfiguração, cosmopolitismo, negação de valores". Assim como marca boa parte de nossa produção estética, o contraste entre o rural e o urbano — ou, mais claramente: entre o Brasil litoral e o Brasil sertanejo — é um tema que vai atravessar a história do pensamento social brasileiro.

II

A elite intelectual brasileira fora criada, basicamente, no estudo de Direito, em Coimbra. Como Gregório de Mattos no século XVII e Tomás Antonio Gonzaga no XVIII. Era uma elite de bacharéis, que geralmente seguiam a carreira burocrática, entregando-se ainda, não raro, a atividades literárias. A partir da década de 1820, a presença coimbrã de filhos da classe abastada brasileira começou a se esvaziar, em consequência da criação das Faculdades de Direito de Recife e São Paulo. Mas o panorama não se alterou. Continuávamos a ter uma elite intelectual de bacharéis. Ou de bacharéis e "doutores", como ainda hoje chamamos os médicos. Em *Sobrados e Mucambos*, Gilberto Freyre observa: "É impossível defrontar-se alguém com o Brasil de Dom Pedro I, de Dom Pedro II, da Princesa Isabel, da campanha da Abolição, da propaganda da República por doutores de *pince-nez*, dos namoros de varandas de primeiro andar para a esquina da rua, com a moça fazendo sinais de leque, de flor ou de lenço para o rapaz de cartola e de sobrecasaca, sem atentar nestas duas grandes forças, novas e triunfantes, às vezes reunidas numa só: o bacharel e o mulato". É claro que bacharéis e mulatos não foram flores nascidas nos canteiros afrancesados e anglicizados de nosso século XIX. Mas foi ali que ganharam enorme visibilidade, numa onda inédita de ascensão social e política, em consequência do incremento da urbanização da sociedade brasileira durante o período imperial. Bacharéis e mulatos foram, principalmente, produtos das cidades e das plantações litorâneas. É nos centros urbanos que eles discursam, empunham a pena, alojam-se na burocracia, abrem escritórios, engajam-se na imprensa, promovem campanhas políticas. "Em 1845, já em pleno domínio o segundo Imperador e em pleno funcionamento as Faculdades de Direito do Recife e de São Paulo, à frente da administração das províncias e nas maiores responsabilidades políticas e de governo começaram a só aparecer homens formados", escreve Freyre, assinalando que o apogeu dos bacharéis brancomestiços e negromestiços aconteceu no segundo reinado. "Porque ninguém foi mais bacharel nem mais doutor neste país que Dom Pedro II. Nem menos indígena e mais europeu. Seu reinado foi o reinado dos bacharéis."

Mas, desde o terceiro decênio do século XIX, o positivismo começou a pontilhar o espaço mental brasileiro. São os anos do "positivismo difuso", de que fala Ivan Lins, criticando os que restringem a história do comtismo, entre nós, à ação da Igreja e Apostolado Positivista do Brasil. Antes, durante e depois da vigência do positivismo ortodoxo do Apostolado, as teses comtianas repercutiram e se desdobraram, aqui, em diversas direções e em colorido vário, mantendo, é claro, o mesmo fundo comum daquela espécie de cientificismo. "Sem a existência, no Brasil, de um ambiente saturado de positivismo, devido aos que, em graus diversos, muito antes do Apostolado, e fora dele, aderiram às linhas básicas das doutrinas de Augusto Comte, a influência destas últimas, no momento da fundação da República, teria sido um milagre", escreve Lins, em sua *História do Positivismo no Brasil*. E ele rastreou esses movimentos inicialmente dispersos. Brasileiros frequentaram cursos de Comte, na Escola Politécnica de Paris, na década de 1830. E desde aí se desenhou o futuro conflito entre engenheiros e bacharéis na cena intelectual brasileira. É o que se vê no caso de José Patrício de Almeida, filho de senador do Império, enviado a Paris a fim de doutorar-se em Direito. "Julgando, todavia, carecer o Brasil de seu tempo mais de engenheiros que lhe mobilizassem a indústria, do que de bacharéis, resolveu, por conta própria, ingressar na Escola Politécnica. Ao saber, porém, da mudança de carreira do filho, suspendeu-lhe o pai os meios de subsistência." Conflito geracional, também. Outro aluno de Comte foi Felipe de Araújo Pinho (pai de futuro governador da Bahia), senhor do Engenho da Fortuna, em Santo Amaro da Purificação. Assim como Justiniano da Silva Gomes, autor da primeira referência pública ao positivismo no Brasil, na tese "Plano e Método de um Curso de Fisiologia", apresentada à Faculdade de Medicina da Bahia, em 1844. Personagem quase lendária dessa história é Nísia Floresta, nascida em Papari, no Rio Grande do Norte, dona de colégio no Rio de Janeiro, que se tornou amiga pessoal de Comte. Nísia escreveu um *Opúsculo Humanitário*, coletânea de textos sobre educação feminina, com relação ao qual o filósofo se manifestou: "O opúsculo em português, além de revelar-me que eu sabia indiretamente mais uma língua, inspira-me sólidas razões para esperar se torne a nobre dama, sua autora, dentro em breve, uma digna positivista, suscetível de alta eficácia para a nossa propaganda feminina e meridional". Estamos entrando já na segunda metade do século XIX, período em que o horizonte intelectual brasileiro vai experimentar modificações substanciais, ganhando colorido mais diversificado. Desde 1850, teses positivistas ressoam com força crescente no Rio de Janeiro. Do Colégio Pedro II à Escola Militar, passando pela Escola de Medicina e a Politécnica. É toda uma nova mentalidade em configuração. Mas um acontecimento maior atravessou o processo — a Guerra do Paraguai —, embora viesse a criar, na sequência, um ambiente favorável à disseminação das correntes positivistas em meio à vida mental brasileira.

A Guerra do Paraguai deu início à definição de um novo país. Em *O Império do Brasil*, Lúcia Maria das Neves e Humberto Fernandes Machado lembram que "na época, uma das justificativas em relação à Guerra do Paraguai foi seu caráter 'heroico e civilizador' contra o ditador Solano López [e suas hordas guaranis]. Analisando a questão, o historiador Francisco Alambert salienta que o quadro pintado pelas elites intelectuais brasileiras, favorável à guerra, realçava 'seu destino civilizador', tal como afirmava Machado de Assis: 'quem está contra a guerra está contra a civilização' e 'quem é a favor da paz é bárbaro'". Falava-se muito de civilização e progresso, naquela época. Mas, em vez de "civilizar", o Brasil foi a mão mais pesada da "tríplice aliança", numa ofensiva que arrasou o Paraguai. Se o Brasil principiou a "civilizar" alguém, a partir dessa guerra, foi a si mesmo. O país avançou, em diversos planos. A guerra afetou fundamento o próprio Exército — e, através dele, impulsionou a formação de uma classe média brasileira. Antes do confronto paraguaio, o Exército não era sequer a principal força militar do Império, cabendo esse lugar à Guarda Nacional. Em *Brasil:*

Crise e Alternativas, Hélio Jaguaribe escreveu que, num país de estrutura social fortemente marcada, a classe média era "um pequeno estrato, que vai se desenvolvendo gradualmente com o processo de urbanização da segunda metade do período imperial, particularmente através do Exército, que será o seu grande instrumento de organização e promoção — principalmente após a Guerra do Paraguai. Com efeito, um enorme esforço de organização do Exército foi realizado nessa ocasião e o Brasil, que possuía uma força militar insignificante, calculada em 18 mil homens, conta ao final da guerra com cerca de 100 mil. Nesse momento temos uma fase de incorporação de quadros, que constituirão o núcleo mais organizado da classe média brasileira". No plano econômico, a guerra estimulou atividades fabris, da indústria têxtil confeccionando uniformes militares à indústria naval e bélica, nucleada no Rio de Janeiro. Já Nelson Werneck Sodré, em *História Militar do Brasil*, frisa que a Guerra do Paraguai "alterou profundamente a estrutura social do Exército", principalmente pelo ingresso de grande número de libertos e escravos. É fácil compreender, prossegue ele, "que um problema que afetava a sorte do negro encontrasse repercussão entre os militares, uma vez que o negro, liberto ou escravo, havia constituído o grosso das forças militares e daquelas que tinham combatido no exterior". O exército, na sua maior parte, foi favorável ao fim da escravidão. E a classe média, também na sua maioria, aderiu ao abolicionismo. Desse modo, a Guerra do Paraguai deu o impulso que faltava às forças sociais que liquidaram o escravismo.

De outra parte, a segunda metade do século XIX é um período digno de nota na história da cidade no Brasil. Aumentou o grau de urbanização do país e as principais cidades brasileiras se moveram no sentido de sua atualização. Tome-se o caso de São Paulo. Passada a Guerra do Paraguai, São Paulo começou a experimentar alterações significativas em sua paisagem, que abririam um campo de possíveis para sua transformação em cidade moderna e industrial. Em primeiro lugar, graças à criação de uma nova realidade viária regional, com a implantação de estradas de ferro, entre fins da década de 1860 e meados do decênio seguinte. A trama toda dos trilhos, convergindo para São Paulo, avivou ou reconfirmou o lugar da capital como núcleo de articulação entre o interior e o litoral — entre as cidades e fazendas de café e o porto de Santos. De forma simultânea e complementar, teve início o longo processo de reconfiguração urbana da cidade, que se estenderá, *grosso modo*, da década de 1870 aos anos da República Velha. É o período em que São Paulo vai dar um salto, passando de assentamento citadino de feitio rústico, colonial e provinciano, a "capital do café", cidade europeizada, com seus imigrantes, suas novas produções viárias e arquitetônicas, suas casas luxuosas em bairros arborizados. Richard Morse, em *Formação Histórica de São Paulo*, fala, a propósito, de um "surto de crescimento físico e econômico" que apagou pelo menos os traços exteriores do passado colonial da cidade. As ferrovias permitiram que os grandes proprietários de terras e plantações de café passassem a morar em São Paulo, não mais no interior. E a cidade se foi preparando para a mudança, com intervenções estatais e iniciativas particulares. No plano estatal, aconteceram a abertura e o alargamento de ruas, a reforma do Jardim da Luz, o desenho de um circuito de vias para conectar o centro, as zonas residenciais e as estações ferroviárias da Luz e do Brás. No plano privado, houve a implantação dos bairros de Santa Ifigênia e Campos Elísios, primeira área residencial paulistana à europeia, com ruas largas e regulares, provocando, por seu êxito, a formação de um rosário de novos loteamentos. Nesse passo, o engenheiro Eugênio de Lima, nascido no Uruguai, concebeu e realizou a Avenida Paulista, abrindo-se em ampla vista da cidade, com a recomendação de que o mirante fosse preservado sempre — recomendação que, décadas depois, será seguida por Lina Bo Bardi, na criação do vão livre do MASP. No ano seguinte, 1892, veio a inauguração do Viaduto do Chá, com sua estrutura fabricada na Alemanha, signo metálico do progresso, mas com porteiras em suas pontas, onde se cobrava o pedágio de três vinténs pela travessia. Em suma, investimentos materiais e intervenções urbanas vinham desde os anos de 1870. Indústria e imigrações entraram em cena. E São Paulo — além de construir prédios públicos, como o Museu do Ipiranga — assistiria à instauração do regime republicano, inteiramente favorável a ímpetos e processos de renovação urbana.

Havia, então, um novo ambiente nacional. Nesse novo ambiente, médicos e engenheiros se afirmam, confrontando o bacharelismo, que se viu obrigado a ceder algum espaço à nova disposição mental tecnocientífica. A um ideário que articulava tópicos de racionalidade, modernização e progresso. Veja-se o caso de André Rebouças, analisado por Maria Alice Rezende de Carvalho, em *O Quinto Século: André Rebouças e a Construção do Brasil*. Engenheiro formado pela Escola Militar, com especialização em engenharia civil em Paris, André fez nome ao realizar obras como as do plano de abastecimento do Rio de Janeiro. O também engenheiro militar Visconde de Taunay ressalta seus conhecimentos de botânica, mineralogia, ciências físicas e naturais, "a não falar em matemática". Já era, portanto, uma outra espécie de intelectual — racional e prático — que entrava em cena, inteiramente distante da figura do bacharel. O médico Luís Pereira Barreto é outro exemplo. Plantado no terreno do racionalismo comtiano, Pereira Barreto se enfronhou nos mais diversos problemas colocados pela realidade brasileira de então. Em termos práticos e teóricos. Em termos práticos, batalhou pela implantação da viticultura no país e chegou, por cruzamento, a obter um tipo de café adequado a climas frios. "Todas as atividades agrícolas ou industriais, que alargassem o campo de nossa economia, interessavam a Pereira Barreto [...] desde os problemas do aproveitamento dos subprodutos do gás até à fabricação da cerveja, à qual o seu nome está intimamente ligado" (Lins). De outra parte, exerceu intensa e variada atividade jornalística. Lins: "Pereira Barreto tratava de tudo, desde a terra roxa e problemas ligados à agronomia [...] até à pecuária e as mais complexas questões científicas, médicas, didáticas, políticas, filosóficas, morais, históricas e sociológicas". Quanto ao escritor, veja-se sua polêmica com José Bonifácio, o Moço. "Nestes últimos dois meses o Sr. Conselheiro José Bonifácio tem-se ocupado repetidas vezes com o meu nome, ferindo-o ora de envolta com a filosofia positiva, ora de envolta com o partido republicano. Tenho guardado até aqui o mais refletido silêncio. Repugnava-me entrar em luta com um homem de idade mais que madura, que tem por si o prestígio de um nome histórico, que é geralmente considerado como um tipo de sisudez e probidade, e cujo valor intelectual conta um grande número de admiradores. Por outro lado, não me repugnava menos aceitar o terreno que o Sr. Conselheiro escolheu para seu teatro de hostilidade. Nesse terreno, é notável a tendência do Sr. Conselheiro a preferir, como ponto de mira, as pessoas aos princípios", escreve. Para, então, fuzilar: "Vossa Excelência tem vivido nas nuvens, tem aderido a elas, e tem-se descuidado dos negócios da terra. A sua geração foi toda de literatura e imaginação, a nossa é toda de ciência e de razão. Outros tempos, outros temperamentos". Por fim, como nos lembra Antônio Paim, na *História das Ideias Filosóficas no Brasil*, Pereira Barreto integrava o "positivismo ilustrado" — "não religioso, pedagógico e antiautoritário em política".

Em suma, o que se começou a ver, a partir da década de 1870, foi o fortalecimento e a expansão — no interior do conjunto geral das elites intelectuais brasileiras — do subconjunto da elite técnica e científica. Decisivo, para esse avanço, foi o positivismo ter penetrado vigorosamente na praia carioca, onde Benjamin Constant e a Escola Militar, como nos ensina Paim, assimilaram o comtismo à herança pombalina. O Rio era então o centro da vida política e cultural do país — e viria a ser, no dizer de Ivan Lins, "o teatro do mais intenso surto do positivismo no Brasil". Os positivistas entraram em campo para conquistar ali o seu espaço. E conquistaram. Traziam consigo "o incontrastável prestígio da sociologia, a ciência do século". Uma ciência que vinha da França, cuja ascendência intelectual sobre o Brasil era então inquestionável. Como se fosse pouco, os positivistas tinham espírito de combate. E exerciam um incansável proselitismo — do jornalismo à cátedra. "Tão numerosos já eram, em 1877, os espíritos influenciados pelo positivismo no Rio de Janeiro, que Veridiano de Carvalho publicou, nesse ano, um drama em três atos intitulado *Os Positivistas*", informa Lins. Que, aliás, nos dá uma nota ainda mais reveladora da popularidade do positivismo no Rio: "Uma das festividades comemorativas do centenário da morte de Pombal [em 1882] consistiu em grande regata na baía de Guanabara, onde figurava um barco que tinha o nome de *Augusto Comte*. Competiu este com um outro denominado *Jesuíta*, alusivo à luta que Pombal travou com a Companhia de Jesus. Com grandes aplausos da assistência, o barco *Augusto Comte* derrotou o *Jesuíta*". Mas, apesar de toda essa presença em cena de uma nova intelectualidade técnica e científica, que tinha em seu cerne os positivistas, os bacharéis continuaram pontificando. Pereira Barreto teve que permanecer, por um bom tempo, no comando da luta do discurso racional contra a cultura bacharelesca. Ainda em 1910, discursava: "A literatura constitui, sem dúvida, um belo ornamento do espírito, mas não é, por certo, um instrumento de emancipação intelectual. A mais vasta erudição literária não exclui a tara da ignorância". Uma polêmica que se prolongaria pelo menos até à década de 1920, e já no campo de nosso vanguardismo estético. No "Manifesto da Poesia Pau-Brasil", Oswald de Andrade ataca o bacharel e faz o elogio da engenharia, signo da modernidade: "Contra o gabinetismo, a prática culta da vida. Engenheiros em vez de jurisconsultos, perdidos como chineses na genealogia das ideias". Oswald se situa, aqui, no campo da vanguarda europeia, que sempre expressou seu fascínio pela engenharia. Mas, ao mesmo tempo, está mais próximo de Pereira Barreto e Roberto Simonsen do que dos devaneios psicologistas de Mário de Andrade.

Em *Arquiteturas no Brasil*, Hugo Segawa sintetiza: "A formação da elite intelectual brasileira na passagem do século [XIX para XX] sustentava-se num tripé: a medicina (cujas primeiras escolas datam de 1808-1809), as ciências jurídicas (suas duas academias foram fundadas em 1827) e a engenharia — cuja consolidação se faria no final do século XIX com a Escola Politécnica do Rio de Janeiro em 1874, a Escola de Minas, em Ouro Preto, de 1876, a Politécnica de São Paulo em 1894 e a Mackenzie College (de origem norte-americana), também em São Paulo, em 1896. Foi a vertente jurídica que maior espaço conquistou no exercício do poder ao longo do século XIX — domínio ora em disputa com engenheiros e médicos, no alvorecer do novo século". Ainda Segawa: "Foi em fins de 1900 que, a pretexto dessas comemorações [dos quatrocentos anos da ancoragem da frota cabralina em Porto Seguro], o Clube de Engenharia [do Rio de Janeiro] promoveu o Congresso de Engenharia e Indústria. O Clube de Engenharia era uma agremiação politicamente vitoriosa em busca de uma afirmação inédita naquele tempo: a República havia sido proclamada pouco antes, e o Clube, de convicção republicana (antagônica ao monárquico Instituto Politécnico Brasileiro), firmava-se como o foro oficioso de uma corporação que buscava habilitar-se como uma alternativa na esfera política contra o monopólio exercido por outra categoria profissional: os bacharéis de Direito". O congresso, de acordo com o texto de seu programa, teve como "objeto exclusivo discutir e deliberar sobre as principais questões técnicas, industriais, econômicas, financeiras e administrativas que, de mais perto e diretamente, possam interessar ao desenvolvimento material do Brasil". Comenta o mesmo Segawa: "O temário do congresso tocou numa série de questões que inventariavam um repertório de tarefas nacionais nesse momento: sistema ferroviário, portos e navegação interior, hidráulica agrícola, saneamento das cidades, urbanização". E os médicos, que também articulavam um novo projeto construtivo nacional, estariam na viagem.

Ninguém hoje superestima o papel dos positivistas na instauração do regime republicano no Brasil. O que se reconhece é a poderosa influência de um deles, Benjamin Constant, na formação da jovem oficialidade, na Escola Militar. E Constant estaria no centro mesmo do movimento republicano. Chegou a ganhar, inclusive, o título de "fundador da República". Mas era um positivista muito pouco ortodoxo. Paim chega mesmo a defini-lo, e ao positivismo da Escola Militar, no horizonte pombalino, momento da introdução da ciência na cultura portuguesa, desinsularizando-a. De qualquer sorte, com o advento do regime republicano, o campo intelectual brasileiro mudou de figura. A corrente científica e técnica — principalmente, a positivista — passou ao primeiro plano. Triunfou. Se isto não era nada previsível, na véspera mesma da implantação do novo regime, o que aconteceu? "O evento marcante e essencial consiste na formulação de uma doutrina política que se propunha substituir o liberalismo. Enquanto este, ao longo do Império, conquista ampla adesão para a tese de que o poder provinha da representação, os adeptos brasileiros do comtismo iriam ganhar a elite republicana para a hipótese de que o poder vem do saber", responde Paim. Para acrescentar: "O positivismo comtiano forneceria os ingredientes requeridos para a formulação doutrinária do autoritarismo, fenômeno que seria a nota dominante da história política republicana. É certo que essa vertente política assumiria, no transcurso do novo século, formas cada vez mais sofisticadas. Contudo, as bases originárias seriam facultadas pelo comtismo". Seja como tenha sido, e ainda nas palavras de Paim, o positivismo, ao longo da República Velha, penetrou "em todos os poros da vida nacional". Além do mais, eram os porta-vozes da técnica e da ciência que apresentavam projetos de construção nacional. De modernização de nossas cidades. E foi aí que os bacharéis dançaram, enquanto fração intelectual hegemônica.

É nesse contexto que entra em cena o engenheiro militar Euclydes da Cunha, com *Os Sertões*, fixando, de forma poderosa e ofuscante, uma visão dualista do país, cindido entre a formação cultural litorânea e a formação cultural sertaneja. Estabeleceu-se, assim, uma nova matriz interpretativa da sociedade brasileira, que vinha se desenhando difusa e se prolongaria no tempo, gerando escritos e mais escritos sobre nós mesmos. Em *Um Sertão Chamado Brasil*, Nísia Trindade Lima, citando Maria Isaura de Queiroz, escreveu: "No caso brasileiro, a representação do processo de *nation-building* apresentou como um dos seus eixos centrais o dualismo entre o litoral e o sertão, presente em toda uma tradição de estudos que teve como objeto o homem das regiões interioranas — quer este fosse identificado como sertanejo, caboclo ou caipira. O homem do interior foi um dos objetos privilegiados nos textos de cunho sociológico produzidos na segunda metade do século XIX, nas três primeiras décadas do século XX e na fase de institucionalização universitária das ciências sociais, que pode ser aproximadamente demarcada entre os anos de 1933 e 1964. Em suma: durante o período em que o Brasil foi considerado 'o grande enigma a ser decifrado em seus aspectos socioantropológicos, étnicos e culturais'". Até o início do século XX, antes de circunscrever sua dimensão referencial ao Nordeste, o sertão — para lembrar o espelho de Guimarães Rosa em *Primeiras Estórias* — eram muitos. Falava-se de sertão paulista, sertão amazônico, etc. Espaço geográfico impreciso, o sertão era tudo que não fosse litoral. Mas tais extensões geográficas distintas eram vistas, também, enquanto dimensões humana, social e culturalmente não só dessemelhantes, como, muitas vezes, opostas. O país da cidade e o país da roça. Persistia, *mutatis mutandis*, o dualismo quinhentista, de base tupi, forjado por colonos e jesuítas. Os tupis, vivendo na orla do mar, viam-se a si mesmos como "civilizados". Apontavam, à guisa de diferencial, para as terras interioranas, onde circulavam os tapuias, os bárbaros — e é o tapuia, lembre-se, que vai formar a raça sertaneja de Euclydes, ele mesmo um descendente de índios não tupis, caboclo cientificista. A partir do século XVI, os portugueses, que adotaram a distinção tupi, definiram com a denominação de sertão o que, para eles, estava sob o signo da natureza e da barbárie. Era o espaço áspero da mata virgem e dos selvagens mais rudes. A terra intocada pela colonização. Persiste, entre os séculos XIX e XX, um reflexo dessa antiga divisão. Mas com uma diferença fundamental. O contraste entre sertão e litoral — de tipo físico, organização social, repertório técnico, cultura — é lido em horizonte até então inédito. Os juízos sobre as duas áreas — que aparecem não como estratos históricos, mas como realidades presentes — tornaram-se reversíveis. O sertão tanto pode ser tratado como reino do conservadorismo e da inércia, do atraso técnico e cultural, quanto em termos de expressão profunda da autenticidade nacional. O litoral, por sua vez, tanto é encarado como *locus* do progresso, motor da modernidade, quanto como espaço espúrio, negador dos valores nacionais, em seu cosmopolitismo atlântico.

É neste sentido que vai a observação de Nísia Lima, quando ela diz que "sertão e litoral surgem no pensamento social brasileiro como imagens de grande força simbólica". Imagens *geossimbólicas*. Euclydes da Cunha, escrevendo "sob o sol fulgurante dos trópicos", imantou essas imagens como ninguém. Ainda Nísia: "*Os Sertões* pode ser lido como uma viagem, cuja origem estaria no Rio de Janeiro *belle époque*. O dualismo litoral/interior poderia encontrar uma nova representação geográfica na oposição entre a Rua do Ouvidor, com suas livrarias, cafés e muito do que Euclydes da Cunha considerou expressão de uma civilização de copistas, e o sertão de Canudos, ambiente caracterizado pela supremacia da natureza sobre o homem, pela quase impenetrabilidade da caatinga e pela autenticidade da nação. Certamente, este sentido convive com a representação negativa do homem sertanejo — que com sua mentalidade e religiosidade mestiça e atávica resistia à mudança e ao fatalismo de um processo civilizatório do qual não poderia escapar. Mas é essa ambivalência que, na perspectiva euclidiana, torna não apenas possível, como positivo e necessário, o projeto de incorporação efetiva do interior à construção do Estado nacional no Brasil". O que Euclydes vê no sertão, antes de tudo, é a paisagem atormentada. O "martírio da terra". Dentro dele, o martírio humano, "reflexo da tortura maior, mais ampla, abrangendo a economia geral da Vida". E assim como divisa a diferença ambiental entre o sertão e a orla, ele flagra a diferença antropológica entre a gente sertaneja e a do litoral — "a grande tarja negra que debruava a costa da Bahia ao Maranhão, mas pouco penetrava o interior". Na fachada atlântica, a mestiçagem produziu, principalmente, mulatos. No interior, caboclos. Mas este era o problema: a mestiçagem. Implicando, para Euclydes, o fardo da inferioridade dos híbridos. O mestiço, no seu entender, era um teatro do antagonismo entre traços da raça superior e estigmas da inferior, que dele faziam um desequilibrado ou decaído. No entanto, Euclydes vai identificar, no sertão, a essência nacional — e, no sertanejo, "a rocha viva da nacionalidade". Aquele mundo tinha-se formado no cruzamento de sertanistas paulistas e índios tapuias, como os kariris. De seus currais e aldeamentos missionários, formaram-se povoados (depois, cidades) como Jeremoabo, Tucano e Inhambupe. Mas a região ficou isolada. Em três séculos de solidão, manteve-se apartada e autônoma, sem trocas externas, preservando práticas tradicionais. "Aquela rude sociedade, incompreendida e olvidada, era o cerne vigoroso da nacionalidade." E gerou, pela mestiçagem uniforme, um tipo antropológico definido. Não um degenerado, mas apenas um "retrógado". Uma "subcategoria étnica", diversa dos desfechos da permeabilidade cultural, das imigrações e da mestiçagem múltipla, encontráveis nas cidades marítimas, que assim haviam desfigurado a nacionalidade e gerado mestiços diversos, mulatos de plumagem variável. Cidades incapazes, portanto, de encarnar uma essência. "A essencialidade [euclidiana] [...] implicava o repúdio da formação litorânea dominante", concluiu Luiz Costa Lima, em *Terra Ignota*.

O contraste que Euclydes vai avivar, entre a autenticidade sertaneja e a artificialidade litorânea, é prefigurado pela visão dualista da América Portuguesa nos dois primeiros séculos coloniais, onde ele descortina duas sociedades, duas histórias e quase duas raças. Desde o princípio da colonização, diz, abriu-se "separação radical" entre o sul e o norte. "São duas histórias distintas, em que se averbam movimentos e tendências opostos. Duas sociedades em formação, alheadas por destinos rivais — uma de todo indiferente ao modo de ser da outra". Nas lutas contra os holandeses, o divórcio foi completo. Os sulistas não deram a mínima para o que estava acontecendo na Bahia e em Pernambuco. "Não temos contraste maior em nossa história." Note-se agora que o homem do norte era o habitante do litoral — e o homem do sul era o sertanista que circulava nas terras para dentro da Serra do Mar. Aqui está o dualismo orla/interior. E Euclydes se expressa em termos que vamos reconhecer adiante. Preso ao litoral, o nortista realizava "a anomalia de deslocar para uma terra nova o ambiente moral de uma sociedade velha". Mais: "Fora do litoral, em que se refletia a decadência da metrópole e todos os vícios de uma nacionalidade em decomposição insanável, aqueles sertanistas, avantajando-se às terras extremas de Pernambuco ao Amazonas, semelhavam uma outra raça, no arrojo temerário e resistência aos reveses". Substitua-se "metrópole" e "sertanista" por Europa e sertanejo — e o quadro do grande contraste nacional já está traçado aí. Mas temos a outra face da questão. Euclydes não queria o sertão encerrado e estacionado em si mesmo. Desejava inscrevê-lo no campo do processo civilizacional, fundado na ciência. Seu olhar se voltava sempre para o futuro. Ao falar da heterogeneidade racial brasileira, resultante da nossa "mestiçagem embaralhada", escreve:

"Não temos unidade de raça. Não a teremos, talvez, nunca. Predestinamo-nos à formação de uma raça histórica em futuro remoto, se o permitir dilatado tempo de vida nacional autônoma. Invertemos, sob este aspecto, a ordem natural dos fatos. A nossa evolução biológica reclama a garantia da evolução social. Estamos condenados à civilização". Para ele, os sertanejos eram "nossos patrícios retardatários", que precisavam acertar o passo no rumo do progresso, saindo de sua "fase social incipiente" para se integrar à civilização. Poderiam, inclusive, por significar a essência nacional e corporificar a perspectiva de uma raça brasileira, aparecer como uma espécie de *outro* regenerador, injetando densidade e autenticidade nas cidades copistas do litoral.

Euclydes criticava a situação histórico-cultural da cidade litorânea no Brasil — não a cidade em si. Embora relativize algumas coisas, ele não era adversário da civilização, da vida e do mundo urbanos. Veja-se sua descrição da velha Salvador, onde natureza, história e urbanismo aparecem numa transfiguração solidária, em *Canudos: Diário de uma Expedição*. "Afeito ao aspecto imponente do litoral do sul, onde as serras altíssimas e denteadas de gneisse recortam vivamente o espaço investindo de um modo soberano as alturas, é singular que o observador encontre aqui a mesma majestade e a mesma perspectiva sob aspectos mais brandos, as serras arredondando-se em linhas que recordam as voltas suavíssimas das volutas e afogando-se, perdendo-se no espaço, sem transições bruscas numa difusão longínqua de cores em que o verde-glauco das matas se esvai lentamente no azul puríssimo dos céus. [...] O mar tranquilo como um lago banha, à direita, o áspero promontório, sobre o qual se alevanta o Farol da Barra, cingindo-o de um sendal de espumas. Em frente avulta a cidade, derramando-se, compacta, sobre imensa colina, cujos pendores abruptos reveste, cobrindo a estreita cinta do litoral e desdobrando-se, imensa do Forte da Gamboa a Itapagipe, no fundo da enseada. [...] Vendo-a, deste ponto, com as suas casas ousadamente aprumadas, arrimando-se na montanha em certos pontos, vingando-a em outros e erguendo-se a extraordinária altura, com as suas numerosas igrejas de torres esguias e altas ou amplos e pesados zimbórios, que recordam basílicas de Bizâncio — vendo-a deste ponto, sob a irradiação claríssima do nascente que sobre ela se reflete, dispersando-se em cintilações ofuscantes, tem-se a mais perfeita ilusão de vasta e opulentíssima cidade. [...] O Forte do Mar — velha testemunha histórica de extraordinários feitos — surge à direita, bruscamente, das águas, imponente ainda mais inofensivo, desartilhado quase, mal recordando a quadra gloriosa em que rugiam nas suas canhoneiras, na repulsa do holandês, as longas colubrinas de bronze". É verdade que o Forte do

Mar, plantado num banco de areia nas águas do porto de Salvador, jamais canhoneou os holandeses. Foi construído em 1650 com este objetivo. Mas os flamengos, ali, se renderam naquele ano. O forte não teve oportunidade de mandar bala nos batavos. De qualquer modo, o que se vê nesta passagem de Euclydes é mescla de fascínio, reverência e admiração. Quem fala, aqui, não é um inimigo das cidades. Não é um pensamento antiurbano. Euclydes não combatia a cidade debruçada na beira do mar, e sim, como escreveu em *Contrastes e Confrontos*, o "regime colonial do espírito", que vigorava então nas cidades litorâneas do Brasil (e ainda hoje, em grande parte, vigora — tanto na orla quanto no interior). Regime que "transformava o filho de um país num emigrante virtual, vivendo, estéril, no ambiente fictício de uma civilização de empréstimo". Mas ele poderia e esperava, no futuro, se reconciliar com as cidades litorais, salvas da cultura espúria e do espírito copista.

Com *Os Sertões*, Euclydes se faria marco e farol para uma legião de brasileiros de formação científica, imbuídos do propósito de transformação construtiva do país. De construção nacional, mesmo. "Incorporar terras e populações distantes foi, muito provavelmente, a principal atividade do Estado central brasileiro durante a República Velha. A incorporação combinava as atividades para construir a nação e o Estado, pois expandir o controle do Estado sobre aquelas terras exporia seus moradores à nação brasileira litorânea e conduziria, por fim, à transformação daquela gente em brasileiros modernos", escreve Todd Diacon, em *Rondon: o Marechal da Floresta*. E Nísia Lima, mais uma vez: "Os primeiros anos da República foram palco de um expressivo movimento de valorização do sertão, seja enquanto espaço a ser incorporado ao esforço civilizatório das elites políticas do país, seja como referência da autenticidade nacional. Datam desse período importantes expedições ao interior, como as de Cândido Rondon, as da Comissão Geológica em São Paulo, a do astrônomo Louis Cruls em 1892 ao Planalto Central visando à mudança da capital e as expedições do Instituto Oswaldo Cruz. Não é preciso lembrar a força que a viagem de Euclydes à região conflagrada de Canudos e o impacto de *Os Sertões* exerceram sobre os intelectuais do período em questão". Era uma gente que tinha um projeto para o Brasil, fundado na ciência e na técnica. Engenheiros e médicos, nessa época, estavam dispostos a reformar nossas cidades e a incorporar o sertão à civilização. Um novo pragmatismo brasileiro entrava em cena. Pragmatismo cientificista. Euclydes já tinha publicado artigos sobre o sertão e a guerra de Canudos em jornais do Rio e de São Paulo, quando, no ano em que terminou de redigir *Os Sertões*, Rondon, partindo do Rio para implantar a linha do telégrafo em Mato Grosso, deu início a seus circuitos de integração nacional pelo espaço geográfico brasileiro. E médicos, engenheiros e outros cientistas apareceriam juntos, engajados em empreitadas nas quais não haveria lugar para bacharéis. Intervenções nos centros urbanos. Construção de ferrovias e linhas telegráficas. Mapeamento de nossas realidades ecológicas, antropológicas e zoológicas. Simultaneamente, pretendia-se promover o saneamento das cidades e dos sertões (o movimento de saneamento rural tinha em Euclydes uma de suas referências centrais — mas afirmando que o problema do sertão não estava numa suposta inferioridade racial, e sim no atraso, na pobreza e em doenças passíveis de erradicação). Ou, mais amplamente, reconfigurar as cidades a partir de si mesmas — e reconfigurar o sertão a partir das cidades.

III

Como isto vai se expressar nos centros urbanos? Quais serão suas consequências para a vida citadina brasileira? Antes de mais nada, vamos lembrar o óbvio: havia engenheiros positivistas, não uma engenharia positivista — assim como tivemos engenheiros marxistas, não uma engenharia marxista. Nunca existiram "cidades positivistas", no sentido de sua forma urbana. Veja-se Belo Horizonte. A elite mineira queria uma nova capital, planejada com racionalidade, à entrada dos novos tempos republicanos. O autor de seu plano foi Aarão Reis, professor da Escola Politécnica do Rio de Janeiro, influenciado por Comte, tradutor de Littré. Para as obras de construção da cidade, Aarão levou consigo o positivista Saturnino de Brito, que, por seus projetos de saneamento e serviços de água em diversos pontos do país, de Santos a São Paulo e do Recife a Petrópolis, chegou a ser considerado o maior engenheiro sanitário do Brasil. Mas quando falamos de positivismo a propósito de Belo Horizonte, não temos em vista sua forma arquitetural ou tessitura urbanística. Assim, quando faço a pergunta que abre este parágrafo, meu tema é: o regime republicano deveria se traduzir em intervenções visíveis na materialidade do espaço urbano — e, nessa tarefa, engajaram-se médicos, arquitetos, engenheiros, urbanistas. Homens que faziam discursos racionalistas e se sentiam imbuídos da missão da transformação nacional. Mas dificilmente ficaria em suas mãos o comando do processo. Em seu *Tratado*, Vitrúvio já fazia a advertência extrema, apresentando o arquiteto como instrumento para a realização dos propósitos do poder: o arquiteto Dinócrates expõe seu projeto — mas, em vez de realizá-lo, vai pegar suas ideias e executar o que é determinado por Alexandre Magno: Alexandria. No entanto, suas ideias estão lá. E esse é o jogo. Era preciso, sim, modernizar as cidades brasileiras.

Reformá-las no sentido da civilização. E, naquela conjuntura, modernizar significou, basicamente, racionalizar, embelezar e sanear. Mas o urbanismo que aí se praticou pôde ser até "culturalista" — com a dupla Unwin e Parker, que construíra Letchworth, a primeira *garden city*, projetando o Jardim América, em São Paulo. Se Pereira Passos, no Rio, era haussmanniano, Vitor Freire, em São Paulo, era discípulo de Camillo Sitte, crítico dos bulevares de Haussmann e da estética urbana industrial, defensor do "pinturesco" (*malerisch*) contra a regularidade geométrica. E a arquitetura adotada poderia ser eclética ou "neoclássica", saindo com leveza elefantina do escritório de Ramos de Azevedo. Resultado: cidades que, ao querer se livrar da herança colonial, se europeizaram em sentido anglo-francês, mas principalmente parisiense, para se tornar ainda mais "copistas" do que na época em que Euclydes escreveu *Os Sertões*. Sobretudo, começou aí o aprofundamento do processo de segregação socioespacial na vida das cidades brasileiras.

O século XX foi, em seus inícios, um tempo tenso de inovações, estranhezas e ineditismos. No mundo inteiro — e nas mais variadas dimensões da práxis humana. Modificaram-se radicalmente, naquela época, tanto estruturas maiores da vida social quanto padrões mais íntimos da vida cotidiana. Os países mais ricos e avançados do mundo se sentiam girando no turbilhão de um novo estágio civilizatório. Numa transformação sem precedentes na história da aventura humana sobre a superfície terrestre. Era o tempo do automóvel e do antibiótico, da comida enlatada e do petróleo, da escova de dentes e do rádio, do telefone e da máquina de escrever, da anestesia e da lâmpada elétrica, do leite pasteurizado e do cinema, da geladeira e do avião. Assistia-se ao movimento avassalador da Segunda Revolução Industrial. Ao triunfo espetacular da civilização técnica, que teve, como um de seus supersignos, a estetização de estruturas metálicas num monumento que recebeu o nome de Torre Eiffel. Em meio a esse admirável mundo novo, a novidade urbana foi encarada como uma exigência. A cidade que não exibisse, em sua própria tessitura urbana, sinais claros de sua inserção no mais recente estágio sociotécnico da história humana, seria vista como um organismo ultrapassado pelo curso evolutivo da civilização. Seria cidade tosca, à margem do movimento vivo do mundo. Na América do Sul, a Argentina e o Brasil não queriam ficar de fora do "concerto" das nações modernas. Era preciso providenciar grandes mudanças em Buenos Aires e no Rio de Janeiro. O Rio era não só a capital do país, seu maior porto e sua maior cidade, como seu principal cartão-postal e de visita, sua vera vitrine. Logo, era necessário modernizá-lo. Afrancesá-lo, mais uma vez — e ainda mais radicalmente, agora. A capital precisava caminhar com o progresso. Fazer parte da civilização.

Cosmopolizar-se. E é assim que Rodrigues Alves vai dar carta branca ao prefeito Pereira Passos — engenheiro e urbanista diplomado pela École Nationale des Ponts et Chaussées, na época em que Haussmann reformava Paris —, para que ele comande o processo de reconfiguração urbana do Rio de Janeiro. A inauguração da Avenida Central, atual Rio Branco, em 1904, foi o marco desse novo Rio. Um Rio que se pretendia parisiense. A fim de reforçar o "clima" parisiense da cidade, aliás, Passos importou pardais, pássaros "típicos" de Paris, para povoar a capital brasileira — praga ornitológica que hoje infesta o país inteiro. Mas, enfim, ali estava a imagem de um Brasil pelo qual as elites ansiavam. Para elas, o Brasil que contava era o Brasil do 14-Bis, das avenidas, dos globos elétricos e dos pardais — ao tempo em que urgia deletar do horizonte sinais de barbárie. Apagar de nosso mapa o sangue de Canudos e os atabaques do candomblé. João do Rio: "Para o brasileiro ultramoderno, o Brasil só existe depois da Avenida Central, e da Beira-Mar [...]. O resto não nos interessa, o resto é inteiramente inútil".

O Rio precisava se modernizar. E fazê-lo o mais rápido possível. Afinal, sua grande rival, Buenos Aires, havia já inaugurado a Avenida de Mayo. É o que explica que aquele conjunto de obras tenha sido executado em tão breve tempo, mobilizando a Presidência da República e a prefeitura, com empréstimos tomados no exterior, junto a banqueiros londrinos. Depois das avenidas portenha e carioca, aliás, diversas de nossas cidades vão querer uma "avenida central" — São Paulo, inclusive, que nunca chegou a tê-la, por motivos óbvios. O modelo adotado para a reforma do Rio foi o de Paris — que ganharia como admirador, no futuro, o vanguardista Corbusier. Com isso, já se sabia o que iria acontecer. Logo que assumiu o poder, em 1851, Luís Napoleão declarou Paris "o coração da França" — e disse que não mediria esforços para "embelezar" a cidade. O encarregado da tarefa foi Haussmann. A meta era fazer de Paris uma cidade que respondesse às novas realidades econômicas e sociais da época. Reorganizá-la da perspectiva da burguesia vitoriosa em 1848. E Haussmann o fez. Sem pena e sem pudor. Numa ação urbanística que veio a ter influência planetária, copiada ou traduzida em cidades tão diversas quanto Viena, Washington, Chicago, Barcelona, Saigon (atual Ho Chi Minh) — e Rio. Hausmann rasgou Paris com largas avenidas, mandando pelos ares as ruas tortuosas da cidade. Abriu bulevares, quilômetros de novas ruas retalhando o organismo medieval, e parques públicos, como o Bois de Boulogne. Era todo um novo ambiente citadino que se configurava. Para isso, Haussmann se tornou imperador de demolições. E sua reforma prejudicou os trabalhadores parisienses. Além disso, lembra Leonardo Benevolo, "Haussmann procura enobrecer o novo ambiente urbano com os instrumentos urbanísticos tradicionais: a busca da regularidade, a escolha de um edifício monumental antigo ou moderno como pano de fundo de cada nova rua, a obrigação de manter uniforme a arquitetura das fachadas nas praças e nas ruas mais importantes". Este é o modelo parisiense que será trazido para o Brasil, incluindo-se, no arsenal importado, até mesmo a palavra-chave *embelezamento*. "No Brasil, esse modelo amparava-se na remodelação de áreas urbanas centrais, eleitas para constituir os novos polos de prestígio e poder, e na consequente renovação da ocupação imobiliária. O saneamento dos centros urbanos, mote dessas operações, priorizava a eliminação das habitações populares e demais usos estigmatizados como inconvenientes e insalubres, substituindo-os por usos comerciais, institucionais ou residenciais mais elitizados. A transformação era viabilizada com a abertura de amplas ruas retilíneas, por meio de demolições, alargamentos e correções de alinhamentos. Casinhas e sobrados eram substituídos por prédios de alguns andares que ocupavam as divisas do lote, marcados pela arquitetura eclética, com preferência pela continuidade das fachadas e, sempre que possível, assinaladas por marcos ou edifícios monumentais", escreve Candido Malta Campos. Tal qual Paris.

Pereira Passos — outro caso de jovem que, contrariando o pai, preferiu a engenharia ao curso jurídico — seguiu por aí. As avenidas foram o meio principal para a transformação do Rio. Acima de todas, a Avenida Central, ligando o centro da cidade ao porto recém-construído. Na época, aliás, alguém disse que o sertão começaria onde terminava a Avenida Central. Mas havia outras, como a Beira-Mar, modificando Botafogo; a Mem de Sá, para ligar a Lapa — e Passos fez o Largo da Lapa — à Tijuca e São Cristóvão; e a Salvador de Sá. Além de várias outras. Entre elas, a Avenida Atlântica, orla do Leme e Copacabana (na época, o Leblon era uma roça; a estruturação de Ipanema e Leblon como bairros data de 1922 — e foi Paulo de Frontin, em 1919, quem construiu, num Leblon praticamente deserto, a Avenida Meridional, atual Delfim Moreira). Além de avenidas, ruas arborizadas. E o Passeio Público. Na mesma andadura, o plano de Passos trazia o título de "Embelezamento e saneamento da cidade". Era estético-sanitário, dimensões que aparecem imbricadas nas discussões da época: cidade civilizada é cidade higiênica. E o Rio vivia em estado de crise sanitária, combatendo, naquele momento, a febre amarela. Necessitava de obras de abastecimento e canalização de águas, drenagem, aterro, esgotamento sanitário, alargamento e pavimentação de ruas. No congresso do Clube de Engenharia, uma comissão presidida por Frontin defendeu, em função da ventilação da cidade, a desapropriação dos cimos dos morros e montanhas. Além disso, a insalubridade carioca viria não só das ruas sinuosas, escondendo-se do sol e acumulando poças d'água, mas também das habitações escuras, sem meios de renovação do ar nos quartos de dormir. Seriam, ambas, focos de epidemias. Passos atuava nessa convergência, com uma equipe que incluía tanto o engenheiro Frontin (que frequentava o candomblé de João da Baiana) quanto o médico Oswaldo Cruz. E Cruz assumiu o comando do Serviço de Saúde Pública. Por fim, e ainda como Haussmann, o prefeito não aliviaria a mão na demolição de prédios. Em *Pereira Passos, o Reformador do Rio de Janeiro*, Raimundo de Ataíde, falando dos tempos estudantis do futuro prefeito, na sua temporada em Paris, escreve: "O estudante brasileiro assistiu ao espetáculo da remodelação de uma parte da grande capital. Nunca mais lhe desapareceu da memória o aspecto da derrubada de ruas inteiras, aluvião do pó que subia ao céu, ante o protesto dos parisienses". E Passos incorporou a picareta haussmanniana. Em *A Era das Demolições*, Oswaldo Porto Rocha informa que, no final da gestão de Passos, 1.681 habitações tinham sido demolidas, deixando um saldo de 20 mil desabrigados. A maioria, na zona central, onde a Candelária foi reduzida à metade. E não foram só moradias. Passos e Frontin derrubaram edificações como a do hospital da Ordem Terceira da Penitência, no Largo da Carioca — cujas ruínas seriam restauradas na década de 1980. Enfim, pode-se mesmo dizer que, ao lado das epidemias de que falavam os médicos, ocorreu ali, também, uma epidemia político-social: a do *bota-abaixo*.

Pereira Passos foi um prefeito ativo e fez coisas importantes, que direcionaram ou redirecionaram a vida carioca. Ações arquitetônicas, viárias e saneadoras, avançando na construção de um novo Rio, que receberia de Coelho Neto, em 1908, o epíteto "cidade maravilhosa". E ainda levou a eletricidade a bairros do subúrbio, como o Méier, Engenho de Dentro, Cascadura e Madureira. Mas o afrancesamento do Rio custou caro à população pobre da cidade. Muita gente morava no centro para ficar perto do emprego e economizar o dinheiro do bonde, alto para quem pegava na estiva. Com a reforma urbana de Passos, os pobres foram expulsos do centro. O prefeito desapropriou cortiços, casas de cômodos e o pequeno comércio. No espaço reformado, tudo ficou mais caro: aluguéis, impostos, taxas públicas. Os pobres não tinham como permanecer ali. Crise habitacional proletária. Diante do quadro, a prefeitura anunciou uma política de habitação. Construiu 120 casas. E ponto final. Mas o que eram 120 casas para 20 mil "sem-teto"? Sem ter para onde ir, aquelas pessoas tomaram o rumo distante dos subúrbios, adotando outro modo de trabalho e vida. Ou foram engrossar a então ainda reduzida população favelada do Rio. E criar novas favelas. Era a alternativa que tinham para ficar perto do centro e do emprego. Este foi o momento da instauração mais nítida da segregação socioespacial, repartindo a população do Rio. Em *Cidade Partida*, Zuenir Ventura escreveu que, desde a reforma de Passos, a opção foi pelo *apartheid* social. "A cidade civilizou-se e modernizou-se expulsando para os morros e periferia seus cidadãos de segunda classe." E o processo não vai estancar com o fim da gestão de Passos. Os pobres, predominantemente negromestiços, continuarão sendo afastados e apartados. Na década de 1920, para abrigar a exposição do centenário da independência do país, a prefeitura iniciou o arrasamento ou desmonte do Morro do Castelo — era o Rio destruindo o lugar mesmo do seu nascimento. Destruindo um espaço histórico para celebrar um evento histórico. E aqui, como no tempo de Passos, a população de baixa renda é obrigada a sair daquela área e procurar outro lugar onde morar. Informa Maurício de Abreu, em *Evolução Urbana do Rio de Janeiro*: Praça Onze à parte, foram varridos do centro da cidade, nessa ocasião, os bairros que tinham sobrevivido à *razzia* comandada pelo antigo prefeito. Como a Misericórdia, situada entre o sopé do Morro do Castelo e o mar. O que aquelas pessoas teriam mesmo a comemorar, no dia do centenário da independência nacional? O fato de terem sido expulsas de suas casas? De formarem agora o mais novo contingente de desabrigados da capital do país?

 Mas não foi só. Em *Tempos Eufóricos*, retratando o ambiente do aparecimento da revista *Kosmos*, Antonio Dimas escreveu que, "à euforia urbanizadora e embelezadora deflagrada pela dupla Rodrigues Alves-Pereira Passos deveria corresponder uma imprensa de bom gosto, fina, *up-to-date*, ainda que seu alcance se limitasse à Rua do Ouvidor e Botafogo [lugar *chic*, na época]. Assim como marcáramos nossa presença nos campos de Bagatelle, construíamos uma avenida majestosa, debelávamos o perigo da febre amarela, civilizávamo-nos, enfim, era preciso mostrar (a nós mesmos antes de mais nada) que já tínhamos uma imprensa à altura da Avenida Central e dos prédios bolos de noiva". Avenida-vitrine, revista-vitrine. Ali estavam a passarela da elegância, as pessoas charmosas, os grandes magazines de artigos parisienses, as confeitarias e a revista que se via como filha daquela nova urbanidade, *Kosmos*, feita mais para os olhos que para a inteligência. Ainda Dimas: "A Avenida Central representou um desafogo urbanístico e, sobretudo, mental. Sua abertura deu margem a uma série de especulações favoráveis, que iam desde a oportunidade de revolução arquitetônica até à modificação do vestuário ou dos hábitos femininos. Ela resumia praticamente toda a ânsia de renovação, de remodelamento, mormente porque se operava em começo de século, que, em si, sempre deve trazer, latente, desejos de reorganização. Poucos eram os que se insurgiam, ironicamente ou não, contra o processo renovador e suas decorrências". Entre esses poucos, Euclydes da Cunha, convidando um amigo a visitá-lo no Rio: "Admirarás os célebres *melhoramentos*. Fulminaremos, juntos, o pioramento dos homens. Daremos pasto à nossa velha ironia ansiosa por enterrar-se nos cachaços gordos de alguns felizes malandros que andam por aí *fonfonando* desabaladamente, de automóvel, ameaçando atropelar-nos a nós outros, pobres altivos diabos que teimamos em andar nesta vida, dignamente, pelo nosso pé". E Lima Barreto, em *Coisas do Reino de Jambon*, falando de "arremedos parisienses" e "ilusões cenográficas". Adiante, no início da década de 1920, na ponta do processo de ocupação da zona sul, começaram os trabalhos de "embelezamento e saneamento" da lagoa Rodrigo de Freitas, para a qual se chegou a projetar um bairro *garden-city*. Da abertura da Avenida Central às obras da Lagoa, a prefeitura concentrou suas ações estéticas e sanitárias no centro e na zona sul da cidade. A paisagem social, cultural e econômica do Rio se viu cada vez mais cindida em zona sul e zona norte. A segregação socioespacial se impôs com uma clareza solar. O segmento dos privilegiados deslizando pela zona sul. Os pobres expulsos do centro vivendo nos enclaves coloridos dos morros. O subúrbio se definindo como local de indústria e moradia da classe trabalhadora.

O "embelezamento" da cidade não se encerrava em plano urbanístico e arquitetural. Implicava "embranquecimento". E não só em sentido cultural. Passos era homem de Rodrigues Alves. E a política deste se concentrou não só no tópico da modernização urbana, mas também no da imigração, na linha do ideal de branqueamento da sociedade brasileira. Modernização urbana, imigração e branqueamento se conjugavam. Rio Branco, ministro das Relações Exteriores de Rodrigues Alves, sempre esteve empenhado em "promover a imagem" do Brasil na Europa. Era preciso atrair investimentos e imigrantes europeus. Da França, preferencialmente. Uma batalha difícil. "A imagem do Brasil na Europa e na América do Norte era moldada principalmente por viajantes famosos, como Louis Agassiz e Richard Burton. Sua maneira racista de pensar induzia-os a dar ênfase à influência africana que os propagandistas brasileiros queriam minimizar", escreve Thomas Skidmore, em *Preto no Branco*. Rio Branco se virou para virar o jogo. E começou seu trabalho dentro de casa, ao só admitir brancos no serviço diplomático — "se possível até bonitos como Nabuco". Foi difícil para Euclydes — feio, magricela, com a prega asiática nos olhos — conseguir um posto no Itamaraty e, mesmo assim, Rio Branco nunca lhe confiou missão no exterior. A reforma do Rio não é destacável desse contexto. "Num esforço para aumentar a ajuda estrangeira e tornar o país 'moderno', os governos brasileiros empreenderam ambiciosos projetos de obras públicas. A remodelação do Rio foi exemplo visível desse esforço", observa Skidmore. A cidade se afrancesou na pauta da ideologia do branqueamento. Nosso cartão-postal não podia ser uma cidade de ruas tortas, com febre amarela, pardieiros imundos e multidão de pretos e mulatos. Tinha de se europeizar. De se branquear. A expressão "carioca" é tupi: *cary-oca*. Significa *casa do branco*. Diante da reforma do Rio, isto ganha um sentido perverso. Mas a segregação que ali se promoveu foi social. Para ver a diferença entre esta segregação e o gueto racial, compare-se o Rio com a Filadélfia do final do século XIX, estudada por Du Bois em *The Philadelphia Negro*. No Rio, os pobres (e não só os pretos), expulsos do centro, ficaram longe de seus empregos. Na Filadélfia, o negro, por ser negro, via-se barrado em qualquer trabalho decente: a cor da pele anulava a competência. No Rio, pobres brancos e pretos formavam, juntos, grupos de trabalhadores, na estiva ou na construção civil. Na Filadélfia, jamais trabalhariam *side by side*. O Sétimo Distrito, estudado por Du Bois, era um gueto negro. E a segregação chegava ao cemitério. O casal formado por uma pessoa branca e uma preta não podia ser enterrado lado a lado. Cada raça tinha um sítio distinto para suas covas. Mas não nos esqueçamos de que a elite carioca era predominantemente clara; o poder queria incrementar a imigração de europeus; e os pobres, que o saneamento escorraçou, eram também brancos, mas, sobretudo, mulatos e pretos.

É certo que a favela nasceu antes da administração de Pereira Passos. Surgiu ainda no final do século XIX, no Morro da Providência (ou da Favela), formada por soldados rasos sobreviventes da Guerra de Canudos. Mas é na gestão de Passos que se adensam e se expandem. E se consolidam na paisagem carioca. Bem vistas as coisas, a favela aparece não como a negação, mas como a outra face do projeto modernizador excludente. É subproduto e contraparte do Rio haussmanniano. Da modernização segregacionista da cidade. Em *Habitações Populares*, Everardo Backheuser definiu a favela como "pujante aldeia de casebres e choças no coração mesmo da capital da República, eloquentemente dizendo pelo seu mudo contraste, a dois passos da Grande Avenida, o que é esse resto do Brasil pelos seus milhões de quilômetros quadrados". No fim do século XIX, o Rio possuía só uma favela. A opção pela modernização segregacionista deu no que deu. Hoje, as favelas cariocas contam-se às dúzias. E, quando falo de contraparte, tenho em mente que a favela não só abrigou formas extraeuropeias de cultura, como os cultos religiosos de origem africana, mas participou também da produção de uma modernidade própria, na criação do samba carioca, estilizando a matriz baiana. Samba raiado ou samba de partido alto que floriu entre a casa de Tia Ciata, na região da Praça Onze, e as rodas de dança e batuque nos morros. Samba que sempre se soube *a voz do morro*. Discurso popular. Estetização da fala das favelas. Linguagem poética nascida do *sermo vulgaris* do Rio — como se ouve no samba "Linguagem do Morro", de Padeirinho. E é no samba que vemos que, ao contrário do que diziam os relatórios oficiais, o cotidiano nos cortiços não era nada detestável, e muito menos sombrio. Nos morros, a coisa era ainda mais animada. As favelas tinham menos gente e mais espaço do que hoje. Nos barracos em meio à vegetação, foi-se desenvolvendo uma sociabilidade particular. E uma vida cheia de vida.

Com a chegada da República, também São Paulo conheceu obras viárias e de saneamento urbano. Se não conseguiu ter a sua Avenida Central, com que tanto sonhou, viu surgir a Escola Normal, o Liceu de Artes e Ofícios (atual Pinacoteca do Estado), prédios públicos destinados às novas instituições republicanas, a Escola Politécnica. E as intervenções urbanas se ampliaram e se intensificaram a partir da formação do poder executivo municipal e do surgimento da figura do prefeito, em 1899. Da virada do século à década de 1920, a cidade foi em frente, com disposição sempre maior. Tempos do Teatro Municipal, do ajardinamento do Anhangabaú, do Martinelli. Mas — também sempre — com as iniciativas estatais voltadas para a área central da cidade e os bairros ricos, onde se ordenava a "capital do café". Em *Os Rumos da Cidade: Urbanismo e Modernização em São Paulo*, Candido Malta Campos sintetiza: "A política de transformação urbana empreendida nas primeiras décadas do século XX, vista como a modernização e 'europeização' de São Paulo, tinha como principais objetivos a criação de espaços de prestígio na área central, capazes de desempenhar de maneira otimizada suas funções de dominação urbana e regional, e a implantação de bairros residenciais de alto padrão para as classes privilegiadas, servidos preferencialmente pelas redes de infraestrutura. Para o restante da cidade impunha-se a segregação das moradias populares e usos desprestigiados para áreas menos valorizadas. Essa visão dominante passava pelo viés do embelezamento e equipamento dos espaços públicos, acompanhados pela requalificação estética do quadro construído. [...] Ao mesmo tempo, sob a égide da questão sanitária, processava a segregação socioespacial requerida para completar a requalificação do centro urbano, expulsando usos e moradores menos privilegiados dos espaços eleitos para protagonizar as funções comerciais, institucionais e simbólicas sediadas na cidade".

Emblemática dessa elegantização, ou da "criação de espaços de prestígio" na área central da cidade, foi a demolição da Igreja de Nossa Senhora do Rosário dos Homens Pretos e sua substituição por um prédio de cinco andares, então o mais alto da cidade, sediando a Light e o jornal *O Estado de S. Paulo*. A formação de bairros residenciais de luxo seguiu o padrão europeu dos Campos Elíseos. Caio Prado Júnior lembra, em *A Cidade de São Paulo: Geografia e História*, que a urbe, de início, cresceu no alto — "de preferência e quase exclusivamente, no interior do maciço principal da cidade". Só mais tarde as estradas de ferro deram vida às planícies a seus pés, projetando em sua direção o avanço citadino. Ao longo das ferrovias, fixaram-se fábricas. E, com as fábricas, vieram os bairros operários. Ainda Caio Prado, sublinhando o avesso do processo: "As residências burguesas ou médias, que, até fins do século passado [XIX], nesta insignificante cidade que mais não era então São Paulo, se confundiam com o centro comercial, destacaram-se quando o crescimento da atividade urbana já não comportava mais residências em pleno centro. É lá por 1880 que se formam os primeiros bairros propriamente residenciais; e vamos notar que, ao contrário dos bairros operários, que se estabelecem nos terrenos mais ingratos das baixadas do Tietê e do Tamanduateí, as residências burguesas se fixam nas alturas do maciço". A estratificação social se imprimia na topografia da cidade. Prosseguindo, Prado observa que, em princípios do século XX, "os bairros residenciais lançam-se decididamente pelo flanco do maciço, subindo-lhe as encostas à procura de terrenos mais altos e saudáveis; é a vez de Higienópolis, que será o bairro da aristocracia paulista das fortunas saídas do café. E subindo sempre, as residências alcançam o alto do espigão, onde se instala, acompanhando-o fielmente, a Avenida Paulista. Já então a progressão cafeeira se interrompera, as novas fortunas saem da indústria e do comércio, quase todo em mãos de estrangeiros, imigrantes enriquecidos nesta Canaã americana: a Avenida Paulista será o bairro residencial dos milionários desta nova fase da economia paulista, estrangeiros ou de recente origem estrangeira quase todos. E a arquitetura do bairro o dirá bem claramente".

O que vemos é a repartição nítida do espaço urbano segundo um critério social, com setores residenciais privilegiados se destacando territorialmente, casas à parte dos bairros mais pobres. E esta espécie de separação permanece quando os ricos descem das alturas da Avenida Paulista, em busca da várzea do Rio Pinheiros. A ocupação residencial da área, com novos bairros, mostra a segregação econômica. A partir do Jardim América, surgem os demais "jardins", todos habitados por membros das classes altas, em casas que se projetam luxuosas em meio aos parques verdejantes. O contraste era dado então por Pinheiros, antigo núcleo habitacional que se originou de um aldeamento jesuítico. Ainda Caio Prado: "Encravado nestes bairros aristocráticos ficou a velha povoação de Pinheiros, antes tão longe da cidade, e que, alcançada e englobada por ela, se transformou em simples bairro. Mas não acompanhará em categoria os bairros vizinhos: Pinheiros vai formar, no meio dos jardins e parques deste setor sudoeste da cidade, que se destinara às residências de luxo, uma nota dissonante — um modesto bairro de população operária. É que, de um lado, o fato de constituir um núcleo já povoado quando a cidade o alcança — ao contrário dos terrenos vizinhos, então completamente desertos — tornava mais difícil o estabelecimento aí de um bairro residencial moderno. De outro lado, a proximidade maior do Rio Pinheiros, cujas margens são um foco permanente de mosquitos, fazia-o menos atraente. Deixou-se por isso o bairro às categorias mais modestas da população". Conviviam então em São Paulo, mantendo distância entre si, mundos distintos. Duas cidades, ao menos. Malta Campos: "Na zona leste, para além do Tamanduateí, os bairros industriais da Mooca, Brás e Belenzinho formavam um mundo à parte, regido pelos apitos das fábricas, abrigando em cortiços ou vilas a imensa população imigrante. Suas chaminés enfumaçadas eram vistas pelos paulistanos do centro como uma paisagem estranha e vagamente ameaçadora". Mais: "os grotões de ocupação precária à beira dos espaços de prestígio — Anhangabaú, Saracura, Glicério, Tabatinguera, várzea do Carmo —, eram considerados enclaves incômodos, o avesso da capital que se pretendia construir".

São Paulo se transformava, mas de modo desequilibrado, cada vez mais segregacionista, criando ou aprofundando contrastes. Os bairros industriais, populares, cresciam por sua conta e risco, escanteados ou ignorados pelo poder público, que direcionava políticas e ações urbanísticas para o centro da cidade e para as zonas residenciais ricas, os "jardins" da elite paulistana. A "cidade europeia", com que esta elite sonhava, não comportava cortiços, nódoas de miséria, feiuras da pobreza. A Sé não poderia ser lugar para mendigos e bandidos. Nem para pouso e ponto de putas. Era preciso demolir os casebres, casinhas, cortiços. Limpar a Líbero Badaró. Varrer as vagabundas para longe da porta do Teatro Municipal. Estranha escolha: como casinhas, cortiços e centros de prostituição eram reais, melhor afastá-los de vista. Apagá-los do "triângulo histórico", da paisagem central da cidade. E, feita a remoção, promovido o afastamento, fazer de conta que não existiam. De que não passavam de miragens perturbadoras, focos periféricos que não diziam respeito à cidade propriamente dita, numa atitude que ainda hoje se reflete na visão dos paulistanos socialmente privilegiados, que costumam falar da cidade como se ela se resumisse ao chamado "centro expandido" — a São Paulo do Anhangabaú, da Avenida Paulista, de Pinheiros; não a de Campo

Limpo, Cidade Tiradentes, M'Boi Mirim. E assim não havia maior preocupação com a aproximação interclasses, a integração viária, a construção de equipamentos coletivos, a habitação popular. Com um aspecto que merece ressalte. O executivo municipal, embora desconsiderasse na prática os bairros mais pobres, ao menos chamava para si a responsabilidade pela realização de obras de infraestrutura. Quanto à questão habitacional, nem isso. O poder público retirava de seus ombros qualquer obrigação de encarar e resolver o problema da moradia popular, naquela cidade que se expandia a passos largos, a golpes e galopes demográficos.

Casas pobres, casebres miseráveis existiram desde sempre na história de São Paulo. Não nos faltam exemplos disso nos volumes de Ernani Silva Bruno. Tudo começou ali com as casas de taipa cobertas com palha de guaricanga, feitas por jesuítas como Afonso Brás — e, em seguida, por filhos da terra, sertanistas mamelucos que se embrenhavam pela mata, em busca de índios, esmeraldas e ouro. Vieram os sobrados, mas nem por isso foram eliminadas as cafuas. Em 1711, quando passou à categoria de cidade, São Paulo continuou erguendo habitações pobres, em ruas irregulares e sujas. E o quadro se manteve à entrada da centúria seguinte. Mas foi no final do século XIX que se começou a falar de um "problema habitacional" na cidade. E de uma perspectiva higienista. O casebre mal ajambrado e o cortiço superlotado só passaram a existir, para o poder público, quando se converteram em problema geral de saúde, ameaçando o conjunto da população, num país assolado por epidemias. Passaram a existir não como questão social, mas como preocupação sanitária. "A habitação da elite foi descrita em detalhes: sabe-se até mesmo quais flores passaram a ornamentar seus jardins, em substituição aos cravos antes tão utilizados. Em contrapartida, um véu negro encobre os alojamentos dos trabalhadores: ninguém os via, ninguém os descrevia. [...] Se as habitações populares [a maioria das edificações de São Paulo] não representassem perigo para as condições sanitárias da cidade, nada se saberia sobre elas", assinala Nabil Bonduki, em *Origens da Habitação Social no Brasil*. E isto foi acontecer em meados da década de 1880. São Paulo vinha já crescendo. E, entre 1890 e 1900, conheceu transformações notáveis. Foi por essa época que a economia cafeeira se tornou significativa, fomentando um elenco de atividades urbanas a ela vinculadas. Também nesse tempo a indústria deu seus primeiros sinais de existência. O crescimento populacional começou a experimentar uma aceleração inédita, com a entrada massiva de migrantes. E o mercado de trabalho se expandiu, ampliando a mancha urbana e a presença de moradias de baixo custo na cidade. No final da década de 1880, a maior parte dos imigrantes não seguia para o campo, ficando, antes, na capital. São Paulo tinha 24 mil habitantes em 1870. Em 1900, sua população era de 240 mil pessoas. Como gostam de frisar os estudiosos paulistanos, a cidade se multiplicou por dez. Alguém notou, a propósito, que a São Paulo de 1870 era uma cidadezita que se podia tranquilamente percorrer a pé. Trinta anos depois, não. Só de burro ou de bonde. E esta expansão não foi acompanhada nos planos da infraestrutura citadina e dos serviços públicos. Nem por um acréscimo do número de casas minimamente dignas para abrigar os indivíduos que não cessavam de chegar — estrangeiros, quase todos. Como havia um descompasso entre a velocidade do crescimento demográfico e o ritmo da construção de moradias, o resultado foi um adensamento populacional de prédios quase sempre insatisfatórios. Daí o espreme-espreme, o aperto na penúria dos cortiços.

São Paulo atraía gente demais. Levas de imigrantes, atafulhando-se em cortiços e casas de cômodos. E ex-escravos, negros pobres. "Como cidade em crescimento rápido, São Paulo exercia enorme atração sobre os grupos demográficos ou étnicos com tendências migrantes. Por isso, não é de estranhar-se que se convertesse em um dos centros urbanos que iriam polarizar as variadas e desencontradas migrações internas das 'massas negras', que se distribuíam pelo país logo após o colapso final do regime escravo", observou Florestan Fernandes, em *A Integração do Negro na Sociedade de Classes*. E o crescimento desordenado da cidade não só provocou um colapso no serviço de abastecimento de água, como saturou sua capacidade de esgotamento sanitário. Daí que Richard Morse observe que os graves "desajustamentos funcionais" de São Paulo, desde 1880, não devem ser atribuídos apenas à incompetência do poder público. Sua origem estaria no "fascínio hipnótico" que a cidade exerce sobre as pessoas, atraindo-as para si em função do seu tamanho, poderio e atividade. Mas tal aglomeração humana, sem infraestrutura, gerava doenças. "Os novos cancros da cidade só podiam ser extirpados pela visão larga e a vontade férrea de seus administradores, e por um renascimento, entre os seus cidadãos, do senso das responsabilidades comuns. Numa cidade ainda adolescente e conglomerada, isto era difícil de esperar. É certo que apenas colocar ideais nos códigos municipais de nada adiantava. Algumas das posturas de 1886, por exemplo, eram bastante oportunas — tais como as que exigiam instalações de esgotos, limpeza e ventilação nas moradias coletivas da classe baixa, e segregação de fábricas contaminantes. Entretanto, em 1893, o levantamento das condições dos cortiços revelou que o descaso por essas medidas estava vitimando uma grande parte do proletariado", escreve Morse. O cortiço nada tinha de saudável: "Um cortiço típico, tal como foi revelado pela pesquisa municipal de 1893, ocupava o interior de um quarteirão, onde o terreno era geralmente baixo e úmido. Era formado por uma série de pequenas moradias em torno de um pátio ao qual vinha ter, da rua, um corredor longo e estreito. A moradia média abrigava de quatro a seis pessoas, embora suas dimensões raramente excedessem 3 metros por 5 ou 6, com altura de 3 a 3,5 metros. Os móveis existentes ocupavam um terço do espaço. O cubículo de dormir não tinha luz nem ventilação; superlotado, à noite era 'hermeticamente fechado'. Exceto nos cômodos de pessoas naturais do norte da Europa, o soalho ficava tão incrustado de lama, que não se viam as tábuas; a umidade do solo onde elas repousavam fazia descascar o papel ordinário e liso das paredes. Estas e os tetos eram pretos de sujeira de moscas e da fumaça do fogão que a chaminé mal feita e mal conservada não eliminava convenientemente". Morse cita um relatório municipal paulistano: "As paredes com quadros de mau gosto têm o reboco ferido por uma infinidade de pregos e tornos de que pendem vários objetos de uso doméstico e a roupa de serviço. Os móveis desagradavelmente dispostos têm sobre si empilhados peças de roupa para lavar". E prossegue: "O pátio principal fornecia às moradias que o rodeavam uma torneira recalcitrante, um lugar para lavar roupa e uma privada mal instalada. Ladrilhos e calhas geralmente não existiam". Para então falar de variações do cortiço: "um prédio único (às vezes um sobrado modificado), excessivamente subdividido; o hotel-cortiço de tipo dormitório; e barracões improvisados no fundo de estábulos e armazéns. Todos se caracterizavam por falta de ar, luz, espaço, limpeza, esgotos e solidez de construção".

Mas há um aspecto na vida dos cortiços paulistanos que nos leva ao Rio. Comenta Morse, a propósito de uma pesquisa paulistana: "A descoberta mais importante do *survey* de 1940 não foi, todavia, esta revelação das insuficiências físicas da cidade. Foi antes a descoberta de um 'hábito mental', em parte responsável pelo cortiço e em parte por este alimentado. [...] em alguns lugares, como a Mooca, encontram-se proprietários de cortiço que, apesar de suas rendas elevadas, viviam nas mesmas condições insalubres de seus inquilinos. Em outras palavras, o cortiço não é apenas um fenômeno a ser abolido por meio de certas novas disposições físicas. Ele envolve uma atitude mental: um desinteresse tradicional pelo conforto e pela higiene e, muitas vezes, uma irresistível compulsão a viver, seja em que condições forem, perto da excitação, do movimento e das luzes do centro urbano e suas principais artérias. [...] O problema da habitação não será resolvido por simples dispêndio de dinheiro e redistribuição de pessoas. Terá que envolver reeducação. E os planejadores, na sua busca de novas linhas ao longo das quais integrar e enriquecer a vida comunal dos trabalhadores pouco privilegiados, devem examinar e tirar ensinamentos da organização social do próprio cortiço. Pois, ao contrário dos *slums* e *tenements* impessoais de outras cidades, o cortiço paulistano [...] exibe considerável solidariedade social. A despeito das brigas e intrigas, as pessoas que nasceram e cresceram em um cortiço de, digamos, duzentos moradores, desenvolvem a sociabilidade e os hábitos de auxílio mútuo e experiência compartilhada. Aqueles que projetam as vilas operárias descentralizadas e autossuficientes devem ver no cortiço não apenas um cancro pernicioso, mas também uma instituição que, dentro de seus estreitos limites, corresponde a necessidades humanas e engloba atitudes sociais. O cortiço retém, conquanto em forma degenerada, certos aspectos da 'vizinhança' pré-industrial e suas relações face a face. Esse espírito mutualista — tal como o dos primeiros sindicatos e das ligas anarquistas — deve ser até certo ponto conservado e utilizado pela metrópole industrial". A vida interna do cortiço, em São Paulo como no Rio, tinha a sua agitação própria. Era o avesso da frieza, da formalidade e da solidão. O cortiço era, também, uma festa. Mas festas não abolem a miséria, nem a doença. Permanecia a necessidade de intervir no campo da moradia popular.

Chegou-se, então, a uma proposta. O poder público cuidaria da higiene, delegando ao empresariado a construção de casas para operários. "A municipalidade declarava pretender resolver a questão da moradia popular por meio de vilas operárias, que deveriam substituir os antigos cortiços e casas de cômodos", lembra Malta Campos. "Contudo, essa política, em vez de levar à disseminação de vilas operárias no sentido clássico [...] induziu a construção de conjuntos de pequenas casas para aluguel, com grande adensamento em espaços mínimos". Era a "produção rentista" de casas populares. Uma exceção, na paisagem paulistana, foi a Vila Maria Zélia, erguida por Jorge Street na década de 1910, no Belenzinho, zona leste da cidade — experiência que, em terreno brasileiro, remete à pioneira vila operária de Luiz Tarquínio, em 1892, em Salvador. Uma vila "higiênica", com suas casas e comércio variado, além de igreja, escola, creche e ambulatório médico. Mas ilhada em meio ao contexto urbano. Malta Campos: "a Vila Maria Zélia partia do princípio da incompatibilidade entre o espaço industrial e as condições vigentes no restante da cidade. A rígida disciplina construída nos espaços regulares da vila, autossuficiente e autocentrada, impunha o isolamento em relação às forças urbanas desagregadoras e contraditórias que a envolviam. Seus moradores operários deveriam formar uma comunidade à parte, a salvo das agitações anarquistas, tentações, doenças, vícios e apelos da grande cidade. [...] Por mais irrealizável que fosse, essa utopia isolacionista era a contrapartida às aspirações de uma cidade que negava a presença de seu contingente popular e operário. Na medida em que as necessidades da produção industrial e reprodução da força de trabalho permanecessem contidas no espaço fechado das vilas, a cidade não precisaria se preocupar com questões tão incômodas — podendo se concentrar na ilusão de construir uma 'capital do café', aprazível e civilizada, para usufruto das classes dominantes. A legislação que incentivava a construção de casas operárias e sua delegação aos empresários privados justificavam a parcialidade das políticas públicas de intervenção concentradas sobre os bairros de alta renda e o centro terciário". Ainda assim, Maria Zélia foi exceção. O que se tinha, em São Paulo, era, de um lado, o urbanismo *garden-city*, exclusivista, segregador, dos bairros ricos — e, de outro, loteamentos periféricos, precários, clandestinos; os pardieiros proletários do Bexiga, por exemplo. De uma parte, a paisagem desenhada dos verdes dos Jardins. De outra, o mato arisco crescendo desordenado por terrenos baldios, encostas, quintais. Bairros que penavam com a escassez ou ausência de infraestrutura.

E a segregação prosseguiu. Malta Campos aponta o caráter explicitamente segregador da visão do urbanista (e futuro prefeito de São Paulo) Prestes Maia, para quem os nichos de pobreza que ainda sobreviviam no espaço urbano central "pareciam quistos no coração da cidade". Além disso, Prestes Maia distinguia entre bairros residenciais e bairros industriais. Nos primeiros, casas se plantam na vizinhança de outras casas; nos segundos, as habitações colam-se à fábrica. Era já uma praxe, na prática e no pensamento paulistanos. Em São Paulo, o que se via e o que se pregava não era a implantação de "zonas industriais", segundo o princípio de especialização de usos e funções no espaço da cidade. Mas a criação de bairros industriais, que mesclavam moradias e unidades fabris. Malta: "No que se refere às habitações populares, Prestes Maia cita os esforços europeus do primeiro pós-guerra no sentido de prover moradia à classe operária. Seu conhecimento da matéria é extenso, incluindo as experiências da social-democracia alemã e do socialismo vienense dos anos de 1920 (municipalização dos imóveis existentes, limitação dos aluguéis) e o conceito de 'moradia mínima' desenvolvido por arquitetos modernistas como Walter Gropius. Entretanto, Maia considera que 'no Brasil, país novo, de cultura, hábitos e temperamento diferentes, sem capitais, necessitado de mão de obra agrícola [...] fora da asfixiante atmosfera da Europa, as circunstâncias são bem diversas'. Os horizontes da sociedade agroexportadora não admitiam a inserção da população operária, muito menos o seu atendimento por políticas governamentais de moradia, intervindo no mercado de aluguéis. Isso exigiria a violação dos princípios vigentes do liberalismo econômico e do predomínio da propriedade fundiária". As concepções do urbanismo europeu eram válidas, assimiladas e aplicáveis no horizonte das estruturações viárias — mas se tornavam inválidas, inassimiláveis e inaplicáveis, quando se passava do viarismo para o campo habitacional. A razão? Não vivíamos numa sociedade sólida, rica, industrializada, social-democrata — mas num mundo novo, agrário, patrimonialista, sem maiores recursos públicos, fundado no liberalismo econômico, ideologicamente distante de qualquer socialismo. Daí que os princípios do urbanismo, *corpus* conceitual forjado no hemisfério norte, só venham a ser mobilizados, nesta parte brasileira do Atlântico Sul, de forma seletiva. Amputada.

IV

A modernização implicou segregação socioespacial. Intervenção pública seletiva e discriminatória no espaço urbano, privilegiando os privilegiados. Para os pobres, higienismo. Para os ricos, Higienópolis. Uma segregação nítida e ostensiva, como a cidade barroco-escravista brasileira jamais conhecera. Não por sua dimensão reduzida, que a segregação urbana independe disso, como se pôde ver na cidade hispânica colonial e nas velhas cidades norte-americanas, que foram segregacionistas desde o início. É claro que existe um vínculo entre a forma como um espaço é territorializado — vale dizer, o modo como um determinado segmento da superfície terrestre é apropriado, produzido e estruturado — e o desenho organizacional da sociedade, com sua estratificação classista, seu conjunto de crenças e valores, sua realidade técnica. O arranjo espacial sempre tem a ver com o arranjo social — e suas dinâmicas se relacionam, provocando-se e respondendo-se entre si. Não é a isto, simplesmente, que nos referimos quando falamos de uma modernização segregacionista, mas à sua exacerbação extrema e patológica. E a consequência social perversa não foi atenuada — muito menos abolida — em casos mais tardios de modernização de cidades brasileiras, como os de Salvador e Curitiba. Salvador foi atingida pela primeira onda de reformismo urbano predatório, que se irradiou do Rio — e, dessa experiência, saiu desprimorada. A elite político-administrativa baiana (e sua imprensa, "a voz do dono") deflagrou na época uma campanha sem tréguas contra o centro histórico da cidade. Defendiam — como disse Fernando da Rocha Peres, em *Memória da Sé* — que "o antigo burgo deveria ser convenientemente preparado para entrar, já com certo atraso, na mecânica do século". Tratava-se de destruir "a feia e suja e colonial cidade de Thomé de Sousa", no dizer de um jornal da época, para em seu lugar construir uma "Nova Bahia". Salvador perdeu sua Sé, que datava da construção da cidade, e foi violentada pela Avenida Sete de Setembro. Mas não tremeu sob o impacto de saltos demográficos ou sobressaltos urbanísticos. Manteve-se cidade antiga, espécie de vagarosa estância da vida urbana de um mundo pré-industrial. O impacto só ocorreria mais tarde — especialmente, a partir da implantação do polo Petroquímico de Camaçari —, quando ganharia nitidez o processo crescentemente segregacionista, cujos resultados, hoje, são escandalosamente visíveis. O processo de Curitiba aconteceu simultaneamente ao de Salvador. E entraram ambas na era e na esfera das cidades segregadas.

Vamos nos demorar um pouco no caso curitibano, pelo que tem de revelador. A industrialização demorou a chegar ao primeiro planalto paranaense. Atrasou-se, ali, a configuração de um *sistema industrial*, tal como Gabriel Cohn o define, em "Problemas da Industrialização no Século XX": "A industrialização é um *processo*: é um conjunto de mudanças, dotado de uma certa continuidade e de um certo sentido. Seu sentido é dado pela transformação global de um *sistema* econômico-social de base não industrial (no caso brasileiro: de base agrário-exportadora). É por operar num sistema que a industrialização implica um conjunto *articulado* de mudanças, e é por essa via que ela se distingue da simples criação de indústrias". São coisas diferentes, por isso mesmo, esboço industrialista e processo industrializante. Este se configura quando a indústria é capaz de "introduzir uma 'cunha' suficientemente profunda no sistema para que a expansão industrial possa ganhar dinâmica própria". Foi o que aconteceu em São Paulo, mas não no Paraná, que, ainda em 1960, era um estado agrícola — do mate ao café, como nos mostra Ruy Wachowicz, em sua *História do Paraná*. Durante algum tempo, houve a indústria do pinho, mas avançando para o interior, afastando-se mais e mais de Curitiba, com suas serrarias nômades. De modo que um desenho antigo de Curitiba se preservou no tempo. As primeiras fábricas não conseguiram alterá-lo de forma significativa. Em outros termos, São Paulo e Curitiba foram cidades que receberam fortes fluxos migratórios estrangeiros, mas o fato de a modernização urbano-industrial ter acontecido, em São Paulo, com mais de meio século de antecedência, certamente muda tudo. Os caminhos para a instauração da segregação socioespacial urbana conheceram ritmos diferentes.

Nas primeiras décadas do século XX, Curitiba era uma cidade que apresentava um centro administrativo-comercial, com suas praças, prédios públicos e sobrados. Chácaras que se distribuíam pelas cercanias desse centro. E, no entorno mais periférico, as "colônias", assentamentos de imigrantes, cuja distância do centro, da "cidade" propriamente dita, não era apenas física, mas também social e cultural. Eram colônias que levavam suas vidas, vivendo em si e para si mesmas, relativamente autônomas, com suas características de cultura e sociabilidade, de certo modo alheias ao que se passava na zona urbana central. Cada colônia se definia como agrupamento étnico específico (alemães, poloneses, italianos) e se relacionava de forma unidirecional com o centro — vínculos diretos expressos em vias radiais de comunicação. Inexistiam nexos vicinais conectando uma colônia e outra. Elas não mantinham, entre si, circuitos de troca, fossem comerciais, técnicos, genéticos ou simbólicos. "Cada grupo, numa atitude defensiva, tendia a fechar-se em torno das suas comunidades, repassando entre eles suas técnicas, ao tempo que reforçavam suas especificidades culturais. Muitos possuíam escolas onde se ensinava a língua de origem dos imigrantes, elemento que acentuava mais ainda a dificuldade de integrar o colono à vida da cidade", escreve Miguel Arturo Oliveira, em "Da Espacialidade Rural-Extrativista à Cidade-Jardim". Se havia famílias que não saíam de suas propriedades rurais, mais raramente ainda as pessoas se dirigiam ao centro de Curitiba — e nunca ou quase nunca iam a uma colônia etnicamente distinta da sua. A vida social de um grupo de imigrantes de determinada origem étnica se passava, em sua quase totalidade, no interior desse mesmo grupo. Os limites territoriais das comunidades estabeleciam os limites da circulação pessoal — e circunscreviam crenças e práticas, do plano religioso ao sexual, passando pelo *modus operandi* que aqui ou ali predominava. Fronteiras físicas coincidiam com fronteiras simbólicas. Era no espaço quase inteiramente fechado da existência grupal que as pessoas realizavam seus ritos, curtiam namoros e se casavam, jogavam futebol, promoviam farras e festas, organizavam caçadas e pescarias. Aqueles colonos eram seres insularizados. E cada grupo étnico se diferenciava por sua fisionomia produtiva. Eram colônias especializadas. Diferenciavam-se não só por suas práticas de cultivo, como por seus cultivares.

Curitiba se apresentava dividida em *urbs*, a área central já brasileira, espaço mais urbanizado e lugar de trocas, e *rus*, a periferia agrícola das colônias de imigrantes. Com o vazio entre centro e colônias cortado por caminhos radiais, ao longo dos quais se iam formando pequeninos focos populacionais. Tem razão, portanto, Miguel Arturo, quando fala de uma "espacialidade rural-extrativista" na primeira metade do século XX. "Curitiba desenvolve, ao longo do tempo, um tipo de organização urbana que se ajusta a um meio no qual convivem uma dinâmica rural-extrativista com uma incipiente indústria que demora a consolidar-se, perpetuando ou dando sobrevida a uma organização do espaço que carrega todas essas referências. É como se o passado teimasse em sobreviver nas novas formas de organização do espaço: o de um rural que invade a cidade, ao lado de um padrão de urbanização comercial-industrial que aparentemente não consegue definir-se, progredir." Naquele lugar e conjuntura, o que vemos não é a formação de bairros de trabalhadores, segundo um prisma econômico. O crescimento urbano e demográfico, envolvendo as colônias, vai convertê-las em bairros ou mesmo cidades. Podemos falar então de um primado mais imediatamente étnico na definição desses âmbitos territoriais. Primado do passado econômico, com suas implicações étnicas, na transição do presente. Curitiba já não é rural, mas ainda não se industrializou. E a indefinição econômica se traduz em indefinição urbana: o centro urbanizado e o entorno de chácaras e colônias. Uma cidade dual, ainda que entrelaçada, com a periferia produzindo os gêneros alimentares que o centro consome. Arturo: "Esta forma, ou rosto impreciso, pode ser precisamente a de uma cidade onde elementos como o meio ambiente, as condições técnicas disponíveis, o retardo da industrialização e a permanência no tempo de interesses de um passado rural mais ou menos recente, *agindo em conjunto*, condicionam um tipo de organização do espaço que foge às tipologias ou caracterizações clássicas. Isto é, um tipo de cidade onde o meio ambiente, o rural e a sua dinâmica dominam parte da vida da cidade, particularmente aquela faixa espontânea de urbanização das chácaras e das colônias mais próximas da região mais antiga". E ainda: "Esta quase periferia de novos bairros e colônias, embora rurais, está integrada à mancha urbana, atravessando-a, compondo um cenário urbano-rural orgânico", onde não é claramente visível o começo e o fim de cada parte. "O ritmo de crescimento e ciclos desta periferia rural que rodeia a cidade por vezes dominam a outra cidade, a planejada, a do comércio, da indústria, dos serviços e da burocracia governamental." O que tínhamos em Curitiba, então, se assim se pode dizer, era menos uma cidade do que um município: um centro cercado à distância por alguns arraiais de imigrantes voltados para a agricultura e a criação de animais, com caminhos progressivamente povoados. A cidade só irá se configurar mais tarde.

O que houve em Curitiba não foi um corte. Uma ruptura entre o passado urbano-rural e o futuro urbano-industrial. Mas uma passagem lenta — e não excludente — a um mundo novo. Um processo de *transformação incorporadora* do universo rural em realidade citadina. Da urbanização "espontânea" aos dias do planejamento e das intervenções urbanas de caráter tecnomodernizador. Distinguindo-se, entre um momento e outro, nas décadas de 1930-1940, uma transição, quando áreas periféricas assumiram uma fisionomia característica de cidade. Foi lenta a unificação, a integração entre o centro urbano e as colônias que se transformaram em bairros. Um dos traços distintivos da Curitiba mais recente, da "cidade modelo" do ativismo urbanístico, esteve exatamente nessa integração núcleo-periferia. A cidade disjuntiva foi submetida a uma operação conjuntiva — do ponto de vista urbanístico, com obras viárias e transporte coletivo, ao plano interpessoal, com espaços de convívio. Desta perspectiva, é importante destacar que os planos de intervenção na cidade — da década de 1950 em diante, ou do plano de Alfred Agache (ainda hoje marcando a paisagem curitibana, do Centro Cívico ao Tarumã) aos de Jorge Wilheim e Jaime Lerner — incorporaram boa parte da organização espacial da Curitiba do início do século XX. Ações urbanísticas não a contradisseram, quando planejamento urbano e projeto político se casaram na figura do arquiteto-prefeito Lerner, dominando a vida de Curitiba entre os anos de 1970 e 2000. Uma Curitiba que começava a desaparecer, sob os influxos da modernização e da migração rural, foi tomada por Lerner como cerne de um projeto de futuro, na esteira ampliada dos planos Agache e Serete/Wilheim: a Curitiba "cidade jardim" das primeiras décadas do século passado. Foi aquela Curitiba que Lerner reprojetou em perspectiva ecourbanística. O fato de o rural ter informado o urbano, de a chácara se ter transformado em bairro, permitiu que, com um urbanismo que incorporava o passado agrícola, a cidade pudesse definir a si mesma como "capital ecológica" do país, sob o signo da araucária e do lixo reciclado. O centro é o *locus* onde se representa o caráter da cidade. Ao mesmo tempo, esta se converte em "laboratório de experiências urbanísticas". Os espaços verdes da "espacialidade rural-extrativista" permanecem e são objeto de cuidados especiais, de uma perspectiva ambientalista contemporânea (é assim que um trecho de mato vai ser o Bosque do Papa João Paulo II, inaugurado em 1980). Curitiba assiste então à requalificação do seu centro, ao investimento em transporte coletivo, à recuperação de áreas degradadas, à recriação de áreas verdes em parques — num ambientalismo que se cristaliza na Universidade Livre do Meio Ambiente. Elege-se, por fim, o poeta da nova urbe: Paulo Leminski. Com um arquiteto-urbanista na prefeitura, dá-se a fusão das dimensões técnica e política, com muito *city marketing*, na construção de um discurso que se faz hegemônico, mobilizando a população. Curitiba, que até então não tivera importância no cenário brasileiro, forma e fixa uma nova imagem de si mesma: capital da vanguarda urbanística, capital ecológica, capital "de primeiro mundo" — cidade exemplar.

Instaurou-se o "estágio do espelho". Narcísico. Em *Fragmentos de Memória*, Karlos Rischbieter lembra que, na década de 1960, os curitibanos não conseguiam se orgulhar de sua cidade — o próprio Leminski definia então Curitiba como "a maior cidade do interior de São Paulo", e o curitibano, como "um mineiro sem mistério". Na década seguinte, o orgulho é total. A cidade se transformou, um discurso se impôs e foi incorporado pelo conjunto da sociedade. É claro que o discurso hegemônico não se converteria em fala de Curitiba sobre si mesma — no modo de Curitiba se enunciar e se anunciar —, nem se sustentaria no tempo, sem uma base real. Curitiba, de fato, avançou. Ao mesmo tempo, a imagem ideal da cidade não encontra correspondência perfeita na cidade realmente existente. Nem poderia. Inexistem paraísos artificiais. Problemas, sim. Problemas existem. Mas a postura de Curitiba, diante de seus problemas, foi e ainda é, psicologicamente, um mecanismo de defesa. Se nem tudo são flores, ocultem-se os espinhos. Curitiba chegou à situação em que hoje se encontra em consequência de um esquecimento. O avanço ecourbanístico das últimas décadas do século XX passou ao largo da questão social. Foi por conta desse esquecimento que Curitiba ficou em quarto lugar no *ranking* das capitais brasileiras com maior número de moradores de rua. A industrialização, o crescimento demográfico e a migração do campo para a cidade (provocada pela mecanização da produção agrícola e, acidentalmente, pelas geadas que arrasavam os cafezais de Londrina — assim batizada, pelos ingleses que a fundaram, em homenagem a Londres —, para culminar na "geada negra" de 1975) acentuaram problemas. "Na Curitiba do começo do século XX não há bairros operários, nem conjuntos de cortiços tomando áreas centrais, muito menos um setor industrial; a maioria dos trabalhadores não qualificados está nas colônias, à espera de uma oportunidade na cidade" (Arturo). Com a industrialização e o aumento populacional, a situação é outra. Bairros operários se formaram em torno da Cidade Industrial de Curitiba. Viu-se o avanço da periferia sobre regiões de risco, próximas a mananciais. O crescimento de loteamentos clandestinos. E a expansão das favelas, que se formaram em inícios da década de 1960, para aumentar no decênio seguinte. Em suma: com a modernização, a segregação se impôs.

A "qualidade de vida" não era para todos. O centro se converteria numa supervitrine, com seu espaço público destinado mais à apreciação do que ao uso. Ou num imenso e excludente *shopping center*, atraindo a ira de gangues juvenis. Em *Curitiba e o Mito da Cidade Modelo*, Dennison de Oliveira escreve: "toda e qualquer leitura atenta das representações contemporâneas desta cidade permite perceber a mistificação que as permeia. Uma análise objetiva das reais condições da malha urbana e dos méritos — supostos ou reais — das realizações operadas pelos planejadores urbanos desde os anos [de 19]70 irá se deparar com inúmeras manifestações e fenômenos de todo incompatíveis com a imagem que se projeta da cidade. Dessa forma, não se pode deixar de notar que as representações oficiais da cidade são extraordinariamente parciais, enfocando em demasia alguns aspectos, desconsiderando outros e praticamente ignorando as manifestações que contradigam a positividade do cenário". Mas o problema é que tais representações não são meramente oficiais. Foram incorporadas por todos, numa cidade que exibe, como poucas, uma forte dose de culpa social, traduzindo-se em filantropia. Os curitibanos detestam ouvir críticas. É difícil dizer a eles que Curitiba não é o país das maravilhas. O discurso hegemônico, ao se tornar discurso curitibano, modo da cidade falar de si mesma, criou uma couraça difícil de atravessar. Como discutir a necessidade de desfavelizar Curitiba, se a cidade, apesar do Parolim e de núcleos similares, insiste em dizer que não tem favelas, mas "vilas"? Os próprios favelados negam que vivem em favelas, como se elas deixassem de existir sob a etiqueta de "vilas", num surrado passe de magia nominalista. No entanto, os assentamentos populares precários — com barracos, gente miserável, esgotos correndo pelo meio de ruas de barro — estão lá. A segregação é um fato.

Na produção moderna de nosso ambiente construído, cresce a exclusão. A segregação dos pobres já não gera enclaves no tecido urbano, como aconteceu no início da história das favelas do Rio. Enclaves, hoje, são os bairros ricos. *Clusters* de abundância e desperdício, ilhados num mar de pobreza e privação. O mundo rural, por sua vez, como espaço de atraso ou autenticidade, já saiu de cena. No século XX, a fantasia de que estava concentrado no campo o que existia de autenticamente nacional ainda conheceu muitos cultivos. Da arquitetura "neocolonial", retomada fraudulenta do modelo da casa-grande patriarcal em contexto urbano e mesmo industrial, à chamada "música de protesto", com uma chuva de violas e violeiros tematizando secas literais e metafóricas. Da enchente da literatura "regionalista" a criações do "cinema novo", numa linha que se estendeu a filmes de Glauber Rocha e Nelson Pereira dos Santos. Mas, no século XXI, o horizonte é outro. Durante a primeira metade do século XX, a literatura regionalista, a ficção social nordestina, podia tratar de realidades que lhe eram contemporâneas. Hoje, é difícil — viveria de produzir, principalmente, novelas e romances históricos. A realidade de que se nutriu o regionalismo deu lugar a tratores e colheitadeiras. Às experiências científicas inovadoras da Embrapa. E o computador chegou ao curral. O campo foi e continua sendo tecnologizado. Está, cada vez mais, *high tech*. E exporta montanhas de grãos para o mundo inteiro. Como a soja, que, nos dias de Euclydes da Cunha e Graciliano Ramos, nem sequer era plantada por aqui — e duas mulheres tiveram parte importante nesta história: Patrícia Galvão (Pagu), que, a pedido de Raul Bopp, conseguiu na Manchúria as primeiras sementes que chegaram a nós; e a agrônoma Johanna Döbereiner, responsável maior pelo sucesso da soja no Brasil, ao adaptá-la à produção no cerrado. Euclydes ficaria perplexo com o vale do São Francisco produzindo uvas, graças à tecnologia da irrigação. Com um sertão de antenas parabólicas e *lan houses*. Enfim, o campo já não é mais criação de Deus. E cidades vêm crescendo e nascendo em suas extensões. Cidades que, como as do litoral, também se fazem de fascínio e dor.

6.
CIDADE E MIGRAÇÕES

I

Somos todos imigrantes. As terras que hoje formam o Brasil não viram nascer um povo autóctone. Todos os que aqui chegaram, vieram de fora. Sabemos o dia e a hora em que os portugueses botaram os pés, pela primeira vez, nesta parte do mundo. Sabemos que africanos começaram a desembarcar em nossas praias ainda em meados do século XVI. O caso dos índios é mais complicado. Datas variam, mas o certo é que também não nasceram aqui. E, ao que tudo indica, a terra atualmente brasileira foi habitada, antes deles, por grupos negroides, como o de Luzia, em Minas Gerais. Além disso, ocorreram migrações internas em nosso espaço. Os tupis, por exemplo, não eram originalmente litorâneos. Migraram para a beira do mar. Mas foram esses grupos — vindos de terras orientais, de Portugal, do continente africano — que deram forma ao povo brasileiro, nas dimensões genética e cultural. Daí que já se tenha feito uma distinção entre migrações primárias e secundárias.

Antropologicamente, primárias foram as migrações que, entre os séculos XVI e XVIII, desenharam a fisionomia básica de um povo novo, gerado nas encruzilhadas do caldeamento entre negros principalmente bantos, índios predominantemente tupis e europeus maioritariamente portugueses. Considera-se que etnias arribadas depois de um povo já configurado constituam as migrações "secundárias". É uma distinção razoável, para efeitos didáticos. E para a melhor compreensão de nossa formação histórica, social e cultural. Hoje, por exemplo, ninguém separa a Bahia de seus orixás. Mas esses deuses de origem africana não existiram, no Brasil, antes do século XVIII. Foram trazidos, só a partir de então, por grupos iorubás. Ainda aqui, cabe mais uma distinção. Entre as migrações secundárias, algumas foram voluntárias. Outras, compulsórias. No primeiro caso, embora muitas vezes fossem praticamente expelidas de suas terras de origem, as pessoas não eram vendidas como escravos — e, em princípio, podiam escolher o lugar para onde ir. No segundo, como aconteceu com jejes e nagôs, não havia escolha. Uma outra observação é que as migrações secundárias voluntárias, entre os séculos XIX e XX, com suas levas imigrantes de italianos, japoneses, alemães, judeus, poloneses, etc., etc., não se distribuíram uniformemente no território brasileiro. Embora judeus marroquinos tivessem tomado o rumo da Amazônia, fazendo surgir em Belém a primeira comunidade judaica do Brasil — e, aí por volta de 1820, Salvador contasse com *una piccola colonia* formada, em sua maioria, por mercadores vindos de Gênova —, as correntes imigratórias, no período citado, se concentraram quase totalmente em São Paulo e no sul do país. A estabilidade da história etnodemográfica da capital baiana é um fato. A de São Paulo, ao contrário, é um tumulto. Se, ainda no século XVIII, São Paulo falava principalmente tupi, a caminho do final do século XIX passou a falar principalmente italiano. Espantoso, por isso mesmo, que hoje seja cidade tão brasileira — e tenha modificado, inclusive, nesse processo, o que entendemos por "brasileiro". Lembre-se, por fim, que a presença de italianos e judeus data dos primeiros passos da colonização portuguesa do Brasil, no século XVI. A Bahia de Todos os Santos foi assim batizada, em 1501, por um italiano — Amerigo Vespucci. E uma das filhas de Diogo Caramuru e Catarina Paraguaçu se casou com Paulo Adorno, cujo pai era italiano. O casal teve filhos. O que significa que netos da dupla Caramuru-Paraguaçu tinham ascendência italiana — e bem próxima. Judeus, também, compareceram na manhã mesma de nossa história. Eram os cristãos-novos. Suspeita-se, aliás, que o próprio Caramuru tenha sido cristão-novo de Viana do Castelo, o que não é improvável. O basco Anchieta descendia de judeus. Assim como a judeus se filiava Raposo Tavares.

São Paulo conheceu, também muito cedo, a presença de espanhóis. Houve intensa integração entre lusos e castelhanos na região de São Vicente e Piratininga, de inícios do século XVI a fins do século XVII. Os contatos eram de tal ordem que Thomé de Sousa chegou a proibir o trânsito de pessoas e embarcações entre São Vicente e Assunção do Paraguai. Mas o curso dos fatos jogou por terra a interdição. Em 1580, Portugal e sua colônia caíram sob domínio espanhol. Com isso, espanhóis passaram a frequentar, em ainda maior número, aquelas terras. E a nelas se fixar e viver. Apenas em 1640, Portugal iria recuperar sua autonomia. O que significa que São Paulo atravessou seis décadas de franca e livre mestiçagem ibero-ameríndia, com forte repercussão na vida paulistana de então, reduzida a um arraial rústico e mínimo, que, ao apagar das luzes do século XVI, possuía menos de duzentas moradias e cerca de 1.500 habitantes, segundo as contas de Theodoro Sampaio, em *São Paulo no Século XIX*. Repercussão genética, técnica, estética, linguística — a começar pela própria expressão *bandeira*, que é de origem espanhola (mesmo *garoa* parece derivar do peruano *garúa*). E aquele foi um tempo agitado nos campos de Piratininga. Com a chegada de mais duas ordens religiosas: a dos carmelitas, que construíram ali sua igreja e convento, e a dos beneditinos, com seu mosteiro. Nessa mesma época, projetaram-se bandeiras e bandeirantes. E conta-se que o filho de um espanhol de Sevilha, Amador Bueno, numa armação separatista da espanholada local, chegou a ser aclamado rei da cidade rebelde, mas recusou o título. Tanta era a intimidade de lusos e castelhanos na região de Piratininga e nas terras sulinas que — lembra-nos Sérgio Buarque, em *Visão do Paraíso* — surgiu até um pitoresco projeto de introduzir a criação de lhamas em São Paulo. A presença espanhola ainda fez sentir seu influxo na arquitetura, assunto estudado por Aracy Amaral em *A Hispanidade em São Paulo*. Influxo visível na fachada da casa rural paulista. Em sua monumentalidade ou "majestade tipicamente espanhola". Na planta regular, simétrica, em torno de um espaço central. Nos corredores fronteiros e posteriores com pilares em madeira entalhada — coisa "absolutamente singular no contexto construtivo do território hoje do Brasil", mas comum em Santa Fé, Corrientes, Santa Cruz de la Sierra, diz a estudiosa. Para também sublinhar a clara identidade da Capela de Santo Antonio, em São Roque, interior de São Paulo, com capelas rurais argentinas.

Apesar da antiguidade de judeus, espanhóis e italianos entre nós, podemos manter o rótulo de "migrações secundárias" para os que vieram depois. Eles são outros. Que elo resiste entre a absorção de Paulo Adorno na aldeia quinhentista do Caramuru e a implantação das Indústrias Reunidas Francisco Matarazzo, na São Paulo do século XX? Ou entre o criptojudaísmo quinhentista-seiscentista e a formação de sinagogas oitocentistas como a Shaar Hashamaim, no mundo amazônico, e a Shel Guemilut Hassadim, na orla do Rio? Correu um longo tempo entre o desembarque de cristãos-novos na Bahia e a entrada de judeus marroquinos na Amazônia. E não há um vínculo entre uma onda e outra. Os cristãos-novos, mostrou-nos Anita Novinsky em *Cristãos-Novos na Bahia*, aderiram à sociedade que também construíam: "O cristão-novo no Brasil apresenta algumas características extremamente interessantes e que o distinguem nitidamente dos cristãos-novos que emigraram para os países do norte da Europa ou para o Levante. Miscigenou-se com a população nativa, criou raízes profundas na nova terra, integrando-se perfeitamente na organização social e política local". Cristãos-novos foram senhores de engenho, negociantes, burocratas, artífices, bacharéis, boticários, lavradores, religiosos, etc. E seu processo assimilatório "cumpriu-se de modo mais integral entre os grupos sociais extremos". Os que atingiam as posições mais altas na hierarquia social, casavam com cristãos-velhos. Os mais pobres, não raro, mesclavam-se com negros e índios. Em qualquer dos casos, prevaleceram a assimilação e a mistura. E, no tempo, a dissolução de referenciais judaicos mais nítidos. Não há uma linha contínua que ligue aqueles cristãos-novos aos sefaradis que vieram, séculos mais tarde, do Marrocos, criando as sinagogas de Belém do Pará. Desse ponto de vista, *secundária* foi também a migração lusa que acompanhou ou seguiu a vinda de João VI para o Brasil. Porque, para os brasileiros da época, aqueles portugueses não deixavam de ser estranhos. Estrangeiros. E o que nos interessa aqui são as migrações secundárias. Sua repercussão na história e na vida urbanas do Brasil. Mas não pretendo fazer uma análise sistemática da matéria. Apenas, passear um pouco pelo assunto.

II

Migrantes vieram para as Américas, entre meados do século XIX e meados do século XX, pelos mais variados motivos. Muitos viajaram porque sua terra natal havia se tornado expulsiva. Alguns, em busca de fortuna no lado ocidental do Atlântico. Outros, porque foram contratados como técnicos ou mercenários por governos americanos. E ainda outros, simplesmente para salvar suas vidas, de judeus que fugiram do nazismo a empresários chineses fazendo as malas diante do avanço final da revolução maoísta. Encontramos todos esses tipos no Brasil. Japoneses e alemães incultos e pobres atrás de terra e trabalho. Italianos deslocando-se para o sul, a fim de realizar o sonho da terra própria. Judeus em busca de riqueza nos tempos fortes da exploração de borracha na Amazônia. Chineses pensando em fazer fortuna e voltar — ou fugindo da instauração do comunismo na China. E, do mesmo modo que viajavam por motivos variados, variavam as razões na escolha do porto onde desembarcar. Entre os fatores de atração, pesaram coisas tão distintas quanto a existência de incentivos imigratórios, a situação política, as condições econômicas, o clima, a existência de parentes já fixados neste ou naquele lugar. Também neste passo, tal conjunção de fatores atuou variavelmente na escolha do Brasil por grupos imigrantes (e de lugares dentro do Brasil: um ucraniano se sentiria muito mais confortável, ambientalmente, entre as araucárias de Santa Catarina do que sob o sol de Teresina). Financiamento da viagem. Estímulos fundiários. Momentos de liberdade política, ainda que relativa. Crescimento econômico gerando oportunidades, de que São Paulo foi exemplo maior. Abertura súbita de um horizonte de riquezas, como a que atraiu japoneses e judeus para os seringais amazônicos. E, claro, tolerância religiosa — que, em nosso caso, tem seu primeiro marco oficial na política pombalina, que não só pôs fim à distinção formal entre cristãos-velhos e cristãos-novos, como trouxe alguns destes para o círculo do poder. E daí à primeira constituição imperial, que garantiu a liberdade de religião.

Mas é preciso observar como o Brasil via os imigrantes — e como os imigrantes viram o Brasil. O Brasil — vale dizer, naquele momento, a elite política, intelectual e econômica — de alguma forma se dividiu, ainda em tempos imperiais, diante da movimentação migratória. Ela significava uma coisa para a burocracia imperial e os intelectuais, mas representava outra para os fazendeiros do café e os grandes comerciantes. Os primeiros pensavam na dimensão civilizatória. Os segundos, no plano da produção e do lucro. Os primeiros divisavam, no fim do regime escravista, a possibilidade de atrair trabalhadores europeus para cá, promovendo uma elevação do nível técnico e cultural do país — e o branqueamento de sua população. Era a grande oportunidade de civilizar o Brasil. Fazendeiros e comerciantes não estavam lá muito preocupados com processos civilizacionais, mas com a necessidade de encontrar substitutos para os escravos que começavam a escassear nas plantações. Queriam trabalhadores rurais, não importando sua origem, nem sua cor, desde que fizessem as fazendas funcionar, e assim girassem as operações exportadoras. Estavam em campos opostos, portanto, o poder político-intelectual e o poder econômico. Em "Caras e Modos dos Migrantes e Imigrantes", Luiz Felipe de Alencastro e Maria Luiza Renaux situam, em termos amplos, o problema: "A questão do trabalho desembocava em cheio na questão nacional, no projeto sobre o conjunto de famílias, de vidas privadas, que formaria a futura vida pública brasileira: no reverso do debate sobre a imigração desenhava-se o debate sobre a nacionalidade. [...] Desse modo, o antagonismo entre os interesses dos fazendeiros e os da burocracia imperial pela imigração reportava-se tanto ao presente quanto ao futuro do Império: qual povo virá? que sociedade resultará? Para os fazendeiros, o fim do tráfico negreiro podia acarretar apenas um 'amarelecimento' dos trabalhadores das fazendas: em vez dos negros seriam os chineses que pegariam na enxada. [...] Para os altos funcionários imperiais, o fim do contrabando negreiro abria, ao contrário, a oportunidade tão esperada de 'civilizar' o universo rural e, mais ainda, o conjunto da sociedade, reequilibrando o povoamento do território em favor da população branca. [...] Tal povo, tal nação. O assunto atravessa todo o debate político brasileiro da Independência até à Revolução de 1930, e impregna muitas das grandes e pequenas obras literárias e ensaísticas brasileiras".

Já a visão que os imigrantes tiveram do Brasil abriu-se num leque razoável. A depender, inicialmente, do móvel de sua vinda. E, em seguida, das relações sociais aqui entretidas. Mas também da qualidade do solo, da circunstância climática, da capacidade cultural de apreciação das paisagens tropicais. Em "Integração Cultural dos Imigrantes Chineses no Brasil", David Jye Yuan Shyu e Chen Tsung Jye escrevem: "Os primeiros imigrantes chineses eram, na sua maioria, constituídos por homens solteiros, cujo objetivo, seguindo a tradição, era trabalhar e procurar acumular riquezas, para depois retornar à terra natal com muita glória". Mentalidade que se expressava em algumas expressões idiomáticas, a exemplo de *yijinhuánxiang*: "retorno à terra natal com traje de seda — muita riqueza e glória". Para além de todas as suas dificuldades idiomáticas, de todo o estranhamento cultural, aqueles chineses não estavam aqui para se imiscuir na vida brasileira, nem para se deixar encantar pelo país. O Brasil, para eles, possuía um caráter meramente instrumental. Não passaria de um lugar onde poderiam juntar dinheiro, antes de regressar à casa de seus pais. Diverso foi o caso dos judeus, que, em grande parte, vieram para ficar. Como a família da judia polonesa Sara Zingerevitz, que aqui chegou em 1923, de acordo com seu depoimento em *Passagem para a América: Relatos da Imigração Judaica em São Paulo*. Sara conta que sua família não veio para cá por problemas econômicos ou por antissemitismo, mas porque seu pai, depois de ter sido soldado na Primeira Grande Guerra, não quis mais saber de vida militar. Para não ser julgado, migrou. Foi para São Paulo, abriu uma loja. Mas, diz Sara, "quando havia aqui a depressão, em 1929, as coisas não estavam bem. As coisas eram difíceis. Meus avós queriam que nós voltássemos [...] e minha mãe disse: 'Eu adoro o Brasil, eu só posso voltar a passeio, mas desse país eu não saio!'. Minha mãe não quis voltar". Já para Bertha Kogan, judia nascida em Iedenitz, na Bessarábia, o Brasil era um país onde havia muito sol e nenhum *pogrom*. "Aqui eu nunca tive a sensação de perseguição", diz. Mas houve os que sentiam, naquela década de 1920, a existência de algum preconceito. Regra geral, no entanto, os imigrantes judeus, em seus depoimentos, dizem ter encontrado no Brasil um lugar mais tranquilo e menos preconceituoso. Um espaço convivial, onde não eram vítimas de discriminações e preconceitos raciais.

É certo que preconceitos e estereótipos — como o da fixação judaica na vida urbana e no jogo monetário, ao lado de sua indisposição para o trabalho agrícola, num momento em que o Brasil carecia de lavradores — existiam. Além disso, os ideólogos do branqueamento não viram com bons olhos a imigração de amarelos e judeus, encarados, também estes, como não brancos. Mas ventos adversos impressionavam bem menos os imigrantes judeus do que o bom trato pessoal e social dos brasileiros. Houve, no entanto, momentos tensos — em especial, na época do Estado Novo. Mas as coisas seguiram seu curso mesmo durante a ditadura varguista. A barra só pesou de fato, nesse período, para os japoneses. Dois textos incluídos em *Os Judeus no Brasil*, organizado por Keila Grinberg, abordam esses temas. Em "Um Mundo em Movimento: a Imigração Asquenaze nas Primeiras Décadas do Século XX", Flávio Limoncic escreve: "Um país estranho, quente, povoado por pessoas em geral gentis, muitas delas negras, e de onde o preconceito antijudaico parecia ausente. Essas foram as mais marcantes impressões iniciais de muitos dos imigrantes judeus que aportaram nas cidades brasileiras. [...] E, de fato, os judeus encontraram no Brasil um ambiente marcado pela ausência de antissemitismo, ao menos daquele caracterizado como um conjunto de práticas ou discursos que afetam a qualidade de vida dos judeus e a própria convivência social, ou que influenciam negativamente suas chances de mobilidade social. Até por contraste, como logo notou Fuchs, o Brasil não era a Polônia [assim como não tivera nada de parecido com a França, na época do caso Dreyfus, lembraria Keila] e, para Leo Epstein, imigrante alemão chegado à Bahia em 1936, onde foi recebido por seu irmão alegremente abraçado a dois estivadores negros, muito menos a Alemanha nazista". Em resumo, "a experiência cotidiana da maioria dos judeus que aportaram nas cidades brasileiras teve como um de seus traços um sentimento de profunda mudança, e alívio, em relação às suas experiências anteriores. No Brasil não havia *pogroms*, tampouco a discriminação ou a humilhação pessoal por um gesto ou uma palavra era uma vivência do dia a dia". De passagem, Limoncic adianta que, apesar da circular secreta do Ministério das Relações Exteriores, proibindo a entrada de pessoas de origem semita no país, cerca de 25 mil judeus emigraram para cá, entre 1933 e 1942. E que, graças "às contradições" da ditadura (aos paradoxos brasileiros, seria melhor dizer), "judeus participaram da administração estado-novista em diversos escalões". Em *O Brasil e a Questão Judaica*, Jeffrey Lesser tocara já nessa tecla, observando ainda que os estereótipos do judeu, condenados na década de 1920, passaram a ser vistos como positivos por alguns membros do governo, na década seguinte: "Os judeus eram considerados não brancos e incompatíveis com a política de branqueamento racial do Brasil e, simultaneamente, vitais para o desenvolvimento econômico do país".

Em "Cotidiano, Imigração e Preconceito: a Comunidade Judaica nos Anos 1930 e 1940", de Roney Cytrynowicz, depois da anotação de que a "questão judaica" ganhou visibilidade no jogo político do Estado Novo, lemos: "A interpretação que vê exclusivamente preconceito e perseguição, presente na memória do grupo e em estudos sobre imigração, tem seguido uma tendência na historiografia e nas ciências sociais brasileiras de compreender a história predominantemente a partir da ação do Estado, de suas leis e de sua ideologia, o que é insuficiente na perspectiva da história social. O estudo da imigração, do cotidiano e da cultura popular propicia uma visão diferente da que se tem quando se estuda o caráter do Estado e de sua ideologia. Embora o discurso oficial entre 1937 e 1945 fosse próximo ao fascismo, a sociedade não acompanhou essa direção, a cultura oficial não suplantou a cultura popular e a mobilização patriótica não arregimentou a população, nem mesmo durante a guerra". Mais: "A história dos judeus no Brasil é muito mais complexa e multifacetada do que a história do antissemitismo no país e não se pode subordinar a primeira à segunda. A chocante manifestação do antissemitismo nos anos 1930 e 1940 no Brasil não deve obscurecer a sólida e bem-sucedida inserção da imigração judaica em São Paulo, no Rio de Janeiro e em outras capitais e cidades do interior do país". A pregação antissemita da Ação Integralista Brasileira (AIB) não só não ganhou as massas, como "não há registro de que esse preconceito tenha ultrapassado a fronteira para manifestar-se em ações abertas e violência contra a população judaica do país. Em que pesem os poucos estudos dedicados à AIB, não há até o momento conhecimento de incidentes que tenham implicado violência física direta contra membros do grupo, embora os choques entre integralistas e militantes comunistas tenham deixado mortos e dezenas de feridos em mais de um confronto público". E ainda: "O antissemitismo tem importância apenas relativa nas preocupações dos judeus no país nos anos 1930 e 1940. Ele está longe de ser ausente, mas igualmente longe de ser uma preocupação dominante, de ser um eixo em torno do qual se aglutinaram discussões e ações, mesmo levando-se em conta a férrea repressão da ditadura Vargas e o clima sombrio da Segunda Guerra Mundial". Os judeus continuaram tocando o barco, e a rica vida institucional da comunidade seguiu seu curso. Ou antes: tornou-se especialmente intensa. Diversas entidades judaicas foram fundadas em São Paulo nesse período. O nacionalismo e a xenofobia anti-imigrantista não bloquearam o fluxo das coisas. "Os anos 1930 e 1940 são anos de intensa inserção dos grupos étnicos/imigrantes na vida institucional, social, econômica e cultural e também período de intenso nacionalismo e chauvinismo. É preciso lidar com essas duas facetas e, ao mesmo tempo, com as diferenças entre os grupos imigrantes. A marca da cultura, da sociedade e da economia imigrante era central na capital paulista, metrópole de imigrantes que se forjou junto com a cultura caipira. Pode-se dizer que, do ponto de vista cultural, ideológico e político, o discurso xenófobo teve pouco eco entre a população da cidade", observa Cytrynowicz.

O caldo engrossou mesmo foi para os amarelos. A maior parte das elites brasileiras sempre vira com péssimos olhos a imigração asiática. Já ao tempo do fim da escravidão, eram os "chins", os *coolies*, considerados superiores aos pretos, mas inferiores aos brancos. Amarelos que em nada contribuiriam para o aprimoramento genético e cultural do Brasil. Comprometeriam, antes, nosso futuro nacional. Japoneses e chineses, tanto fazia. Para não falar do "perigo amarelo", da fantasia que via o "imperialismo japonês" arquitetando a ocupação do mundo pela imigração, tema tão presente no romance *A Revolução Melancólica*, de Oswald de Andrade. Cytrynowicz, aliás, observa que, no caso dos imigrantes nipo-brasileiros, o discurso racista das décadas de 1930 e 1940 descambou em perseguição aberta. "Nenhum outro grupo de imigrantes e seus descendentes foi tão intensamente atingido com a entrada do Brasil na guerra ao lado dos aliados. Foram os imigrantes japoneses o epicentro da política racista do governo Vargas. Não se trata apenas de uma diferença de proporção ou intensidade em relação a outros grupos. O racismo antijaponês era intenso no núcleo ideológico do Estado Novo e entre parte das elites brasileiras desde pelo menos os anos 1920. A guerra, o alinhamento do Brasil com os Estados Unidos, especialmente após o ataque do Japão a Pearl Harbor em dezembro de 1941, e o panamericanismo, definiram uma conjuntura internacional que fez irromper esse racismo em violentas políticas discriminatórias na cidade de São Paulo e no interior do estado", escreve ele. E exemplifica: "A maior operação contra os imigrantes nipo-brasileiros foi a expulsão da cidade de Santos, litoral paulista, iniciada no dia 8 de julho de 1943. Em apenas seis dias foram retiradas do litoral para a capital cerca de 7 mil pessoas, deportados para o interior os que não tinham parentes ou amigos na capital. A suposta ameaça de submarinos japoneses foi o pretexto oficial para expulsá-los do litoral". Na cidade de São Paulo, as perseguições prosseguiram.

De qualquer modo, numa visão panorâmica, o que vemos é a afirmação, a projeção e a ascensão social dos imigrantes. Entre os italianos, em primeiro lugar. Já no final do século XIX, destaca-se o empresário Siciliano, com sua vistosa *villa* na Avenida Paulista. Os imigrantes italianos não apenas ascendiam socialmente, como geravam riquezas. Industriais como Matarazzo e Crespi figuravam na linha de frente do segmento mais próspero da elite paulista. O símbolo mais visível e espetacular — ou espetaculoso — desta ascensão dos italianos foi a construção do edifício Martinelli, no final da década de 1920. Naquela época, no dizer de Candido Malta Campos, "as capitais sul-americanas muniram-se de prédios-símbolo, protagonizando uma verticalização pioneira de profunda ressonância no imaginário urbano, que precederia em algumas décadas a disseminação efetiva da ocupação vertical por toda a cidade". Eram os arranha-céus da América do Sul, sinalizando o novo *status* em que ingressavam as metrópoles continentais. Buenos Aires construiu o seu. Montevidéu, também. O Brasil se atrasou na corrida. Mas, antes do final da década, o Rio exibiria seu prédio-símbolo na Praça Mauá. E São Paulo viria com os 25 andares do Martinelli, fruto e signo da riqueza imigrantista. Malta Campos: "Em São Paulo, a iniciativa da construção do arranha-céu-símbolo partiu de um imigrante italiano residente no Rio de Janeiro, o comendador Giuseppe Martinelli. Tendo feito fortuna no comércio exportador e importador, passando depois para a navegação (fundou o Loide Brasileiro), seu nome emblematizava o intercâmbio econômico e demográfico entre o Brasil e os centros internacionais. No início dos anos 1920 Martinelli propôs-se a celebrar sua própria trajetória em um edifício que combinaria uma grande operação imobiliária com a elevação simbólica da riqueza imigrante ao ápice do perfil urbano de São Paulo". Um prédio espaventoso, *kitsch*, que "anunciava a projeção de São Paulo como força autônoma no continente", detonando a volumetria da cidade.

 Cidades brasileiras não simplesmente assistiam à, mas também se formavam pela chegada e ascensão de outros agrupamentos migratórios. A ascensão social judaica, por exemplo, vai-se dar, em especial, da década de 1950 em diante. Mas já vinha engatilhada. Uma ascensão planejada para acontecer coletivamente. Com conexões comunitárias informais. Mas, sobretudo, através da montagem de uma rede institucional — com entidades assistenciais, pedagógicas, médicas, creditícias, culturais, esportivas, etc. —, destinada a conduzir o imigrante à melhor situação possível na escala social. Com isso, aqueles milhares de judeus errantes teriam pousos certos. E esses tipos de organização etnocomunitária, voltadas para providenciar meios de amparo e inserção social de seus membros, não foram um traço peculiar da imigração judaica. Mas uma característica geral da conduta migratória. Os japoneses — que, antes da Segunda Guerra Mundial, viviam quase todos em terras interioranas — contavam com suas *nipponjinkais*, associações étnicas. Em *Universo em Segredo: a Mulher Nikkei no Brasil*, Tânia Nomura informa: "O local onde [os japoneses] se reuniam para a troca de informações de interesse comum, como educação dos filhos, técnicas de cultivo e criação de animais, problemas de saúde, etc., era chamado *nipponjinkai* (associação de japoneses). Com a prosperidade econômica dos imigrantes e núcleos coloniais, os *nipponjinkais* foram se formalizando, ao mesmo tempo em que se erguiam comunitariamente os *kai-kans* (sede de associações)". E assim como os judeus contavam com a policlínica Linath Hatzedek, os nipônicos tinham, desde 1939, o Hospital Japonês de Beneficência. Já os okinawanos, no período do pós-guerra, de acordo com Koichi Mori, trocaram a "estratégia dekasségui" pela disposição para se estabelecer no novo país, "formulando uma nova identidade étnica, conhecida como *uchinanchú* — okinawanos do Brasil". E lutaram para avançar socialmente, no sentido de fazer parte da classe média urbana. Os chineses também ascenderam, passando do trabalho em restaurantes e lavanderias ao trabalho em clínicas médicas ou empresas de engenharia. E os alemães já vinham ascendendo há tempos. Em Blumenau, Hermann Hering e sua família implantaram uma indústria têxtil, a primeira malharia de Santa Catarina, em 1880. E todas estas comunidades tinham escolas para ensinar a língua materna aos filhos da imigração.

III

É o momento então de perguntar sobre o aspecto crucial da incorporação ou integração social e cultural dos imigrantes. Aqui, como era de esperar, os cursos foram claramente distintos. Não só pelas diferenças dos grupos entre si, mas também por mais sutis e menos conhecidas distinções intragrupais. Um grupo imigrante não é, necessariamente, uma entidade homogênea. Basta pensar nas distinções regionais e nos fracionamentos ideológicos da comunidade italiana, por exemplo. O que se tinha ali não era exatamente uma "comunidade", mas tribos em disputas intestinas. Em São Paulo, eles não só se distribuíram por bairros de acordo com as comunidades geoculturais a que pertenciam na península itálica (calabreses se assentaram preferencialmente no Bexiga; os vênetos, no Bom Retiro, onde também havia muitos judeus; os napolitanos, no Brás, "o bairro italiano por excelência"), como se segmentaram num espectro ideológico que foi dos extremos do anarquismo aos do fascismo. E nenhum desses bairros foi exatamente "italiano". O espaço urbano da capital paulista nunca apresentou segmentações mononacionais. Eram ruas e praças compartilhadas por todos. E por ali sempre andaram etnias diversas, passeando entre si olhares múltiplos. Mas, se os italianos apresentavam compartimentações regionais e fissuras ideológico-filosóficas, ou se os judeus se dividiam entre ibéricos e nórdicos, o caso japonês foi ainda mais agudo. Tratamos os que vieram do arquipélago nipônico como se formassem um só grupo étnico. Mas eram dois — e bem distintos entre si: o japonês e o okinawano. Okinawa podia se submeter politicamente aos ditames de Tóquio. Mas, culturalmente, não abria mão de suas diferenças.

Em artigo para o *Estado de S. Paulo*, Jorge Okubaro escreveu: "Okinawa foi um reino independente até 1609. Nesse ano, a ilha foi invadida por tropas do feudo de Satsuma, que ocupava a região da atual província de Kagoshima, no extremo sul de Kyushu, a mais meridional das quatro ilhas principais do arquipélago japonês. Satsuma exerceu um domínio disfarçado sobre Okinawa, com a preservação formal do trono real okinawano, pois não queria despertar a ira do império chinês, a potência política e militar do Extremo Oriente. O domínio de Satsuma durou até 1879, quando Okinawa se tornou província do Japão. Essa condição foi mantida até 1945, quando a ilha passou a ser controlada pelas forças norte-americanas. Só em 1972 voltou a fazer parte do Japão". Ainda Okubaro: "Essa curta história de Okinawa ajuda a esclarecer um pouco as diferenças entre os okinawanos e os outros japoneses. Os brasileiros não sabiam dessas diferenças e tratavam os okinawanos como tratavam os demais japoneses. Mas os japoneses sabiam e tratavam os okinawanos como... okinawanos". E eles não eram bem vistos pelos japoneses. Tinham seus próprios costumes e falavam sua própria língua, o uchinaa-guchi. E assim eram como que obrigados a ter, quase à maneira dos judeus, uma espécie de tripla identidade. Aprendiam português na escola formal; japonês, nas escolas da comunidade nipônica; e uchinaa-guchi, em casa. Mas o que importa sublinhar é que okinawanos não eram japoneses. E foram quase a metade dos primeiros "japoneses" que desembarcaram no Brasil. No fim da década de 1910, houve restrições à sua imigração. Para que um "japonês" descesse aqui, tinha de falar japonês (que não era a língua okinawana), e as mulheres casadas não podiam trazer tatuagem na mão, coisa que, entre os nipônicos, só as mulheres de Okinawa faziam. Aqui chegados, os okinawanos se viam obrigados a se esquivar dos preconceitos da própria colônia japonesa, onde eram discriminados. Okinawa, na verdade, é uma parte especial do Japão. Seu clima é tropical, sem invernos frios. Suas praias, cálidas. Sua gente, informal e festiva. Eles mesmos se definem, no espaço brasileiro, com referência à Bahia. A antropóloga Célia Sakurai observa que os okinawanos estão mais para baianos que para paulistas. "As pessoas são mesmo muito mais soltas, afetivas, comunicativas", diz, completando: "Na época do xogunato, o Japão era fechado. Mas Okinawa era um reino independente, com muitas misturas, um lugar muito mais cosmopolita". Até seus tambores batem diferente. Não têm a solenidade religiosa dos japoneses. "Lembra o Olodum", compara Tatsuo Sakima, okinawano que hoje é professor em São Paulo e já esteve três vezes na terra de seus pais.

Mas, se os brasileiros não souberam reconhecê-los, em sua especificidade asiática, a culpa correu principalmente por conta deles, que sempre formaram um celeiro de políticos de expressão regional e nacional, jamais preocupados em se distinguir em meio aos "japas".

É relevante reter o sentido da informalidade okinawana. Mas, além disso, diversos fatores podem pressionar no sentido da aceleração ou do retardamento da incorporação do imigrante à sociedade que o recebe. O primeiro e mais importante é a disposição grupal: queremos ou não fazer parte do processo construtivo desta sociedade, transformando-nos e transformando-a? Mas pesa, também, a questão linguística. A proximidade ou distância entre a língua do grupo que migra e a língua do país que hospeda — como o parentesco profundo entre as línguas portuguesa, espanhola e italiana, todas neolatinas. Afinal, foram soldados e comerciantes romanos que levaram o latim popular à península ibérica. E os italianos encontraram, aqui, não só uma língua familiar — mas uma língua para a qual tinham emprestado cerca de quatrocentas palavras. E fizeram paulistas falar como eles, em casos de sintaxe, pronúncia e prosódia. Mas não pretendo fazer aqui um rol desses fatores. Adianto apenas que, no processo de integração sociocultural, conta até mesmo — e muito — a abertura grupal a namoros e casamentos interétnicos. É curioso, aliás, ver a resistência a esse tipo de casamento por determinado grupo imigrante. Este muitas vezes se comporta como se o seu representante, na formação do par, vá se render culturalmente ao mundo prático e simbólico do cônjuge. Como se o casamento fosse uma transação unilateral — e não um processo transculturativo de mão dupla, ainda que assimétrico. Casamentos mistos não só abrem caminho à integração do imigrante, como despertam ou ampliam a sensibilidade dos demais com relação à cultura de seu grupo. Comunidades mais abertas à exogamia alargam seu campo de relações sociais e culturais. Comunidades obsessivamente endógenas, ao contrário, estreitam o espectro de possibilidades de inserção na sociedade envolvente. Esta importância social do casamento misto pode ser realçada numa comparação dos casos dos italianos e dos chineses, que só agora se vão abrindo um pouco mais para a exogamia. Estatísticas referentes à cidade de São Paulo informam que, entre 1934 e 1939, 71,3% dos italianos que se casaram o fizeram com moças brasileiras. E a maioria das moças italianas também se casou com brasileiros. Pretos, inclusive. "Entre todos os estrangeiros, os italianos representam o grupo que mais se integrou em termos de casamento", escreve Angelo Trento, em *Do Outro Lado do Atlântico*, informando que, ainda em inícios do século XX, causavam horror "as uniões com o elemento negro". Trento cita, a propósito, a "Relazione sui Servizi dell'Emigrazione per il Periodo Aprile 1907-Aprile 1908", do Comissariado Geral da Emigração: "A degradação não para nem diante da distinção de raça: não são incomuns os casamentos de italianos com negras e, o que é pior, de mulheres italianas com negros".

Outro aspecto a ser avivado é que boa parte de nossos imigrantes não se preocupou em entrar com pedidos de naturalização oficial. A vida se encarregou de naturalizá-los. Tudo parece concorrer para confirmar a visão de Vilém Flusser, judeu nascido em Praga, na *Fenomenologia do Brasileiro*. Retratando uma São Paulo anterior à década de 1970, Flusser diz que o imigrante se deparava, ao chegar ali, com uma massa urbana heterogênea e quase amorfa. Ao penetrar nessa massa, descobria um arquipélago, cujas muitas ilhas apareciam em processo de decomposição. "Toda ilha corresponde a uma sociedade europeia, ou a alguma sociedade do Oriente próximo e extremo, e é habitada por imigrantes dessas sociedades, seus filhos, e no máximo netos. As ilhas se diluem na massa que as banha e, se não se diluíram de todo, é por estarem ainda irrigadas por corrente migratória já em vias de secar atualmente". E mais: "O imigrante aos Estados Unidos não toma contato com a massa amorfa, mas com uma hierarquia, na qual os vários níveis correspondem à origem étnica do imigrante, e sua ordenação à data original da entrada de cada etnia, de forma que o nível superior é formado por anglo-saxões, e o inferior por porto-riquenhos. O conjunto dos níveis perfaz a população urbana americana, e a população urbana perfaz a grande maioria da população americana. Isto quer dizer que ser americano significa no fundo pertencer a um desses níveis. Pois todo nível, aberto para o seu país de origem, representa esse país na América e a América no país de origem. Portanto, esses níveis não se dissolvem (como o fazem as ilhas brasileiras), mas entram em toda a sua complexidade na síntese norte-americana. Por isso os Estados Unidos não são *melting pot* como o é o Brasil, e por isso exercem aquele poder assimilatório que os caracteriza. Porque, quando o imigrante chega, é recebido pelo nível correspondente, é imediatamente enquadrado nele, e torna-se americano automaticamente". De outra visada, Richard Morse nos diz: "Os bairros estrangeiros da cidade [de São Paulo] conservam todos certa medida de identidade. Estes bairros de modo algum são guetos. A concentração de nacionalidades é em grande parte devida a razões profissionais e econômicas. [...] Nenhum dos bairros estrangeiros contém a maioria dos habitantes da cidade da respectiva nacionalidade. As oportunidades crescentes para realizações econômicas e a capilaridade social dispersam mesmo os mais diferenciados e coesos grupos não latinos". As ilhas étnicas se dissolviam no mar de um povo novo.

São Paulo foi profundamente italianizada. E o Estado italiano via que perdia seus filhos para um mundo novo, que estes estavam construindo. "Um mineiro, ao visitar São Paulo em 1902, não pôde dominar seu espanto, e o historiador Aureliano Leite assim reproduziu suas impressões: 'Os meus ouvidos e os meus olhos guardam cenas inesquecíveis. Não sei se a Itália o seria menos em São Paulo. No bonde, no teatro, na rua, na igreja, falava-se mais o idioma de Dante que o de Camões. Os maiores e mais numerosos comerciantes e industriais eram italianos. Os operários eram italianos. [...] E Gina Lombroso Ferrero confirmava: 'Ouve-se falar o italiano mais em São Paulo do que em Turim, em Milão e em Nápoles, porque entre nós se falam os dialetos e em São Paulo todos os dialetos se fundem sob o influxo dos vênetos e toscanos, que são em maioria'", escreve Franco Cenni, em *Italianos no Brasil*. Angelo Trento vai pela mesma estrada: "A ausência de atritos significativos entre a emigração italiana e os elementos nativos, em grande parte, dependeu de dois dados de fato: a rapidez de assimilação dos italianos em relação ao novo ambiente e a facilidade com que o mundo brasileiro acolheu e fez próprios alguns dos hábitos e costumes trazidos pelo imigrante [...] não há dúvida de que a integração dos italianos na sociedade brasileira foi muito maior e mais veloz do que na sociedade norte-americana, por exemplo". Ainda Trento: "A velocidade de integração preocupava enormemente [...] os observadores da mãe-pátria e os representantes diplomáticos, que a assimilavam *tout court*, desaprovando a desnacionalização. Contra essa tendência de nada valiam as exortações e os apelos patrióticos dos representantes de um Estado que havia sempre deixado o emigrante entregue a si mesmo". Os italianos modificaram substancialmente as realidades socioculturais que encontraram pela frente. Mas se abrasileiraram, também. E, desse consórcio tropical, nasceram tanto a poesia paródica de um Juó Bananére quanto o samba de Adoniran Barbosa. São Paulo foi um grande laboratório. E quando o governo brasileiro resolveu estender a cidadania aos estrangeiros aqui residentes, apenas 5% dos italianos declararam permanecer fiéis à "mãe-pátria". Quase 100% já haviam se assumido como brasileiros. Italianizando, à vontade, uma das principais cidades do país.

Na Bahia, os italianos eram minoritários. E, mesmo assim, modificaram a paisagem humana e social do lugar. Já me referi à *piccola colonia* de Salvador. Foi essa colônia que recebeu, em meados do século XIX, um técnico da área da construção civil chamado Enrico Balbino Caymmi, contratado para trabalhar nas obras do Elevador Lacerda. Ainda no navio, Enrico se apaixonou pela portuguesa Maria da Glória. Casaram. E um filho deles, Henrique Balbino Caymmi, casou-se com a preta baiana Saloméa de Souza.

Tiveram filhos. Entre eles, Durval Caymmi, mulato boêmio, namorador, tocador de violão. Durval, por sua vez, casou-se com Aurelina Soares. E ganhou um filho que era a sua cara: Dorival Caymmi. Hoje, Caymmi é sinônimo de Bahia, baianidade, baianismo. Nessas travessias atlânticas que foram compondo a *piccola colonia*, veio também o anarquismo. Escreve Thales de Azevedo, em *Italianos na Bahia*: "Do mesmo modo como italianos, operários e jornalistas, introduziram o anarquismo em São Paulo, é um baiano descendente de famosa estirpe genovesa quem propugna a sinarquia. Eduardo Victor Visconti, nascido em Salvador em 1906, herdando nome e espírito dos Visconti de Gênova e Potenza, é autor de estudos de dialética transcendental, do existencialismo e de ensaios filosóficos: expõe a doutrina política da 'democracia sindical cooperativista' em um de seus livros". Por essa época, achava-se já na Bahia Augusto Marighella, nascido em Ferrara, na região de Emília, onde anarquismo e socialismo eram bem disseminados. Augusto era um engenheiro mecânico autodidata e seu neto Carlinhos Marighella, filho de Carlos, o retrata em depoimento no livro *Carlos Marighella: o Homem por Trás do Mito*. Diz Carlinhos que, segundo Osmar Macedo, um dos criadores do trio elétrico baiano, Augusto Marighella era dos mais importantes artífices de Salvador na área mecânica. Introduziu, ali, o martelo de borracha no serviço de chaparia. E levou adiante, durante a Segunda Guerra Mundial, a experiência de fabricar gasogênio, combustível alternativo à gasolina. Augusto se casou com uma bonita filha de Santo Amaro da Purificação, Maria Rita. Exímia cozinheira, devota de Cosme e Damião, Maria Rita trazia consigo finesses da cultura popular do Recôncavo Baiano. De modo que o futuro sambista e flamenguista Carlos Marighella nasceu numa família que conhecia o anarquismo italiano (em *Combate nas Trevas*, Jacob Gorender define seu pensamento como anarcomilitarista) e o candomblé jeje-nagô — e numa casa em que se alternavam o *spaghetti* e o vatapá. Não surpreende que Marighella tenha celebrado, num poema, a mestiçagem tropical da Bahia.

IV

Tivemos, também, casos mais difíceis. Como o de Blumenau, obra de iniciativa privada, feita por brancos. Ou o de Curitiba, um pouco mais complexo. Em Curitiba, foi o centro, já brasileiro, que virou a vida dos colonos. As colônias tinham vida própria. Em termos de produção de subsistência e de cultura. Mas havia o centro da cidade, embaralhando as cartas em jogo.

Aquele era o espaço organizado e urbanizado, referencial de cada colônia. Colonos italianos, poloneses, etc., tomavam o rumo da região central para trocar o excedente de seus produtos. E voltavam com encomendas, que iam de vinhos a trabalhos de marcenaria, passando por ovos e bordados. A área central de Curitiba abria-se então como lugar de trocas econômicas e simbólicas. Além de provocar e produzir um grau qualquer de comércio sexual, dentro e fora do bordel. E esta área central era já, há tempos, teatro de procedimentos de mestiçagem e sincretismo — que ali começaram, pelo menos, desde o século XVII, com os cruzamentos entre os homens da mineração e mulheres índias, aquecendo então os frios descampados no calor das suas coxas. Mais tarde, veio a importação de negros africanos escravizados. A repressão ao tráfico só incrementou o contrabando negreiro em Paranaguá. Negros e mais negros. Sim: havia negros em Curitiba. Negros e mulatos. Pretos que faziam suas congadas, ao longo do século XIX, em várias cidades do Paraná — a exemplo de Curitiba, Paranaguá, Castro e Lapa —, nas festas de São Benedito e Nossa Senhora do Rosário, bem como na folia de Reis. "Em Curitiba, há referências a velhas congadas, realizadas no século XIX, que faziam o desfile pelas ruas principais, passando por diversas casas, e que iam rezar a Nossa Senhora do Rosário. Dessas congadas eram participantes os pretos, em geral ainda cativos. Tinham eles acolhida segura da parte dos antigos curitibanos", escreve José Loureiro Fernandes, em *Congadas Paranaenses*. Era a figuração-performance da rainha Ginga. Eram cantos que falavam da Kalunga e da Guiné.

A maioria dos brasileiros não sabia que o Paraná, como o Rio Grande do Sul, tinha sido feito assim. Sempre se encarou o Rio Grande, principalmente, como terra de gaúchos platinos, filhos de alemães que massacravam a língua portuguesa e carcamanos que torciam pela seleção da Itália nas competições futebolísticas mundiais. Em *O Regionalismo Gaúcho*, Joseph Love fala desse "mito dos gaúchos como estrangeiros", sublinhando o fato "de que o debate a respeito da natureza do caráter do gaúcho tem focalizado exclusivamente uma das subculturas do Rio Grande, o complexo pastoril, um modo de vida ao qual somente uma minoria de rio-grandenses está ligada". Lembre-se de Lupicínio Rodrigues. Se Lupicínio aparecesse de chapéu de feltro, bota sanfonada, esporas reluzentes, bombacha e poncho, estaria fantasiado. Ele não era "gaúcho", nem "colono", mas "rio-grandense", em termos das subculturas locais. Hoje, "gaúcho" é termo genérico, mas, como "capixaba", já foi específico e pejorativo. Dizia do natural da fronteira. Mas Lupicínio nasceu em Porto Alegre, em meio à mulataria e aos batuques candomblezeiros da Ilhota. Esta subcultura litorânea, rio-grandense, se formou em base luso-africana. Escrevendo no começo do século XIX, Auguste de Saint-Hilaire notou que era grande o número de pretos que transitava em Porto Alegre. A maioria deles foi importada do Rio, era de origem banto e imprimiu sua marca na região. Em *Gaúchos*, escrevendo na década de 1940, Thales de Azevedo anotou que, "a 2 de fevereiro, anualmente, toda a população com mescla africana toma parte na procissão fluvial de Nossa Senhora dos Navegantes, Rio Guaíba acima". Quase meio século depois, vi pais de santo em Porto Alegre. O Rio Grande do Sul é a terra de Gisele Bündchen, mas também a de Ronaldinho Gaúcho. Por isso, a referência ao negro não deve passar em branco. Escravos foram importantes na labuta das estâncias ou produzindo mantas de carne em Pelotas, depois que os cearenses introduziram ali suas charqueadas. Na guerra farroupilha, esses pretos mereceram o elogio de Giuseppe Garibaldi, na figura dos lanceiros de Canabarro. E tiveram seus atrativos sexuais. Tanto que, no final do século XIX, pretos e mulatos totalizavam perto de 30% da população local. Verdade que negros escravizados nunca tiveram, na região, a importância que alcançaram na Idade do Açúcar nordestina. Mas seria incorreto falar de uma insignificância regional do negro. Em *A Formação do Rio Grande do Sul*, Jorge Salis Goulart chama a atenção para o número elevado de pretos nos centros de fabricação de charque e nas áreas de plantação mais intensa. Mas ele mesmo se apressa a dizer que tais zonas constituíram exceções. Melhor é classificar esta face negromestiça rio-grandense, em termos brasileiros amplos, como limitada, tardia e tímida. Sem a existência de um firme contraponto negro, projetaram-se ali, dominadores, os polos gaúcho e gringo. Mas nem os gaúchos permaneceram platinos, nem alemães e italianos foram impermeáveis aos signos da nova ambiência.

   O mundo brasileiro invadia sem cessar o horizonte técnico e expressivo das colônias alemãs. Insinuava-se e se firmava em suas colinas e cozinhas. Nos pequenos ritos cotidianos, nas rodas de camaradagem, nas festas. Com o plantio e o consumo de feijão e farinha de mandioca (que diziam *Manjok* ou *Mandiok*, submetendo a palavra indígena à fonética germânica). Com o prazer da tragada num cigarro de palha (*Paljezigarre*) feito com fumo crioulo (*Kreolefumm*). Com os "magníficos abacaxis pernambucanos" (Johann Jakob von Tschudi, *As Colônias de Santa Catarina*) que Hermann Blumenau plantava em sua colônia alemã do Itajaí. Com a adoção do chimarrão, expressa em *Matteschimarong* ou *Mattelutsch*, sintagma híbrido, de "mate" e *lutschen*, "chupar". Com destilarias de aguardente de cana-de-açúcar funcionando em São Leopoldo — e a adesão dos imigrantes à talagada (*Schluck*) da boa *Kaschass*. Além disso, brasileiros moravam em Nossa Senhora do

Desterro (hoje, lamentavelmente, Florianópolis), assim como em São Leopoldo. Havia contatos entre eles e os estrangeiros, apesar da reserva dos alemães. Reciprocidades sociais superando barreiras — que, de resto, relaxavam nas novas gerações, na figura do *Deutschbrasilianer*, de que falavam os próprios imigrantes. Coisas que, como se viu, fariam sentir reflexos na língua alemã falada no Brasil, que foi acolhendo palavras e expressões do português brasileiro — fosse pela pobreza vocabular daqueles camponeses; fosse por não existirem, no léxico germânico, signos verbais para coisas e fenômenos aqui encontráveis; fosse pelo caminho da aceitação cultural; ou mesmo apenas para dar algum condimento mais charmoso ao cardápio linguístico, à indumentária verbal do imigrante. Palavras e expressões para plantas e peixes, para bichos e pássaros, para características climáticas e alimentos. Mas também para ferramentas e roupas, para relações econômicas e disposições jurídicas (com o "usucapião" convertendo-se em *Usekapiong*), para a leitura de cenários político-administrativos e burocráticos, para a devoção religiosa (*eine Promesse machen*) ou para a vida amorosa e sexual (*namorieren*; *piskern*, da piscadela do flerte; ou *Pau*, no sentido de pênis, assimilado incólume pelos imigrantes).

A novidade do ambiente ecossocial traduzia-se em novidade linguística, pelas vias da criação neológica e da aclimatação vocabular. Adaptações como *Kabokler* ("caboclo"; e o verbo *vernkaboklern*, "acaboclar", na acepção de rebaixamento social), *Filjaputt* ("filho da puta" — e os alemães adotaram, também, o nosso tradicional "vá à merda") e *Engkrenke* ("encrenca", com o verbo *engkrenkieren* — expressão que talvez tenha origem judaica). Adaptações onomatopaicas, com o ouvido germânico escutando *s'ist zuviel*, "é demais", no bico do bem-te-vi. Palavras portuguesas e indígenas foneticamente aclimatadas, como *Eiping* (do tupi, "aipim"), *Feschoade*, *Kapowere* ou *Kapoër* (do tupi, "capoeira"), *Fakong* (facão), *Zertificat* (certificado militar), *Getulist* (seguidor de Getúlio Vargas), *Kaping* (do tupi, capim). Neologismos como *Affenbeere* (bago de macaco, para a pinha ou fruta-do--conde), *Wasserchwein* (porco d'água, para a capivara), *Waldschmied* (ferreiro do mato, para a araponga). Neologismos de tradução, a exemplo de *Passionsblume* (flor da paixão, a flor do maracujá). Sincretismos verbais, como *Moskitonetz* (mosquito + *netz*, rede: mosquiteiro), *Farinkessel* (*Farin*, farinha + *Kessel*, caldeira: tacho para fazer farinha), *Schabotikabenbaum* (*Schabotikabe*, jabuticaba + *Baum*, árvore). Um neologismo curioso, em *Lischolatte*, lata de lixo, onde os dois termos são portugueses, já que, em alemão, lixo não é "*Lischo*" e lata é *Blechbüchse*, *Blechdose*, *Kanister*. Uma palavra indígena, "quati", incorporada, via português, num dito como *einen*

Kwatie im Genick haben, "ter um quati no pescoço", isto é, estar com preguiça. E ainda assim, apesar dessas dívidas, o preconceito linguístico se manifestava, como no Espírito Santo, onde os colonos diziam *Schwarz Sprechen*, fala de preto, para designar a língua portuguesa. Enfim, são apenas alguns exemplos, retirados do rol que Carlos Oberacker Jr. elaborou em "Transformações da Língua Alemã no Brasil", onde lemos que "a influência da língua portuguesa sobre a alemã, como é falada no Brasil, não fica atrás da que tem sofrido aquela pela incorporação de termos indígenas e africanos".

Foi nesse contexto que se compôs a personalidade intelectual de Carl von Koseritz, alemão de Dessau, que se naturalizaria brasileiro. Jornalista, colecionador de artefatos indígenas, deputado provincial, adversário dos positivistas, Koseritz, entre outras coisas, organizou a Exposição Teuto-Brasileira de 1881 e publicou *Imagens do Brasil*. No ano de seu desembarque, o ditador argentino Juan Manuel de Rosas declarou guerra ao Brasil. Para responder ao repto, o governo brasileiro, além de contar com seus próprios soldados, lançou mão de mercenários alemães, conhecidos como *Brummers* (rabugentos), vários dos quais se tornaram colonos, deixando larga descendência. "Muitos entregaram-se à devassidão mais desbragada, mas os que se adaptaram passaram a destacar-se em todas as situações; nas cidades, tornaram-se professores, jornalistas, artistas e comerciantes, dando novo impulso a ofícios entravados pela rotina. E nas colônias, onde era maior ainda o seu prestígio, exerciam influência decisiva como professores, prestavam serviços notáveis como engenheiros e autônomos", escreveu Koseritz. "Entre os 'brummers' vemos os antepassados de muitas famílias importantes que deram vida ao comércio e à indústria, que assimilaram completamente os costumes dos brasileiros e do povo rio-grandense [...]. 'Brummers' foram os dois avôs do meu tão estimado amigo Augusto Meyer", informa Wolfgang Hoffmann Harnisch, em *O Rio Grande do Sul: a Terra e o Homem*. O próprio Meyer, num texto de viagem, "Impressões de Hamburgo", onde se detém diante de uma vitrine com a indicação *Tabak*, divisando ali, entre charutos tostados e dourados, os "quase negros" de Cuba e do Recôncavo Baiano (produzidos por imigrantes alemães, como Dannemann e Suerdick), anota: "Daqui saiu meu avô Henrique Meyer [...] engajado na Legião Alemã, para lutar contra Rosas". De Carl von Koseritz a Augusto Meyer, passamos do brasileiro naturalizado ao brasileiro nato. Ensaísta, tradutor, crítico literário, Meyer, leitor de Koseritz, circulou com desenvoltura entre a informação internacional e a realidade antropológica brasileira (particularmente, a rio-grandense), dando-nos escritos sobre o cancioneiro popular gaúcho. Revelam intimidade com a cultura do Rio Grande seus reparos precisos — da minúcia linguajeira à correção histórica — a *O Gaúcho*, de José de Alencar. E mais se pode dizer do ensaio "Negrinho do Pastoreio", quando, ao examinar a lenda e o culto pastoris da criança negra escravizada e martirizada, Meyer distingue entre o Negrinho e o Saci, dizendo, de forma irretocável, que este "tem sido, mais ou menos, o símbolo da nossa fantasia mítica na sua face de vaguidade caprichosa, de diabrura anticonceitual e de magia travessa". Quem escreve isto é um brasileiro que conhece a sua gente.

V

Kenjiro Sato — Nenpuku era o seu *haimei*, nome literário de poeta haicaísta — nasceu no Japão, em 1898. Veja-se o livro *Trilha Forrada de Folhas*, organizado por Maurício Arruda Mendonça. Aos 24 anos de idade, Nenpuku começou a fazer haicais, filiando-se à escola de Takahama Kyoshi, de caráter mais conservador, em contraste com a voga inovadora que vinha então se impondo naquele ramo do fazer poético nipônico. Na década de 1920, quando o Brasil suspendeu subsídios à imigração e o próprio governo japonês passou a financiá-la, exportando seu excedente populacional em função da crise econômica no país, Nenpuku aprontou-se para partir. Nesse momento, diz Arruda Mendonça, "seu mestre Takahama Kyoshi dedicou-lhe três haicais nos quais lhe encarregava de difundir a arte do haicai entre os imigrantes japoneses no Brasil, o que, consequentemente, transformava Nenupuku num mestre com autoridade para transmitir os ensinamentos de sua escola". Assim, em maio de 1927, aos 29 anos de idade, Nenpuku Sato desembarcou em Santos, primeiro mestre de haicai a chegar ao Brasil. Com a missão de atenuar a tristeza de nipônicos nostálgicos e de zelar pela sobrevivência de um gênero poético num país distante — o "Burajiru", de que falavam os japoneses. E ele tomou o rumo da Colônia Aliança, em Mirandópolis, no interior de São Paulo, a fim de se dedicar ao cultivo do café em seus dez alqueires de terra, previamente comprados. "Nenpuku Sato exerceu por longos anos a atividade de lavrador [...] sofrendo, juntamente com seus familiares, desde a derrubada da mata até à formação de um cafezal que foi totalmente perdido em consequência das consecutivas geadas que caíram logo nos primeiros anos de colheita. Os Satos também cultivaram arroz, milho e algodão. Como a lavoura naquelas terras não prosperava, nem lhes proporcionava rendimentos suficientes, mudaram de atividade, passando a tocar modesta criação de gado", informa Arruda Mendonça. Só mais tarde, em setembro de 1954, Nenpuku trocaria o campo pela cidade.

É por isso que, em *Oku: Viajando com Bashô*, Carlos Verçosa escreve que "o vento haicai [...] passou a soprar no Brasil a partir da Colônia Aliança". E que isto se deveu, principalmente, ao esforço de Nenpuku: "Nenpuku Sato dividia o seu tempo trabalhando na roça e ministrando aulas de haicai para os mais velhos, além de sempre incentivar os mais jovens a praticá-lo. Como Bashô, ele viajava muito, e deixou muitos seguidores, principalmente no interior paulista". Nenpuku, além das sementes que distribuía pelo campo, empenhava-se no cultivo do haicai (sempre escrevendo em japonês), mantendo assim "aceso em seu íntimo o compromisso firmado com seu mestre Kyoshi". Arruda Mendonça: "Certa feita, aproveitando uma época de seca, após as colheitas, iniciou suas peregrinações por pequenas cidades, patrimônios e vilas, onde quer que encontrasse seus patrícios. Ministrava conferências, encabeçava reuniões de haicais, mesmo a altas horas da noite, quer à luz de lamparinas ou do luar, rodeado por lavradores vindos dos mais distantes lugarejos. Nessas reuniões ou *haiku-kai*, Nenpuku ensinava, dava orientações, apresentava críticas ao trabalho dos praticantes, com competência e severidade de mestre". Em 1935, criou uma coluna de haicai no jornal da colônia, *Brasil Jiho*. Adiante, passou a colaborar no *Jornal Paulista*, diário da comunidade *nikkei* que apareceu com o fim da Segunda Guerra Mundial. Para, em seguida, fundar a primeira revista especializada em haicai no Brasil: *Kokage*, "Sombra da Árvore". Finalmente, ao se mudar para Bauru, Nenpuku, ainda nas palavras de Mendonça, pôde "dedicar-se exclusivamente à missão de ensino do haicai, às viagens e reuniões com seus discípulos, espalhados pelo interior de São Paulo, Mato Grosso e Mato Grosso do Sul. Reconhecido como mestre por 6 mil praticantes, Nenpuku tornava-se definitivamente um professor reverenciado".

O que realmente interessa, em Nenpuku Sato, não é que ele tenha sido o introdutor do haicai no Brasil, ou o produtor dos primeiros haicais brasileiros. Ele não foi uma coisa, nem outra. Em *O Haicai no Brasil*, Masuda Goga informa que, já na primeira leva de imigrantes japoneses, embarcada no Kasato Maru, havia um criador de haicai, que usava o *haimei* Hyôkotsu. Pouco antes de descer no porto de Santos, Hyôkotsu — dito "o pai da imigração japonesa", por ter sido o encarregado de conduzir para cá o primeiro contingente de imigrantes nipônicos e okinawanos — compôs o primeiro haicai em nossos trópicos. Por outro lado, brasileiros não precisariam da imigração japonesa para conhecer o haicai. Em inícios do século XX, informações estéticas nipônicas haviam invadido, em escala planetária, o mundo cultural. Artistas dos mais diversos quadrantes alimentavam-se delas, de Van Gogh a José Juan Tablada. Verçosa chama a atenção para um pioneirismo baiano, nesse particular: "foi a Bahia que primeiro se sensibilizou com a arte do haicai. Afrânio Peixoto, escritor baiano [...] publica em 1919 o livro *Trovas Populares Brasileiras*, onde apresentava o haicai e o comparava 'à nossa trovinha popular'". Peixoto chegara ao haicai através de publicações francesas. E também os modernistas de 1922 se deixaram afetar por tal esgalho da criação verbal nipônica, num momento, aliás, em que já havia um bom número de japoneses em São Paulo. Em *A Escrava que Não É Isaura*, Mário de Andrade, ao falar do jovem Luís Aranha, comenta: "Querem alguns filiar a rapidez do poeta moderno à própria velocidade da vida hodierna... Está certo. Este viver de ventania é exemplo e mais do que isso circunstância envolvente que o poeta não pode desprezar. Creio porém que essa não foi a única influência. A divulgação de certos gêneros poéticos orientais, benefício que nos veio do passado romantismo, os tankas, os haicais japoneses, o ghazel, o rubai persas por exemplo creio piamente que influíram com as suas dimensões minúsculas na concepção poética dos modernistas". Paulo Prado e Haroldo de Campos chamaram a atenção para o influxo do haicai na poesia de Oswald de Andrade. O conhecimento do repertório poético japonês independia do Kasato Maru. Aranha, um dos únicos modernistas brasileiros nascidos no século XX, cantou as duas primeiras décadas do século que passou fascinado por fenômenos elétricos e astrofísicos. Em busca de uma linguagem nova, apelou para a estrutura de montagem e a visualidade precisa e insólita do haicai. Engastou haicais em poemas longos — e em conexão com a imigração japonesa. Mário cita "Drogaria de Éter e de Sombra". Neste poema, Aranha, ao ver sentada no bonde, a seu lado, uma japonesa, sente-se atirado no arquipélago nipônico. E compõe: "Pardas gotas de mel/ Voando em torno de uma rosa/ Abelhas".

Escrevendo seus haicais em japonês, Nenpuku Sato estava aqui como guardião da tradição de uma das mais cultivadas florações da poesia nipônica. Seria de esperar que, por mais que quisesse resguardar essa tradição, evitando que ela fosse interrompida ou erodida, Nenpuku não se manteria imune aos feitiços e fazeres dos que o rodearam aqui. O seu ingresso na ambiência brasileira não deixaria de afetar a sua prática verbal. Por mais que fantasiem, artistas não se descolam do chão. E a verdade é que tradição alguma é capaz de se manter intocada em sua pureza, sempre imaginária, ao se ver transplantada para um outro mundo climático, botânico, zoológico, étnico, social e cultural. A simples inserção nesse outro mundo já a atinge, farpeia, puxando-a numa que outra direção. Mas o que aconteceu com Nenpuku foi bem mais que isso. Não foi processo involuntário ou inconsciente. Ele não deu as costas ao Brasil, buscando no refúgio noturno da criação poética uma contrapartida compensadora do seu envolvimento prático diurno na agricultura e na pecuária — isto é: na plantação, a flor branca do café; na poesia, a flor da cerejeira. Ele se dispôs a manter a tradição do haicai, sim, mas como um poeta do aqui e do agora. No seu caso, a imersão do imigrante na nova realidade geográfica e sociológica foi programática e inteira — e se expressou no campo da estética verbal. Embora tenha vindo para conservar, ele vai renovar o haicai. Vai nos dar um haicai nipo-brasileiro, brotando de um esforço recriador que se articula a partir das realidades do trabalho e da natureza, entrelaçando-as. Realidades nas quais se enfronhou. Partindo, aliás, de sua própria desorientação inicial: "trilha forrada de folhas/ sem saber o leste e o oeste/ japonês que chega aqui".

Em *Exploring the Japanese Ways of Life,* Shunkichi Akimoto diz que duas fontes concorreram para o desenvolvimento de uma cultura própria no Japão: o amor pela natureza e a escassez dos recursos materiais. Podemos acrescentar uma terceira: o isolamento, circunstância geográfica de um arquipélago que o mar se encarregou de proteger, eventualmente reforçado pelo fechamento político, como na época do xogunato Tokugawa, durante o qual floresceram a ikebana, a cerimônia do chá e o haicai. O culto da natureza é tão enraizado no Japão que nos acostumamos a dizer que nenhum outro povo mantém um relacionamento tão íntimo com as estações do ano. Estações ditam as cores do quimono e nomes próprios, a exemplo de Natsuko, "garota do verão". Pode-se talvez dizer que as estações são categorias do pensamento japonês tradicional, embora tenhamos dificuldades em entender os princípios desta taxonomia. Parece que insetos, estrelas e cogumelos pertencem ao outono, assim como ao verão pertencem a nuvem e a chuva. Segundo os japoneses, esta classificação, que vem sendo mantida desde os inícios do período Heian, no século IX, torna a vida melhor e previne contra o tédio. Acontece que o haicai é sazonal. Não existe fora do solo referencial ecológico. "O japonês é sensível às quatro estações. [...] Disto nasce o espírito do haicai. Os brasileiros parecem não perceber estas mudanças climáticas. Encontram-se brasileiros que desconhecem o nome de flores próprias de cada estação", registrou Nenpuku. "O Brasil é um país de clima tropical e subtropical e, aparentemente, não possui quatro estações definidas. No entanto, morando uns cinco anos aqui, pode-se perceber as sutis diferenças e suas respectivas mudanças. Irmanando-se com a natureza (como no meu caso, sendo um lavrador), nota-se perfeitamente tais mudanças", disse. Acrescentando: "Levei vinte anos da minha vida para compreender a direção dos ventos, que é completamente diferente da do Japão" (um criador de haicais deve saber distinguir os ventos, para que estes não soprem na direção errada em seus textos). E o que vemos, nessas declarações, é um trabalho de reeducação brasileira dos cinco sentidos. Um processo de ressensibilização do imigrante. Nenpuku: "Para escrever o haicai brasileiro é preciso esquecer o haicai aprendido no Japão". Nenpuku aparece, assim, como o imigrante que mergulha no universo que se desenha à sua frente. E faz isso em nome da tradição. Num país paradoxal, foi também paradoxal. E, em sua poesia, nada de brasileiro aparece como nota postiça. Tudo tem sua concretude, seu lugar: o eco do trovão na mata; a geada queimando a plantação; a borboleta no costado de um porco; o cigarro de palha; o cachorro vagando a esmo; a pinga e o papagaio; as sementes de algodão; o homem estudando com a enxada aquilo que a terra ensina; a caça ao tatu sob um luar de primavera; a nota étnica no crepúsculo que brilha no suor do rosto de um negro; a roseira que se enrosca nos chifres de um touro; o branco da lua que se insinua nas flores brancas do cafezal. Em suma, o que sentimos, na postura de Nenpuku, é uma entrega à integração.

Este aprendizado socioambiental do Brasil, a que se lançou nosso *haiku-jin*, congregando centenas de discípulos ao seu redor, veio ao encontro de movimentações em torno do haicai e de outras formas da criação textual japonesa, não só no âmbito da comunidade *nikkei*, mas no espaço literário brasileiro. Falamos do modernismo de 1922. Mas a coisa não parou ali. Foi-se alastrando pelo país, envolvendo pessoas das mais diversas procedências étnicas, dos mais variados grupos sociais, das mais distintas formações literárias, num arco temporal que vem de inícios do século XX ao século XXI. Não é meu objetivo aqui recontar a história do haicai em nosso ambiente verbal. Mas apenas dizer que o haicai se impôs no horizonte literário no país — e com uma variedade que impressiona, do esquema métrico-rítmico de Guilherme de Almeida às pílulas humorísticas de Millôr. Chegamos mesmo a uma forma híbrida, afro-nipônica, no *orikai* (oriki + haicai) de Arnaldo Xavier. Além de se impor, o haicai virou modismo: se quisermos compor um rol de seus praticantes, vamos ter uma lista tão volumosa quanto o catálogo telefônico de Curitiba. A coisa mais difícil é encontrar uma publicação literária brasileira que não venha recheada de haicais, ou de espasmos semiletrados que se abrigam sob tal rubrica. O fenômeno é sociologicamente interessante. Mas, esteticamente, supérfluo. Caímos do círculo meditativo-contemplativo do haicai, comunhão ecológica expressa com enxutez verbal, para a febre fácil do haicaísmo. Ou, por outra, conseguimos colocar a concisão nipônica a serviço da tagarelice nacional. Mas houve momentos ricos na vida do haicai no Brasil, ao longo do século XX. Como no fascinante diálogo com a vanguarda poética brasileira. Pedro Xisto manteve um relacionamento íntimo e duradouro com a cultura japonesa, que vincou não só o seu fazer estético, como sua postura diante do mundo. Ele mergulhou no universo sino-japonês. No *I Ching*, no *Tao Te Ching*, no budismo zen. Seu interesse pelo haicai não se continha no círculo da criação artística. Estava mais próximo de Bashô, vendo o haicai como um caminho para o *satori*. Publicou seus primeiros haicais em 1949 no *Diário Nippak*, jornal nipo-brasileiro de São Paulo. Em 1960, estampou em Tóquio uma pequena coleção de suas peças verbais. E teve um tanka apresentado perante o imperador e a imperatriz do Japão, no Festival Poético do Ano Novo, no Palácio Imperial de Tóquio, em 1974. Xisto, quando acerta a mão, nos dá uma pepita, mas dificilmente vai além do frívolo-epigramático. O que importa é o colóquio Brasil-Japão que estabeleceu dentro de si. E o haicai foi um caminho para sua adesão à vanguarda concretista. Ele passou a se mover no campo da visualidade da escrita, sem precisar de qualquer *kanji* para nos dar uma composição como "Zen", geometrismo simultaneamente ocidental e nipônico.

Mas foi Haroldo de Campos quem realmente levou o haicai para o campo da semiótica vanguardista. Além de ter recriado o *Hagoromo* em português, Haroldo traduziu Bashô e produziu ensaios como "Haicai: Homenagem à Síntese" e "Visualidade e Concisão na Poesia Japonesa". Mas é preciso dizer que Haroldo estava interessado, sobretudo, no significante poético e não no significado filosófico do haicai. É verdade que, a partir do ensaio "The Chinese Written Character as a Medium for Poetry", de Ernest Fenollosa, e de textos como os de S. I. Hayakawa, enveredou pelos terrenos da lógica e da filosofia — mas filosofia da linguagem. Seu foco era o pensamento analógico, a subversão da linearidade, o questionamento do padrão lógico-discursivo ou da "estrutura aristotélica" da linguagem. Basta dizer que, em seus escritos sobre poesia japonesa, a única referência ao zen é uma observação lateral, entre parênteses. O que está em primeiro plano é a linguagem. A estrutura. A forma. Haroldo parte da fórmula poundiana do fazer poético (*dichten = condensare*), indicando o haicai como exemplo desta concepção de poesia: à sua natureza sintética, soma-se a apresentação direta dos objetos. E é muito preciso em suas formulações. Do ponto de vista estrutural, o que contava no haicai eram "a linguagem altamente concentrada" e a justaposição imediata das imagens. O caráter conciso e "imagista" do gênero. Já do ponto de vista lexical, e não se prendendo mais exclusivamente ao haicai, Haroldo vai sublinhar uma relação entre o ideograma (chinês ou japonês) e a palavra-montagem que Joyce foi recolher em Carroll, para acioná-la no *Ulysses* e levá-la ao extremo da legibilidade no

Finnegans Wake: "a palavra-valise é quase que uma contraparte verbal do ideograma, ou seja, a reprodução do efeito do ideograma através da palavra, que já não secciona, mas incorpora em um 'continuum' os vários elementos da ação ou da visão". Voltado para a visualidade escritural, para a produção de uma poesia intersemiótica, Haroldo vai se concentrar na dimensão visual do próprio ideograma ("o elemento visual na poesia japonesa é algo que lhe é intrínseco, que participa de sua própria natureza"). Podemos acrescentar que um outro ponto de contato entre o haicai de Bashô e o poema-ideograma dos concretistas está na impessoalidade. Os concretistas, em sua fase ortodoxa, não empregavam pronomes pessoais. Bashô também os evitava. Donald Keene (num livro cujo título inglês desconheço, *La Literatura Japonesa entre Oriente y Occidente*) observa que Bashô "tende a se referir a experiências que nem sequer necessitam da presença do homem", e que mesmo seus diários, como *Sendas de Oku*, contêm apenas "rastros de sentimentos íntimos". Em suma, é isto: a economia verbal, o encadeamento direto de imagens, as analogias visuais entre um e outro *kanji*, a construção por elipse e a impessoalidade do haicai só poderiam encantar o experimentalismo concretista.

Já o curitibano Leminski (descendente de poloneses e pretos), em sua relação com a cultura japonesa e o haicai, filia-se, simultaneamente, a Xisto e a Haroldo. Como Xisto, não descarta a dimensão filosófica. Sua relação com o zen não foi só de fascínio intelectual. A formação intelectual de Leminski acusa signos que desembocariam no utopismo contracultural, no qual ele viria a mergulhar. Naquela época, os jovens, nas grandes cidades brasileiras, liam, entre outras coisas, *The Way of Zen*, de Alan Watts, e *Introdução ao Zen-Budismo*, de Daisetsu Suzuki. Em meio ao consumo de rock e drogas alucinógenas, ao uso de túnicas indianas e à adesão ao receituário macrobiótico, havia a procura de veredas extraocidentais para o pensar e o viver. Leminski já vinha nessa direção. Chegara à cultura oriental pela prática do judô (faixa preta, participara de diversos torneios pela seleção paranaense, certa vez sagrando-se campeão, com o quimono da Kodokan, numa disputa direta, no Paraná, com atletas das Forças Armadas brasileiras). E se dispôs a atingir o *satori*. "Qualquer hesitação, seja diante de um golpe ou de um poema, pode ser fatal. Pensar pode ser fatal", dizia então. E foi curtindo e criando haicais que ele se engajou no sonho contracultural. Ao mesmo tempo, discípulo de *sensei* Haroldo, olhava a poesia japonesa com olhos experimentais, falando do haicai em termos de "mini-harmonias acústicas sutis, com inversões, espelhismos, aliterações, harmonias imitativas, onomatopeias, ecos, rimas esparsas". Zen e semiótica. O Sermão da Flor e *silvamoonlake* (ou o *kakekotoba* nipônico, que ele mesmo definiu: "uma palavra passando por dentro de outra, nela deixando o seu perfume"). Daí que, recriando um texto japonês, traduziu *tabi* ("viagem") por *trip*, expressão inglesa que os jovens brasileiros empregavam para suas decolagens canábico-lisérgicas. *Tabi* = *trip*: aí se entrelaçam o concretismo, com sua tese da tradução criativa, e a contracultura, com suas "drogas para a expansão da consciência".

E assim como o texto japonês chamou a atenção da vanguarda poética, no Brasil, o concretismo foi uma provocação enriquecedora para a poesia nipônica contemporânea. Falando "não por coincidência" a partir de São Paulo — "sede da maior colônia japonesa em nosso país" —, Haroldo situou tal influxo no plano geral de um diálogo de culturas. O contato dos brasileiros começou com Kitasono Katue, poeta que merecera *congratulations* de Pound, pela limpeza verbal de seus textos e por sua teoria da imagem poética. Haroldo: "Kitasono interessou-se pelo problema da poesia concreta e escreveu alguns poemas dentro dos princípios do movimento, colecionados no seu livro *Reta de Fumaça*, traduzido para o português pelo compositor e poeta brasileiro L. C. Vinholes. [...] Graças à presença permanente no Japão de L. C. Vinholes os contatos se estreitaram e se realizaram exposições de poesia concreta naquele país. A primeira delas em 1960, organizada por Vinholes e J. R. Stroeter, no Museu Nacional de Arte Moderna de Tóquio". A mostra foi apresentada por Kitasono, que escreveu: "A origem de tal modo de pensar com relação à poesia está em trabalhos de autoria dos seguidores dos movimentos futurista e cubista. Nenhuma composição poética realizada pelos adeptos do futurismo e do cubismo, porém, chegou a revelar a pureza que nos apresentam as ora expostas, tipicamente representativas do novo movimento, nem a possuir por outro lado as características de poesia plena que nestas existem. Assim considerada, a *poesia concreta* pode efetivamente ser chamada de movimento contemporâneo da poesia de vanguarda". Vieram outras mostras, em várias cidades japonesas. Textos experimentais brasileiros passaram a ser traduzidos para o japonês, e vice-versa. Além do Kitasono Katsue de "Tanchona Kukan" ("Monotonia do Espaço Vazio"), com suas típicas repetições cromáticas, outros criadores japoneses se viram despertados pelas questões levantadas pela poesia concreta e pelas soluções criativas por ela apresentadas. O *kanji* passou a ser trabalhado também de um ponto de vista exterior, como observou Haroldo — "isto é, segundo um arranjo ditado por fatores gestálticos". A exemplo de poemas assinados por Akito Osu e Fukiko Kobayashi. Ou pelo mais inventivo daqueles então novos poetas nipônicos — que, aliás, traduziu Haroldo para o japonês —, Seiichi Niikuni, autor de "Ame" ("Chuva"), grafismo de gotas de chuva no espaço branco da página, obtido pelo desmembramento do ideograma, que só vai aparecer inteiro, com sua cobertura celeste, na última linha, como se fosse uma casa sob a chuva ou como se chovesse sobre a própria linguagem. Em consequência, poetas brasileiros e japoneses passaram a aparecer juntos em publicações internacionais de vanguarda, como a *Anthology of Concrete Poetry*, de Emmett Williams. Não tenho ideia de como Nenpuku reagiria, diante de toda esta peripécia. Mas ele se encontra numa das pontas desta viagem.

Interessante, também, do ponto de vista antropológico, foi o que aconteceu com Maria Nobuko, nascida em Okinawa, que veio para o Brasil em 1930, com 2 anos de idade. Seu caso foi estudado por Koichi Mori, em "The Structure and Significance of the Spiritual Universe of the Okinawan Cult Center". Maria atravessou a clássica experiência traumática do xamanismo: contrair uma doença incurável, que a tradição interpreta como *chamado espiritual* para o exercício do ofício xamânico. Como não havia nenhum xamã okinawano no Brasil naquela época, ela se viu conduzida a um centro brasileiro de culto, onde foi curada por via mágica e desenvolveu sua mediunidade, vindo a formar, em 1958, o Centro Espírita Amor a Jesus, espaço de uma espécie de umbandismo okinawano. De acordo com Mori, Maria "tomou a moldura básica da umbanda, mas a remodelou para ajustá-la às suas próprias crenças e às dos okinawanos brasileiros". Fez isso incorporando, à umbanda, sua própria religião étnica, o culto dos ancestrais, certos deuses e conceitos. E assim, além de receber Tio Kokichi, passou a lidar com *kamis* (divindades), com a Senhora Aparecida, o Imperador Jimmu, Mutú-ya-nu--kami — "o deus fundador do patriclã (munchú)", em Okinawa —, entidades de possessão, como o preto-velho e o caboclo, e espíritos okinawanos. Referindo-se à tese de Renato Ortiz (*A Morte Branca do Feiticeiro Negro*), que fala da umbanda como um embranquecimento da macumba, Moiri trata do centro de Maria nos termos de um amarelecimento da umbanda. Sincretismo inscrito já no nome que ela adotou. Chamava-se Maria, enquanto se movia no universo cristão. Tornava-se Nobuko, quando se movia no campo do xamã okinawano. Mas é claro que formas de sincretismo religioso imigrantista não se reduziram ao grupo de origem okinawana. Em "Sociabilidade Brasileira e Identidade Judaica", Bernardo Sorj observou: "O judaísmo brasileiro beneficiou-se do sincretismo e também participa dele. Embora não existam estudos quantitativos, a absorção de crenças e práticas espíritas e a predisposição em utilizar serviços de curanderia originados de outras crenças são bastante difundidas entre os membros da comunidade". A propósito, em *Rediscutindo a Mestiçagem no Brasil*, Kabengele Munanga anotou que, "na cidade de São Paulo, onde o número de terreiros de candomblé é cada vez mais crescente, se multiplicam particularmente as casas chamadas de 'africanização', essencialmente frequentadas por descendentes de italianos, espanhóis e alemães que afirmam, nessa busca pelas origens da África, não uma africanidade fictícia, mas uma brasilidade real".

O caso chinês, aparentemente próximo do japonês, é o mais difícil de lidar. Trata-se do agrupamento étnico mais refratário às misturas. Um grupo etnossocial ensimesmado. Passaram-se já os tempos em que famílias inteiras davam duro em lavanderias e pastelarias, mas eles continuam quase os mesmos. E o afastamento é iniciativa deles. Os imigrantes chineses sempre guardaram, com relação aos brasileiros, uma distância significativa. Nunca nos deram o prazer do envolvimento maior. Yuan Shyu e Tsung Jye escrevem: "existem mais de 30 milhões de imigrantes chineses e seus descendentes no mundo inteiro, e parte deles parece ter mais dificuldade em integrar-se à sociedade dos países que escolheram, provavelmente por causa de fatores pessoais e de diferenças culturais e sociais. Por isso, muitos grupos de novos imigrantes chineses acabam isolando-se da comunidade local. Esse modo de vida traz muitas dificuldades para o próprio imigrante e seus descendentes, não somente influenciando a sua carreira e vida cotidiana, mas, muitas vezes, causando até problemas sérios com a comunidade local, como, por exemplo, nos graves conflitos entre imigrantes, na Indonésia e nas Filipinas". Seu processo transculturativo parece sempre ser o mais difícil — e o mais lento — de todos. Entre nós, estão concentrados entre São Paulo e Rio. E nem aí se misturam. Pode ser que isso venha a mudar, desde que os mais jovens são receptivos a contatos extramuros. Não resistem tanto a casamentos mesclados. E falam, cada vez mais, a língua portuguesa. Mesmo assim, pesquisa feita por Shyu e Jye em 1997 revelou que, ainda ali, nada menos do que 43,8% dos jovens descendentes de imigrantes chineses preferem se casar com um parceiro ou parceira de origem igualmente chinesa. Assim como fugiram do maoísmo, eles hoje se orgulham da atual realidade econômica chinesa, mas esta nova autoconfiança — este novo narcisismo chinês — não se traduziu ainda em contatos e conexões intercomunitárias e interétnicas. Abrem-se empresas e restaurantes. Mas não o corpo, a alma.

VI

No polo oposto ao dos chineses, vamos encontrar os árabes. O Brasil foi colonizado por um Portugal profundamente arabizado. Do repertório genético ao arquitetônico (varandas, azulejos, muxarabis), passando pelo linguístico. Ainda hoje empregamos um elenco significativo de vocábulos de origem árabe. Mas é claro que muitas águas passaram sob e sobre pontes, dos tempos do domínio muçulmano na Península Ibérica à chegada de sírios, turcos e libaneses no Brasil oitocentista — todos falantes da língua árabe (este é seu verdadeiro traço de união), o idioma clássico do Islã, e, em graus variáveis, filhos de Maomé. A grande emigração deles para cá ocorreu na segunda metade do século XIX. Em especial, entre 1860 e 1890. Na primeira metade daquele século, aliás, tivemos as revoltas urbanas, explosivas e sanguinárias, dos negros islamizados do Brasil, culminando na rebelião malê de 1835. Mas esta é outra história. O que importa aqui é que os árabes, entre os séculos XIX e XX, se espalharam pelo país inteiro, fixando em nossa memória coletiva a figura do mascate. Do caixeiro viajante ao comerciante estabelecido neste ou naquele núcleo urbano. Diegues Júnior: "Quando um 'turco' chega a uma rua para atividade comercial, a rua logo se transforma; toma outro colorido, um colorido quase étnico. Foi o que se verificou na antiga Rua do Açougue, em Maceió [...] onde mais ou menos em 1937 ou 1938 começaram os sírios a abrir suas casas comerciais. O mesmo que anteriormente se tinha verificado na Rua do Rangel, no Recife; ou em ruas de São Paulo". Sobre a projeção social e política desses árabes, não é preciso falar: basta circular por São Paulo, conferindo nomes e sobrenomes árabes nas plaquetas indicativas de ruas, túneis, avenidas e viadutos. Sobre sua presença em nosso meio, basta pensar no romance *Gabriela, Cravo e Canela*, folia de luz e cor e som e sexo e riso, onde topamos o comerciante de origem síria Nacib, árabe-grapiúna siderado por coxas mulatas. Ainda Diegues: "Um aspecto a salientar no grupo sírio-libanês é a sua capacidade de adaptação, de aceitação dos elementos culturais nativos. [...] Tanus Jorge Bastiani, em seu interessante livro *Memórias de um Mascate*, nos conta um episódio que merece ser referido. É o caso de um libanês, Kalil, que, julgado morto por seu companheiro Miguel, foi por este encontrado doze anos depois feito cacique de uma tribo amazônica. Integralmente indígena, ou seja, transculturado com o grupo indígena que o acolheu quando de um naufrágio, o libanês Kalil não esquecia, porém, os pratos nacionais [...]. No mais se havia integrado na vida tribal, e aos indígenas ensinara o manejo de armas de fogo, a fabricação de artigos de couro, o preparo de produtos de borracha. Casado com a filha do cacique, com a morte deste passou a exercer o comando da tribo. Chefiando um grupo indígena foi que Miguel encontrou seu patrício Kalil nas selvas amazônicas". Sobre a presença artístico-intelectual dos árabes entre nós, para não dar exemplos do passado, limito-me a lembrar Waly Salomão e Francisco Achcar.

Os judeus, por sua vez, apresentam o caso identitário mais complexo, por conta de sua "tríplice identidade", como frisa Arnaldo Bloch em "As Múltiplas Identidades de um Judeu": "essa tríplice identidade é exclusiva da tipologia dos imigrantes judeus. Sim, pois os imigrantes em geral só têm duas: a do país de origem e a do país de destino — um imigrante italiano, por exemplo. Só os imigrantes judeus unem três identidades". É o caso de um austríaco que se faz brasileiro e, além disso, é judeu. Ele se vê com essa tríplice identidade: austríaca, brasileira e judaica. Além disso, existiam divisões internas na supostamente unida e homogênea comunidade judaica. Richard Morse: "No caso dos judeus, um estudo de 1941 revelou que apenas alguns daqueles chegados 25 anos antes não tinham sido ainda assimilados; que, ao passo que os imigrantes raramente se casavam com brasileiros, a metade dos seus filhos o fazia; e que a incompatibilidade entre grupos de judeus era maior do que entre judeus e paulistanos". Principalmente, entre sefaradis e asquenazes. Sefaradis (do hebraico *Sepharad*, algo como "terra prometida", designação dada à Ibéria ou Hispânia, como, antes, à Palestina) eram judeus originários da Península Ibérica, falando línguas que não se distanciavam dos idiomas peninsulares — como o ladino e o raquítia, mesclas de vocábulos espanhóis, portugueses, árabes, hebraicos — e praticando ritos tipicamente seus. Eram, na verdade, judeus ibéricos, fiéis às tradições peninsulares. Leia-se este trecho, em ladino, de um *Hagadá* de *Pessach* (livro que traz a narrativa do êxodo do Egito, orações e cânticos, tradicionalmente lido na primeira noite de *Pessach*, a páscoa judaica, durante a ceia), publicado na Turquia e reproduzido por Marilia Freidenson e Gaby Becker, em *Passagem para a América*: "Keridos lektores... Noçe de Pesah, despoes ke de arvit saldres, alegre i gustozo a kaza vos ires...". Qualquer pessoa instruída em português consegue ler, sabendo-se que *arvit* ou *arbit* é a prece diária, feita ao entardecer. Rachel Mizrahi, em "Imigrantes Judeus do Oriente Médio e sua Inserção em São Paulo e no Rio de Janeiro", fala mesmo de uma Sinagoga Israelita Brasileira do Rito Português, na São Paulo da década de 1930, com suas cerimônias específicas das *Siete Candelas* e do *Bat Mitzvah*, que depois se generalizaram entre os brasileiros judeus. De outra parte, ficavam os asquenazes (de Ashkenaz, Alemanha em hebraico), judeus originários da Alemanha, França, Europa Central e Oriental — falantes do iídiche. Mas a integração no mundo brasileiro aconteceu. Arnaldo Bloch se declara um botafoguense louco por samba. "E eu, do meu modesto ponto de observação de brasileiro eslavo judeu, botafoguense, amante de samba e de *chrein*, de *hoire* e de Hermeto Pascoal, de Guimarães Rosa e de Dostoiévski, da Dias Ferreira e da Nevsky Prospect, vejo-me constantemente constrangido pela comunidade judaica local a não reconhecer tamanha complexidade e a ver ainda em Israel uma referência una, uma identidade coesa que representa a essência pura da identidade judaica, se é que isso existe", diz.

Veja-se o texto de Misha Klein, "'Afro-Asquenazim' e Outras Experiências com Identidade". Parece que não temos mais a figura do judeu brasileiro — mas a do judeu-e-brasileiro ou a do brasileiro-e-judeu, embora eles mesmos se discriminem entre sefaradis e asquenazes. Escreve Misha: "São Paulo abriga cerca de 60 mil judeus, mais ou menos metade da população de judeus no Brasil. Esta comunidade descende de imigrantes de mais de sessenta países que, em sua maioria, chegaram ao Brasil na primeira metade do século XX. Em vez de se dispersar em função das muitas linhas divisórias que se apresentam, linhas que dividem as comunidades em outros locais, a comunidade em São Paulo mostra alguns pontos de coesão importantes, especialmente em instituições seculares como a Hebraica". Para ela, "o fenômeno pode ser explicado pela apropriação local da ideologia de inclusão étnico-racial reinante no Brasil". Mas, como esta ideologia é capaz de congregar não só os judeus, como providenciar o convívio entre árabes e judeus, não creio que ela seja, em si, um pecado. O desafio brasileiro é outro: avançar no sentido da redução das distâncias sociais e da conquista da cidadania plena, sem abrir mão de suas formas e estilos de sociabilidade. De qualquer sorte, Misha registra que "a comunidade em São Paulo tende a ser razoavelmente aberta a experiências, o que resulta numa combinação entre as várias denominações do judaísmo, de forma leve, à moda brasileira. 'Judaísmo *light*', era a piada frequente, com o emprego do termo do vocabulário de marketing". Não sei a razão de alguém preferir um judaísmo *hard*. Mas prossigamos. "Mesmo notando as distinções religiosas e culturais, a maioria das pessoas enfatizava a convivência entre judeus de diferentes origens e formações como um motivo de orgulho para a comunidade." Mais: "Conversei com pessoas da comunidade que consideram essa habilidade de superar as diferenças que separam os judeus em outros lugares como um reflexo positivo de valores brasileiros, o que Bernardo, um asquenaze e segunda geração brasileiro, chamou do 'efeito Brasil'". E ainda: "Embora as distinções internas à comunidade sejam reconhecidas, há um esforço concentrado para moderar seus efeitos mediante a aplicação de princípios de amalgamação que são, por sua vez, atribuídos ao 'Brasil'". Mas o que Misha preferiria? Uma comunidade fraturada, com separações históricas e culturais? A ênfase nas diferenças, muros definitivos separando grupos?

O que importa, em todo caso, é que ela se viu obrigada a reconhecer uma especificidade brasileira. Não apenas no congregar de diferenças numa instituição secular, como a Hebraica, mas também no meio da rua. "Seguindo um padrão que reflete uma das tensões [sic] centrais na sociedade brasileira, no decorrer de uma geração as distinções racializadas começaram a se romper, e passaram a se formar alianças em torno do esforço concentrado de ignorar a diferença e ignorar as maneiras e os contextos nos quais tais diferenças se manifestam como importantes." Ao falar de restaurantes judaicos paulistanos, Misha escreve: "Um deles, que oferece 'cozinha típica judaica desde 1964', tem o improvável nome 'Buraco da Sara' [por que, mesmo, 'improvável'?]. Embora a denominação se deva em parte ao fato de o restaurante se localizar alguns degraus abaixo do nível da rua, encravado em um vértice de triângulo formado pelas ruas oblíquas do Bom Retiro, seria uma dissimulação insistir que o nome é meramente descritivo, ignorando a óbvia referência sexual. Ouvi dizer que o restaurante ganhou esse nome (que agora apresenta até no cartão de visita) por causa da popularização do que antes era um apelido. Este é um processo comum no Brasil, onde as pessoas e os lugares podem ser mais conhecidos pelos apelidos do que pelos nomes próprios. Outros exemplos de estabelecimentos em São Paulo que passaram pelo mesmo processo de mudança de nome incluem o conhecido 'Bar das Putas' (também conhecido como 'Sujinho'), e o bar conhecido pelo nome rude 'Cu do Padre', aparentemente por estar localizado nos fundos de uma igreja. Deve-se notar que tanto o Buraco da Sara quanto o Cu do Padre devem suas conotações sexuais a metáforas espaciais — o primeiro localizado em uma bifurcação de ruas e o outro atrás de uma igreja. Como tal, a denominação 'Buraco da Sara' é um ótimo exemplo da forma como as práticas da comunidade judaica são consistentes com as do meio cultural". O nome Buraco da Sara mais não é do que um atestado da integração judaica na vida brasileira. Integração que chega à comida, contradizendo a dieta ortodoxa dos judeus, com os ditames do *kashrut*, da culinária *kosher*. Misha presenciou judeus brasileiros se deliciando com a feijoada. "Feita com vários ingredientes suínos, a feijoada é absolutamente condenada pelas restrições alimentares mais básicas das leis judaicas [...] o consumo de feijoada por brasileiros com identidade judaica forte (inclusive alguns que são observantes, em determinado grau) é digno de nota." Mais: "Em uma ocasião, fui convidada para uma feijoada no sábado [*shabat*], na casa de uma família judia. Embora a família tivesse uma identidade judaica forte e expressiva [...] não seguia preceitos religiosos nem restrições alimentares. Uma feijoada tradicional completa foi servida e saboreada pelas três gerações ali presentes".

A história dessa feijoada é um bom retrato da história dos judeus no Brasil. E é interessante notar que Misha Klein tem sua atenção chamada para a prática brasileira dos apelidos. Embora não saiba como lidar com isso: "Esse é o contexto no qual os rótulos podem ser manipulados de uma forma que não seria possível em outros ambientes culturais". Sim, mas e daí? Misha tem a fixação puritana no estabelecimento de separações. Se há humanidade, há separatrizes. O modo brasileiro de misturar as coisas é desconcertante. Mas os judeus brasileiros aprenderam a fazer isso. A propósito, na introdução à antologia que organizou, Keila Grinberg escreveu: "Se as histórias de estranhamento ligam as trajetórias dos imigrantes judeus às de tantos outros que no Brasil chegaram, as razões particulares pelas quais muitos migraram — perseguições — e as particularidades do antissemitismo no Brasil tornam a história da formação e manutenção deste grupo ao longo do tempo bastante peculiar, já que a inexistência de movimentos antissemitas perenes ou práticas discriminatórias significativas no Brasil contribuiu muito para que os laços étnicos judaicos, antes definidos pela religião, cultura, língua e filiação política, fossem aos poucos sendo substituídos por uma outra identificação mais ampla: ao longo de sua permanência no Brasil, os judeus redefiniram as bases de sua identidade, a ponto de não poderem mais ser dissociados do país onde nasceram ou para o qual imigraram". Ou, nas palavras simples e diretas de Sender Fichiman, judeu nascido em Santos, no ano de 1915, também em depoimento no livro de Marilia Freidenson e Gaby Becker: "Na verdade, eu sou um bom brasileiro. Adoro o Brasil, adorava São Paulo... hoje já não, porque não dá com a cidade como está. Mas me sinto judeu, sabe?". Nesse caminho, Reginaldo Heller ("Os Judeus do Eldorado") fala mesmo dos chamados "judeus caboclos" da região amazônica. E a verdade é que, salvo a minoria "ortodoxa", sempre idêntica a si mesma, um judeu paulista é paulista, bem diferente de um judeu carioca ou de um baiano judeu, cheio de axé no seu quipá.

 Antes de prosseguir, uma observação óbvia: a imigração de um grupo não precisa ser ampla para gerar consequências culturais significativas. Exemplo disso vem da pequenina imigração de irlandeses para a Bahia, no século XIX. Em 1828, fundou-se ali a colônia irlandesa de São Januário. Foi um fiasco. Em discurso de 1830 na Câmara dos Deputados, Lino Coutinho desabafou: "Paga-se um dinheirão a esses homens e eles não querem trabalhar; não há ano em que não morram 30 a 40, e todos eles têm pesado sobre o hospital nacional para onde vão com hidropsias, etc., etc... ainda não vi beberrões maiores!". Do mesmo modo que a imigração irlandesa para os canaviais da Bahia resultou em fracasso agrícola (aqueles homens não eram lavradores, mas ex-soldados), a chegada de um que outro irlandês avulso também não teve significado social ou econômico para a região. Em contrapartida, esta marola migratória foi superiormente produtiva para a criação poética brasileira. Em meio àqueles amantes do álcool, estavam ancestrais de grandes poetas brasileiros: o simbolista e pré-modernista Pedro Kilkerry, afro-luso-irlandês, e os irmãos Augusto e Haroldo (Prado Browne) de Campos. Em nota biográfica estampada em *A Educação dos Cinco Sentidos*, o próprio Haroldo nos fala de suas "raízes aéreas, diásporo-disseminantes": "Sangue de um remoto bisavô irlandês, Theobald Butler Browne, que se transferiu de mala e copo de Galway (terra onde nasceria Nora Barnacle, Mrs. James Joyce) para Salvador, Bahia, de Quincas Berro d'Água e de Todos os Santos; misturado nesse 'Bloody Mary' à base de aguardente do Recôncavo, um veio almeidaprado, paulista-quatrocentão", relata o poeta, acenando ainda com uma possível ascendência judaica, sefaradita, que se manifestaria em sua "paixão impunida pela escritura, pelos grafemas, pela ideocaligrafia de extremos-e-médios Orientes", bem como pelo "estudo algaraviante de línguas". Se o veio "paulista-quatrocentão", além de sangue cristão-novo, traz a mescla ameríndia, os irmãos Campos aparecem, então, como produtos de alta mixagem genética, à qual não faltou o ingrediente mulato. E foram eles, juntamente com o filho de calabreses Décio Pignatari, os criadores da poesia concreta, vigorosamente centrada no mundo urbano. A poesia concreta, de certa forma, estruturou nossa sensibilidade para as realidades metropolitanas. Em especial, nosso modo de ver São Paulo.

VII

Desmond Morris está certo. Uma cidade não é uma selva de pedra, mas um zoológico humano. Quando falamos de imigrantes isolados em colônias, no Rio Grande do Sul e em Santa Catarina; trabalhando no campo mais aberto e comunicativo dos cafezais de São Paulo; ou vivendo na roda-viva da capital paulista ou no Rio — estamos nos referindo a realidades espaciais cujas diferenças produziram diferenças, também, nos processos socioculturais. Diegues Júnior: "As condições em que se distribuíram os imigrantes nessas diversas áreas da região meridional influíram para o respectivo processo de assimilação, cuja maior ou menor facilidade se relacionou com a fixação adotada. Realmente, podemos verificar dois tipos característicos da distribuição do imigrante: um, reunindo-os em colônias, isolados inicialmente, e por muitos anos, de qualquer contato com os grupos brasileiros; e outro, distribuindo-os nas fazendas de café ou em centros urbanos, num contato mais imediato com os elementos nativos". Diegues fala, então, de "concentração" e "dispersão". Nas colônias rio-grandenses e catarinenses, concentração de imigrantes; nas cidades e cafezais, dispersão. Em linhas gerais, tudo bem. A fixação numa colônia segregada implicava uma realidade social bem diversa da que se podia encontrar num cafezal paulista. Mas — definitivamente — a cidade é outra coisa. Ela explode a classificação de Diegues. Devemos lidar com três termos: a colônia sulina, a zona rural paulista — e a cidade. Impossível situar num mesmo polo a vida numa fazenda e a vida numa cidade. A diferença entre cidade e fazenda não é de grau. Uma cidade não é uma fazenda cheia de gente. Ou uma fazenda elevada à segunda potência. É outra coisa. Um espaço onde a imprevisibilidade e o acaso assumem proporções inéditas. Onde a variedade e a intensidade dos processos produzem uma nova dimensão do viver. Substituindo a rosa, na frase de Gertrude Stein, uma cidade é uma cidade é uma cidade. É uma entidade psicofísica única. Nada tem de linear ou homogênea. É um mosaico em movimento, ainda mais quando se oferece em variedade étnica. No campo, pode haver isolamento. Na cidade, não. O máximo que pode ocorrer, no sentido da reclusão ou do autocentramento individual ou grupal, é uma espécie qualquer de dialética entre solidão e mobilidade, ou entre segregação e contágio, porque a visão é contínua e o bombardeio simbólico não cessa. Mesmo que um grupo étnico se concentre em determinado segmento da superfície urbana, com práticas tradicionais e casamentos endógenos, ele não consegue bloquear o circuito das informações, estancar as trocas simbólicas, neutralizar estímulos externos. Em vez do aprisionamento na teia primária do parentesco ou da vida comunitária, vigoram a instabilidade, a abertura, o espaço público, o encontro casual, o risco e o fascínio das aventuras pessoais. Deixando de parte o esquema de Diegues, vamos, então, adotar uma tríade: concentração na colônia, dispersão na fazenda, alta rotação na cidade.

Os imigrantes deram uma outra vida e um outro colorido a algumas de nossas principais cidades, ao tempo em que se tornavam brasileiros. Transformaram a vida brasileira e foram transformados por ela. É claro que, nos jogos culturais permutatórios, que vivificaram muitas de nossas cidades, grupo algum se desfez integralmente de suas práticas e mitologias. Além disso, a natureza e a extensão das trocas técnicas e simbólicas dependeram das características, das inclinações e dos repertórios culturais de cada agrupamento étnico envolvido em tais situações de contato múltiplo — e da receptividade de seus produtos pelos demais. Tome-se a produção culinária. Pratos e petiscos italianos, árabes e asiáticos se generalizaram e ganharam o país. Só em áreas rurais remotas devem existir brasileiros que não sabem o que é um quibe. Come-se sushi, hoje, até em lanchonete de posto de gasolina. A comida judaica, ao contrário, não emplacou. Mesmo na Hebraica, quem faz sucesso é o sushi. De outra parte, algumas lacunas na presença de um grupo imigrante, na vida brasileira, correm por conta de traços de suas culturas originais. Como no futebol. Nosso primeiro mito futebolístico, Friedenreich, era filho de alemão e mulata brasileira. Inúmeros descendentes de italianos jogaram e jogam em nossos campos, como o zagueiro Bellini, capitão da seleção brasileira, que ergueu a taça de campeão do mundo na Suécia, em 1958. Mas e os japoneses? Não tivemos ainda, na história de nosso futebol, um só craque de ascendência nipônica. Imigrantes japoneses nos ensinaram a beber saquê, apreciar arranjos florais, lutar karatê e comer peixe cru. Assimilaram muitas coisas, em contrapartida. Mas não foram atraídos para a prática futebolística (recentemente, aliás, brasileiros têm ido ao Japão ensinar futebol, como Zico, que lá deixou sua marca "colonizadora", como pudemos ver na Copa do Mundo de 2010, com os gols de falta que a seleção japonesa marcou contra a Dinamarca). O negócio deles era tênis e beisebol. Do mesmo modo, as associações esportivas chinesas, no Brasil, nada têm a ver com futebol. São clubes de golfe, tênis, basquete e boliche. Topamos até mesmo, no rol das entidades artísticas de filhos de imigrantes chineses, com uma "Associação de Guitarra do Jovem Chinês do Brasil", mas nada que diga a eles que bola também se joga com os pés.

Imigrantes e seus descendentes mais próximos afetaram cidades brasileiras, também, em sua fisicalidade arquitetural. Não me refiro ao financiamento de custeio de obras espaventosas, como a do Martinelli, mas a intervenções no campo da realização arquitetônica propriamente dita. Günther Weimer diz que as cidades imigrantistas sulinas nada nos têm a oferecer, nesse particular. Elas não teriam sido desenhadas por eles. Segundo Weimer, o desenho original de São Leopoldo ainda não foi encontrado, "mas tudo leva a crer que a proposta era a criação de uma vila de desenho hipodâmico, nos moldes do projeto de Sá e Faria para a vila de São José de Taquari". O traçado em grelha pouco ou nada tem a ver com aldeias de extração germânica. E o que vemos, em São Leopoldo, é a grelha. A cidade foi transferida para uns baixios, com inundações impedindo a implantação do projeto original, mas este era em grelha, enxadrezado. Do mesmo modo, Santa Cruz, concebida "dentro das mais rígidas regras do urbanismo pombalino". Tínhamos casas, mas não cidades imigrantistas. Weimer: "É compreensível que estes procedimentos [da planta pombalina em grelha ou xadrez] fossem adotados, enquanto a administração das colônias corria por conta do governo provincial. Mas o curioso é que mesmo depois que as iniciativas foram privatizadas, estes procedimentos continuaram a ser mantidos. Quase todas as cidades imigrantistas, criadas durante o período imperial, apresentam o mesmo esquema dos planos regulares, como, por exemplo, Taquara, Nova Petrópolis, Sapiranga, Estância Velha, Estrela, Lajeado, Arroio do Meio, etc. Isto aconteceu até quando os empresários eram alemães. Na medida em que os imigrantes nelas se estabeleceram e começaram a construir suas casas, o aspecto das mesmas adquiriu uma expressão própria. Deve ter causado muita surpresa, quando os imigrantes se recusavam a construir de divisa a divisa [do terreno], posto que na Alemanha as casas jamais eram geminadas. Quando começaram a construir telhados de quatro águas, eventualmente, com tacaniças anãs, recuando as construções dos seus respectivos alinhamentos para deixar um jardim na frente e construindo com estruturas de enxaimel, as autoridades nacionais devem ter ficado seriamente preocupadas com estes e outros 'desvarios' dos recém-chegados". Topamos com essas casas de jardim fronteiro ainda hoje, andando pelo Rio Grande do Sul ou pelas ruas de Curitiba. O que não vemos, em um lugar ou outro, é uma ação urbanística integrada. Sobram para nós, aqui e ali, uma sinagoga, uma mesquita, avulsas na cidade. Os imigrantes, em suas levas iniciais, não nos deram um urbanismo.

Talvez tenham se aproximado disso em bairros operários de São Paulo. É a viagem dos *capomastri*, dos pedreiros italianos, portadores de um saber construtivo que São Paulo, até então, desconhecia. Escrevem Anita Salmoni e Emma Debenedetti, em *Arquitetura Italiana em São Paulo*: "Ao lado dos operários [italianos] que constroem a própria casa, começam pouco a pouco a exercer os pequenos profissionais, pedreiros e mestres que não sabem nem mesmo escrever claramente o próprio nome, e fazem casinhas que em nada diferem daquelas que os operários constroem para si. São na maioria casas geminadas ou uma série de casas iguais, divididas umas das outras por muros muito finos. A planta de todas é parecida; também em casas de maior importância ou de dimensões mais amplas aparecem sempre: uma entrada lateral, uma fileira de quartos, um ao lado do outro, uma cozinha e um quintal". Mais: "Semelhantes a pequenos cubos estampados por uma única matriz dispostos ao longo das ruas dos novos bairros da cidade em formação, as casinhas dos mestres de obras italianos deram um caráter unitário às ruas de Vila Buarque, Higienópolis, Campos Elíseos, Bom Retiro e do Brás [...]. Projetadas num plano social, além de o serem no plano arquitetônico, as casinhas térreas dos mestres de obras italianos representam a solução dada ao tema que se impunha, da habitação para imensas massas de operários, imigrados numa cidade em formação em um imenso planalto, com clima tropical. [...] Não queremos com isso dizer, por certo, que as casinhas constituíssem uma inovação absoluta nas maneiras de construção usadas em São

Paulo: as pequenas habitações de barro e bambu usados no interior não tinham em essência uma organização espacial muito diferente. Também nas cidades, a casa térrea foi por muito tempo mais comum do que o sobrado. Mas [...] cabe aos mestres de obras italianos o orgulho de terem traduzido em alvenaria, com métodos de trabalho tradicionais do pedreiro italiano [...] um tipo de casa mínima que satisfazia plenamente as necessidades, e de tê-lo estandardizado ao ponto que as diversas plantas parecem decalcadas umas sobre as outras". Com uma solução para o problema habitacional, os *capomastri* foram, assim, além da moradia singular. Organizaram ruas e bairros.

O primeiro arquiteto italiano a firmar seu nome na história do ambiente construído no Brasil foi Antonio Landi. É dele a terceira igreja de São João Batista — "uma joia da arquitetura", no dizer de Germain Bazin —, que Belém do Pará viu nascer. Uma das suas muitas obras que alteraram radicalmente a paisagem urbana da cidade. Landi veio parar no Brasil por conta de um tratado de delimitação de fronteiras com a América Espanhola, que foi fundamental para a definição de nossa configuração geográfica: o Tratado de Madri, que reconhecia o avanço territorial português para muito além da linha de Tordesilhas, incluindo imensidões amazônicas. À assinatura do tratado, em 1750, seguiria a demarcação territorial efetiva. E o governo português contratou o naturalista e arquiteto Landi, juntamente com outros artistas e cientistas europeus, para integrar no Brasil, como "desenhador" de mapas, a comissão demarcadora dos limites. Landi veio, viu e ficou. Passou a viver em Belém do Pará, onde meteu mãos à obra, projetando, entre outras coisas, o Palácio dos Governadores. Uma arquitetura dita "tardobarroca" (o barroco tardio, que vai desaguar nas formas "leves e graciosas" do rococó), de extração obviamente italiana, com traços já neoclássicos — definem os especialistas na matéria. "A obra de Landi no Pará indica [...] certa oscilação dialética de gosto e criatividade entre um tardobarroco e uma simplificação de formas austera, sendo esta tanto uma expressão de um espírito clássico continuado, como uma prefiguração de novas tendências classicizantes, que se adensavam em meados e fins do século, na Europa", escreve Mário Barata, em "Aspectos Tardo-Barrocos na Obra de Giuseppe Antonio Landi no Pará e sua Ligação com a Arquitetura Italiana". "Um barroco classicizante, rococó e pombalino [estilo assimilado durante o tempo que passou em Lisboa]", sintetiza, por sua vez, Donato Mello Júnior, em "Barroquismos do Arquiteto Antonio José Landi em Barcelos, Antiga Mariuá, e em Belém do Grão-Pará". Landi promoveu, então, uma italianização barroco-classicizante na produção arquitetônica da Amazônia. Mas sem criar maiores atritos. Barata: "Sua obra se insere numa constante da própria expressão artística efetuada no Brasil, onde se mantiveram composições sóbrias classicistas em confronto com novos impulsos barrocos. E por isso ela foi compreendida no Pará, como teria sido em Lisboa".

Depois da peripécia de Landi, na Amazônia, teremos a produção de arquitetos italianos em São Paulo e no Rio, entre os séculos XIX e XX. Anita e Emma: "Ao longo das ruas mal e mal traçadas, ou então lá onde uma casa tinha sido demolida, dirigiam-se imediatamente fileiras de mestres de obras, de pedreiros, de operários italianos e, junto a esta enorme massa anônima, alguns engenheiros, arquitetos, profissionais hábeis. Todos tinham chegado aqui tendo viva em seus olhos a imagem das ruas, das praças, dos edifícios, das vilas e das cidades que eles tinham deixado. Graças à prática de construção aprendida em sua pátria, souberam adaptar às exigências do novo clima e da nova terra os modelos aos quais sua bagagem sentimental os ligava". Mais: "Esta mesma saudade, que o pequeno operário exprimia com tijolos e alvenaria, quando construía sozinho [...] sua própria casa, à semelhança daquela que tinha deixado [...] levou [...] aqueles que tinham enriquecido a confiar a arquitetos italianos a construção de suas casas, que se tinham acostumado a sonhar". São Paulo se foi configurando, assim, como uma espécie de cidade italiana do período neoclássico. Mas o "neoclássico" era já, àquela altura, uma linguagem internacional. Tanto que os primeiros praticantes do estilo italiano, no Brasil, foram alemães. Ainda Anita e Emma: "seja porque o tivessem aprendido na pátria, seja porque, atingindo a Itália, o tivessem absorvido diretamente dos monumentos do século XVI e da Antiguidade", o fato é que foram alemães os arquitetos que difundiram, no Brasil, o gosto pelo neoclassicismo italiano. Só depois deles teríamos obras de Tommaso Bezzi (projetando o Museu do Ipiranga, em São Paulo) e Luigi Pucci. Àquela altura, todavia, o neoclássico era um estilo que a Europa deixara já para trás, substituindo-o pelo ecletismo histórico-romântico, que nos deu obras-primas do *kitsch* como o teatro de Manaus e o Fórum de Salvador. Mas São Paulo, ainda hoje, vê no estilo toda uma simbologia de *status*. Assim como foi neoclássica a mansão de Antônio Prado, "neoclássicos" são hoje tantos prédios nos Jardins e em Vila Nova Conceição, com a demanda induzida do mercado representando um atraso de vida na arquitetura paulistana. Uma história que, no entanto, traz o ato inaugural da arquitetura modernista no Brasil, com o ucraniano Gregori Warchavchik e o ítalo-brasileiro Rino Levi, que ocuparia um lugar fundamental nos caminhos da linguagem arquitetônica no Brasil.

Judeus construíram Copacabana e Ipanema, mas com prédios norte-americanos. Em "Judeus do Egito no Rio de Janeiro", Joëlle Rouchou lembra que os judeus egípcios expulsos de sua terra, com a ascensão do nacionalismo de Gamal Abdel Nasser, foram aqui recebidos pelo presidente Kubitschek, um filho da Boêmia. Assentaram-se, principalmente, no Rio, em meados da década de 1950. Eskenazi Pernidji, então membro do comitê da *Hebrew Immigrant Aid Society*, disse que, de todos os casos de imigração de que havia participado, aquele foi o de "mais fácil assimilação". Os judeus do Egito logo arranjaram empregos. E ganharam dinheiro. "Uns montaram fábricas, outros abriram negócios e progrediram numa espantosa velocidade". Joëlle: "A maioria dos judeus do Egito concentrou-se [em] Copacabana. Fundaram uma sinagoga na Rua Santa Clara e depois se agregaram ao Centro Israelita Brasileiro, na Rua Barata Ribeiro, que funciona até hoje". Rachel Mizrahi, por sua vez, informa: "Além dos altos negócios do café, os sefaradis ligaram-se a diversos empreendimentos comerciais nas duas maiores cidades brasileiras. Estabelecidos em lojas de importação de tecidos finos, rendas e tapetes orientais, esses imigrantes tiveram oportunidade de conhecer e se relacionar com expressivos políticos e empresários. Participantes de clubes exclusivos e elegantes do Rio de Janeiro [...] investiram em imobiliárias nas décadas de 1950 e 1960, responsáveis pelos belos edifícios de Copacabana e Ipanema, bairros nobres da cidade". E aqui não posso deixar de fazer um reparo: "bairro nobre" é etiqueta de agência publicitária para seduzir *nouveaux riches* — não faz o menor sentido em termos sociológicos ou urbanísticos. Existem bairros ricos, bairros de classe média e bairros pobres. Bairros "nobres", não. Mas o que importa é que empresários judeus construíram prédios e mais prédios, entre Copacabana e Ipanema. E o que fizeram? O que vigorava em meio às classes média e alta dos EUA.

Em "Urbanização e Modernidade: entre o Passado e o Futuro", Nestor Goulart escreveu: "Em todas as regiões [brasileiras] constatava-se a implantação de novos padrões de tecidos urbanos. Nas áreas centrais, os espaços de aparência europeia, das reformas urbanísticas do início do século, foram sendo substituídos por edifícios de maior altura, mais próximos dos padrões norte-americanos. A verticalização correspondeu a uma generalização do uso do concreto armado, estimulada pela carência de estruturas metálicas, após a crise de 1929. O aumento da população de classe média e a mudança nos padrões de vida levaram ao aparecimento de edifícios de apartamentos residenciais, nos bairros tradicionais, em substituição aos velhos solares". E Carlos Lemos nos dá uma informação que merece relevo: "Sempre de aluguel, essa produção [dos primeiros edifícios] já nasceu caracterizada pelo desejo de agradar indistintamente à clientela com a adoção de soluções homogeneizadas onde a média dos desejos estivesse expressa. A segregação das empregadas domésticas e dos fornecedores em áreas de circulação apartadas daquelas dos patrões foi uma consequência dessa política de agrado coletivo. Assim, o Brasil tornou-se o primeiro e único país a possuir edifícios com essa precaução separadora de circulações". Bem. O Brasil andou um tempo em ziguezague, a respeito das formas de moradia das classes privilegiadas. Quase vingou a proposta "neocolonial" de Ricardo Severo, em projetos para a elite paulista. Mas o que triunfou foi a verticalização em apartamentos. Depois da II Guerra, as famílias brasileiras relaxaram. Deixaram suas casas para adotar o modo de vida condividido, *up-to-date*, dos norte-americanos, com seus elevadores pantográficos. Gradualmente, esses prédios de apartamentos foram adotados pelos mais ricos, gerando moradias verticais de tipo dúplex ou tríplex, ou "coberturas" milionárias, espetaculares mirantes para o mar ou a favela — como na orla carioca e no Morumbi, onde a população mais pobre se concentrou em Paraisópolis. E raros arquitetos procuraram soluções razoáveis dentro desse padrão norte-americano, a exemplo de Vilanova Artigas (descendente de italianos e uruguaios, autor do projeto da Faculdade de Arquitetura e Urbanismo da USP e guru de uma geração de arquitetos paulistas) no Edifício Louveira, com seu pátio ajardinado, construído em São Paulo, em 1946. Ou de Lúcio Costa, projetando, também na década de 1940, os prédios alongados do Parque Guinle, antecipação das superquadras de Brasília.

Muitos de nossos atuais arquitetos, ou de nossos arquitetos e urbanistas modernistas e/ou contemporâneos, descendem de imigrantes. Mas já são brasileiros demais. Como Niemeyer. Em todo caso, dois casos nos restam. Um deles é o de Burle Marx, cujo pai era alemão. E os jardins de Burle Marx exploram ao extremo as cores e formas da flora brasileira, daí extraindo uma estética paisagística inconfundível. Penso que sua figura só tende a crescer, em tempos de arquitetura e urbanismo ecológicos. O outro caso é o de Lina Bo Bardi, italiana que mergulhou, funda e profundamente, no Brasil. Em especial, no eixo Bahia-São Paulo. Lina se formou na Itália, sob os signos da arquitetura industrializada e do desenho industrial. Mas numa Itália também revigorada pelo neorrealismo cinematográfico e pelo interesse gramsciano na cultura popular. E, aqui, ela girou em todos esses sentidos. Fez projetos nitidamente vanguardistas. Não muito ortodoxa, ensaiou-se ao mesmo tempo em outras direções. Exemplo disso é a casa do Chame-Chame (Salvador), que projetou em 1958: uma casa-bicho, de portas e janelas brancas, com a fachada de cimento pontilhada de conchas do mar — muito mais para a arquitetura de Frank Lloyd Wright do que para a de Corbusier. Com o olhar de Antonio Gramsci e Roberto Rossellini, voltou-se para o Recôncavo Baiano e se empenhou na viagem da Sudene de Celso Furtado, pensando a possibilidade de forjar um desenho industrial brasileiro a partir da experiência tecnomanual nordestina, expressando-se em redes e lamparinas. Na Bahia, explorou territórios de vanguarda e, no mesmo gesto, engajou-se na recuperação do patrimônio arquitetônico local, reavivando o Solar do Unhão, para o qual projetou uma escada estupenda, feita a partir do sistema de encaixes dos carros de boi. Foi vanguarda, em todos os sentidos. De forma evidente na Casa de Vidro, no Morumbi. Mas, também, de uma perspectiva antropológica, tanto no SESC Pompeia quanto na sede do Olodum e na Casa do Benim. E acabou criando a mais forte marca visual de São Paulo: o MASP, na Avenida Paulista.

Enfim, o que tivemos, nas cidades do Brasil, foram correntes de imigrantes que, sem deixar de cultivar jardins ancestrais, transfiguraram-se em brasileiros. E transfiguraram, neste mesmo movimento, o ser brasileiro. A terra das "três raças" se fez mais múltipla e diversa. É certo que os imigrantes tanto apresentaram quanto encontraram resistências. Que a ideologia predominante, no espaço mental das elites, então obcecada pela equação que identificava civilização e branqueamento, fez discriminações, indigitando amarelos e judeus. Que a ditadura estado-novista promoveu perseguições humilhantes — e vergonhosas. Mas a sociedade brasileira jamais rejeitou, em seu conjunto, os que aqui chegaram, com pouco ou nenhum dinheiro — e o coração apertado. Abriu-se de modo raramente receptivo para uma comunidade já politicamente definida, antropologicamente desenhada. E se deixou transformar, enquanto fazia, dos ádvenas, mais uns dos seus. Uma lição, apesar de tudo. E uma mensagem de alcance planetário, quando vemos, hoje, reações socioculturais se cristalizarem na atual legislação anti-imigrantista europeia. A Europa precisa aprender que há caminhos para congregar diferenças. E, sem as confinar em variáveis expressões da intolerância e do conflito, transcendê-las numa identidade maior, necessária e saudavelmente mutável e mestiça, feita de fertilizações mútuas. Em *Confiança e Medo na Cidade*, Zygmunt Bauman tocou no assunto: a mixofobia europeia manifestando-se concentradamente, agora, com relação aos imigrantes de países periféricos. Para Bauman, a União Europeia precisa aprender e desenvolver a arte do convívio, caminho para uma coexistência segura e amigável não apenas entre pessoas, mas também entre países. "Se os seres humanos aceitam e apreciam outros seres humanos e se empenham no diálogo, logo veremos que as diferenças culturais deixarão de ser um *casus belli*", diz ele. E a verdade é que, no Brasil, imigrantes vieram. Ficaram. E seus filhos nasceram complexa e profundamente brasileiros. De tal modo que, hoje, já não temos como falar *eles*. Eles, agora, somos nós. Mas esta é, também, uma lição para nós mesmos. Para nossas cidades, que, construindo-se entre tantas misturas, não superaram, antes acentuam, desigualdades sociais. E hoje aparecem como entidades repartidas e retalhadas, à espera de que seus muitos muros sejam vigorosa, irrecorrível e alegremente derrubados.

Para finalizar, voltemos aos judeus. A uma reflexão de Bernardo Sorj, que, embora centrada na identidade judaica, possui validade geral. Sorj escreve que "o judaísmo brasileiro, do ponto de vista da criação e da cristalização de expressões culturais próprias, instituições e reflexão intelectual, é de uma pobreza atroz". Como explicar isso? Sorj acredita que o fracasso cultural dos judeus, no Brasil, se deve, principalmente, ao sucesso de sua integração na sociedade e na cultura brasileiras, "onde convivem componentes anti-igualitários com um futuro coletivo comum utópico, assim como práticas sincréticas e ecumênicas". A mitologia cultural brasileira, ao buscar seu fundamento no futuro, distingue-se radicalmente da mitologia cultural judaica, fundada no passado, na angústia e no pessimismo — e, por isso mesmo, representa, para esta, um complexo de alto valor terapêutico. "A luta contra o antissemitismo valorizou, fundamentalmente, as estruturas democráticas como barreira para a intolerância e como principal contraponto ao discurso racista. A experiência brasileira, sem negar ou desmerecer a importância da democracia, mostra que a luta contra o preconceito racial ou étnico pode se sustentar também nas estruturas culturais e mitológicas da sociedade." O Brasil possui uma "força integradora" talvez incomparável. "O país conseguiu absorver o maior contingente de população japonesa fora do próprio Japão, milhões de árabes e menor quantidade de judeus, sem gerar conflitos étnicos ou práticas preconceituosas. Trata-se de um feito admirável, possivelmente sem similares na história contemporânea." Sorj atribui tal proeza ao fato de o Brasil ter construído uma sociedade aberta à transformação, receptiva ao novo e voltada para o futuro. Penso que está certo. Reconheço a insistência brasileira no futuro. É uma coisa que, ao mesmo tempo, intriga e apaixona. O país já aconteceu, mas tem certeza de que vai acontecer muito mais. Diversos estudiosos afirmam que todos os povos e culturas carregam consigo o sentimento de ter experimentado uma idade de ouro, real ou mítica, em seu passado. Idades que falam de um poderio que se arruinou, de um antigo esplendor cultural, de uma época moralmente superior, de alguma placidez ancestral para sempre perdida. Ao Brasil, a tese parece não se aplicar. O país parece sempre mais profundamente voltado para uma realização futura do que para um cultivo nostálgico do que perdeu ou teria perdido.

É verdade que Joaquim Nabuco explicitou uma nostalgia, ao tratar o reinado de Pedro II como a Grande Era brasileira. Muito já se falou, também, da nostalgia de Gilberto Freyre, idealizando o mundo patriarcal da nossa Idade do Açúcar. E sabemos do fascínio de Oswald de Andrade pela sociedade tupinambá. Mas Nabuco foi, sobretudo, o grande líder abolicionista, planejando futuros brasileiros. O pensamento essencial de Freyre visa em cheio ao futuro. E Oswald projetava a fantasia mitopoética do "Matriarcado de Pindorama" num horizonte radicalmente moderno. Por não ter desempenhado ainda, na história, o grande papel ou a grande missão que prometeu a si mesmo, o Brasil não é um país marcado por nenhuma funda nostalgia. Acredita que seus pecados vêm de um passado mal resolvido. Faz de conta que não tem memória. E crê que vai se afirmar adiante. Sempre. Alain Touraine observou, numa entrevista, que o Brasil tem capacidade de agir como sujeito político, de mobilizar forças e recursos — tem gana de agir como nação e pode vir a ter uma posição mais importante, no mundo, do que a União Europeia. Também vejo assim. Somos um país e um povo portadores de uma mensagem de alcance planetário. E, entre os signos desta mensagem, está, sem dúvida, o *know-how* da convivência.

7.
VANGUARDA, MEMÓRIA E UTOPIA

I

Vanguarda e tradição. Os termos parecem se repelir, lógica e automaticamente. Afinal, vanguarda é linha de frente. O primeiro sentido do vocábulo diz respeito à organização militar. Vanguarda é a dianteira de um exército. "Em todos os dicionários aparece esta palavra seguida de duas espadas entrecruzadas para indicar que provém da profissão militar. As obras com edições um tanto antigas nem sequer fazem referência a seu sentido figurado", lembra Hans Magnus Enzensberger, no ensaio "As Aporias da Vanguarda".

Por comparação, fala-se de "vanguarda" com respeito a outros tipos de ação e organização encontráveis na vida social. Mas aqui já estamos no espaço da metáfora, enriquecida, aliás, por um sentido de "tropa de elite". É assim que se fala de vanguarda política, no pensamento revolucionário russo de começos do século XX. Nesse caso, a expressão se vincula à teoria leninista do partido político, que conduziu os bolcheviques ao poder. Nos termos de Lênin, vanguarda política é um agrupamento autoconsciente do proletariado, um grupo de combate que chama a si a missão de guiar as massas, no horizonte da luta de classes. Ainda aqui, estamos próximos do sentido militar da palavra. Já expressões como vanguarda científica ou vanguarda estética se encontram mais distantes da semântica militar, embora não a desertem de todo. A metáfora não é mais tão impura como na referência à estrutura de ação que se materializou no bolchevismo. A vanguarda científica não se concentra na guerra de classes, nem se volta para conquistar o poder. Diz respeito, em princípio, a inovações no terreno das ciências. E a vanguarda artística, manifestando-se numa carretilha de "ismos" a atravessar a modernidade ocidental, designa também um grupo autoconsciente, programaticamente empenhado na renovação sistemática dos procedimentos estéticos.

"Tradição", por sua vez, é toda linhagem que vem de um passado — linhagem inventada ou reinventada, regra geral, quando o chão racha sob nossos pés. A postura de Mahler, nesse caso, é interessante. Quando regia, ele mexia nas partituras, que às vezes eram de "monstros sagrados" da música ocidental. Pessoas protestavam, claro. E ele batia de volta: "tradição é desordem". Não é muito diferente o que diz Argan, em *História da Arte como História da Cidade*: "não é a lógica da história, mas a desordem dos eventos, que se reflete na realidade urbana herdada do passado". O que Mahler queria dizer é que tradição não tem nada a ver com conservadorismo tradicionalista. Tradição e tradicionalismo são coisas distintas. Podemos definir tradição como soma seletiva de atos técnicos e simbólicos nos quais se foi gravando a criatividade de um povo. Já tradicionalismo é um ponto de vista cirúrgico, que elege certos pontos do passado e os quer congelar em determinado momento do seu devir, transformando-os em norma. O tradicionalismo é arbitrário e seu objetivo final é colocar nacos de tradição numa espécie qualquer de *freezer* da cultura. Enquanto a tradição pode inspirar e mover, o tradicionalismo busca imobilizar. Quando falamos de tradição, portanto, o mais correto é ter em mente uma determinada apropriação de realidades distantes no tempo, verificando o modo como esta apropriação se dá em função de um presente social ou cultural — e com que objetivos se processa.

De qualquer sorte, as vanguardas estéticas internacionais se comportaram, quase sempre, como se tradição fosse sinônimo de poeira, velharia, reumatismo ou artrite cultural. Mas, no Brasil, não. O diálogo entre invenção e tradição parece mesmo se configurar como uma das dialéticas centrais da cultura brasileira. Ou este é mais um de nossos muitos paradoxos: vanguarda e tradição de mãos dadas. Já no modernismo, quando se promoveu uma primeira atualização histórica da criação literária no ambiente brasileiro, não temos um movimento dissociado da tradição. Veja-se a obra de Oswald de Andrade. Oswald partiu para as radicalizações da poesia pau-brasil e da vanguarda antropofágica. Era um espírito revolucionário e mesmo anárquico. Mas com poemas para Ouro Preto e o Forte do Mar. Seu "Roteiro das Minas", a esse respeito, é exemplar. Uma série de peças curtas, onde o poeta fala das vilas do ouro, das igrejas, de "maravilhas coloniais", de São Francisco de Assis de Ouro Preto, do Morro da Queimada, de Sabará, do sol-pôr em Congonhas do Campo, onde os profetas do Aleijadinho "monumentalizam a paisagem" e há uma Bíblia de pedra-sabão banhada no ouro das minas. Bem mais tarde, numa crônica de 1954, publicada em *Telefonema*, vê-se a sua disposição preservacionista, surpreendente na figura de um agitador cultural: "Aproximei-me do largo da igreja de Santo Amaro [São Paulo], essa igreja simples que é encimada por quatro velhas estátuas que deviam ser tombadas, tal a expressão que exprimem. Estátuas anônimas de santos anônimos". E Mário de Andrade, um poeta menor, que não era lá tão "vanguardista" assim e só compôs ousadamente, de fato, quando escreveu o *Macunaíma*, militou em defesa de antigas edificações. "Defender o patrimônio é alfabetização", dizia ele.

Também a poesia concreta encarou com amor e rigor nosso passado cultural. Basta pensar em sua relação com o barroco. Com Vieira e Gregório. No "Sermão da Sexagésima", breve tratado de estilística, Vieira procura definir o que deve ser o texto de um pregador. E parece falar contra si mesmo. Diz que "o estilo há de ser muito fácil e natural", numa peça que prima pela agudeza verbal, para lembrar Baltasar Gracián. Critica os "estilos modernos", fazendo-o, entretanto, na linguagem moderna da época. Para então observar que o mais antigo pregador que houve no mundo foi o céu — que o céu tem sermões, que o céu traz palavras. "As palavras são as estrelas, os sermões são a composição, a ordem, a harmonia e o curso delas." Ao pensar a terra semeada de trigo e o céu semeado de astros, Vieira anota que o sermão deve ser ordenado, mas como as estrelas. E conclui: "Não fez Deus o Céu em xadrez de estrelas, como os pregadores fazem o sermão em xadrez de palavras". É uma contradição. A virtude suprema de Vieira foi compor o sermão em xadrez de palavras. Vieira foi um enxadrista verbo-estelar. E Haroldo de Campos deu, à sua antologia poética, o título de *Xadrez de Estrelas*. Gregório foi sua outra paixão. Contestando a visão de Antonio Candido, o mesmo Haroldo, em *O Sequestro do Barroco na Formação da Literatura Brasileira*, escreveu: "Nossa literatura, articulando-se com o barroco, não teve *infância* (*in-fans*, o que não fala). Não teve origem 'simples'. Nunca foi *in-forme*. Já 'nasceu' adulta, *formada*, no plano dos valores estéticos, falando o código mais elaborado da época". Do romantismo, os poetas concretos ressuscitaram Sousândrade, cantando criticamente, como inesperado vate *avant-garde*, o inferno de Wall Street. No simbolismo, foram pescar Kilkerry, mulato baiano, filho de preta escrava alforriada com imigrante irlandês. Kilkerry aparece aí como praticante culto da sintaxe arrevesada, à Mallarmé. E com a prosa já quase modernista de suas "Quotidianas — Kodaks". Augusto de Campos publicou, a propósito, *Re-Visão de Kilkerry*. No modernismo, os poetas concretos sublinharam o que de fato era vanguarda — o pau-brasil, a antropofagia —, trazendo-a para o campo de fogo do movimento tropicalista. Ensaios de Décio Pignatari, como "Marco Zero de Andrade", fizeram a cabeça do então chamado "grupo baiano". Mesmo na teorização de si mesmo, o concretismo se apresenta como uma espécie de neobarroco. Em "A Obra de Arte Aberta" (onde antecipou formulações de

Umberto Eco, fato reconhecido pelo próprio semiólogo italiano no prefácio à edição brasileira de *Obra Aberta*), Haroldo se refere explicitamente a isso. E Augusto, em *Verso, Reverso, Controverso*, declara: "Eu defenderei até à morte o novo por causa do antigo e até à vida o antigo por causa do novo. O antigo que foi novo é tão novo como o mais novo novo".

Pode-se argumentar, contra esta singularidade da vanguarda poética brasileira, com as posturas de Eliot e Pound, que voltaram-se para os poetas "metafísicos", como Andrew Marvell e John Donne, e os trovadores provençais. Mas devemos hesitar, com base em suas próprias práticas textuais e ideologias do fazer verbal, em classificar Pound e Eliot como poetas de *vanguarda*. Eles foram modernos. Vanguardistas, não. O repertório de vanguarda, explorando a espacialidade, as desarticulações vocabulares, a visualidade da escrita, vai aparecer, nos EUA, em E. E. Cummings. Mas o que a *Waste Land* de Eliot ou os *Cantos* de Pound têm a ver com vanguarda? Os poetas concretos se voltaram para Pound graças a três coisas. O emprego, à Flaubert ("*his true Penelope was Flaubert*"), da palavra exata. Seus fragmentos e exercícios de crítica literária, como no *ABC of Reading*. E sua ideia da sintaxe ideogrâmica, pensada a partir de Fenollosa. Afora isso, havia o amor de Pound pelo passado. Pelos provençais, como Arnaut Daniel, em especial. Veja-se *The Spirit of Romance*. Pound achava que o século XII tinha-nos dado duas joias perfeitas: a poesia de Arnaut Daniel e a igreja de San Zeno, em Verona. Mas, cabe a pergunta, Pound aceitaria textos como "Terra" (Pignatari), "Luxo/Lixo" (Augusto de Campos) ou "Velocidade" (Ronaldo Azeredo), como pertencentes ao campo da poesia? Não há como acreditar. A poesia concreta tem um parentesco com a sintaxe estrutural preconizada por Pound, mas não com os poemas que ele, de fato, produziu. Os concretistas eram extremamente sintéticos. Chegaram a tentar superar a frase, coisa que Ronaldo Azeredo conseguiu. A querer fazer poemas com uma só palavra, ou com duas, no máximo. Um poema, para Pound, era outra coisa. Pound estaria sempre muito mais próximo de Drummond e João Cabral do que de Oswald de Andrade e Décio Pignatari. A poesia concreta está muito distante tanto dos "Cantos" (ou "Cantares") quanto de "Hugh Selwyn Mauberley". E mais distante ainda está do Eliot de "Prufrock", "The Waste Land" ou "Hollow Men". Pound só se reconciliaria poeticamente com Augusto de Campos a partir de um poema como o "Pulsar". E aí, também, talvez, Eliot. Porque o "Pulsar" recupera de novo a frase, ainda que a fazendo indissociável de sua forma visual, na superposição de lua e estrela.

Pound e Eliot não viveram em campo propriamente vanguardista. O que temos, aqui, é outra conversa. Com Marinetti e Tristan Tzara. Futurismo e dadaísmo. Estes, sim, atiraram para longe a retórica das poéticas que lhes foram anteriores. Desejaram a explosão visual das letras em um espaço gráfico inédito. E o futurismo italiano marcou fundamente a vanguarda russa. O cubofuturismo de Khliébnikov (que escreveu uma utopia urbana, tentando antecipar a cidade do futuro), Maiakóvski, Krutchônikh e companheiros. Em 1912, eles publicaram o manifesto "Bofetada no Gosto Público", onde lemos: "Jogar Púchkin, Dostoiévski, Tolstói, etc., etc., de bordo do Navio da atualidade". Mas devemos também lembrar que aqueles jovens russos estavam então engajados no cumprimento da tarefa que consideravam a primeira parte do seu programa — "a destruição", como disse Maiakóvski. Friso isto porque o caso russo, de certa forma, se aproxima do brasileiro. Os cubofuturistas realizaram criações ousadas, explorando a visualidade da escrita e a "língua transmental". Mas não se afastaram da tradição popular russa. Em *A Poética de Maiakóvski*, Boris Schnaiderman escreve: "é impressionante a aparente contradição entre o futurista iconoclasta, que se voltava com furor contra os clássicos, que pregava a destruição de museus e pinacotecas, e o respeito que votava à tradição popular, à arte russa mais antiga". Ainda: "há com muita frequência em Maiakóvski a reivindicação da autêntica tradição russa. No artigo 'Rússia. Arte. Nós' [...] lembra a revalorização que os modernistas russos [...] estavam procedendo em relação aos ignorados pintores russos de ícones [...]. E a valorização da canção russa, dos provérbios russos, encontra-se a cada passo na obra maiakovskiana". E Maiakóvski iria compor, na década de 1920, um poema para Púchkin. A vanguarda estética russa não se manteve longe da tradição popular, fosse ela verbal ou visual. Em *O Momento Futurista*, Marjorie Perloff observa que as abstrações de Sonia Delaunay mantinham "fortes afinidades com as primitivas *lubki* (estampas xilográficas) russas, assim como as colagens cubofuturistas dos seus contemporâneos russos". E Khliébnikov sempre se entreteve em diálogo com a criação verbal ancestral e popular dos russos. Mas o caso brasileiro me parece mais nítido e significativo.

II

No campo da arquitetura e do urbanismo, continuamos na obrigação de negritar o diferencial brasileiro. Não é que um Gropius desconheça criações arquitetônicas do passado. Que volte as costas à história das obras e das ideias que marcaram o campo da arquitetura, no Ocidente e fora dele. Em *Bauhaus: Novarquitetura*, ele faz referência às pirâmides astecas e egípcias. Reflete sobre a arquitetura indiana. Demora-se num exame do Partenon, que, em sua opinião, "representa o maior grau de perfeição e delicadeza da arquitetura europeia". Gropius chegou a escrever o seguinte: "Sou da opinião de que nossa concepção das tarefas da nova arquitetura nunca ataca o conceito de tradição, pois o respeito à tradição não significa o prazer da agradável ou cômoda ocupação estético-formalista, com formas artísticas passadas, mas foi e é sempre uma luta pelo essencial, portanto, por aquilo que está por trás da matéria e da técnica e que com sua ajuda procura sempre a expressão visível". Não é a isto que estou me referindo. Não se trata apenas de "respeito pela tradição". Chamo a atenção, como no caso da poesia e da literatura, para um tipo especial de relação que a vanguarda brasileira estabeleceu com o passado. Relação não apenas contemplativa. Relação que não se limitou ao estudo e à admiração do passado. Mas relação prática. De engajamento objetivo na preservação do patrimônio. Os arquitetos brasileiros de vanguarda não pretenderam fazer tábula rasa do passado. Queriam o novo. Começar do zero. Mas não destruir. Olhem, no entanto, o plano de Corbusier para Paris. O "Plano Voisin" detonaria parte significativa da cidade. James Holston observa que, se fosse levado à prática, teria efeito mais radical do que a reforma de Haussmann. E teria mesmo. Haussmann realizou uma intervenção brutal. E Corbusier queria ir além. Françoise Choay: "A estética é um imperativo tão importante quanto a eficácia para esses urbanistas-arquitetos a quem a tradição europeia deu, em alto grau, uma formação de artistas. Mas, conforme a seu modernismo, rejeitam qualquer sentimentalismo com respeito ao legado estético do passado. Das cidades antigas, que devem ser replanejadas, só mantêm o alinhamento, praticando esse urbanismo de ponta de faca que também satisfaz as exigências do rendimento. 'Quanto mais Haussmann cortava, mais dinheiro ganhava', nota Le Corbusier. O mesmo autor, em seu plano de Paris, podará sem hesitação o conjunto dos velhos bairros 'pitorescos' (atributo passadista, proscrito da aglomeração progressista) para só manter algumas construções maiores (Notre-Dame, Sainte-Chapelle, os Inválidos) promovidas à dignidade de símbolo e à função museológica". Verdade que Corbusier, como Gropius, admirava obras da arquitetura grega. Mas não brincava em serviço. "Haussmann, em vez de praticar cortes estreitos em Paris, deveria ter demolido bairros inteiros, concentrando-se na altura", escreve ele em *Por uma Arquitetura*. Não por acaso Lewis Mumford criticou o desprezo corbusieriano pelas formas históricas, pela riqueza cultural e as lições do passado. Corbusier via não só a casa, mas a cidade como *máquina de morar*, totalmente regida por ideologias e tecnologias da modernidade, onde a história seria um cancro a ser extirpado.

Reflexos dessa fantasia destrutiva chegaram até nós. O urbanista Mário Leal, por exemplo, apresentou propostas que detonariam o centro histórico de Salvador. Na verdade, o urbanismo moderno nasceu de costas para o passado. Buscava-se um novo "marco zero", um ponto de partida incontaminado, voltado apenas para o futuro. Pensava-se não em preservação, mas em criação. E é nesse horizonte que devemos situar Leal. Contratado pela administração municipal, ele criou o Escritório do Plano de Urbanismo da Cidade do Salvador — EPUCS —, em 1943. E foi na linha da violência da Avenida Sete de Setembro, cujo caminho foi aberto com a demolição de prédios históricos, que o EPUCS concebeu suas "cintas de cumeadas", vias centrais para um trânsito mais lento que o das avenidas de vale. Em *O Macroplanejamento da Aglomeração de Salvador*, Abraham Scheinowitz vai ao ponto: "É útil notar que [...] a primeira cinta de cumeada sai da Rua Chile pela Avenida Sete de Setembro e passa pela Praça da Piedade, a Avenida Joana Angélica, os bairros do Barbalho e de Santo Antônio, e o Pelourinho, para atingir a Praça da Sé. É igualmente importante sublinhar que [...] o EPUCS não vacila em comprometer o núcleo do centro histórico, que considera como pouco interessante para uma sociedade voltada para o futuro [...] essa atitude sendo habitual, na época, para aqueles que achavam que um homem novo teria que fazer tábua rasa do passado". O que Leal propunha era um estupro urbanístico. Teríamos de esperar por outros arquitetos e urbanistas, também ligados à vanguarda internacional, mas com uma leitura diversa da cidade e da história, para que Salvador fosse vista em sua densidade e significância. No *Inventário de Proteção do Acervo Cultural da Bahia*, Paulo Ormindo de Azevedo e Vivian Correia Lima lembram que o traçado original da Avenida de Contorno, que ligaria o bairro do comércio ao da Barra, previa "uma das pistas passando entre o solar e a capela [do Unhão] e a outra destruindo o aqueduto e a fonte". A discussão sobre o assunto chegou à imprensa. E Diógenes Rebouças, arquiteto modernista, surgiu com um traçado alternativo para a avenida: em vez de atropelar o Solar do Unhão, alteá-la, ladeando o alto morro. Graças a isso, vemos hoje a Avenida de Contorno subir ao longo da falha geológica de Salvador, em direção ao Campo Grande. A solução proposta por Diógenes deu elegância à avenida, que agora sobe sobre arcos, acompanhando a encosta, e preservou a beleza do lugar, abrindo-se para a extensão azul da baía. Felizmente, foi esta atitude que prevaleceu, na Bahia, entre Lina Bo Bardi e Vivaldo da Costa Lima, o antropólogo que promoveu a vitalização do centro histórico da cidade.

O que predominou, no Brasil, foi isto. Que se pense no significado do prédio erguido por Gustavo Capanema, no centro do Rio. Ali se materializou a arquitetura de vanguarda. Mas, dentro do edifício, o que havia era uma vanguarda interessada no patrimônio histórico e cultural do país. No mesmo prédio do Ministério da Educação e Saúde, abrigava-se, sob o comando de Capanema, o órgão de defesa do patrimônio, voltado para a preservação das cidades históricas do Brasil — em vez da luta europeia do novo contra o velho, impunha-se o diálogo entre tradição e invenção. Era o Serviço do Patrimônio Histórico e Artístico Nacional, funcionando num prédio que pretendia encarnar o futuro. Foi dali que o preservacionista Rodrigo Mello Franco indicou o jovem Niemeyer para desenhar as obras de um também jovem Kubitschek, então assumindo a prefeitura de Belo Horizonte. Nossos vanguardistas nasceram bifrontes, voltados para a construção de um país novo e, ao mesmo tempo, para a tradição que este país exibia. Era coisa impensável na Europa. Não porque a Europa não tivesse tradições, claro. Tinha muito mais do que nós. Falharam, todavia, olhos do novo para vê-las. Mas foi uma arquiteta italiana, Lina Bo Bardi, no Brasil, quem restaurou o prédio da quinta do Unhão, metendo a mão, inclusive, na restauração de seus azulejos. E pensando, corretamente, na refuncionalização do prédio. Assim como foi um discípulo de Niemeyer e Alvar Aalto quem, diante da necessidade da produção de uma arquitetura hospitalar, soube tirar seus olhos da tecnologia da argamassa armada, para ver as enfermarias da Santa Casa de Misericórdia, em Salvador, e recriá-las em ambiente contemporâneo. Refiro-me a João Filgueiras Lima, Lelé. Está nele uma clara lição de que não estamos condenados ao fachadismo "pós-moderno", e muito menos à arquitetura dos *shopping centers*, reflexo da — e programa de — exclusão social. As passarelas que Lelé fez em Salvador, além de bonitas, apontam para a necessária convergência de arquitetura e urbanismo, ao aproximar bairros. E Lelé recupera, agora, a tradição do "plano inclinado".

 Outro ponto de encontro entre vanguarda e memória esteve no pensamento e na ação de Aloísio Magalhães, herdeiro de Rodrigo Mello Franco e Mário de Andrade, no campo da preservação dos bens culturais brasileiros. Aloísio se formou sob os signos da Bauhaus, do cubismo, do abstracionismo e da escola de Ulm. Fez-se *designer* ("um problema de responsabilidade social"), criando os mais diversos produtos, inclusive cédulas do dinheiro brasileiro, e se vinculando à Escola Superior de Desenho Industrial, no Rio de Janeiro. Ao mesmo tempo, dirigiu o IPHAN (Instituto do Patrimônio Histórico e Artístico Nacional) e a Fundação Nacional Pró-Memória. Em comunicação ao Conselho Federal de Cultura, em 1977, transcrita em seu livro *E Triunfo? A Questão dos Bens Culturais no Brasil*, afirmou: "Uma civilização é sempre construída por uma forma de acúmulo. Uma civilização não é um atropelado avanço em que a gente vai jogando fora as coisas. [...] A sabedoria a que pode atingir uma forma de civilização está em você acumular os seus conhecimentos e as suas conquistas e usá-los cada vez mais adequadamente". Aloísio insistia na necessidade de assegurar a continuidade do processo cultural. Alargou antropologicamente o conceito de "patrimônio", passando a falar de "bens culturais" em sentido lato, a fim de superar os limites de uma política preservacionista circunscrita aos monumentos de pedra e cal construídos pelas elites civil, militar e religiosa — e incorporar fazeres e saberes negros e indígenas. Sua postura de vanguarda estava na base e no cerne de sua visão do passado. "A tarefa de preservação do patrimônio cultural brasileiro, ao invés de ser uma tarefa de cuidar do passado, é essencialmente uma tarefa de refletir sobre o futuro", dizia. O Brasil não deveria se tornar uma nação rica, mas sem caráter. Como bem diz Joaquim Falcão ("A Política Cultural de Aloísio Magalhães"), a ênfase de Aloísio na continuidade não se confundia "com a defesa do passado ou do elitismo cultural" — "seria pouco provável que Aloísio passasse de profissional de vanguarda que sempre foi a mero protetor da retaguarda".

A vanguarda brasileira, em vez de se fixar exclusivamente num ponto à frente, soube aprender com a história. Entender criativamente o passado. O significado de um centro histórico — muito bem definido, aliás, por Benevolo, em *A Cidade e o Arquiteto*. Há cidades hoje, no mundo e no Brasil, onde contemplamos a coexistência de diversas cidades. Da cidade antiga, com seu centro histórico. Da cidade moderna, construída, no caso brasileiro, entre as últimas décadas do século XIX e quase ao longo de todo o século XX. E da cidade arquitetônica, mas não urbanisticamente, dita "pós-moderna". Ora, se temos, num mesmo espaço físico, a existência contígua de tipos de cidade, podemos compará-las, de modo a saber que cidade queremos construir entre hoje e amanhã. Neste sentido, os centros históricos importam não apenas porque preservam um passado, mas porque podem apontar para o futuro. A discussão sobre o futuro de Salvador tem de passar necessariamente pelo confronto entre o Pelourinho e a cidade que se está erguendo nas últimas décadas. É desse confronto crítico que pode se configurar uma nova espécie de cidade. Daí que Benevolo diga que os centros históricos "não nos interessam porque são belos ou históricos, mas porque indicam uma possível transformação futura de toda a cidade em que vivemos". Mas este empenho da vanguarda arquitetônica na preservação de obras passadas nunca significou nenhum revivalismo. Nossos arquitetos de vanguarda rejeitariam tanto o ecletismo quanto o neocolonial. Lúcio Costa assinaria embaixo do que diz Gropius: "Precisamos de uma nova ordem de valores visuais. Enquanto nadarmos na corrente interminável de elementos formais tomados de empréstimo, dificilmente teremos êxito na tarefa de dar forma à nossa própria cultura, pois cultura significa a aplicação de métodos artísticos próprios, que exprimem da melhor maneira as ideias e a linha intelectual de nossa época". Gropius insistia que não deveríamos confundir arquitetura com "arqueologia aplicada". E arrematava: "Os grandes períodos arquitetônicos do passado nunca imitaram os estilos de seus ancestrais". Lúcio sempre sublinhou, viva e fortemente, sua relação com a tradição. Ao falar de uma "trinca" fundamental da arquitetura brasileira, definiu: Niemeyer é o criador; Lelé, o construtor; e ele, Lúcio, a tradição. Não nos esqueçamos de que, ao tempo da feitura do edifício vanguardista de Capanema, Lúcio estava engajado, também, na recuperação dos Sete Povos das Missões, antigo assentamento da velha arquitetura jesuítica. Niemeyer, por sua vez, foi a Minas. Construiu um hotel em Ouro Preto, inserindo-se perfeitamente no conjunto setecentista. Mas nenhum dos dois, ao se definirem como personalidades culturais, estava em cena para repetir ou copiar. A invenção foi seu destino comum.

III

Rino Levi falara já da estética das cidades voltando-se para o "novo espírito" que começava a reinar, "em contraposição ao neoclassicismo, frio e insípido". Mas foi Warchavchik o desbravador, sublinhando o caráter histórico da "lógica da beleza", reclamando da arquitetura ornamental e adotando a visão corbusieriana da casa como "máquina de morar". Em texto incluído na coletânea *Arquitetura Moderna Brasileira: Depoimento de uma Geração*, Paulo Santos anotou: "A cultura de Warchavchik, hauriu-a ele, primeiro, no Curso de Arquitetura da Universidade de Odessa, onde permaneceu até 1917 e recebeu lições de Tátlin, Lissítski e Fomim; a seguir, no Instituto Real Superior de Belas-Artes de Roma [...] sendo ali aluno de [...] eminentes conhecedores da arquitetura clássica italiana, que lhe fizeram compreender que os clássicos também foram modernos em sua época". Warchavchik trouxe, para o Brasil, os princípios teóricos funcionalistas da vanguarda europeia. E fez seus projetos saírem da prancheta para a rua, a partir da casa cubista, para-mondrianesca, de Vila Mariana, bairro de São Paulo. Em seguida, tivemos o movimento pernambucano, com Luís Nunes, Attilio Corrêa Lima, o poeta-engenheiro Joaquim Cardozo e Burle Marx — movimento de extração bauhausiana, que teve a boa ideia de transformar o cobogó em *brise-soleil* (formada pela justaposição da primeira sílaba dos nomes de seus inventores, a sigla "cobogó" acabou por se converter em palavra corrente da língua portuguesa falada no Brasil). Mas a obra de Warchavchik — elogiada por Corbusier e Frank Lloyd Wright — e o movimento pernambucano, apoiado por Gilberto Freyre, significaram apenas os primeiros passos. A cartada decisiva foi jogada no Rio de Janeiro, em meados da década de 1930, com Lúcio Costa à frente. E, ainda ali, vamos encontrar as presenças poderosas de Corbusier, Gropius e Mies van der Rohe, a linha de frente do experimentalismo arquitetônico internacional.

Corbusier fora convidado em 1936, por Capanema, como consultor dos arquitetos brasileiros encarregados de projetar, sob a coordenação de Lúcio, a implantação do prédio do Ministério da Educação e Saúde Pública. Corbusier veio — e este contato direto entre o guru racionalista e seus discípulos locais foi fundamental para os novos passos da moderna arquitetura brasileira, então engatinhando, mas para logo ganhar projeção internacional. Os brasileiros se exercitaram em ligação íntima com o mestre franco-suíço. Canibalizaram os anteprojetos que ele elaborou. E produziram, ao fim dos trabalhos, uma obra que tinha a sua originalidade. Realizava-se o sonho de Corbusier. Mas o edifício cartesiano exibia — verticalizado e dinamizado, com quebra-sol horizontal — o *touch* de Lúcio e Niemeyer. O sucesso foi total e imediato, no Brasil e no mundo. "Admirado universalmente, publicado em todas as grandes revistas de arquitetura, tornou-se um símbolo nacional habilmente explorado pelo governo brasileiro na propaganda interna e externa", lembra Yves Bruand, em *Arquitetura Contemporânea no Brasil*. Tempos depois, ainda a bordo do navio que a trazia da Itália, Lina Bo Bardi contemplaria, maravilhada, aquele prédio. Para a arquitetura brasileira, ficou desde ali gravada a orientação central da vanguarda arquitetônica, mas também a liberdade tropical de invenção plástica, incontível nos limites do dogmatismo funcionalista. Veio então, finalmente, o conjunto da Pampulha, com a surpresa de suas linhas curvas, longe de todo geometrismo rígido, liberando a forma para os mais ousados voos da fantasia arquitetônica.

Ao fim da Segunda Guerra Mundial, a "nova arquitetura" era, no Brasil, original e madura a um só tempo. E aqui há um aspecto curioso: se a arquitetura não esteve entre as preocupações do modernismo de 1922, era ela agora que — em meio ao refluxo da invenção e à volta do conservadorismo, em literatura e nas artes plásticas — afirmava-se como espaço da radicalidade vanguardista. Como *locus* do novo. Fundada nos ensinamentos de Corbusier, sim, mas claramente autônoma frente ao estilo internacional. Uma arquitetura que soubera caminhar do padrão ortogonal de Warchavchik para a leveza e a sinuosidade neobarrocas de Niemeyer. Esta novidade brasileira, com relação às matrizes internacionais, com relação à Bauhaus e a Corbusier, foi apontada por diversos analistas. Com o prédio do Ministério da Educação e Saúde (atual Palácio Gustavo Capanema — por que "palácio", por falar nisso?) e as formas libérrimas da Pampulha, a arquitetura brasileira ostentava já, com vigor e brilho, seus traços mais distintos e distintivos. A mescla de monumentalidade e leveza. A consciência de que inexiste *the one best way*, ditada, utilitariamente, pelos materiais de construção empregados — e, sim, um elenco de soluções possíveis. A transcendência do funcionalismo estrito pela beleza plástica. A abertura estética, com o recurso a painéis (nem sempre felizes, no sentido de desencontros entre uma arquitetura avançada e um figurativismo modernista algo *passé*) e aos jardins de Burle Marx, arquiteto paisagista sempre preocupado em ampliar o "vocabulário jardinístico", tirando partido estético das formas, texturas e cores da flora tropical brasileira, em projetos cujos desenhos podem nos remeter a Arp e Miró, como nos casos do jardim-terraço do prédio do Ministério da Educação e do jardim da Fazenda Marambaia, em Petrópolis.

A velocidade do processo foi digna de nota. Em meados da década de 1920, nossa arquitetura ignorava o que ia pelo mundo. Em inícios do século XIX, passáramos do barroco ao neoclássico (*neoclássico*, em verdade, foi o Renascimento; seria mais apropriado falar, então, de "neorrenascentismo") e ao ecletismo, que, se nos dava lições técnicas de construção, com um acabamento e uma solidez a que não estávamos habituados, na fatura de edificações admiráveis (como o prédio da Associação Comercial da Bahia — anterior a Grandjean de Montigny e à "missão francesa"), nada nos ofertava de inovador. Vivíamos de importações e contrafações. Em 1920, o prédio da prefeitura do Rio surgia como cópia do velho classicismo francês. No campo dos procedimentos arquitetônicos, como em outros, nosso século XX apenas prolongava a centúria anterior. "Nenhuma originalidade podia ser entrevista nos numerosos edifícios recém-construídos, que não passavam de imitações, em geral medíocres, de obras de maior ou menor prestígio pertencentes a um passado recente ou longínquo, quando não eram meras cópias da moda então em voga na Europa. Ora, essa evolução só foi se acentuando durante as primeiras décadas do século XX. Os cariocas e paulistas abastados, que iam com frequência ao Velho Mundo, admiravam, em seu contexto natural, os chalés suíços, as velhas casas normandas de estrutura de madeira aparente, as moradas rústicas da antiga França, os palácios florentinos ou venezianos, mas não compreendiam que o encanto dessas casas provinha de sua autenticidade, de sua perfeita adaptação às condições do meio e, não raro, de sua inserção num conjunto do qual não podiam ser desvinculadas. Assim, um notável mostruário de reproduções mais ou menos fiéis, e sobretudo verdadeiras miscelâneas de estilos históricos, floresceram no Rio de Janeiro, em São Paulo e, em menor grau, nas demais grandes cidades do país. Esse fato era por si só suficiente para subtrair todo caráter a essas construções, justapostas de modo arbitrário, mesmo que tivessem algum valor estético (o que era raro)", sintetiza Bruand. Era o que se via por aqui, ao tempo em que, na Bélgica, tinha-se a arquitetura de Van de Velde e Victor Horta; na França, a de Tony Garnier, com o pioneirismo do projeto de uma *cité industrielle*; na Áustria, a de Adolf Loos; na Alemanha, a de Peter Behrens, que levaria seu aluno Gropius ao campo da arquitetura industrial; na Espanha, a de Gaudí; nos Estados Unidos, a de Louis Sullivan. Em suma, passavam-se então os dias que hoje olhamos em termos de "origens da arquitetura moderna e do *design*", para lembrar o livro de Nikolaus Pevsner.

Deu então o ar de sua graça entre nós, com atraso, a *art nouveau*, mas não com seu sentido original de pesquisa inovadora. Não como *Jugendstil* ou *modern style* ou *liberty*, demonstrando a "necessidade de abandonar o beco sem saída dos revivalismos e de inventar uma nova linguagem autônoma e independente" (Gillo Dorfles, *A Arquitetura Moderna*), a partir dos novos meios mecânicos e dos novos materiais de construção — e sim como mais um modismo descomprometido, que os mesmos ricos do Rio e de São Paulo importavam e consumiam, curtindo seus motivos decorativos, seus aspectos mais leves e superficiais, sem a menor noção da busca e do significado culturais do movimento. O aparecimento do neocolonial, em meio a imitações extemporâneas de velhos estilos europeus e à apreciação vitrinesca da *art nouveau*, não modificaria culturalmente a paisagem. Continuaríamos no reino da diluição. Do *kitsch*. É certo que o neocolonial, voltando-se para o passado arquitetônico luso-brasileiro, foi uma reação à prática da copiagem. Mas reação equivocada. Lúcio Costa — que, em sua juventude, nadou com distinção na maré neocolonial —, já em 1930, virando-se em direção à vanguarda, observava: "Acho indispensável que os nossos arquitetos deixem a escola conhecendo perfeitamente a nossa arquitetura da época colonial — não com o intuito da transposição ridícula dos seus motivos, não de mandar fazer falsos móveis de jacarandá — os verdadeiros são lindos —, mas de aprender as boas lições que ela nos dá de simplicidade, perfeita adaptação ao meio e à função, e consequente beleza". Ainda Lúcio: "Fazemos cenografia, 'estilo', arqueologia, fazemos casas espanholas de terceira mão, miniaturas de castelos medievais, falsos coloniais, tudo, menos arquitetura".

Razão tem Lourival Gomes Machado, quando diz que a "revolução arquitetônica", no Brasil, "visou principalmente à arquitetura abastada, cujos excessos de importação pretendeu anular, ao tempo em que se dispunha a demonstrar a falsidade dos chamados colonialistas apegados à tábua de salvação do ornato e da aparência formal externa que, com inteira displicência, transplantavam da arquitetura de adobe, pedra e telha portuguesa, para as casas que agora se faziam de tijolo perfurado, com apoio do cimento e cobertas pela telha francesa, incapaz de se pôr em acordo com os achinesados bicos de beiral". E as coisas começaram a mudar sob o impacto das teses extremas de Corbusier, o panfletário da matemática sensível, com sua visão das formas do mundo industrial, sua celebração das "alegrias da geometria", seus "lembretes" sobre o volume, a superfície e a "função geratriz" da planta. Da "nova planta" que a "vida moderna" solicitava, em regime de urgência — como ele mesmo dizia, em *Por Uma Arquitetura* ("o livro sagrado da arquitetura brasileira", segundo Lúcio) —, para a casa e a cidade. Daí vieram as ideias, os projetos e obras a que fiz referência — e outras mais, desde a década de 1930, como o prédio da Associação Brasileira de Imprensa (de Marcelo e Milton Roberto), no centro do Rio; ou a Estação de Hidroaviões (projetada por Attilio Corrêa Lima e equipe, também no Rio), com suas fachadas longitudinais em vidro e sua bonita escada helicoidal. Mas o que houve não foi a substituição de antigas importações (classicismo francês, *art nouveau*) por uma nova, o estilo corbusieriano. O que se construiu foi algo novo. E Brasília é filha desse processo. Uma das mais importantes realizações urbanístico-arquitetônicas do século XX, a nova capital brasileira não foi raio caído de um céu azul, mas o coroamento de um curso histórico-cultural bem-sucedido, que pouco antes atingira a autonomia e a maturidade. Maturidade de vanguarda, bem entendido.

Penso que se configurou ali, entre as décadas de 1930 e 1960, o segundo grande momento da criação urbanístico e arquitetônica brasileira, permitindo, inclusive, que obras e projetos extraordinários surgissem depois disso, como podemos ver em concepções e realizações de Lina Bo Bardi e João Filgueiras Lima — o MASP e a Casa de Vidro; os hospitais Sarah Kubitschek posteriores à unidade central de Brasília. No primeiro grande momento, entre os séculos XVII e XVIII, tivemos a linguagem estética internacional do barroco em nossos trópicos. Era a linguagem "de ponta" da época, que Gregório de Mattos, na criação poética do século XVII, e o Aleijadinho, na criação arquitetônica do século XVIII, souberam incorporar e transfigurar, gerando o barroco mestiço, tropical. E o que Haroldo de Campos escreveu, a propósito da criação literária barroca de Vieira e Gregório, pode ser repetido a respeito de nossa arquitetura também barroca. Ela nasceu adulta, falando a linguagem avançada de sua época. E assim como a poesia se transfigurou tropicalmente em Gregório, a criação arquitetônica foi assumindo identidade própria, para esplender no gênio do Aleijadinho. Somente dois séculos mais tarde, a arquitetura brasileira experimentaria um momento criativo comparável ao que ocorreu nas Minas setecentistas. Desta vez, sob o influxo do vanguardismo europeu, que assimilou e recriou, para também produzir a sua diferença, a sua singularidade. E não será este o único *trait d'union* entre as nossas arquiteturas barroca e moderna ou modernista.

IV

A forma de Brasília é um desfecho lógico e natural das trajetórias de Lúcio e Niemeyer. Praticante do neoclássico e do neocolonial, Lúcio deu o salto para a vanguarda. E foi a peça central da arquitetura moderna no Brasil. Pagou caro por isso, aliás: tempos de penúria, sem conseguir trabalho. A firma que abrira em 1931 com Warchavchik fechou, pois "o trabalho escasseava". E vieram anos difíceis. "A clientela continuava a querer casas de 'estilo' — francês, inglês, 'colonial' — coisas que eu então já não conseguia fazer. Na falta de trabalho, inventava casas para terrenos convencionais de doze metros por trinta e seis — 'Casas sem Dono'." Ao tempo em que fazia projetos para ninguém, Lúcio estudava "a fundo as propostas e obras dos criadores, Gropius, Mies van der Rohe, Le Corbusier — sobretudo este, porque abordava a questão no seu tríplice aspecto: o social, o tecnológico e o artístico, ou seja, o *plástico*, na sua ampla abrangência". Fruto desses projetos no vazio (e de outros projetos "esquecidos" ou rejeitados) e de seus estudos e reflexões, Lúcio escreveu, em 1934, "Razões da Nova Arquitetura". Um texto fundamental. Até então, contávamos somente com um artigo de Rino Levi, o manifesto de Warchavchik e as penadas pseudoeruditas de Mário e Oswald de Andrade (Oswald sempre muito mais inteligente, por sinal). Escrito em estilo solto e desabusado, polêmico e sedutor, o texto de Lúcio é um corte lúcido na conjuntura artístico-cultural brasileira de então, denunciando os descompassos existentes. A grande ruptura é vista na emergência da cultura técnica, da era da máquina, arquivando modos construtivos que vieram dos tempos mais remotos até ao século XIX. Daí que a nova arquitetura, dispondo do concreto armado e de estruturas metálicas, não tenha como não ser diferente de todas as arquiteturas que a precederam. A arquitetura dos veículos livrou-se do chicote no lombo do animal; a arquitetura náutica livrou-se dos favores incertos do vento. E esta lição dos meios de transporte valia para o conjunto dos fazeres arquitetônicos. Para a casa e a cidade. Era preciso saber responder às exigências das novas realidades do mundo. Com clareza e nitidez.

Lúcio faz sua profissão de fé. Centra-se no campo da vanguarda. Mas, além de construir seu próprio caminho, foi ele, ainda, o grande articulador do grupo que levou adiante, projetou internacionalmente e consolidou a jovem arquitetura brasileira do século que passou. Em 1930 (mesmo ano em que fez seu primeiro projeto moderno), ao assumir a direção da Escola Nacional de Belas Artes, convidou Warchavchik para ser professor. Em seguida, abriu um escritório com o ucraniano já paulista, contratando Niemeyer como desenhista. Foi ainda em resposta a um convite de Lúcio que Burle Marx fez seu primeiro projeto de jardim-terraço, no Rio de Janeiro, em 1932. Lúcio congregou também o grupo de arquitetos que, partindo do risco original de Corbusier, fez o prédio do Ministério da Educação e Saúde. Em 1938, abriu mão do primeiro lugar no concurso para a construção do Pavilhão do Brasil na Exposição Internacional de Nova York, convocando, para desenhá-lo, o segundo colocado, Niemeyer. A radicalidade e a generosidade não acharam difícil condividir os espaços anímicos de Lúcio. Mas há um ponto que não deve ser atropelado. À dessemelhança de Warchavchik, Lúcio via o campo arquitetônico de vanguarda como o espaço para um rigoroso exercício de depuração. Não era um fim, mas um meio. Havia que atravessar o *ostinato rigore* bauhausiano-corbusierista, livrar-se das boas maneiras eclético-acadêmicas e neocoloniais, deixando aqueles falsos brilhantes de lado. A vanguarda foi, para Lúcio, como para o *sintaxier* Haroldo de Campos, um caminho ascético. Naquele momento, para lembrar o verso de Maiakóvski, eles pisaram na garganta de seus cantos. Tinham de renascer passando pelo cabo-das-tormentas da "matemática da composição". E a vanguarda era a intervenção cirúrgica necessária. Mas Lúcio, como Haroldo, não se manteria circunscrito a isso. Impossível pensar Haroldo preso às limitações das *Konstellationen* de Eugen Gomringer, ou Lúcio projetando — sempre — prédios à Gropius. A vanguarda, para eles, significou purificação, renúncia. Para que eles, tirando dos ombros o peso de seus brilhos em estéticas passadas, um dia pudessem compor, respectivamente, *Galáxias* e Brasília. No caso de Brasília, Lúcio aponta sua filiação intelectual francesa ("a lembrança amorosa de Paris esteve sempre presente"), remete os verdes aos imensos gramados ingleses (os *lawns* de sua infância europeia), refere-se ao modelo de pureza chamado Diamantina, mas também ao conhecimento da arquitetura chinesa de começos do século XX e às autoestradas e viadutos dos arredores de Nova York. No conjunto de sua obra, todavia, podemos destacar, para além da conversão ao credo corbusieriano, o amor pela arquitetura colonial-barroca e os prédios alongados, sobre pilotis, do Parque Guinle, como antecedentes mais evidentes do projeto de Brasília.

Niemeyer, por sua vez, nunca se esqueceu de um detalhe: se a nova arquitetura era filha da Revolução Industrial e do avanço tecnológico, devendo responder aos questionamentos da sociedade de massas, ela era, também, uma espécie de arte. E ele se dispôs a ser seu artista, depois de trabalhar no escritório de Lúcio e passar um mês sob a orientação de Corbusier. Neste sentido, estava mais próximo de Van de Velde e da *art nouveau* do que de Behrens e dos arquitetos e *designers* alemães da Werkbund, obsessivamente voltados para a padronização, *Typisierung*. A beleza não viria como consequência lógica das técnicas construtivas e dos materiais de construção, inscrita já, irremediável e irreversivelmente, numa planta cartesiana que aboliria qualquer devaneio subjetivo de uma personalidade arquitetônica individual e individualizadora. Não. Niemeyer sabia que o concreto não determinava o arquiteto e sua arquitetura. Que era possível assinar seu nome embaixo das técnicas e dos materiais. Assim fez seus primeiros desenhos, assim fez a Pampulha. Aqui, era como se Niemeyer estivesse de férias, jogando solto, flanando. O *homo ludens* do barroco cavalgava o arquiteto, levando-o, em viagem livre e pioneira, para além dos dogmas do racionalismo arquitetônico internacional. Na verdade, raras vezes, no mundo, um arquiteto pôde realizar concretamente, com tal liberdade, seus exercícios experimentais. Niemeyer estava aplicando, ali, suas novas e belas fantasias formais, da marquise hans-arpiana do salão de danças às abóbadas inusitadas da capela de São Francisco, ambas surpreendentemente barroquistas, ou neobarroquizantes. Um show de plasticidade, sentido da forma, imaginação. Quando Lúcio projetou Brasília, sabia que a Pampulha, rigorosamente depurada, renasceria ali.

O encontro Juscelino-Oscar foi decisivo. É um marco, num período em que, no Brasil, como no Renascimento, o arquiteto foi interlocutor do poder. Juscelino resolvera fazer da barragem da Pampulha um espaço de turismo e lazer, retirando Belo Horizonte do acanhamento. Abriu então um concurso público de arquitetura para a ocupação do local. Mas considerou lamentáveis os projetos apresentados. "Em conversa com Rodrigo Mello Franco de Andrade, diretor do IPHAN, Juscelino mostrou-lhe os projetos rejeitados, amostragem do que não queria. Rodrigo sugeriu que o prefeito encontrasse o jovem arquiteto que brilhara no projeto do novo Ministério da Educação e Saúde e que estava de passagem por Belo Horizonte. Pouco mais tarde, entrou em sua sala um moço moreno e tímido chamado Oscar Niemeyer", relata Cláudio Bojunga, em *JK: o Artista do Impossível*. E prossegue, narrando o encontro: "O prefeito falava nas ruas futuras, na futura arborização, na ligação do bairro com Belo Horizonte, nas residências voltadas para o lago. Tudo na sua imaginação. O arquiteto anotava. Passou a noite trabalhando. Na manhã seguinte, Rodrigo telefonou ao prefeito convidando-o a passar no Grande Hotel para ver os croquis de Oscar, já que seria difícil transportá-los até o palácio. O quarto do arquiteto estava numa desordem espantosa. Juscelino a princípio não compreendeu nada daqueles rabiscos. Mas Oscar começou a falar e o prefeito surpreendeu-se com a novidade e ousadia de suas ideias". Niemeyer fez o projeto. Lúcio foi à Pampulha e aprovou. A obra foi executada. Tudo no caminho da futura formação do trio elétrico. Com Juscelino na Presidência, retomou-se a ideia de Brasília — assim batizada a futura nova capital, em 1823, por José Bonifácio. Uma ideia antiga. Aprovada em nossa primeira Assembleia Constituinte republicana. Mas nunca levada à prática.

Foi do encontro dessas três personalidades que nasceu Brasília. Juscelino e a vontade de construir a nova capital. Lúcio e a criação da cidade como entidade urbana. Niemeyer projetando os prédios definidos pelo urbanista. Décio Pignatari está certo: Lúcio era o *designer*; Oscar, o desenhista. Brasília veio, assim, para coroar a história do planejamento urbano nos trópicos brasileiros. E a cidade ficou pronta, provocando fascínio e rejeição, tanto no Brasil quanto no exterior. Cariocas despeitados com a transferência da capital não poupavam críticas à nova urbe planaltina. Os baianos sabiam o que era aquilo. Tinham vivido experiência semelhante, ressentindo-se visivelmente quando a capital do Brasil Colônia foi transferida de Salvador para o Rio de Janeiro. Mas não defendiam Brasília só por isso. A nova capital surgia, para eles, numa posição geográfica estratégica, capaz de reduzir a ênfase excessivamente centro-sulista do desenvolvimento brasileiro, que deixava as demais regiões do país no desamparo. Brasília significaria uma reorientação dessa política e um avanço no sentido da integração nacional. Mas muitos baianos repetiam, contra Brasília, argumentos que o Rio de Janeiro fabricava, disseminando-os pelo país. Em São Paulo, as reações também foram de um a outro extremo. Mas não devemos nos esquecer de que a vanguarda cultural paulista, concentrada então no movimento da poesia concreta (que recorria a pedras de toque dos gurus da arquitetura internacional, citando a Bauhaus, Mies van der Rohe e as maçanetas desenhadas por Max Bill na Hochschule für Gestaltung, em Ulm, como vemos na *Teoria da Poesia Concreta*), celebrou a nova cidade. Referindo-se ao projeto de Lúcio Costa, o grupo Noigandres, com os irmãos Augusto e Haroldo de Campos e Décio Pignatari, lançou o "Plano Piloto para Poesia Concreta". No exterior, a aparição de Brasília, cidade repentina e "futurista", teve muito de sensacional. Na mídia, é claro. Mas também havia gente que pensava. André Chastel, por exemplo: "Brasília é uma experiência que há de contar na carreira de quase todos nós [artistas, críticos de arte, arquitetos, urbanistas]. Por quê? Porque esta vasta realização se abre para nós, indicando em toda a sua plenitude a importância do ato de construir". Brasília era uma "experiência excepcional", trazendo inteiramente à luz o que, naquele momento, eram "os problemas capitais da arquitetura e do urbanismo". Para Max Bense, num dos textos que acompanham a edição brasileira de sua *Pequena Estética*, Brasília aparecia como "um lúcido exemplo do antiprovincianismo da consciência tropical". Sartre, repetindo a leitura de Gomes Machado, dispôs-se a ver um "elo inventivo" que vincularia as criações do Aleijadinho e as de Niemeyer. E Ángel Rama trataria a nova cidade como "o mais fabuloso sonho de urbe de que foram capazes os americanos". Vamos, então, nos aproximar dela. Vê-la um pouco mais de perto.

V

Em sua *Política*, Aristóteles estabelece correspondências entre sítio e regime político. Pensa sobre o sítio e o modelo ideal de cidade para cada tipo de regime. É claro que não temos razões para concordar com sua argumentação. Mas, no seu entender, a forma urbana perfeita, para um governo monárquico e oligárquico, estava na cidadela. A aristocracia se cumpriria em fortificações esparsas. E o regime democrático exigia, para a implantação de sua capital, um lugar plano. Não sei se Lúcio tinha isto em mente no dia em que saiu de sua casa para apresentar, ao país, o plano de Brasília. Sei que ele sabia de sua responsabilidade. E levava consigo uma utopia. Uma utopia tecida com fios às vezes surpreendentes. Brasília nasce, obviamente, dos Congressos Internacionais de Arquitetura Moderna (CIAM). Nasce da "Carta de Atenas". Nasce de Corbusier. "Brasília é uma cidade dos CIAM. Na verdade, é o exemplo mais completo já construído das doutrinas arquitetônicas e urbanísticas apresentadas pelos manifestos dos CIAM", escreve James Holston. E é isso mesmo. Brasília é a típica "cidade modernista", em sua realização mais plena, expressiva e acabada. Cidade organizada em setores, com especialização de funções (classificação funcional do espaço urbano que comparece já em obras do assim chamado "socialismo utópico" — em Fourier, por exemplo: mas a "cidade radiosa" de Corbusier não é filha do falanstério?); cidade de uma nova configuração residencial; cidade que pousa no meio do verde. E o que os CIAM propuseram foi um modelo de aplicação universal, ignorando topografias e antropologias. "Com a condição de preencher suas funções e ser eficaz, os urbanistas adotarão o mesmo plano de cidade para a França, o Japão, os Estados Unidos e a África do Norte. Le Corbusier chega a propor o mesmo esquema para o Rio e Argel", observa Françoise Choay, em *O Urbanismo: Utopias e Realidades*. O estranho é que, nascendo em tal ninho, Brasília tenha tanto a cara do Brasil. O homem e o humano, com suas particularidades, não foram anulados. A mistura de gentes de procedência variada e a própria cultura de pobres goianos resistiu aos imperativos da "Carta de Atenas". O barroco histórico brasileiro formou e informou palácios.

Mas a filiação da cidade a Corbusier e aos CIAM é inquestionável. Holston compara dois projetos de cidades ideais criados por Corbusier — a Cidade Contemporânea para Três Milhões de Habitantes (1922) e A Cidade Radiosa (1930) — com o desenho final de Brasília. "Estes dois projetos tornaram-se protótipos para o modelo dos CIAM definido na Carta de Atenas. Notem-se as similaridades explícitas entre ambos e Brasília: o cruzamento de vias expressas; as unidades de moradia com aparência e altura uniformes, agrupadas em superquadras residenciais com jardins e dependências coletivas; os prédios administrativos, financeiros e comerciais em torno do cruzamento central; a zona de recreação rodeando a cidade. O 'pedigree' de Brasília é evidente". Está certo. Brasília se instala com clareza no campo da gramática de Corbusier e dos CIAM. "A cidade dos CIAM é concebida como uma cidade da salvação", prossegue Holston, comentando: "Todos os movimentos de vanguarda associados aos CIAM estavam empenhados na resolução da crise em que o capitalismo industrial lançou a organização metropolitana e a sociedade das metrópoles. Todos partilhavam de uma análise similar da situação: tendo sido organizadas em função do lucro privado, as forças produtivas desencadeadas pela Revolução Industrial reduziram as cidades europeias a um caos por volta do final do século [XIX] e despedaçaram seu tecido social. As soluções radicais propostas pelos CIAM exigiam o predomínio da ação coletiva e dos direitos coletivos sobre os interesses privados, tanto na ordenação da cidade quanto no controle das forças do desenvolvimento industrial. Proclamavam uma nova era da máquina, na qual os benefícios potenciais da Revolução Industrial seriam estendidos para todas as classes e a cidade iria ser tão ordenada quanto uma instalação fabril". E o que sobressai, entre as propostas urbanísticas dos CIAM, é muito claro: "1) sua base anticapitalista e igualitária; 2) seu uso da metáfora da 'máquina' e sua racionalidade totalizadora; 3) sua redefinição das funções sociais da organização urbana; 4) seu desenvolvimento de tipologias de construção e de convenções de planejamento como um meio de mudança social; 5) sua descontextualização e o determinismo ambiental; 6) sua confiança na autoridade estatal para alcançar o planejamento total; 7) suas técnicas de choque; 8) sua fusão de arte, política e vida cotidiana".

Mas devemos nos lembrar também de que, destoando de qualquer "fundamentalismo" vanguardista, Lúcio coloca Diamantina no rol dos "ingredientes" que deram origem à cidade que ele inventou. De fato, há convergências entre a arquitetura colonial da Bahia e de Minas Gerais e a arquitetura brasileira do século XX. Passamos do barroco recriado nos trópicos à vanguarda recriada nesses mesmos trópicos. Mas aqui é preciso distinguir entre o barroco nórdico e o mediterrâneo. Lúcio sabia disso muito bem, como se vê em seu "Razões da Nova Arquitetura": "enquanto nos países de tradição latina — inclusive as colônias americanas de Portugal e Espanha — a arquitetura barroca soube sempre manter, mesmo nos momentos de delírio a que por vezes chegou, certa compostura, até dignidade, conservando-se a linha geral da composição, conquanto elaborada, alheia ao assanhamento ornamental — nos países de raça germânica, encontrando campo apropriado, frutificou, atingindo mesmo, em alguns casos, um grau de licenciosidade sem precedentes". É interessante verificar, por sinal, que Lúcio faz uma ponte entre a arquitetura barroca e a arquitetura modernista alemãs: "Ainda agora é fácil reconhecer no *modernismo* alemão os traços inconfundíveis desse barroquismo, apesar das exceções merecedoras de menção, entre as quais, além da de Walter Gropius, a da obra verdadeiramente notável de Mies van der Rohe: milagre de simplicidade, elegância e clareza, cujos requintes, longe de prejudicá-la, dão-nos uma ideia precisa do que já hoje poderiam ser as nossas casas". O tom de Lúcio, com relação ao barroco alemão, é de repreenda. Mas não era assim que ele via o barroco luso-brasileiro. Foi em 1922 que ele conheceu Diamantina. "Lá chegando caí em cheio no passado no seu sentido mais despojado, mais puro; um passado de verdade, que eu ignorava, um passado que era novo em folha para mim. Foi uma revelação", escreve. E se o vínculo entre barroquismo e modernismo, na Alemanha, era criticável, este mesmo vínculo, no Brasil, seria não só mais claro, como positivo.

Antes que Sartre flagrasse um "elo inventivo" ligando Aleijadinho e Niemeyer, Lourival Gomes Machado escreveu ("A Renovação da Arquitetura Brasileira"), na década de 1940: "nos basta a certeza de que a nova arquitetura brasileira corresponde fielmente às necessidades, às condições e à mentalidade do país e que, entre ela e a autêntica arquitetura dos tempos da colônia, só vai a diferença imposta pela dimensão temporal em cuja função variou a sociedade, transformando-se no tocante às condições de vida e ao alcance da técnica. Tão perfeita é a correspondência que, por vezes, o observador sente revelar-se no risco dos edifícios novos, não o cubismo europeu do mestre [Corbusier], mas a gratuidade e as ilusões de perspectiva que foram, em seu tempo, o apanágio do barroco, elemento histórico da arte do Brasil". Estava assim descortinada, antes mesmo da construção de Brasília, a relação entre o barroco e a vanguarda. E quando Lúcio arrolou Diamantina entre as vertentes estéticas que confluíram para a configuração de seu plano, confirmou a visão de Lourival e de outros artistas e intelectuais que avivaram este nexo. No polo oposto, ouçamos Corbusier, em *Por Uma Arquitetura*: "Pessoas refinadas, habituadas aos salões (em Paris ou nos EUA), qualificam-me hoje de arquiteto 'barroco'. É a mais atroz designação que possa me ser conferida. [...] Talvez seja uma felicidade ainda ser xingado aos 70 anos!!!". Mas Sartre chamou a atenção, justamente, para a relação entre a moderna arquitetura brasileira e o barroco dos tempos coloniais. No caso, o barroco mineiro do Aleijadinho, que também acabara de conhecer. Em *O Poeta e a Consciência Crítica*, Affonso Ávila comenta: "foi certamente por essa nossa singularidade de postura criadora, de índole redutora e antropofágica em relação ao barroco europeu, à arte do Velho Mundo, que Jean-Paul Sartre, quando de sua visita ao Brasil, surpreendeu um elo inventivo entre a arquitetura de Niemeyer em Brasília e o barroquismo de Antonio Francisco Lisboa. Esse vínculo entre a arte colonial e a arquitetura moderna brasileira [...] se nos afigurará ainda mais fortalecido ao contemplarmos o monumental Palácio dos Arcos em Brasília. De um despojamento grego na sua fachada, quebrando com a surpresa de sua invenção a monotonia da Esplanada dos Ministérios, equilibrando com a sua gravidade a leveza quase feminina dos dois palácios fronteiros na Praça dos Três Poderes, ele se abre um interior de austeridade claustral que lembra o São Bento do Rio de Janeiro, um interior de espaços e salas e pedras que nos reconduz a Ouro Preto, à Casa de Câmara e Cadeia, à Casa dos Contos".

Também as sinuosidades niemeyerianas merecem ser tratadas nos termos de um neobarroco. Leia-se o que o *Dictionary of Architecture and Landscape Architecture*, de John Fleming, Hugh Honour e Nikolaus Pevsner, diz a propósito da Pampulha. Que ali se revelou um *approach* arquitetônico *completely new*, inteiramente novo. Os prédios da Pampulha "foram as primeiras construções, em todo o mundo, a se afastar resoluta e ousadamente do racionalismo internacional, que então apenas começava a ser aceito por autoridades e clientes progressistas, na maioria dos países". Niemeyer apresentou, ali, "um estilo escultural, francamente antirracionalista, altamente expressivo", que se projetava do passado barroco do país. "The style suited Brazil, with its past of the extremest Baroque". Spiro Kostof, por sua vez, em *A History of Architecture: Settings and Rituals*, observou: "Arquitetos latino-americanos como Oscar Niemeyer, tocados pelo gênio de Le Corbusier, liberaram formas exuberantes, que refrescaram seu rigor purista com as energias do barroco nativo". Neobarroquismo que não diz respeito somente a Niemeyer. Basta lembrar Clarival Valladares, em "Considerações sobre o TCA e sua Interpretação Estética", traçando paralelos entre o Teatro Castro Alves, projetado por Bina Fonyat, e as arquiteturas religiosa e militar da Bahia barroca. Ou, mais recentemente, pensar nos hospitais projetados por João Filgueiras Lima para Salvador, Fortaleza e o Lago Sul, em Brasília. E há uma coisa que facilita a aproximação entre o barroco do Brasil colonial e a arquitetura inovadora de Niemeyer, na Pampulha e em Brasília. Numa comparação com o barroco europeu, como foi dito, o barroco brasileiro chega a ser sóbrio. Volutas, floreios e frontões não devem impedir uma distinção. Uma coisa é o nosso barroco religioso de interiores, barroco propriamente dito, que pode ser pensado e apreciado em dimensão gongórica ou marinista, para falar em termos poéticos. Mas o barroco do exterior dos prédios é outra coisa. Chega a ser limpo. Regra geral, o barroco do interior de nossas igrejas não encontra correspondência na face, no corpo externo dos templos. Houve mesmo quem falasse de barroco perdulário no interior e barroco austero no exterior — "discrepância entre altares e fachadas". A fachada da Ordem Terceira de São Francisco, em Salvador — de fisionomia *plateresca*, escultural-delirante — é, por isso mesmo, uma exceção. Uma joia solitária, na história da criação arquitetônica no Brasil. E esta é a diferença entre a arquitetura barroca no Brasil e na América Espanhola; entre as igrejas do eixo Bahia-Minas e as igrejas do México. Mas não só as igrejas, claro. O caso de Diamantina, que não abandonou a cabeça de Lúcio Costa, é exemplar. Olhando aquela cidade, o que vemos é uma arquitetura clara. Econômica. Singela.

Em *Barroco Mineiro*, o mesmo Lourival Gomes Machado sustenta uma tese interessante. Observa que, no barroco de Minas, inexistiu, regra geral, a obsessão da fachada: "nunca — salvo na exceção especialíssima de Congonhas — a arquitetura se impõe à paisagem para ordená-la segundo as regras do barroco e subordiná-la ao monumento". O contrário mesmo do que ocorreu na Europa, especialmente entre os nórdicos, com a incontrolável extravagância das fachadas. Por quê? Lourival argumenta, em primeiro lugar, com uma restrição de ordem econômica. Malgrado a fartura de ouro, não havia, em Minas, "aquela superabundância de fortuna que justificara e provocara as maiores obras europeias". Quase sempre, as igrejas mineiras nasciam pobres. Não foram erguidas pela Coroa lusitana, mas por particulares. Tal "simplicismo determinista", no entanto, não explica tudo. Como lembra Lourival, "as igrejas mineiras não sentiam aquela fome espacial [...] que tantas vezes levou o barroco às expansões paisagísticas e panorâmicas". Na Europa, havia uma competição acirrada. A construção barroca era obrigada a se empenhar numa disputa visual para se impor no espaço urbano. E o fazia por meio de fachadas muitas vezes delirantes. Em Minas, ao contrário, "o templo não nasceu afogado pelo casario de cidades velhas, mas sempre teve à disposição todo o terreno que desejava". No interior do templo, a fantasia barroca à solta, para maior glória de Deus e êxtase dos fiéis. No exterior, não havia necessidade do menor espalhafato. A igreja, singela, se destacava na paisagem. Uma paisagem, em si mesma, barroca, entre aclives e declives, quando simples esquinas "transformam-se em escadas circulares, quando todo um quarteirão se fragmenta em degraus", a exemplo do que se vê em Ouro Preto.

VI

Mesmo com seu *cordon sanitaire* afastando a pobreza, Brasília ganhou consistência urbana e humana. Mas foi também — e ainda hoje é — objeto de muitas críticas, feitas tanto por leigos quanto por estudiosos do fenômeno urbano e da configuração física das cidades. Logo na abertura de O *Urbanismo*, Françoise Choay escreve: "A sociedade industrial é urbana. A cidade é o seu horizonte. Ela produz as metrópoles, conurbações, cidades industriais, grandes conjuntos habitacionais. No entanto, fracassa na ordenação desses locais. A sociedade industrial tem especialistas em planejamento urbano. No entanto, as criações do urbanismo são, em toda parte, assim que aparecem, contestadas, questionadas. Das superquadras de Brasília aos quadriláteros de Sarcelles, do fórum de Chandigarh ao novo fórum de Boston, das *highways* que cortam São Francisco às grandes avenidas que rasgam Bruxelas, são evidentes a mesma insatisfação e a mesma inquietude". A reflexão é tão genérica que me sinto inclinado a torná-la ainda mais geral. De uma parte, observando que o que está em tela é uma insatisfação mundial com as cidades contemporâneas. De outra, podemos ir além disso, para falar de uma insatisfação planetária com os modelos de sociedade em que a espécie humana hoje vive. Nos EUA, a mais desigual das democracias ricas do mundo, esta insatisfação e inquietude afloram tanto na classe média branca de Nova

York, São Francisco ou Los Angeles, quanto em meio aos pretos pobres de Nova Orleans, à massa dos marginais, dos excluídos, que se distribuem pelo país. Os EUA se revelaram incapazes de realizar o *american dream*. No "velho continente", tivemos o recuo da social-democracia, hoje limitada a políticas compensatórias, entre a resignação "realista" e uma adesão algo envergonhada à globalização e à economia de mercado, tal como estabelecidas no momento presente do mundo. E a população europeia, sem saber o que fazer com a multidão de imigrantes pobres e etnicamente distintos que recebe, vai tomando, conjunturalmente, o rumo da direita. Insatisfação e inquietude que marcam, também, países continentais em desenvolvimento, como a Rússia e a China. Mesmo o atual otimismo chinês esbarra na miséria camponesa, no regime quase prisional de trabalho e num sistema político fechado, que não se livrou inteiramente das atrocidades da "revolução cultural" maoísta, nem da mancha do massacre da Praça da Paz Celestial. Desta perspectiva, vejo as pessoas mais insatisfeitas com as estruturações sociais e políticas em que vivem do que com os núcleos urbanos que habitam. Mais insatisfeitas com a sociedade do que com a cidade.

Mas quais seriam a insatisfação e a inquietude evidentes em Brasília? Insatisfação e inquietude citadinas, vinculadas à cidade em si, à trama da vida em seu espaço físico — e não a queixas contra o governo, a corrupção ou a exclusão social? Cabe, em primeiro lugar, a pergunta: insatisfação e inquietude de quem? Invariavelmente, de pessoas que são obrigadas a morar lá: o senador baiano que, habituado à vida eufórica de Salvador, lamenta a falta do que fazer brasiliense; o deputado carioca que usa a cidade "funcionalmente", sem ver a hora de se mandar para o Rio; o médico que passou num concurso do Sarah Kubitschek e foi designado para trabalhar ali mesmo; o chefe de gabinete que deixou a família em São Paulo e vive num hotel de luxo, onde se limita a contemplar o desfile noturno de jovens e bonitas prostitutas; a ministra que reclama da solidão das noites, quando tem por companhia somente livros e um cão labrador; a mulher que acompanhou o marido, transferido para lá. Mas não se ouve queixa de quem foi para Brasília de moto próprio. E muito menos dos brasilienses ou candangos. Jovens nascidos em Brasília, quando se veem na obrigação de morar em outras cidades brasileiras, costumam reclamar. Adoram viver em Brasília. E não nos esqueçamos da burguesia local. São pessoas com dinheiro para morar em qualquer cidade do Brasil, ou do mundo. Mas não deixam Brasília. E uma cidade que, apesar de tudo, alegra seus jovens e satisfaz seus ricos, pode ser várias coisas, menos o fim do mundo. Mesmo imediatamente fora do círculo do plano piloto — ali, onde um sujeito de camiseta cor de abóbora toca uma buzina alta, atraindo putinhas de ascendência xavante para baforadas de fogareiros de churrasquinho de gato esfumaçando ao sol seco —, não vejo a inquietude que inquieta Françoise Choay. Pessoalmente, acho Brasília bela e agradável. Sei dos proveitos e males de seu estatuto de cidade criada para ser o centro político-administrativo do país: o poder perverte não apenas quem está no poder, mas o cotidiano mesmo das pessoas comuns. E a cidade possui um lado provinciano; carência de qualificação profissional nos serviços; é mais sexista que sensual; surpreende pela violência de grùpos juvenis economicamente privilegiados; impõe uma espécie própria de resguardo e solidão; tem algo de "tanático"; e seus fins de semana se passam em clima de tranquilidade rural. Ao mesmo tempo, oferece prazeres estéticos únicos: um passeio pela Esplanada dos Ministérios e a Praça dos Três Poderes, à noite; a visão do Palácio da Alvorada; o pôr do sol naqueles espaços abertos. E que ninguém se surpreenda com referências naturais. Quando uma cidade se implanta, o natural já não é tão natural. A escolha do sítio não está na natureza. E Brasília fica sob uma alta e clara cúpula azul, estreluzindo-se à noite. Lúcio dizia, aliás, que o céu é o mar de Brasília. A estruturação e as formas de uma cidade estabelecem um diálogo com a estruturação e as formas de sua circunstância ambiental. Cada cidade tem seu modo de inserção ecológica e sua maneira de ser e estar no meio ambiente, com elementos terrestres ou estelares. É por isso que falamos do pôr do sol do Rio, por exemplo. Quando há uma cidade, o fenômeno astrofísico faz parte dela. E Brasília apresenta seu próprio espetáculo de luz e brilho. A sua claridade, rebrilhando no branco dos prédios. A escultura cinética de sol e sombra do Teatro Nacional. E, ao ver a lua plena, entre as torres do Congresso, espraiando sua luz suave pelo descampado dos ministérios, é difícil evitar a sensação de que ela não estava prevista no plano dos arquitetos.

Muitos falam também da artificialidade de Brasília. É a enésima comparação entre cidades racionais e cidades orgânicas, que seriam mais "naturais". Bobagem. Toda cidade é artificial. As aldeias tupinambás eram assentamentos padronizados. Artificiais. Planejados e artificiais são os assentamentos circulares dos bororos, estudados por Lévi-Strauss. E por que ninguém se lembra de tocar nesse assunto a propósito da mancha matriz da Cidade da Bahia? Porque o feitiço dos séculos hipnotiza. A poeira da história cobre os olhos. Enevoa, com sua neblina de ouro, com sua "poesia", o olhar e a razão. Mas o que é a própria poesia, senão linguagem formalizada, artificialização sistemática do jogo verbal? Maravilhoso o comentário de Clarice Lispector: "Brasília é artificial. Tão artificial como devia ter sido o mundo quando foi criado". Em "Brasília: Trauma e Reconciliação", Milton

Hatoum escreveu: "Brasília não se reduz ao Senado e à Câmara. Penso no seu espaço escultural e grandioso que não barra o horizonte nem a beleza do cerrado; penso na sua juventude irreverente, nos seus poetas, músicos, narradores e atores; na imensa maioria de funcionários públicos e trabalhadores, que nada têm a ver com as falcatruas quinzenais; penso na periferia pobre, batalhadora, profundamente brasileira, com seus rostos e sotaques de todos os quadrantes". Brasília tem seu enredo diário, sua narrativa de todos os dias. As pessoas, ali, molham jardins, criam cães e gatos, pisam na grama, comem chocolate, fazem xixi, vão a bancas de revistas, à lanchonete e à padaria. Frequentam cinemas e teatros, bares e restaurantes, motéis e clínicas, bordéis e casas de *striptease*, associações culturais e filantrópicas, igrejas e galerias de arte. Promovem festas, caminhadas, exposições de animais, corridas. Sabem distinguir entre água comum e água benta. Pessoas que, inclusive, ressemantizam o espaço urbano: nunca me esqueço de um membro do candomblé, filho de Omolu, dizendo que as "tesourinhas" de Lúcio Costa, feitas para o fluxo dos automóveis, eram perfeitas para arriar despachos.

Vê-se uma variante recente da crítica ao "artificialismo" brasiliense em *Modernidade-Mundo*, de Jean Chesnaux, com seu conceito de "fora do chão". Ele mesmo explica, ou tenta explicar: "O *fora do chão* constitui uma categoria geral da modernidade, uma situação de dissociação para com o ambiente natural, social, histórico e cultural. As lojas 'tax-free' dos aeroportos estão em posição 'fora do chão', assim como os especialistas itinerantes das empresas multinacionais; uns e outros possuem a existência relacionada somente aos sistemas autônomos — transportes aéreos ou circuitos técnico--financeiros — dos quais são parte integrante. Brasília e Camberra são capitais 'fora do chão', nascidas do sistema que representam e animam, a saber, os aparelhos de Estado brasileiro e australiano; logicamente, é sobretudo por via aérea que essas cidades se comunicam com o território do qual elas são nominalmente 'centro' político — um centro, porém, cujo poder procede de um princípio abstrato e não de uma posição concreta no espaço histórico--geográfico orgânico — que é o caso de Londres, Pequim ou Paris". Desconte-se o deslize de Chesnaux: Pequim é exemplo acabado de "cidade artificial", cujo poder procedeu de um princípio abstrato: Beijing, cidade planejada, geométrica, erguendo-se sobre as ruínas de Dadu, a capital mongólica construída por Khublai Khan. Mas, se entendi bem, "fora do chão" é a Infosys Technologies, em Bangalore, na Índia, ou a cadeia de fornecimento da Wal--Mart, no Arkansas, EUA — ambas descritas por Thomas Friedman, em *O Mundo É Plano*. Mas em que isto pode dizer respeito a Brasília? Brasília não é a loja "tax-free" de um aeroporto chamado Brasil. Seguindo o raciocínio de Chesnaux ao fim, Salvador teria nascido "fora do chão". Nascido do "sistema que representava e animava" nos trópicos, do aparelho estatal lusitano — e, logicamente, era sobretudo por via marítima que se comunicava não só com a metrópole lisboeta, mas também com o território do qual era, nominalmente, centro político. Um centro, diria Chesnaux, cujo poder procedia, antes de mais nada, de um "princípio abstrato" e não de "uma posição concreta no espaço histórico-geográfico orgânico". Indo além, pode-se dizer que o Brasil nasceu "fora do chão". Chesnaux conhece Brasília? Se passou por ela, foi com o olhar "fora do chão" de seu apriorismo conceitual.

Uma crítica de arquitetos diz respeito à "monumentalidade" da capital brasileira. Já na época em que o projeto de Lúcio saiu vitorioso do concurso para a construção de Brasília, os arquitetos do escritório M. M. M. Roberto, concorrente derrotado, insistiram nesse tópico, observando que o monumentalismo era coisa da arquitetura do século XIX, implicando o "esmagamento" do ser humano. O discurso é simpático, mas não passa de um preconceito modernista contra a monumentalidade. Além disso, antes de ser coisa do século XIX, o monumentalismo avançou pelos séculos XX e XXI, gerando, inclusive, as torres gêmeas detonadas pelos terroristas islâmicos de Al-Qaeda. E só em parte "esmagaram" o ser humano, como na Alemanha nazista e na Rússia stalinista. Sentindo-se ou não reduzida à sua pequenez, a humanidade se entrega fascinada à contemplação da monumentalidade do mundo natural. A visões de cordilheiras. E cachoeiras grandiosas, em Niágara ou no Iguaçu, são atrações turísticas. É fascínio, também, o que as pessoas sentem diante da monumentalidade do ambiente construído, das pirâmides egípcias aos arranha-céus de Nova York, Xangai ou Dubai. No caso de Brasília, aliás, a escala nada tem de tão monumental. O impulso é o de tomar sua catedral na palma da mão. Como dizia Mário Pedrosa, em *Dos Murais de Portinari aos Espaços de Brasília*, a monumentalidade brasiliense não é enfática, mas sutil: "enaltece, não deprime a escala humana. Porque é a simplicidade de sua concepção que no-la dá. E por causa dessa simplicidade todos podem apreendê-la pelo espírito e abarcá-la pela dimensão dos sentidos. Embora o partido do plano de Lúcio estabeleça uma hierarquia visível, através do eixo central, necessária à natureza da metrópole, lhe dá contudo a progressão orgânica de uma árvore que se esgalha ou de um rio que se demora pelo caminho, em remansos frondosos". Lúcio já tinha chamado a atenção para isso, quando, na "Memória Descritiva do Plano Piloto" (em *Registro de uma Vivência*), observou: "Monumental não no sentido da ostentação, mas no sentido da expressão palpável, por assim dizer, consciente, daquilo que vale e significa". Na verdade, antes que o monumental, o que fica em primeiro plano, no espaço amplo e aberto, é a clareza e a leveza dos prédios. Além disso, impõe-se a alta qualidade estética dos palácios niemeyerianos. Mesmo as torres do Congresso parecem não contar por si mesmas. Mas pelo ritmo que sua verticalidade imprime à Praça dos Três Poderes e à Esplanada dos Ministérios. Pedrosa: "as duas torres no seu impulso vertical não quebram mas criam a escala espacial pelo contraste com os vastos horizontes e o calmo partido da Praça monumental".

VII

Brasília é um exemplo de cidade cuja concepção foi informada pela utopia. Não era outra a disposição mais essencial da arquitetura e do urbanismo modernistas, acreditando que novas formas de ambiente construído transformariam a sociedade. O projeto modernista sempre se entendeu como instrumento de mudança social. Holston: "o modernismo dos CIAM vincula, em um registro utópico, a inovação arquitetônica, a mudança nas percepções individuais e a transformação social. [...] mude-se a arquitetura e a sociedade será forçada a seguir o programa de mudança social que a arquitetura representa. Nessa prescrição transitiva para a crise das grandes cidades, a doutrina dos CIAM se torna decididamente utópica". Historicamente, contudo, utopias urbanístico-arquitetônicas (utopias, de um modo geral) estão fadadas de antemão a serem corrompidas, em sua inserção objetiva no campo do real histórico. Elas não têm como se manter imunes frente às impurezas e perversões da sociedade realmente existente, que as envolve. Como pretender que se sustente, numa sociedade de classes, uma utopia igualitária? Além disso, a construção de uma utopia urbana nunca implicou, automática e necessariamente, transformação social e cultural. Não há passe de mágica, nesse horizonte. E Brasília não fugiu à regra. Não teria como pairar acima dos constrangimentos da realidade brasileira. Poderia indicar um rumo, mas não realizá-lo. E o que se impôs não foi a cidade clara, lógica e nítida — mas o real, com todos os seus desequilíbrios. Veja-se a leitura de Umberto Eco, em *A Estrutura Ausente*: a utopia chamada Brasília não resistiu aos movimentos reais da vida brasileira. Em vez de transformar a história, foi transformada por esta. "Nascida em circunstâncias excepcionalmente favoráveis para a projetação arquitetônica, isto é, por decisão política, do nada, sem estar submetida a determinações de qualquer natureza, Brasília pôde ser concebida como a cidade que devia instituir um novo sistema de vida e constituir, ao mesmo tempo, uma mensagem conotativa complexa, capaz de comunicar ideais de vida democrática, de pioneirismo em direção ao interior de um país inexplorado, de autoidentificação triunfal de um país jovem, ainda em busca de uma fisionomia própria. [...] Brasília devia tornar-se uma cidade de iguais, a cidade do futuro". O erro dos arquitetos foi julgar que, por assim ter sido concebida, Brasília faria "a história dobrar-se aos seus fins". Aconteceu o contrário. A cidade-modelo se viu cercada de cidades-satélites. "Brasília transformou-se, de cidade socialista que devia ser, na própria imagem da diferença social", escreve o semiólogo. Para então fantasiar uma capital sobre rodas, ou desmontável, observando que Brasília foi "construída como um monumento mais perene do que o bronze e está sofrendo lentamente a sorte dos grandes monumentos do passado, que a história preencherá de outros sentidos, e que serão modificados pelos eventos que eles pretendiam modificar".

Em verdade, o plano de Lúcio não primava pelo radicalismo social que se lhe costuma atribuir. Era mais pragmático. Fantasiou-se, porém, que Brasília se faria uma "cidade de iguais", onde o senador e o servente seriam vizinhos. O que se lê, na "Memória Descritiva do Plano Piloto", é outra coisa. "A gradação social poderá ser dosada facilmente atribuindo-se maior valor a determinadas quadras", escreve Lúcio. "No outro lado do eixo rodoviário-residencial, as quadras contíguas à rodovia serão naturalmente mais valorizadas que as quadras internas, o que permitirá as gradações próprias do regime vigente; contudo, o agrupamento delas, de quatro em quatro, propicia num certo grau a coexistência social, evitando-se assim uma indevida e indesejável estratificação. E seja como for, as diferenças de padrão de uma quadra a outra serão neutralizadas pelo próprio agenciamento urbanístico proposto, e não serão de natureza a afetar o conforto social a que todos têm direito. Elas decorrerão apenas de uma maior ou menor densidade, do maior ou menor espaço atribuído a cada indivíduo e a cada família, da escolha dos materiais e do grau de requinte do acabamento". Pretendia-se preservar o convívio, evitar a segregação e encurtar distâncias sociais. Encurtar, mas não abolir. Não se pisava no terreno do radicalismo igualitário, nivelando o ministro e seu motorista. O projeto era mais ameno: "deve-se impedir a enquistação de favelas tanto na periferia urbana quanto na rural", escreve Lúcio, sinalizando: "Cabe à Companhia Urbanizadora prover dentro do esquema proposto acomodações decentes e econômicas para a *totalidade* da população". Mas nem isto aconteceu. Vingou a segregação. A favelização não foi evitada. Nem o Paranoá, preservado intacto. Neste sentido, as cidades-satélites podem e devem ser apresentadas como atestados do fracasso — parcial, ao menos — da utopia brasiliense.

Não nos esqueçamos, porém, de duas coisas. Primeiro, de que, ao apresentar o plano de Brasília, Lúcio esconde o jogo. É intrigante que, em sua "Memória Descritiva", ele não faça referência aos CIAM e à "Carta de Atenas". Que não defina Brasília no campo da arquitetura e do urbanismo modernistas. Como disse Holston, Lúcio "apresenta a fundação de Brasília como se esta não tivesse história, como se não fosse uma resposta tanto às condições socioeconômicas do Brasil em 1957, quanto ao modernismo na arquitetura. Na verdade, [Lúcio] desistoriciza sua ideia de Brasília, ocultando suas intenções de mudança social sob uma mitologia de princípios arquitetônicos universalizantes, de cidades antigas e técnicas consagradas de planejamento". Ainda Holston: "o plano piloto de Brasília apresenta um paradoxo enquanto plano para uma cidade modernista. Seu programa de mudança e administração da sociedade constitui um projeto oculto: enquanto o plano sugere alguns de seus aspectos, suas asserções básicas permanecem tácitas. Mais ainda, o plano não explica por que a nova capital federal deveria ter uma arquitetura radicalmente diferente daquela existente em outras cidades brasileiras. Tampouco esboça as intenções ou antecipa os efeitos contidos no ato de construir tal cidade no Brasil. O plano carece, ademais, de uma descrição explícita da estrutura social que se pretendia instituir em Brasília". Nada de história: nem dos processos brasileiros, nem das ideias arquitetônicas. Muito menos, projeção de ideais sociais. Em vez de contar o que o levou a propor Brasília, o urbanista teceu um mito de origem, um mito de fundação da cidade. Brasília nasceu não de uma necessidade brasileira ou dos princípios da arquitetura modernista, mas espontaneamente, ou ditada pela "inspiração". Por quê? Por razões políticas, sugere Holston. Não seria conveniente explicitar os pressupostos políticos e sociais da cidade. Segundo, a retórica sobre Brasília foi muito além do discurso original de Lúcio. E mesmo este ou assumiu seu próprio jogo, até então contido numa "agenda oculta", ou acabou não resistindo e embarcou naquela canoa discursiva. Falava-se então que os apartamentos das superquadras eram todos iguais, que neles viveriam tanto o alto quanto o pequeno funcionário, superando-se assim a diferenciação e a discriminação do regime de classes sociais. O urbanismo e a arquitetura obrigavam à convivência de todos. E Brasília aparece, então, como espaço da harmonia, da mais perfeita coexistência social. Arquitetos e urbanistas seriam, portanto, artífices não apenas da cidade, mas da sociedade. De uma sociedade diferente da que existia no resto do país, onde vigoravam cruéis distinções classistas. E Brasília, abolindo as desigualdades, constituindo-se como cidade sem classes, seria a matriz de uma nova civilização brasileira.

A visão de Holston não difere, no essencial, da de Eco. Mas Brasília aparece aí como paradigma de um projeto da modernidade. Configura-se acenando a um futuro alternativo, mas "os paradoxos da prática da construção desse futuro subvertem suas premissas utópicas". Brasília foi construída para ser mais do que símbolo de uma nova era nacional. "Seu projeto e sua construção tinham a intenção de *criar* essa nova era, transformando a sociedade brasileira." A cidade deveria se tornar "um modelo de práticas sociais radicalmente diferentes". E converter-se em polo irradiador, generalizando suas inovações e impelindo o país em direção ao futuro desejado. Ocorre que, "como a ocupação da cidade recém-construída se fez segundo o que ditava a prática da sociedade brasileira", as premissas em que ela se assentara (crença de que um novo centro urbano pode criar uma ordem social à sua imagem e semelhança; transformação desse centro em modelo gerativo e generalizador) "engendraram uma série de processos sociais que [...] vieram a destruir as intenções utópicas de seus realizadores". Em sua dimensão utópica, Brasília representava a negação do país existente. Mas, para ser construída, teve de se valer do que negava. "Embora tenha sido concebida para criar um tipo de sociedade, Brasília foi necessariamente construída e habitada por outra — pelo resto do Brasil, que se pretendia negar." Ou seja: "os paradoxos da utopia subverteram suas premissas originais". Mas poderia ter sido diferente? Que projeto utópico pode sair são e salvo ao se confrontar com o real histórico? Toda cidade que nasce de um pensamento utópico-transformador se choca com a realidade. E sai do embate lesionada e corrompida. Holston: "considerados em relação com a pobreza das cidades-satélites, os privilégios do plano piloto contradizem as premissas que nortearam a fundação da cidade. Pois os planejadores queriam fazer de Brasília um exemplo de progresso, negando as condições do subdesenvolvimento na construção e na ocupação da cidade — e não simplesmente deslocando-as do litoral para o interior, transportando-as das grandes cidades para Brasília, ou transpondo-as para outra escala. Todavia, a simples existência das cidades-satélites, onde vivem quase três quartos da população do Distrito Federal, subverte essa intenção, reproduzindo a distinção entre o centro privilegiado e a periferia destituída". Em "O Urbanista Defende sua Cidade", Lúcio reconheceu a ferida: "De uma parte, o 'falso realismo' da mentalidade imobiliária insistiu em vender todas as quadras a pretexto de tornar o empreendimento autofinanciável; de outra parte, a abstração utópica só admitia um mesmo padrão de apartamentos, como se a sociedade atual já fosse sem classes. E assim a oportunidade de uma solução verdadeiramente racional e humana, para a época, se perdeu". Desse ponto de vista, Brasília se tornou igual às demais cidades brasileiras. Taguatinga e Ceilândia ficariam para o plano piloto assim como, no Rio, a zona sul está para as favelas. A diferença é que, no Distrito Federal, a pobreza mora afastada.

Podemos, enfim, comparar a utopia brasílica com outros projetos urbanos que visaram a reconfigurar a realidade social. Como o da Barcelona de Ildefons Cerdà, por exemplo. Chamado a repensar e reprojetar Barcelona, em meados do século XIX, Cerdà não tocou na velha cidade medieval. Deixou que tudo ali permanecesse como estava, em sua grelha antiga. Mas dispôs uma nova e formidável grelha à sua volta, que deveria ser fatiada por avenidas imensas — uma outra grelha, na verdade, cortando diagonalmente a cidade, para formar um grande "x" (e não é improvável que este plano tenha inspirado o de Aarão Reis para Belo Horizonte, com suas grelhas superpostas). As ruas teriam larguras iguais, como iguais seriam, na sua altura, os prédios que nelas se ergueriam. Nenhuma monotonia geométrica: além dos bulevares em "x", os edifícios deveriam se implantar, nas quadras, em pontos variados, criando um ritmo próprio na alternância de espaços vazios e espaços construídos. Cerdà acreditava que seu geometrismo urbano, propondo igualdades, era "uma clara e genuína expressão" do sonho transformador: equalização matemática impondo uma visão igualitária do mundo social. De cidadania e justiça. Mas Cerdà não contou, na medida certa, com uma outra imposição — a da economia de mercado. Projetou uma cidade igualitária numa sociedade desigual. Os prédios, em vez de surgirem espacejados, ocuparam inteiramente os quarteirões. Explodiram em altura. A classe trabalhadora foi expulsa dali, tomando a direção da periferia industrial ou retornando a casas decaídas do velho centro. Ou seja: o diagrama que Cerdà propôs para Barcelona, fundado num projeto de igualitarismo social, não resistiu à realidade capitalista, ao mercado, às formas prevalecentes da propriedade privada. Mas, por conta disso, deveria Cerdà, tendo Barcelona em sua prancheta, ter escolhido um caminho reacionário ou conservador, que apenas confirmasse a ideologia e suas práticas dominantes? Ou deveria arriscar e propor uma nova cidade, em todos os sentidos? Cerdà optou pelo risco, pela afirmação de um novo mundo, pelo projeto de uma nova realidade social. O plano de Barcelona requeria um redimensionamento da vida, mas o sistema, o mercado, foi mais poderoso, claro, que o arquiteto. Foi — e será — sempre assim. Mas o arquiteto não deve abrir mão do que pensa e sonha. Entre a cidade ideal e a cidade realizada, cai a sombra. Pesada. Mas não impede projetos de mundos melhores. Mesmo porque, apesar de desfigurada em sua manifestação objetiva, a cidade ideal não deixa de projetar algum brilho transformador na cidade real.

"A Brasília de Lúcio Costa é uma bela utopia", escreveu Mário Pedrosa. "Que um homem, nosso contemporâneo, um patrício, dotado de imaginação criadora, saia de sua casa para propor à coletividade uma utopia, isto é, uma ideia clara, perfeita, eis um acontecimento que transforma tudo. Nenhum acontecimento é mais raro e mais transcendente na história de uma comunidade." Mas Mário também alertava: "Os projetistas e construtores de Brasília deveriam estar de olhos abertos em permanência sobre dois pontos capitais para a boa execução de sua tarefa: a consciência de que projetam para o futuro e a vontade de não submeter-se às contingências imediatas do presente. Estas são as mais graves ameaças que pesam sobre a futura metrópole. Os políticos que a querem, já e já, a querem agora para dela usufruir prestígio, vantagens, riqueza, poder. Na realidade, querem Brasília tal como hoje se acha o Brasil. Querem Brasília com alvoroço, mas horrível, gulosamente no *status quo* atual. Desejam-na até como instrumento de sua política. [...] Para preservá-la da peia dos interesses criados ou investidos, para colocá-la acima das conjunturas atuais, era preciso que a edificasse uma mentalidade outra que a rasteira, a mesquinha ou a abjeta mentalidade oportunista hoje dominante no cenário nacional: a mentalidade revolucionária dos utopistas. Pois, na verdade, para ser-se realista, para que alcance Brasília seus objetivos finais, é preciso considerá-la como uma utopia para a qual marcham os homens de boa vontade, os melhores ou todo um grupo social. Uma utopia tal como a concebeu Lúcio Costa". É curioso que o então trotskista Mário Pedrosa se concentre na "superestrutura", alheio às determinações econômicas. Mas foram as nossas realidades econômicas e ideológicas que, conjuntamente, se impuseram sobre o sonho das quadras claras de Brasília. Foi o alvoroço capitalista que se sobrepôs à alvorada dos que sonharam aquela cidade. Mas, entre o alvoroço e a alvorada, temos a Brasília real de hoje, que não é a cidade idealizada por seus criadores, nem a cidade tradicional brasileira. É outra coisa. O resultado dos atritos entre o maior sonho brasileiro de cidade e a realidade crua e cruel de nosso país.

A crítica de Umberto Eco não é apenas óbvia. É conservadora. Em vez de sugerir uma nova sociedade, via arquitetura e urbanismo, Lúcio Costa e Oscar Niemeyer deveriam ter sido mais resignados, conformistas, apresentando ao país, como projeto de futuro, o plano de uma capital submissa à estrutura social e aos arranjos institucionais existentes? Deveriam ter dito "amém" ao sistema? Feito genuflexões diante do *establishment*? Penso que não. Independentemente até do que Lúcio e Oscar possam ter pensado, o fato é que eles souberam criar, além de uma cidade magnífica, um grande e saudável problema. Brasília não nos deixa esquecer a utopia. Toda vez que contemplamos ou discutimos esta cidade, dificilmente conseguimos circunscrever nosso olhar ou nossa conversa a tópicos estritos de arquitetura e urbanismo. Somos conduzidos, quase invariavelmente, a outras paragens. Ao horizonte da utopia, dos projetos de transformação social. E a passar em revista, de modo crítico e/ou com anseios visionários, relações entre a dimensão utópica do pensar e do fazer — e os constrangimentos colocados pela contextura histórico-social e a realidade ordinária de todos os dias. A simples e clara existência de Brasília, em si mesma, incita à reflexão e à autorreflexão. Faz-nos pensar o Brasil e nosso lugar no Brasil. Que Lúcio Costa tenha conseguido isto, é um mérito nada insignificante. Neste sentido, podemos repetir então as palavras de Paulo Leminski, no seu *Catatau*: "Brasília — alegria dos mapas".

8.
ASPECTO DE AGORA

I

bababadalgharaghtakamminarronnkonnbronntonnerronntuonnthunntrovarrhohoordenenthurnuk!

Este trovão atravessa o *Finnegans Wake*, de Joyce. É trovão, mas é também o som ensurdecedor da Queda, seja ela a da personagem, Finnegans, ou a da humanidade, com Adão. Em *A Skeleton Key to Finnegans Wake*, Joseph Campbell e Henry Robinson se referem a este *polylingual thunderclap*, trovoada plurilíngue, para dizer que ali a voz de Deus se faz audível, através do ruído total da queda de Finnegans. E é interessante como Augusto de Campos retomou o trovão joyciano, para semantizá-lo, num poema trilíngue:

atrocaducapacaustiduplielastifeliferofugahistoriloqualubrimendimultipliorganiperiodiplastipubliraparecipronrustisagasimplitenaveloveravivaunivora — *cidade city cité.*

O poema se chama, justamente, "Cidade/City/Cité". Numa primeira leitura ou audição, parece não fazer sentido, ou nos remete a coisas diversas, atropeladas, como o trovejar de Joyce. Mas logo descobrimos que o que soa explosivamente para nós é uma série de fragmentos de vocábulos justapostos. Todos eles com a mesma terminação: cidade, *city* ou *cité*. As palavras, no desfecho do texto, se revelam inteiras: atrocidade, caducidade, capacidade, elasticidade, rapacidade, historicidade, ferocidade, felicidade, publicidade, velocidade, etc. Ao justapô-las, Augusto nos atinge de chofre com o caos urbanístico e as múltiplas contradições do viver urbano contemporâneo. Mas há uma diferença. No poema, o caos ruidista está organizado, espécie de cacofonia catastrófica, mas cartesiana. Na cidade real, a conversa é diversa. Nada está tão cartesianamente bem disposto assim.

E temos problemas demais em nossas cidades, que todos conhecem muito bem, sabendo recitá-los de cor: violência, tráfico de drogas (com traficantes brasileiros, inclusive, trocando armas por cocaína com as Forças Armadas Revolucionárias da Colômbia — FARC), expansão das favelas, carência habitacional, congestionamentos, desemprego, sistemas de saúde sucateados, falta de água "encanada" e esgotamento sanitário, poluição, etc. São tópicos que frequentam corriqueiramente conversas de pessoas comuns, em seus locais de trabalho ou lazer. De modo algo intrigante, porém, um tema que quase nunca se apresenta, nessas conversas, é justamente nosso problema mais grave: a segregação socioespacial ou socioterritorial. Os demais se tornaram banais, de sorte que seria redundante, supérfluo mesmo, querer apresentá-los aqui. Veja-se o tópico da violência, por exemplo. Diversos estudiosos se voltaram para o assunto. Mas não só eles. Numa época recente, quando o Brasil se achava sob o signo corrosivo da inflação, os brasileiros menos pobres pareciam verdadeiros doutores em economia e mercado financeiro. Mesmo donas de casa falavam, com relativa intimidade, do rendimento na poupança e no *overnight*. Havia a inflação e uma "cultura da inflação". Hoje, do mesmo modo, somos todos especialistas em segurança. A questão da violência assumiu grau tão extremo de intensidade prática, na vida social brasileira, que todo cidadão possui um alto nível de informação sobre o assunto. Ocorreu a generalização social de uma *expertise*, em consequência da generalização social do medo. É o nosso equivalente atual da "cultura da inflação": uma "cultura do medo", que se manifesta no uso cada vez mais seletivo que fazemos do espaço urbano, na autorreclusão noturna dos moradores das cidades, no uso de cercas elétricas para fins de defesa residencial, etc., mas também na teorização de como se comportar diante de situações de risco.

Historicamente, sempre existiu violência nas cidades. Lewis Mumford lembra que, em Roma, mesmo no apogeu do Império, "as ruas eram escuras à noite e as pessoas se aventuravam a sair apenas com o risco de suas vidas, expostas aos degoladores das classes inferiores e aos bandidos jactanciosos das classes superiores, como na Londres do século XVIII". E Ernani Silva Bruno relata que, na passagem do século XVIII para o XIX, bandos de desordeiros e criminosos (mulheres, inclusive) andavam armados pelas ruas de São Paulo. O que não existia era a onipresença do medo, que aparece como uma nota distintiva do viver urbano entre as últimas décadas do século XX e estes primeiros anos do século XXI. Onipresença que levou Marcelo Lopes de Souza a cunhar o neologismo *fobópole* — cidade do medo. Todo esse processo, como viram diversos estudiosos, de Mike Davis a Steven Flusty falando de Los Angeles, terminou por conhecer um desfecho terrível: a *militarização da vida urbana*. Esta é a grande mudança histórica. Em nosso caso, na passagem do século XX para o XXI, militarizou-se a vida cotidiana nas principais cidades do país, com quadrilhas de criminosos, grupos privados de agentes de segurança, polícias, milícias. E se expandiu a chamada "arquitetura do medo". Claro, ainda aqui, que a humanidade sempre se preocupou com sua proteção. Aldeias indígenas tupinambás tinham paliçadas, cercas de pau a pique. E as primeiras cidades não dispensaram muros. Heráclito e Aristóteles escreveram sobre o assunto. Heráclito, aliás, chegou a dizer que o homem devia combater em defesa da lei, como combatia em defesa das muralhas. Mas há uma diferença fundamental. O que sempre houve, historicamente, foram uma arquitetura e um urbanismo de prevenção, mas cujo sentido de defesa era coletivo, como vemos na *Política* de Aristóteles. Era a cidade, em seu conjunto, que procurava se guardar contra ataques e assaltos de estrangeiros. Contra um inimigo *externo*. E, por isso, se amuralhava. Os muros citadinos circunscreviam o limite da cidade *in globo*. O que existe hoje é outra coisa. As cidades já não erguem muros em seus limites exteriores. Os muros são construídos dentro dela. São muros *internos*, separando vizinhos. Trincheiras de cidadãos se precavendo contra seus próprios concidadãos. E esta "arquitetura do medo" se espalhou por todo o planeta. É escandalosa sua presença, hoje, nas nossas cidades. Interessante notar, aliás, que, em matéria de violência urbana, entre nós, Brasília aparece como um caso especial. É a cidade brasileira mais despreparada para conter agressões e crimes. Os espaços abertos de suas superquadras foram concebidos para o convívio. Mas hoje, do ponto de vista da "arquitetura do medo", são superquadras desprotegidas. Cercas elétricas, guaritas armadas e cães adestrados para o ataque proliferam nas mansões "greco-goianas" que prostituíram as margens plácidas do Paranoá, não nas asas que desenham o corpo da cidade.

Mas se há temas que se banalizaram, outros não afloram facilmente nas falas das pessoas. Entre eles, como disse, nosso problema maior: a segregação socioespacial. Não é um fenômeno exclusivamente brasileiro, claro, mas mundial. Vamos, porém, nos concentrar em nossa realidade, que, além de escandalosa, é a que mais imediatamente podemos tentar transformar. E é nosso problema urbano mais grave, entre outras coisas, até porque outros decorrem dele, como o próprio estado de ignorância geográfica e cultural dos cidadãos acerca das cidades em que vivem. Da segregação nascem as favelas, os bairros desassistidos, carentes de infraestrutura urbana e de serviços públicos elementares. E esta segregação socioespacial parece se aproximar hoje, no Brasil, de pontos extremos, com consequências ainda não totalmente previsíveis. Os pobres são segregados, expulsos de determinadas zonas citadinas e confinados em outras. Os mais ricos definem para si um circuito urbano relativamente reduzido e mais ou menos bem policiado, que se desenha entre prédios gradeados, condomínios fechados, ruas privatizadas, bairros privativos, edifícios ou parques de escritórios e *shopping centers*. Ninguém mais tradicionalmente aquinhoado (vale dizer, que não seja empresário do tráfico de drogas, comerciante ou proprietário de bens em áreas periféricas, por exemplo) quer se arriscar fora de tal "jurisdição". É a segregação compulsória das camadas sociais mais pobres e a segregação voluntária — relativamente voluntária, na verdade, já que se trata de uma escolha ditada pelo medo — das classes privilegiadas em seus guetos luxuosos. Ou, na impossibilidade disso, o *apartheid* socioeconômico implantado no interior de um mesmo segmento do espaço citadino.

Nesta rota excludente, encontramos uma criação norte-americana que se espalhou por quase todo o planeta: o *shopping center*. Em sua forma original, voltada para atrair e atender as camadas mais abastadas da população, o *shopping center* é um centro de consumo que segrega socialmente, além de controlar e mesmo induzir ou impor comportamentos. Em *Arquitetura Contemporânea*, Diane Ghirardo observa que sua concepção pode ser retraçada à Disneylândia: um mundo de consumo e entretenimento que combina espetáculo, vigilância e controle (Disney, aliás, foi informante do FBI: gostava de espionar e monitorar os demais). O projeto do *shopping* é, de fato, essencialmente segregador e antiurbano. "Sua concepção busca recriar, na essência, um centro urbano idealizado e atemporal [...]. São espaços apartados, destinados aos que podem consumir, sem as perturbações causadas pela massa urbana sem posses e onde a ocorrência de eventos casuais característicos do viver urbano possa ser suprimida", escreve Wilson Ribeiro Santos, em "Shopping Center: uma Imagem de Espelhos". Trata-se de um centro comercial fechado, voltado apenas para si mesmo, de costas para a rua. Lá dentro, privilegiados "cidadãos" da "cidade" do consumo sofisticado, passeando (e induzidos a circular) no ar condicionado de "praças" e "ruas" que não pertencem à memória da população ou à topografia da cidade, entre vitrines, um pequeno parque de diversões, salas de cinema, uma exposição de arte, jogos de luz, manequins, etc. Todos protegidos e, ao mesmo tempo, vigiados por minicâmeras e funcionários da segurança. Isolados da cidade real. "Em termos arquitetônicos, uma das características mais notáveis dos *shoppings* tem sido o contraste entre o interior altamente articulado e o exterior relativamente não decorado", escreve Diane Ghirardo. Raro é o *shopping* (não me refiro aos minicentros) que se desenha ou se abre para o exterior. A regra é a "fachada inamistosa" para a rua, lugar barulhento e instável, onde passam automóveis e onde às vezes faz sol e, outras vezes, cai chuva. Ainda Diane: "Por mais bem-sucedidos economicamente que tenham sido, pouca arquitetura interessante resultou de quatro décadas de projetos de *shoppings*".

Pouca — ou nenhuma. Em meio século (o *shopping* foi criado na década de 1950). Com a classe média e a alta classe média adorando tudo. Sentindo-se feliz, confortável e segura por estar ali, naqueles espaços cenográficos tão restritos e restritivos. No Brasil, o *shopping* apareceu em São Paulo, na década de 1960, para, em seguida, surgir na Bahia e em Minas Gerais. Mas só no decênio de 1980 se fez fenômeno marcante na paisagem de nossas maiores cidades. Começou extremamente elitista. Gerando, mais tarde, a criação reativa do *shopping* popular. Segregação primeira que se desdobra: *shoppings* para as classes mais altas, *shoppings* para o povo.

E aqui devemos lembrar, com o Bauman de *O Mal-Estar da Pós-Modernidade*, que concentração de renda implica concentração do entretenimento. A divisão da sociedade em classes significa, como nunca antes na história, divisão social do lazer. Nunca a diversão esteve tão vinculada ao dinheiro. É a capacidade de gastar que abre as portas do divertimento, discriminando o acesso social à diversão. As coisas não se passavam assim, com tal clareza, há algumas décadas. Mas, hoje, a conexão está mais do que explícita. As vítimas da exclusão social estão automaticamente barradas no baile. Em *In America*, Susan Sontag nos conduz pelas mãos de uma narradora que entra de penetra numa festa, no salão privativo de um hotel. Susan define o narrador de romances como um penetra na festa dos outros. Mas sua narradora está deslocada no tempo — e é uma presença fantasmal naquela festa, onde ninguém a percebe. Isto é literatura. Nenhum *outsider* real é fantasmático. E é claro que não tem como entrar de penetra na festa. Não tem roupas para se fantasiar de convidado, não tem acesso ao convite, não passa pelo cordão de segurança do baile. Tudo, hoje, é pago. E aí está o problema. No Brasil, o sujeito de classe média, obrigado a bancar a escola particular dos filhos, não tem como bancar, também, a diversão deles. Vez por outra, a grana dá para uma pizza, uma ida ao cinema. E este sujeito é um privilegiado, levando-se em conta a miséria nacional. Acontece que diversão não é simplesmente uma coisa supérflua. É necessária a qualquer pessoa sã. Mas, como comida e educação vêm em primeiro lugar, *ciao* entretenimento. Ocorre que a sociedade em que vivemos nos bombardeia com doses maciças de publicidade, dizendo que viver é consumir. Viver é comprar prazer. Viver é exercer a liberdade individual que só o dinheiro dá. Viver é poder fazer parte da festa. Quem não está na festa, não está vivendo. Esta é uma das dimensões mais terríveis da ideologia dominante no mundo de nossos dias. Quem não tem como entrar na festa, sente-se fracassado. Vê-se como uma pessoa que não teve êxito em ingressar no círculo supostamente feliz e luminoso dos consumidores plenos. A classe média, regra geral, adota uma postura resignada. Sofre em silêncio sua frustração. Engole a amargura em drama contido. Outros, não. Partem para exercer, de qualquer modo, seu direito de viver plenamente, tal como a mídia o define. E na base mais imprevista do exercício de sua liberdade individual. Não pode consumir? Rouba, toma, extorque, expropria, mata. É seu modo de participar da festa.

Indo adiante, o que é um "condomínio fechado"? Do ponto de vista físico, um segmento do espaço urbano com habitações protegidas por trincheiras, cercas, alarmes, sensores, câmeras, muros ou grades. Mas o ponto de vista físico não dá conta de seu significado social e cultural. O condomínio fechado, além de pertencer ao espaço antes específico da engenharia de guerra, é expressão visível de uma realidade imaterial. Cristaliza, no espaço da cidade, uma nova visão ou ideologia da violência urbana, da segurança pública e do medo. Esses condomínios instituíram novos focos ou uma nova modalidade de segregação socioespacial nas principais cidades do país. E alteraram a vida individual de brasileiros que ganham o suficiente para se alimentar e se vestir bem, estudando em escolas particulares e comprando carros caros. Substituíram os contatos interpessoais e interclassistas mais abertos de antigamente, por uma vivência cotidiana intramuros. Em algumas cidades brasileiras, condomínios fechados surgem como bloqueios antiurbanos e antissocietários, impedindo que a população possa degustar esteticamente a paisagem marinha ou desfrutar o sol litorâneo entre mergulhos no mar. Trechos da orla marítima da Bahia e do Rio estão atualmente privatizados. Os litorais têm donos. É uma interdição ao uso social da areia e do mar. Em São Paulo e em outras cidades, é comum moradores fecharem ruas públicas. Elas se tornam particulares. O acesso é franqueado somente a um grupelho de moradores e a pessoas que eles permitem circular por ali. Se por acaso houver um acidente, alguém precisar de um atendimento de urgência, não adianta querer tomar o caminho mais rápido, se este implicar a travessia de um quarteirão privatizado. Para conduzir o ferido, será preciso dar a volta, contornar vias públicas bloqueadas por particulares. Um escândalo anticonstitucional, barrando o ir e vir das pessoas. Bairros privativos querem substituir, de forma ainda mais esquizoide, o viver citadino. Jorge Wilheim, em "Mão Escondida Projeta Arquitetura Medíocre", fala da sequência de grades, muros e guaritas, fazendo prédios parecerem presídios. A rua privatizada, o condomínio fechado e o bairro privativo aparecem, a seus olhos, como "expressão voraz e predatória do privado não urbano, recusa da cidade e da vida societária, exclusão ostensiva de tudo o que é público". Mais: "Recentemente até se oferece um simulacro de vida urbana, ao propor-se — imaginem! — uma rua, como aquelas de verdade — lembram? — em que as crianças se conheciam e brincavam; agora, porém, rua privativa, também para quem pode. [...] Simulacro de paisagem urbana, simulacro da sociedade reduzida a condôminos, simulacro de cidade".

Em *Cidade de Muros*, Teresa Caldeira panoramiza. Fala de São Paulo, mas sua leitura, *mutatis mutandis*, vale para boa parte das grandes cidades do país: "A segregação — tanto social quanto espacial — é uma característica importante das cidades. As regras que organizam o espaço urbano são basicamente padrões de diferenciação social e de separação. Essas regras variam cultural e historicamente, revelam os princípios que estruturam a vida pública e indicam como os grupos sociais se inter-relacionam no espaço da cidade. Ao longo do século XX, a segregação social teve pelo menos três formas diferentes de expressão no espaço urbano de São Paulo. A primeira estendeu-se do final do século XIX até os anos 1940 e produziu uma cidade concentrada em que os diferentes grupos sociais se comprimiam numa área urbana pequena e estavam segregados por tipos de moradia. A segunda forma urbana, a centro-periferia, dominou o desenvolvimento da cidade dos anos 40 até os anos 80. Nela, diferentes grupos sociais estão separados por grandes distâncias: as classes média e alta concentram-se nos bairros centrais com boa infraestrutura, e os pobres vivem nas precárias e distantes periferias. Embora os moradores e cientistas sociais ainda concebam e discutam a cidade em termos do segundo padrão, uma terceira forma vem se configurando desde os anos 80 e mudando consideravelmente a cidade e sua região metropolitana. Sobrepostas ao padrão centro-periferia, as transformações recentes estão gerando espaços nos quais os diferentes grupos sociais estão muitas vezes próximos, mas estão separados por muros e tecnologias de segurança, e tendem a não circular ou interagir em áreas comuns. O principal instrumento desse novo padrão de segregação espacial é o que chamo de 'enclaves fortificados'. Trata-se de espaços privatizados, fechados e monitorados para residência, consumo, lazer e trabalho. A sua principal justificação é o medo do crime violento. Esses novos espaços atraem aqueles que estão abandonando a esfera pública tradicional das ruas para os pobres, os 'marginalizados' e os sem-teto". Teresa adverte, ainda, "que essas mudanças espaciais e seus instrumentos estão transformando significativamente a vida pública. Em cidades fragmentadas por enclaves fortificados, é difícil manter os princípios de acessibilidade e livre circulação, que estão entre os valores mais importantes das cidades modernas. Com a construção de enclaves fortificados, o caráter do espaço público muda, assim como a participação dos cidadãos na vida pública". Ingressa-se, assim, no espaço fechado da *privatopia*, para lembrar a expressão cara a alguns estudiosos norte-americanos.

Como se não bastassem as questões apontadas, as cidades são obrigadas a lidar, contando apenas com seus próprios poderes e no seu dia a dia, com problemas criados fora dela. Em *Confiança e Medo na Cidade*, Bauman escreveu: "As cidades, nas quais vive atualmente mais da metade do gênero humano, são de certa maneira os depósitos onde se descarregam os problemas criados e não resolvidos no espaço global. São depósitos sob muitos aspectos. Existe, por exemplo, o fenômeno global da poluição do ar e da água, e a administração municipal de qualquer cidade deve suportar suas consequências, deve lutar apenas com os recursos locais para limpar as águas, purificar o ar, conter as marés". Bauman dá outros exemplos. Como o dos ambulatórios públicos sem remédios, por conta da alta dos preços de determinados fármacos, decorrente de conflitos na grande indústria farmacêutica ou da imposição de "direitos de propriedade intelectual". Sempre é a cidade que arca com as consequências, dificilmente tendo como enfrentá-las e, menos ainda, resolvê-las. "Tudo recai sobre a população local, sobre a cidade, sobre o bairro", escreve o sociólogo. E tudo fica ainda mais grave, obviamente, quando não formulamos e levamos à prática políticas públicas claras e objetivas para os dilemas e problemas urbanos. Como acontece, neste momento, no Brasil.

II

Uma cidade precisa ter sorte. Veja-se o que se deu com São Paulo. A cidade poderia não se ter convertido no principal centro urbano paulista. O café principiou a se expandir fora da órbita paulistana. Cresceu pela faixa litoral, para, em seguida, subir a Serra do Mar, espraiando-se pelo Vale do Paraíba. Ao largo, portanto, de São Paulo. E em ligação comercial direta com o Rio. Toda esta zona da província, escreve Caio Prado Júnior, "tornou-se durante o Império [...] tributária do Rio muito mais que de São Paulo. Economicamente faz parte do Rio; a ponto de se ter cogitado um momento em destacá-la de São Paulo para constituir com um trecho do território fluminense [...] e de Minas Gerais [...] uma nova província". Mas não só a produção cafeeira logo deixou a linha do mar, como, a caminho do crepúsculo imperial, o Vale do Paraíba viu sua relevância se reduzir. O café se foi deslocando para o norte e o oeste provinciais. Caio Prado: "Assim, a capital da província, ameaçada momentaneamente na sua hegemonia pela fixação primitiva da sua principal riqueza em zonas excêntricas a ela, recupera integralmente sua posição de centro econômico da província. O sistema ferroviário que então se constitui amolda-se, como é natural, a tal estrutura, e é de São Paulo que vão irradiar as novas vias de comunicação". Mesmo os portos litorais de São Sebastião e Ubatuba, assim como o Vale do Paraíba, terminam por se voltar para a cidade de São Paulo. E esta investiu muito em si mesma, a fim de se afirmar como centro regional. Mas, além disso, contou com a desgraça alheia. Santos e Campinas, suas rivais na disputa pelo comando da região, entraram então em parafuso. Foram fundamente feridas pela febre amarela. A febre por pouco não exterminou a população campineira, atirando a cidade no buraco da decadência econômica, do qual ela demoraria a sair. De quebra, a elite fazendeira e comercial da cidade se mudou, em grande parte, para São Paulo. Do mesmo modo, milhares e milhares de santistas morreram entre 1880 e 1890, vítimas da febre amarela, da malária e da varíola. E os mais ricos se mudaram, igualmente, para a capital. Naquela época, o destino industrial de São Paulo ainda não estava selado. Era mais uma aposta do que um consenso. Ou, ainda, uma proposta em disputa entre frações da camada social mais poderosa, senhoras de poderes políticos e econômicos. Nem a arrancada paulistana na pista do progresso era tida então como absolutamente certa. São Paulo talvez não fosse o que ainda hoje é, se epidemias não tivessem devastado Santos e Campinas.

Mas sorte não é tudo. E hoje, mesmo com sorte, não temos investimentos suficientes, nem políticas públicas realmente amplas e eficazes. O Ministério das Cidades, criado por Lula, não disse a que veio. É inexpressivo. O governo se compraz excessivamente com os frutos do campo e a produção combustível (prestes a mergulhar na camada de pré-sal), somas do agronegócio e da Petrobrás. Perde tempo demais na celebração de coisas que já deram certo, em vez de encarar tramas e traumas do que vai mal. E, assim, não se empenha no enfrentamento da crise em que hoje estão imersas as principais cidades brasileiras. Atualmente, o campo no Brasil pode, aqui e ali, atravessar turbulências mais ou menos sérias. Mas, no essencial, está numa boa. A grande crise nacional é urbana. E o governo do presidente Lula não teve uma política para as nossas cidades. Assim como também não a têm os governadores de nossos principais estados, a começar por São Paulo — e os prefeitos de nossas cidades mais importantes e populosas, a começar, também, por São Paulo, o maior e mais rico centro urbano da América do Sul. Sim: inexistem políticas públicas pensadas globalmente para o momento concreto e presente da realidade urbana brasileira, com problemas que vão do crime organizado ao saneamento básico, passando pelo imbróglio fundiário, o crescimento das favelas, a poluição (sonora, visual, aquática e atmosférica), o estado crítico da saúde pública, o aumento da legião de pedintes nas ruas, o grande déficit habitacional, os entraves à mobilidade urbana, a continuada produção estrutural da ralé e da subcidadania (muito bem examinada por Jessé Souza, em A Construção Social da Subcidadania e Os Batalhadores Brasileiros), a onipresença da violência e do medo, o declínio irreversível de um modelo datado de industrialização citadina. Hoje, no Brasil, como se costuma dizer, o Estado apenas corre atrás do prejuízo. Deixa primeiro que a crise se estabeleça, para só então aviar providências de improviso, que, quase invariavelmente, se revelam inadequadas, paliativas ou ineficazes.

Nos primeiros meses de 2010, as chuvas mostraram mais uma vez — e de forma devastadora — a situação inaceitável de nossas cidades, provocando enchentes, deslizamentos de terras, destruição de casas e muitas mortes na região metropolitana do Rio, em São Paulo e Santa Catarina, na Bahia e em Sergipe. Os meios de comunicação falavam de "tragédia anunciada". Porque o drama se repete pontualmente, sempre que as chuvas abrem um novo ano. E se repete desde tempos remotos do Brasil Colônia, atravessando séculos. Casas espetadas nas encostas eram invariavelmente arrastadas pelas enxurradas mais fortes que varriam a velha Salvador. No dia 14 de agosto de 1671, por exemplo, trinta pessoas morreram em consequência disso. E já naquele tempo se faziam discursos sobre a necessidade de obras de engenharia para contenção de encostas. Neste caso, a história se repete como tragédia, não como farsa. Ou antes: a farsa corre por conta dos governantes, que, sempre depois dos eventos traumáticos, fingem que vão resolver o problema. Além disso, o Brasil atual exibe uma infraestrutura urbana que vai do obsoleto ao sofrível — e não apenas alta carência habitacional, como casas precárias plantadas em áreas de risco. Casebres capengas dependurados nos morros. A chamada "urbanização de favelas" — alardeada em bombardeio publicitário pelas esferas federal, estadual e municipal de governo, com tantos políticos sempre mais preocupados com votos do que com vidas — caminha devagar. Mas, de qualquer forma, começa a produzir frutos, como veremos. Grave é que vai ter de enfrentar não só décadas e mais décadas de desleixo governamental, como a chamada "indústria da favelização", que se desenvolveu recentemente entre nós, alimentada por políticos que incentivam a expansão de favelas e nelas desenvolvem práticas assistencialistas, transformando-as em currais eleitorais — não raro, sob o signo tantas vezes cruel do crime organizado.

Cabe aqui, aliás, uma breve comparação entre duas cidades largamente negromestiças e essencialmente musicais: a Nova Orleans devastada pelo furacão Katrina, em 2005, e o Rio de Janeiro ferido pelas tempestades de abril de 2010. Antes do Katrina, Nova Orleans já se dividia em duas. A cidade dos mais ricos, no alto. E a cidade pobre e preta na parte mais baixa, com casas abaixo do nível do mar. Esta segregação espacial foi provocada por decisões governamentais que retificaram o canal do Mississippi e aumentaram a capacidade do porto da cidade, em função da produção e dos lucros da burguesia local. Mas aí restaram áreas sempre sujeitas a inundações, sem que nada fosse feito para impedi-las. Nessas áreas, viviam os pobres. Quando veio o Katrina, veio o dilúvio. A enchente prevista, arrastando seus mortos — ou antes: as vítimas da segregação social do espaço urbano. A Nova Orleans que não sofreu foi a cidade alta, com suas moradias sólidas e luxuosas. Não foi outra coisa o que vimos no Rio e em Niterói. No Rio, a segregação espacial se firmou a partir da reforma burguesa da cidade, no começo do século XX. Ali, os pobres foram expulsos do centro e começaram a se agrupar, cada vez mais, nas favelas. A diferença foi apenas topográfica: enquanto em Nova Orleans os casebres se concentraram na faixa mais baixa da cidade, o que ocorreu no Rio foi o contrário: pobres ocuparam morros. Mas o risco era o mesmo, com inundações, num caso, e deslizamentos, no outro. E o descaso governamental, lá como aqui, foi idêntico. Todos sabiam que um furacão mais forte devastaria a zona pobre de Nova Orleans, fazendo vítimas fatais. O Katrina não significou nenhuma surpresa. Do mesmo modo, todos sabiam que chuvas mais fortes varreriam casas dos morros do Rio, matando gente. Essas coisas já tinham acontecido antes, tanto na cidade norte-americana quanto na brasileira. E nada se fez para impedir desastres — nem nos EUA, nem no Brasil. Neste sentido, nossas democracias são iguais. E a pobreza sempre foi cara aos cofres públicos: para que gastar dinheiro com cidadãos de segunda classe?

Mas com uma distinção profunda. Radical. Como se pode ver na matéria "Em Cinco Anos, Nova Orleans Renasce Branca", da repórter Andrea Murta, publicada na *Folha de S. Paulo*. Reproduzo o texto, sem comentários: "A tragédia do furacão Katrina em Nova Orleans completa cinco anos este mês com um legado que vai muito além das casas ainda destruídas da cidade: o equilíbrio de poder foi totalmente realinhado, e a clivagem racial, aprofundada. A maioria negra, que sofreu retirada forçada durante a enchente ocorrida após o furacão, viu sua dominância sobre a política das últimas décadas ir se esvaindo até que praticamente todos os órgãos eletivos locais 'embranqueceram'. Foi eleito este ano o primeiro prefeito branco (Mitch Landrieu) desde 1978. Na Assembleia Municipal, só há um negro. Até o conselho de educação tem maioria branca. E não há hoje um líder político negro que reagrupe a comunidade. Antes do Katrina, as instituições tinham maiorias negras. Moradores e estudiosos afirmam que a virada é resultado de um esforço deliberado. O primeiro plano de reconstrução da cidade previa fazer parques nos bairros negros devastados. Para onde os antigos moradores voltariam? De preferência, para lugar nenhum. O plano acabou vetado, mas a reconstrução se focou nas regiões de maior renda. Bairros turísticos e de negócios estão recuperados. Já a área do Baixo Distrito 9 (Lower 9th Ward), bairro negro que sofreu um verdadeiro tsunami quando as barragens se romperam e a água dos rios inundou Nova Orleans, segue cheia de mato e casas destruídas. Quando a *Folha* visitou o bairro, um dos poucos presentes, Craig Converse, 40, nascido e criado ali, contou que voltara só um mês mais tarde. 'Aquele vizinho morreu, aquele outro também', dizia, apontando lotes vazios. 'O resto não sei onde está.' Lance Hill, diretor do Instituto Sulista de Educação e Pesquisa da Universidade Tulane, desconfia das estimativas de população da cidade. 'As cifras são infladas. É só andar no centro para ver o abandono.' Ele rejeita os dados de que a população já voltou a corresponder a 80% da era pré-Katrina (355 mil). 'De 30% a 40% dos pobres nunca voltaram.' O voto negro caiu junto. [...] Hill, que é branco, define o motivo da mudança: racismo·[...]. A cidade ainda é hostil aos desalojados. Faltam empregos, e o único hospital público continua fechado. Para a advogada de direitos civis Mary Howell, 'a polarização e a divisão racial estão mais profundas hoje do que há muito, muito tempo'. Figura icônica da cidade, Howell lembra que 'muita gente disse em 2005 que estávamos melhores sem os negros. Esse é um legado muito doloroso do Katrina'". Pois é: pós-furacão, um esforço concentrado de *limpeza étnica*. E, para calar os negros, silenciaram sua música — com um toque de silêncio imposto no início da noite...

Em meados de 2010, o Brasil sentiu novamente o poder destrutivo das águas. Cidades pobres do Nordeste foram destruídas por um *flash flood*. E tivemos mais uma "tragédia anunciada". O prefeito de São José da Laje, em Alagoas, informou que a cidade passara por uma enchente terrível em 1969, fazendo mais de 2.700 mortos numa população de 10 mil pessoas. E não era uma exceção. Também Quebrângulo, Morena e Primavera, entre outras, sofreram, nos últimos sete anos, três fortes inundações. Segundo dados da Secretaria Nacional de Defesa Civil, entidade governamental que prima pela falta de planejamento e de ações preventivas, o número de brasileiros atingidos por enchentes e alagamentos praticamente triplicou de 2007 a 2009. O número de municípios ofendidos passou de 176 a 620. O de vítimas, de 1.309.914 para 3.025.215. E com relação a 2010, o total de vítimas, quando computado, será maior na soma do que ocorreu no Rio, Santa Catarina, Bahia, São Paulo, Sergipe, Alagoas e Pernambuco. Somente em Alagoas e

Pernambuco, dezenas de cidades foram seriamente afetadas e mais de 150 mil pessoas ficaram sem casa. A correnteza veio desmantelando barragens, derrubando postes e pontes, demolindo casas, arrastando reservatórios de usinas de álcool. Para os pernambucanos de Barreiros, o som dos sinos da igreja vai ficar funda e doloridamente gravado na memória: eles soaram poucas horas antes do desastre, avisando às pessoas para desertar suas casas e procurar refúgio nas cercanias da cidade. Um quadro cruel, em toda a região: pessoas descalças pisando na lama, respirando o ar pestilento, contraindo sarna, dormindo de qualquer jeito, revirando o lodo em busca de comida e até tentando se matar. Mas há uma diferença a ser negritada. Cidades pobres de uma das duas regiões mais pobres do país, onde se concentra a maioria dos brasileiros que vivem na miséria e nem sempre têm o que comer, foram literalmente varridas do mapa. Nesse caso, não foram somente bairros pobres as áreas feridas ou devastadas, como aconteceu nos centros urbanos do Brasil meridional. Mas cidades inteiras, como Branquinha, nas Alagoas. Numa reportagem do jornal *O Globo*, lê-se: "Em Branquinha, a população perdeu não só as casas, mas sua noção de cidade. O centro comercial, as instituições e os prédios públicos foram levados pelas águas". Branquinha não será simplesmente reconstruída, mas refundada, em outro e mais alto lugar. Em União dos Palmares, também nas Alagoas, quando fazia um pouco de sol, nos dias que se seguiram ao desastre, as pessoas se apressavam para colocar suas fotos para secar, numa tentativa de reter ou clarear suas histórias, de se ver em situação anterior ao arruinamento. Em Santana do Mundaú, pessoas passavam dizendo que não existiam mais. Tinham perdido seus documentos. E o cartório local foi destruído, com a enxurrada levando certidões de nascimento. Se a destruição de segmentos específicos do espaço urbano, no Rio ou em Niterói, fala de nossa desigualdade social, a destruição de cidade inteiras, em Alagoas e Pernambuco, diz, antes de tudo, de nossa desigualdade regional. Do histórico descaso governamental pela gente do sertão nordestino. O Brasil ainda não é o mesmo para todos os brasileiros.

De outro ângulo e de uma perspectiva ampla, a atual prática urbanística brasileira tem sido predominantemente grosseira e fragmentária. Entre o final do século XX e o começo do XXI, nossa arquitetura tem o que mostrar. Como o museu de Niemeyer em Niterói: um objeto quase não identificado, pousando nos arrecifes que encaram o mar. Ou os hospitais que Lelé projetou para Brasília e Fortaleza. No campo das criações arquitetônicas, estamos relativamente bem. Relativamente. Porque Niemeyer e Lelé figuram no time das exceções. A regra é bem outra. Wilheim: "Ao examinar os projetos imobiliários que abundam em nossos jornais, noto que ultimamente a cor verde predomina: oferece-se à venda a paisagem vista da janela — um parque longínquo ou o jardim, por vezes bem elaborado, que constituirá o verde privativo de quem pode". A publicidade não dá destaque ao apartamento, mas ao que está fora dele: a paisagem, vista do terraço, da varanda, da janela. Quando plantas são estampadas em tais anúncios, vemos de imediato a razão do ocultamento. É a mediocridade da arquitetura. Ainda Wilheim: "espanta-me a similitude dos programas e dimensionamentos: parece que há um único protagonista a desenhar com sua 'mão escondida' todas as plantas, com iguais dimensões dos quartos, denominações sempre que possível em inglês e a presença inevitável, esta brasileira, da churrasqueira. O que não se publica é o nome do arquiteto autor desses projetos! A 'mão escondida' o apagou, seja por não considerá-lo importante a ponto de figurar ao lado do decorador, do paisagista e dos realizadores do empreendimento; seja porque o próprio arquiteto não se sinta à vontade com o resultado. Se arquiteto existe, como entender, tiradas poucas exceções, o descaso com a estrutura e com a fachada, geralmente um aplique colado, muitas vezes imitando um paupérrimo estilo neoclássico?". Wilheim está certo. Como certo está em lembrar a linhagem de notáveis prédios paulistanos, que foi interrompida ou abandonada. Linhagem de edifícios como o Esther, de Vital Brasil; o Prudência, de Rino Levi; o Louveira, de Vilanova Artigas.

As produções arquitetônicas que Wilheim execra ou despreza não se erguem em lugares ermos. Mas afetam, ferem e aleijam cidades reais. Wilheim: "Ao percorrer a cidade, vejo, com espanto, o resultado disso: um descalabro arquitetônico, na profusão grotesca e gigantesca de fachadas sem caráter, um acúmulo de mediocridade preenchendo a paisagem urbana, num completo descaso com a rua em que cada prédio se localiza, ao atulhá-la com trânsito que não pode suportar". Esquece-se do — ou se é indiferente ao — óbvio: uma intervenção pontual de impacto, no corpo de uma cidade, não pode ser pensada isoladamente, fora de um conjunto simultâneo de ações urbanas. Quanto maior o impacto, menor deve ser a descontextualização. Mas o que vemos é, muitas vezes, o inverso disso. Como se a intervenção existisse em si e para si. Veja-se o caso extremo de isolamento, indiferença e mesmo imposição que se materializa nos *megaprojetos* de uma arquitetura recente. Diane Ghirardo comenta: "Nos anos de 1980, Vittorio Gregotti elaborou o arcabouço teórico de uma mega-arquitetura [...] e depois concretizou-a em projetos como o Centro Cultural de Belém, em Lisboa [...] [que] expressa enfaticamente a ideia de Gregotti de uma arquitetura de dimensões gigantescas que é imposta à força ao lugar e à cidade, uma fortaleza em roupagem moderna. Surgiram megaprojetos com várias outras formas: hectares de áreas de lazer e parques temáticos, imensos *shopping centers* regionais à deriva em mares de estacionamento asfaltado, gigantescos parques de escritórios bem afastados dos centros urbanos, complexos habitacionais inseridos em densos tecidos urbanos [...] esses megaprojetos podem ser os emblemas mais duradouros de uma década de cobiça e desperdício". Jorge Moscato, em "Percursos do Urbanismo Contemporâneo", menciona, entre as atitudes centrais do pensar-fazer arquitetônico dos últimos anos, dois processos lamentáveis. Primeiro, "mudou novamente nossa noção sobre a história e por isso se volta a construir nas cidades históricas projetos importantes que não respeitam a massa, nem a tipologia do entorno", coisa "evidente nos projetos de Gehry para Bilbao, de Zaha Hadid para Roma ou de Nouvel para Barcelona". Por falar nisso, museus sempre existiram para a cidade — Bilbao, com o Guggenheim de Frank Gehry, é o primeiro caso, que eu saiba, de cidade que passou a existir para um museu. Segundo, "os novos projetos urbanos abandonam as posturas contextuais e as tentativas de leitura da cidade existente para se transformar em objetuais". A arquitetura se afasta da história, da sociologia, da antropologia — e se divorcia do urbanismo. Para celebrar um casamento monogâmico com as belas-artes. Também entre nós isto vem acontecendo. A projeção ou realização de grandes intervenções arquitetônicas pontuais alheias a uma preocupação urbanística maior. Como a ideia do Guggenheim e a Cidade da Música, no Rio. Ou, em São Paulo, os prédios da Avenida Berrini.

Em matéria de urbanismo, também vamos mal — a menos que estejam ocorrendo coisas que não vêm à luz, para o conhecimento de todos. No campo do visível, predomina a falta de imaginação tecnoestética. Atravessamos um momento de penúria formuladora. De incapacidade crônica para conceber intervenções de largo alcance e repercussão, que sejam realmente adequadas às nossas atuais configurações citadinas, formalmente tão desordenadas e socialmente tão segregadoras. Hoje, aliás, boa parte de nossos urbanistas contenta-se com repetir ideias formuladas por Jane Jacobs, quando mal raiava a década de 1960. Pode-se argumentar, em contrário, com Curitiba e Jaime Lerner. Não é convincente. Curitiba padece, hoje, em dimensões que variam, dos mesmos problemas das demais capitais brasileiras. Não devemos idealizá-la como "cidade modelo". Quanto a Lerner, ninguém vai negar seu mérito, sublinhado por uma ação eficaz de *city marketing*, na aplicação criativa e ampliada do plano Serete-Wilheim para Curitiba. Mas Lerner dificilmente vai encontrar hoje, no Brasil, planos prévios adequados para nossas cidades maiores. E não terá como concebê-los, nos termos de amplitude e eficácia que a situação exige. Como certa vez me disse um grande arquiteto brasileiro: mais que um urbanista, Lerner é um "transportólogo". Um especialista em transportes, que, se conseguiu encontrar meios para uma Curitiba provinciana se aproximar de si mesma e se afirmar num país conjunturalmente degradado, não dispõe do instrumental teórico e da imaginação planejadora para encarar — em sua urgência, complexidade e intensidade — a questão urbana brasileira, levando em conta suas dimensões não apenas diacrônicas e sincrônicas, mas também a nossa *heterocronia*, regida por uma práxis desajustada, por disparidades regionais e fundas desigualdades sociais. A situação em que nos encontramos exige, para seu enfrentamento, o encontro da imaginação e da técnica, da fantasia e do rigor, casando programas urbanísticos e programas sociais. Em "Apagões Urbanos", publicado no *Estado de S. Paulo*, Nestor Goulart Reis escreveu: "Em matéria de infraestrutura e serviços urbanos, estamos certamente no fim de uma época. Os investimentos se concentraram no mercado financeiro. As cidades foram deixadas à própria sorte. Na melhor tradição brasileira, não foram feitos planos setoriais consistentes, nem planos de conjunto, para melhorar o desempenho das partes, num sistema integrado. A regra é a improvisação, que é a antessala do desastre, do apagão, das surpresas desagradáveis. Apagões não são fortuitos. São a consequência lógica da imprevidência, a comprovação pública da incapacidade de prever. Saber projetar é saber pensar e prever".

Daí — e de outras coisas, como o fundamentalismo ambientalista — o sentimento de muitos de que, em matéria metropolitana, chegamos a um beco sem saída. Gigantesco, imponente, mas sem saída. Aristóteles dizia que criamos a cidade para viver, mas nela permanecemos por desejar viver melhor. Passamos a viver em cidades porque era o modo mais eficaz de nos proteger, garantir abrigo, água e comida, quando deixamos de andar em rebanhos de caçadores-coletores e, neoliticamente, resolvemos nos assentar em núcleos de gentes, dispondo de uma produção agrícola que dava grãos à nossa mesa. Mas permanecemos nas cidades porque nelas a vida humana é ordenável em patamar mais elevado. A disposição aristotélica, neste momento da crise urbana brasileira, soa, para muita gente, como relíquia de um passado a que não se pode retornar. Em alguns meios, a sensação prevalecente é a de que caminhamos solenemente para o brejo. Para o desastre total. Como se a deterioração da vida urbana brasileira se apresentasse em curso não simplesmente progressivo, mas irrefreável. Claro que há os que consideram que a situação presente é formidavelmente complexa, mas superável. E que, mais cedo ou mais tarde, as coisas encontrarão um rumo menos ruinoso, social e ambientalmente. Mas o que mais ouço é que nos achamos num ponto já definitivamente comprometido, vivendo em cidades encalacradas, à beira do colapso. E a grande pergunta resta no ar. Nossas principais cidades resistirão — ou estão desde já condenadas à falência final? Neste caso, não será demais lembrar a viva oposição de Peter Hall à afirmação categórica de Mumford sobre o destino das megalópoles, feita em *The Culture of Cities* e retomada em *A Cidade na História*.

Hall recorda que, em *The Culture of Cities*, Mumford argumentou, "com toda a sua considerável eloquência", que a megalópole representava uma parada ou estação na estrada para Necrópole, a cidade dos mortos: "seu gigantismo disforme [...] terminaria por estrangulá-la em suas próprias entranhas urbanas". Esta visão da macrocidade estrangulada em suas próprias tripas reaparece em *A Cidade na História*: "A desintegração de Roma foi o resultado final de seu supercrescimento, que resultou numa falta de função e numa perda de controle dos fatores econômicos e agentes humanos que eram essenciais à continuação de sua existência". Daí que, para Mumford, "a principal contribuição de Roma ao desenvolvimento da cidade é a lição negativa de seu próprio supercrescimento patológico, uma lição que, aparentemente, é tão difícil de compreender que cidade após cidade tem tomado a mera expansão física e econômica como testemunho de sua prosperidade e cultura". Depois de afirmar a suposta "impossibilidade de se alcançar uma solução orgânica para o problema da quantidade", ele escreve: "Todo centro megalopolitano supercrescido, hoje em dia, e toda província, fora dele, que é tocada por sua vida, exibe os mesmos sintomas de desorganização, acompanhados por sintomas não menos patológicos de violência e desmoralização. Aqueles que fecham os olhos para estes fatos estão repetindo, com mímica exótica, justamente os atos e palavras, igualmente cegos, de seus predecessores romanos". E finaliza: "Em toda parte onde se reúnem multidões em números sufocantes [...] Necrópole está perto, embora não tenha ruído sequer uma pedra". Escrevendo seis décadas depois de Mumford, Hall diz que não pode partilhar a perspectiva mumfordiana, pelo fato de que "estamos mais longe do que nunca de assistir à destruição da cidade gigante. Pelo contrário: rebatizada de Cidade Global, ela atrai desproporcionalmente as organizações que comandam e controlam a nova economia global, tanto quanto as agências de serviço especializado que as atendem; por esta razão, ela continua a atrair os talentosos e ambiciosos; e, justamente por isso, permanece um crisol único de criatividade. Neste livro [*Cities in Civilization*], então, quero argumentar que nenhuma espécie de cidade, ou qualquer tamanho de cidade, tem o monopólio da criatividade ou do bem viver; mas que as cidades maiores e mais cosmopolitas, apesar de todas as suas evidentes desvantagens e problemas óbvios, têm sido, através da história, os lugares que acenderam a chama sagrada da inteligência e da imaginação humanas".

Hall retoma e reforça Max Weber, quando este — embora nadando na maré antiurbana que se armou na manhã do pensamento sociológico, de Tönnies a Durkheim — divisou, na cidade, o espaço por excelência da inovação. Podemos dizer que, a partir de suas visões da cidade gigantesca, Mumford, para lembrar o milenar conceito védico, aponta em direção à *Kali Yuga*, o mais tenebroso e desgraçado dos ciclos das épocas humanas. E Hall acena para uma futura idade de ouro da vida urbana, articulando arte, tecnologia e organização. Daí que Joel Kotkin fale, a propósito de Hall, de um *new optimism*, fundado na passagem da economia industrial para uma economia baseada na informação. Penso que é bom ter um olho mumfordiano e outro halliano. Mas, em última análise, tendo para o ponto de vista de Hall. É claro que coisas decaem. Cidades gigantescas, inclusive. Mas é preciso cultivar uma desconfiança essencial diante das teses que a armadilha e a realidade simultaneamente inscritas no sintagma *decadência* têm gerado. Em *A Ideia de Decadência na História Ocidental*, Arthur Herman escreveu: "Gostaria de salientar que, apesar de os intelectuais andarem prevendo o iminente colapso da civilização ocidental por mais de um século e meio, sua influência aumentou mais, durante este período, do que em qualquer outra época na história. Hoje, as instituições e os conceitos culturais gozam de mais prestígio do que durante o apogeu do império europeu e suas colonizações". De outra parte, Herman observa: "Pessimismo e otimismo são atitudes que o estudioso traz para a análise dos fatos, não conclusões geradas pela análise". Do mesmo modo que a cultura ocidental não decaiu, o grande núcleo urbano não experimentou o colapso. Mas a crise atual das grandes cidades é complexa, tremenda e assustadora. Podemos estar assistindo ao fim de *um* mundo, mas não ao fim do mundo. Costumo lembrar, a propósito, as lamentações de São Jerônimo acerca do saque de Roma pelos visigodos, em 410: "Quem acreditaria que Roma [...] viesse a cair?" — pergunta Jerônimo, vendo a "mãe das nações" convertida em sepulcro. Mas era Roma — e não o mundo — que se acabava. E o que Jerônimo fazia era o *planh* do fim de mais *um* mundo.

Tome-se o caso de São Paulo. A cidade vive hoje — em escala e ritmo incomparáveis, evidentemente — um processo que não deixa de remeter ao que ela mesma experimentou, em inícios do século XX. Naquela época, a capital paulista deixava para trás realidades e ideologias de um mundo escravista, agrícola, pré-industrial. Deixava de ser um centro burocrático e comercial, para se deixar afetar pelas novas forças industriais — em sua economia, em seu desenho urbano e social, em seu modo de vida, em sua identidade.

Morse: "No limiar do século XX deparamos com uma cidade que apenas começa a se definir, uma cidade cujo passado não é mais sentido e cujo presente e futuro imediato se revestem de especial urgência — uma cidade pressionada por questões inexoráveis". São Paulo era, então, uma cidade que buscava e construía uma nova definição de si mesma, mapeando com nervosismo as realidades emergentes. *Mutatis mutandis*, também hoje São Paulo se encontra numa encruzilhada, transitando na urgência do presente e do futuro imediato, sob a pressão de questões igualmente inexoráveis. É uma cidade também em fluxo, redefinindo-se de modo indisciplinado e mesmo inconsciente, numa situação liminar, onde, por isso mesmo, proliferam entidades e personagens "liminoides", para lembrar livremente os termos de Victor Turner em O *Processo Ritual*. Uma cidade que experimenta, simultaneamente, uma crise urbana sem precedentes em sua história, a emergência de uma nova estratificação social e movimentos embrionários de uma nova configuração identitária. Mas, ao contrário de muitos, não a vejo em perspectiva apocalíptica. Este momento de tensa e intensa transição pode abrir caminhos positivos, inclusive, para transformações significativas e mesmo radicais. Não é o "fim do mundo", mas mais uma metamorfose. Vejo à frente um horizonte de possibilidades reais. E penso que temos força e criatividade suficientes para realizá-las, desde que a sociedade realmente se mobilize para superar a situação atual. Em que baseio minha crença? Em coisas tão diversas como o exemplo de civismo e democracia com que nos conduzimos no processo do *impeachment* de Collor. O exemplo de disciplina, solidariedade e, mais uma vez, civismo, que vimos na resposta da população brasileira à necessidade de racionamento do uso de energia, na iminência de um "apagão" nacional, durante o governo de Fernando Henrique. Na construção dos CIEPs, no Rio, e dos CEUs, em São Paulo. Na capacidade da cultura popular de abrir coágulos da cidade segregada, vias entre favelas e enclaves ricos (lembro do grupo AfroReggae no Teatro Municipal, no Rio, quando um dos integrantes da trupe declarou sobre a plateia socialmente heterogênea: "tamo tudo misturado, mano"). Na disposição brasileira para a tessitura de um futuro coletivo comum.

III

Existe, é claro, a hipótese *Blade Runner*. "A *res publica* é cinzenta e decrépita, sob a chuva ácida de *Blade Runner*. No filme de Ridley Scott, o encontro com o outro é áspero, um estorvo ao monólogo e ao tédio que nos restou quando o destino imposto pelas grandes corporações [...] se abateu inapelavelmente sobre nós, aboliu todo projeto de cidade e sociedade e estilhaçou toda a tradição comum que outrora nos distinguia de uma massa desorientada. Exiladas do mundo público, a liberdade é uma nostalgia e uma ficção e a memória um farrapo que se esvai em retratos rotos. A Los Angeles de 2019, figurada na película, é o território tumultuoso onde outrora havia cidade e cidadãos e que se tornou uma somatória de guetos e replicantes desnorteados. Governada pela economia e pela técnica, as leis que a regem não se engendram na política e são impostas: somos novamente servos dentro de um espaço fragmentado em vários feudos e onde o mundo público converteu-se na escória do universo privado. Ele não é mais o espaço onde desenvolvemos nossas potencialidades, mas o abismo onde se enterrou toda memória, toda festa e toda troca de experiências. Esta Los Angeles não é uma utopia futura, mas aquilo que é gerado pela falta de utopia de nosso presente destituído de qualquer projeto e, portanto, liberado para as tiranias que no filme se revelam, mas que já estão em curso se nossa *polis* não for capaz de detê-las. [...]. No seu espaço se exibem, simultaneamente, a utopia tecnológica e a miséria humana. Nesta Los Angeles de 2019 floresce o que estamos a plantar já em nosso presente. Radicalizando, o futuro da cidade pode ser a não cidade", escreve Carlos Antônio Leite Brandão em "Cidades e Futuro: Reflexão e Crítica".

A utopia renascentista clássica imaginava uma cidade ou sociedade ideal, livre das perversões do mundo existente. Mas o século XX trouxe uma novidade desconcertante ao campo da criação utópica. Em vez de um mundo novo e ideal, passou a apresentar cidades e sociedades patológicas, exacerbando o horror e as potencialidades mais perturbadoras do presente. É o que vemos em obras de Orwell ou Huxley, classificadas como *utopias negativas*. "São as missas negras do utopismo", define Jerzy Szachi, em *As Utopias ou A Felicidade Imaginada*. O filme *Blade Runner* pertence a esta linhagem de um utopismo paradoxalmente antiutópico, no sentido maior da expressão. Esta utopia negativa ou contrautopia opera pela ampliação estética da loucura política e social. A utopia clássica, ao contrário, propõe uma nova ordem. Aponta para o futuro. Em *Human Aggression*, Anthony Storr escreveu: "A perene capacidade do homem em imaginar a utopia só é superada pelo seu periódico fracasso em atingi-la". Ou a utopia acena desde estrelas altíssimas, ou se fragmenta em sua entrada na órbita terrestre, irresistindo ao peso da gravidade social. O que se pode explicar através da teoria do signo que Dante expõe em *De Vulgari Eloquentia*. Os anjos não precisam da fala. Sua comunicação é puramente espiritual. À fala não chegam os animais, que, presos ao reino do sensível, se comunicam apenas pelo som. Mas o homem é ao mesmo tempo espírito e corpo. A meio caminho entre o tigre e o arcanjo, ele necessita, para se comunicar, de algo que seja simultaneamente conceito e som: a palavra. Somos esta impureza. Do mesmo modo, a sociedade ideal pertence — só e somente só — ao reino do espírito. A utopia, em seu estado puro, é coisa para anjos e arcanjos. O que interessa é que nossa capacidade para imaginá-la permaneça. Se não continuarmos a imaginar outros mundos e a agir para que eles aconteçam, o horizonte das alternativas se empobrecerá. Arquivando a imaginação utópica, acabaremos abandonando qualquer projeto-sonho de mudar o mundo. E nem ficaremos sabendo de nosso fracasso em atingir a utopia. Saint-Simon *dixit*: "A idade de ouro não está atrás de nós, mas à nossa frente". E a afirmação não foi feita para ser avaliada sob o prisma da verdade. Trata-se de uma incitação à viagem imaginária, à invenção de alternativas, à criação de novos modelos.

É por isso que são íntimas as relações entre utopia e urbanismo. A literatura utópica, desde a criação de Thomas Morus (numa ilha imaginária que corresponde à localização geográfica de Fernando de Noronha, no Brasil), tem gerado cidades ideais. A criação urbanístico-arquitetônica, por sua vez, engendra cidades reais que incorporam ou encarnam uma perspectiva utópica. É assim que podemos falar de urbanismo utópico, tanto quanto de utopia urbanística. E os dois projetismos, aqui e ali, se entrelaçam. A postura utópica, a formação arquitetônica e o desempenho no campo do desenho industrial não se misturam em William Morris? Ele escreveu *News from Nowhere*, ponto alto da literatura utópica oitocentista. Nikolaus Pevsner o define como "poeta, panfletista, reformador, *designer* — formado um pouco na universidade, um pouco na arquitetura, um pouco na pintura". Françoise Choay, de sua parte, fala do "impacto eventual da utopia em geral sobre os escritos urbanísticos". No seu dizer, "a utopia [...] inclui dois traços comuns a todos os escritos do urbanismo: a abordagem crítica de uma realidade presente e a modelização espacial de uma realidade futura". A criação utópica "elabora, numa perspectiva não prática, em termos quase lúdicos, um instrumento que pode servir efetivamente para a concepção de espaços reais". Ainda nas palavras de Françoise, o texto utópico e o texto urbanístico são, ambos, "instauradores de espaços". E mais: "se, ao invés de nos interessarmos pelas opções axiológicas opostas e não reconhecidas, subjacentes aos livros de Le Corbusier e Howard, nos debruçarmos sobre os procedimentos comuns que fundamentam e condicionam a enunciação de seus respectivos projetos, a utopia surge como uma forma inerente a seu processo, que ela estrutura e programa, independentemente de qualquer conteúdo histórico". Em *The Story of Utopias*, Mumford vai além, classificando *Garden Cities of Tomorrow*, de Howard, como obra utópica. E Peter Hall, em *Cities of Tomorrow*, vê ali a proposta de uma nova sociedade, fundada no cooperativismo voluntário de homens e mulheres vivendo e trabalhando em pequenas comunidades autônomas. A seus olhos, mais que um planejador urbano, Howard é um projetista social. Em resumo, um urbanista que imagina uma cidade a ser construída procede, em grande e essencial medida, como o utopista que fantasia uma cidade ideal. E algumas vezes a arquitetura e o urbanismo utópicos chegam a alcançar repercussão prática. Como nas comunidades francesas e norte-americanas inspiradas em Charles Fourier. Nos experimentos baseados nas ideias de Robert Owen. Nas Icárias que, no rastro de Étienne Cabet, foram surgindo nos EUA. Na Letchworth que materializou a utopia de Howard. Ou seja: o projetismo utópico tanto pode se manter a uma distância estelar, como gesto inspirador de futuros, quanto descer decididamente à terra. E, até, pisar no chão de uma favela.

Mas vamos retomar o passo. Embora embutida no presente, a fantasia *Blade Runner* se move ainda em outros ares. No campo da contrautopia. Temos, contudo, antevisões mais concretas de nossos rumos urbanos. Como na previsão do Mike Davis de *Planet of Slums*, descortinando nas favelas, das *barriadas* mexicanas aos *kampongs* asiáticos, a característica dominante do futuro urbano no hemisfério sul — no mundo externo ao círculo das democracias ricas do Atlântico Norte. A possibilidade de que isto aconteça é grande. Já está acontecendo. Nas cidades e megacidades de países pobres ou emergentes, invasões de terras para autoconstrução de moradias — assentamentos informais da "urbanização pirata" — crescem numa velocidade estonteante. Davis lembra que, desde 1970, o crescimento das favelas tem ultrapassado a urbanização *per se*. A Cidade do México é exemplo disso. A maior parte de sua expansão urbana, nesse período, resultou da autoconstrução em terrenos periféricos. São Paulo, em inícios da década de 1970, tinha uma população favelada pouco mais que estacionária. Ao longo dos anos noventas, as favelas paulistanas dispararam. Na Índia e na China, o grau de expansão desses assentamentos é espantoso. Mas a situação mais extrema é a da África, onde as favelas "estão crescendo a uma velocidade duas vezes maior do que a das cidades do continente". Nas megacidades, não só a presença das favelas é ostensivamente visível, mas a ela se somam a favelização de conjuntos habitacionais, a crescente indistinção, como em Soweto, entre *slum* e bairro popular. E não é somente aí que os números impressionam. "Na Amazônia, uma das fronteiras urbanas de mais rápido crescimento no mundo, 80% da expansão citadina ocorreram em *shanty-*

towns [...] fazendo, assim, com que 'urbanização' e 'favelização' sejam sinônimos", informa Davis. E, pelo andar da carruagem política e social, o avanço das favelas vai prosseguir a passo e em compasso firmes. Imagine-se, então, a paisagem que teremos com a formação de futuras e gigantescas conurbações, cuja escala fará nossas atuais regiões metropolitanas parecerem meras cidades de tamanho médio. Uma versão diversa, mas basicamente ampliada, das favelas de hoje: espaço serpenteante, carente de áreas coletivas, com problemas de locomoção e acesso, exibindo sua "arquitetura possível" (Ermínia Maricato), configurada em situação de dominação social e opressão cultural. E a favela se projetará dominante, como já começa a se projetar, em cidades do terceiro milênio, nos países do hemisfério sul. Davis: "Assim, as cidades do futuro, em vez de se fazerem de vidro e aço, tal como previsto pelas primeiras gerações de urbanistas, são, antes, construídas de tijolo cru, palha, plástico reciclado, blocos de cimento e madeira refugada. Em vez de cidades de luz se elevando em direção ao céu, muito do mundo urbano do século XXI se agacha na miséria, cercado de poluição, excremento e ruína".

Este crescimento favelizado das grandes cidades do hemisfério sul já provocou, inclusive, uma revisão da questão militar, em termos globais. Em "The Pentagon as a Global Slumlord", publicado na *Socialist Review*, o mesmo Mike Davis chama a atenção para uma reorientação na mentalidade militar norte-americana, que passou a ver, nas cidades dos países pobres e emergentes, o palco de batalha decisivo das atuais guerras do mundo. Fala-se, então, de MOUT — *Militarized Operations on Urbanized Terrain*. Ficaram para trás os tempos das lutas predominantemente rurais da revolução maoísta, dos guerrilheiros de Sierra Maestra, da descolonização africana e da guerra do Vietnã, com a projeção do *street fighting man* do rock dos Stones. Até começos da segunda metade do século passado, a cidade podia produzir políticos e intelectuais subversivos, mas não aparecia como o centro rebelionário por excelência. Tanto na China, quanto no Vietnã, a vanguarda vermelha se deslocou da cidade para o campo. Foi por isso que as Forças Armadas dos EUA tentaram destruir a vida rural vietnamita, despejando carregamentos de napalm e herbicidas, no maior crime ambiental *premeditado* da história humana. Mas não é o que vemos hoje. O que acontece em certas áreas do Afeganistão não é mais a regra. Daí que os soldados norte-americanos passaram a ser treinados para o confronto urbano. Para combater grupos armados em ruas labirínticas de cidades pobres. Na trama desconcertante das favelas e megafavelas do hemisfério sul. Houve, assim, uma espécie de "israelização" da doutrina norte-americana de combate, observa Davis. O Pentágono se voltou para lições bélicas da Faixa de Gaza. Em especial, para a "sofisticada coordenação" de equipes blindadas de demolição e de franco-atiradores, de uma parte, e, de outra, um poder aéreo esmagador, bombardeando. Paisagens urbanas artificiais foram construídas para simular condições de combate em periferias populosas de cidades como Bagdá, assim como um laboratório da Marinha criou um novo *war game* para seus fuzileiros, o "Guerreiro Urbano". A tese da Corporação Rand é que a urbanização da pobreza provocou a urbanização da insurgência. Com isso, salienta Davis, a favela se converteu no elo mais frágil e perigoso do império norte-americano. A propósito, ele cita o artigo de um oficial ianque, Troy Thomas, no *Aerospace Power Journal*, observando que a urbanização rápida de países em desenvolvimento gerou um tipo de campo de batalha que tanto menos se dá a conhecer, quanto mais improvisado é. Uma coisa é lutar em centros urbanos ordenados, hierárquicos, com infraestrutura nítida e supersignos simbólicos imediatamente visíveis — outra coisa é lutar em espaços citadinos informais, descentralizados, polissêmicos, imprevisíveis. Thomas cita as favelas que se esparramam de qualquer jeito, com milhões de habitantes, em Lagos e Kinshasa, como "potenciais pesadelos" para os EUA e a OTAN, em matéria de teatro bélico. Em suma: o mundo não só ingressou numa era de *urban war fighting*, como as cidades em questão são carentes e caóticas, exigindo o desenvolvimento de novas técnicas de matar.

De fato, as cidades cresceram demais — e vão continuar crescendo. Em todo o planeta, mas, principalmente, em sua parte mais pobre. O século XXI começa como o primeiro século realmente urbano, em escala mundial. Hoje, pela primeira vez na história, a maioria da população do mundo vive em cidades. Estima-se que, em 2030, mais do que seis entre cada dez terráqueos serão urbanitas. Mas houve um deslocamento geográfico espetacular, neste processo expansivo. Em 1800, apenas 3% da população mundial eram citadinos. E, ao longo do século XIX, as cidades maiores estavam na Europa. Na primeira metade do século XX, centros urbanos dos EUA decolaram. Em 1950, Nova York desbancou Londres, tornando-se a maior cidade do planeta. Por volta da década de 1980, contudo, o quadro começou a mudar. Tóquio ultrapassou Nova York. E as cidades do hemisfério sul passaram a crescer de forma espantosa. Xangai, Bombaim, Cidade do México, etc. À entrada do século XXI, nenhuma das megacidades do mundo (aglomerados urbanos com mais de 10 milhões de habitantes) era europeia. Em 2003, no rol das vinte megacidades planetárias, duas ficavam nos EUA: Nova York e Los Angeles. As demais se distribuíam entre a Ásia, as Américas Central e do Sul e a África. Em resumo, as grandes cidades da primeira e da segunda revoluções industriais eram principalmente europeias e norte-americanas.

Ficavam no Atlântico Norte. As megacidades da década inaugural do século XXI, diversamente, encontram-se em sua maioria ao sul da linha equatorial. Nos países em desenvolvimento, nas nações emergentes, nas novas potências. Na China, na Índia, no Brasil, na Indonésia, no Egito, na Nigéria, na Turquia. Durante os velhos tempos do neocolonialismo europeu, quando não havia sol-pôr no império britânico, as cidades dos povos dominados — embora aqui e ali exibissem dimensões significativas, como o Cairo — não eram forças decisivas no campo das lutas de emancipação nacional. Urbanitas raramente chegariam a um quinto da população de seus povos. Daí, entre outras razões, o poder revolucionário do campo. Mas isso mudou. Além do mais, os processos de urbanização desses povos foram desregrados, incontroláveis e até anômicos. Mesmo Ho Chi Minh — a antiga Saigon, com seu centro haussmanniano — explodiu: conta, hoje, com 8 milhões de habitantes — e vespas e mobiletes em lugar de bicicletas. Aconteceu ainda, como vimos, uma outra coisa. No interior e nas fímbrias das cidades e megacidades do hemisfério sul, alargaram-se, num gigantesco espetáculo de carência e sujeira, as favelas. Em medidas variáveis, armadas: calcula-se que só na Cidade do México existem, hoje, cerca de 1.500 gangues. Mas é claro que o crime organizado, fuzilando agora o candidato oposicionista ao governo de Tamaulipas, no México, não se restringe a este país. O narcotráfico é fortíssimo do Rio a Kingston, para dizer o mínimo.

Mas é preciso olhar, também, para o hemisfério norte. Para os EUA e os países ricos da Eurolândia. As grandes cidades do norte vivem, também elas, um novo processo de segregação territorial étnica ou sociorracial. Em *Closing Time*, Norman O. Brown escreveu: "*In the jungle of the cities, the new barbarism*". Mas a perspectiva era a da primeira preamar contracultural. Os novos bárbaros, na floresta das cidades do Ocidente, eram dissidentes ou párias internos, dos *hipsters* de Mailer aos jovens negros nos guetos. A civilização ocidental gerava, em seus centros urbanos, seus próprios condenados ou "autocondenados" da Terra. Hoje, outro processo se impôs. Os condenados da Terra mais propriamente "terceiro-mundistas", para lembrar a expressão *démodé*, se implantaram nas grandes cidades europeias — muçulmanos de Paris a Berlim (com seus mais de 200 mil turcos) recriando fragmentariamente suas formas de existência urbana, social e pessoal, assim como o fizeram caribenhos e *chicanos* nos EUA. São os novíssimos bárbaros da imigração pobre, não branca, ganhando uma visibilidade histórica, cultural e politicamente inédita, entre as últimas décadas do século XX e as primeiras luzes do século XXI. Em *The Global City*, Saskia Sassen fala das cidades globais como cidades duais, polarizadas. De uma parte, altos profissionais dos setores mais dinâmicos da economia; de outra, trabalhadores pobres (em grande parte migrantes, sinônimo de trabalho barato e informal), que prestam serviços àquele grupo privilegiado — faces que se implicam, puxando a imigração. E tal polarização se expressa fisicamente, nas maiores cidades da Europa e dos EUA, nos fenômenos extremos da *gentrification* (um neo-"enobrecimento") e da favelização do espaço urbano. A zona central de Nova York é exemplar, com seus profissionais de ponta, sua nova ideologia do consumo, sua enorme desigualdade social, seus imigrantes em ambiente físico decaído. Na França, o equivalente do centro nova-iorquino está na periferia parisiense. De certa forma, o que acontece, neste momento da maior mobilidade geográfica já vista na história mundial, é uma espécie de "terceiro-mundização" das principais cidades do hemisfério norte. No novo mundo globalizado, escreve Bento Prado Jr., "é impossível imaginar uma grande cidade dos países avançados (ou do centro do capitalismo) que não tenha importado do Terceiro ou Quarto Mundo uma larga população que passou a cercá-la como perigosa periferia. Tudo se passa como se a antiga oposição entre centro e periferia, entre países avançados e atrasados, tivesse sido interiorizada pelo próprio centro". Diante da revolta dos negros de Los Angeles na década de 1990 e do quebra-quebra francês de 2005 (pipocando em meio a jovens imigrantes muçulmanos dos subúrbios de Paris, vítimas da discriminação, do desemprego e da segregação espacial), o filósofo se pergunta: as favelas cariocas e a periferia paulistana explodem no coração dos países ricos do mundo? Sim. E os brancos nativos reagem, com posturas etnocêntricas, preconceituosas e mesmo agressivamente racistas, ao tempo em que se reproduzem pouco e envelhecem a olhos vistos.

Mas voltemos ao Brasil (embora não a um problema especificamente brasileiro, já que é enorme a massa de indivíduos e famílias *homeless* nos EUA, por exemplo). Além dos espaços *in progress* das favelas, temos, hoje, a questão dos moradores de rua e dos chamados "sem-teto", organizados já em movimento, com grupos ou ramos distintos. Veja-se o que acontece em São Paulo, onde os problemas urbanos brasileiros se expressam com uma agudez de fratura exposta. A cidade conta, hoje, com cerca de 14 mil moradores de rua. Parece pouco, mas é uma população igual ou superior à de muitos municípios brasileiros — à da metade dos municípios do Maranhão ou à da grande maioria dos municípios de Santa Catarina, por exemplo. Cerca de metade dos moradores de rua de São Paulo dorme em albergues municipais, a outra metade dorme ao relento — e há menos vagas nos albergues do que gente nas ruas. Boa parte dessas pessoas deixou no passado laços e abraços da família e dos amigos, é desempregada, naufraga em álcool ou se destrói no crack, hoje a grande praga química das cidades brasileiras. De fato, o crack avança sobre a população do país como as labaredas de uma queimada no coração da floresta. E é uma droga terrível, que desconfigura as funções cerebrais, apagando a luz da pessoa. Mas fiquemos no tema. Famílias de sem-teto hoje ocupam imóveis vazios não só no centro, mas em bairros paulistanos ricos ou de alta classe média, a exemplo de Pinheiros e dos Jardins, onde um prédio de nove apartamentos foi tomado, recentemente, por um grupo de mendigos. São enclaves pobres em áreas "nobres". A contrapartida miserável dos enclaves ricos. E assim como estes impedem o ingresso de desconhecidos ou suspeitos e afastam os pobres, nos enclaves dos sem-teto temos pobres fechando o acesso a outros ainda mais pobres. Tome-se o caso do imóvel ocupado na Rua Cardeal Arcoverde, onde antes funcionou uma boate. Reportagem da *Folha de S. Paulo* de 4 de junho de 2010 informa: "Primeiro, um grupo de mendigos ocupou o lugar. 'Há dois anos, eu e um colega expulsamos esses caras e tomamos o espaço', contou Ciriu Sudare, o Piauí [...] 'Vimos esse canto vazio [...] e resolvemos morar aqui' [...] o MSTC [Movimento Sem-Teto do Centro] contatou Piauí e outros três colegas que moravam lá e pediu para enviar famílias ao imóvel. [...] Desde dezembro [de 2009], o imóvel está entre as seis ocupações 'oficiais' do movimento. Quem vive no local paga R$ 100 por mês pela estada. 'Não é aluguel', explicou Piauí. 'É para arcar com uma faxineira para as áreas comuns e os dois porteiros que tomam conta do lugar'". A função desses porteiros, ainda segundo Piauí, é expulsar drogados e moradores de rua que "tentam invadir o imóvel". Vale dizer, os enclaves dos sem-teto são também espaços vedados. Pobreza dentro da riqueza — mas, também, a pobreza organizada dos sem-teto contra a pobreza desorganizada dos moradores de rua. Para lembrar Orwell, alguns pobres são mais iguais que outros. Impressionam, ainda, os números seguintes. Estima-se que o déficit habitacional brasileiro, em sentido estrito, seja de 6 milhões de moradias. Ao mesmo tempo, a Pesquisa Nacional por Amostra de Domicílio (PNAD) informa que existem no país cerca de 7 milhões de moradias vagas ou em construção. Mais de 5 milhões delas em áreas urbanas. Ou seja: temos casas para todos que necessitam de abrigo. Como pretender que não sejam invadidas?

    Recapitulando, o que vemos hoje, em nossas cidades, é uma paisagem ferida de favelas, bairros populares favelizados, conjuntos habitacionais caindo aos pedaços, gente acampada em prédios abandonados ou mesmo em ruínas, moradores de rua drogados, dormindo nas calçadas e em terrenos baldios. O panorama é poderoso. E é preciso transformá-lo. Preciso e possível, desde que os poderes públicos do hemisfério sul não renunciem à reforma urbana. Afinal, o jogo ainda não acabou, existem forças críticas e antientrópicas em campo, nem todo arquiteto virou decorador (de interiores ou de fachadas), nem todos abriram mão do projeto de transformar a vida — e a história é mestra em contradizer não só as previsões mais otimistas, como, também, as mais pessimistas. Mas para encarar a questão da favelização geral do hemisfério sul e do Brasil, teremos de ser, a um só tempo, utópicos e práticos. No World Architecture Festival, em Barcelona, o arquiteto Marcelo Ferraz perguntou: "são as nossas periferias uma causa perdida?". Não, meu caro, são uma causa a ganhar. Com audácia e delicadeza. Sem reverenciar a engenharia ou a arquitetura da penúria, como alguns têm feito. Sem ceder à sacralização lítero-filosófica da miséria. Sem se render ao charme "multiculturalista" de fantasiar uma sedutora "diferença", onde o que há é o jogo de cintura possível diante das imposições da ditadura da pobreza. Mas, ao mesmo tempo, levando em conta, lúcida e levemente, a cultura dos bailes, das feiras, das lajes, das cores. Porque favelas e periferias pobres aparecem, também, como polos de fé, talento e criatividade. Desenham formas e discursos subversivos e inspiradores. Não são somente uma anomalia a ser superada, como trazem consigo presentes de brilhos brutais. E não bloqueiam manhãs. Marcelo Ferraz: "Não é dando títulos de propriedade — na chamada 'urbanização de favelas' — que daremos o salto para a cidadania. Em muitos casos, é preciso abrir grandes clareiras nas periferias para introduzir espaços e equipamentos públicos de maneira corajosa e contundente, com projetos de qualidade. As periferias das grandes cidades ricas, como Paris, Chicago ou Barcelona, padecem do mal da 'depressão urbana'. São feitas de conjuntos habitacionais replicados homogeneamente ao extremo, cinzentos, verdadeiras cidades-dormitório que não apresentam soluções ou saídas para o problema das cidades e periferias de nossos países. Ao projetar, devemos redescobrir a lógica dos relacionamentos humanos, considerando a especificidade de cada povo, mergulhando antropologicamente na cultura de cada lugar. E, com esse olhar, tentar entender o espaço urbano, desde o macro — dos deslocamentos dos fluxos dos serviços e necessidades —, até ao micro, seja um namoro num banco de praça ou as brincadeiras de rua de um grupo de crianças".

É um ótimo ponto de partida. E, de qualquer sorte, coisas começam a mudar. No Rio, principalmente. Não nos esqueçamos de que, em maio de 2010, a prefeitura de São Paulo retirou milhões de reais de dois programas de urbanização de favelas, nas áreas de Água Espraiada e do Real Parque, para aplicá-los em "eventos turísticos, culturais e cívicos". No Rio, não. Sob pressão político-social e puxada por exigências da realização da Copa do

Mundo de 2014 e das Olimpíadas de 2016, avança-se na realização de obras públicas que, para além de suas consequências práticas, vêm imantadas, com intensidade variável, de sentido simbólico. Tanto no plano interno das comunidades quanto na conexão das favelas com a parte mais imediatamente praieira da cidade — conexão do morro e do asfalto, como se diz, em termos cariocas. No plano interno, o leque de ações é variado. Com as Unidades de Polícia Pacificadora (UPP), numa investida para desarticular bases territoriais do crime organizado e começar a impor, nas favelas, uma presença firme — mas, ao mesmo tempo, lógica e dialógica — do Estado. Com praças, abertura e alargamento de ruas, cursos profissionalizantes, equipamentos de esporte, cultura e lazer. Com a construção de escolas, creches, unidades habitacionais populares e unidades de serviços de saúde. Com o teleférico interligando comunidades do Complexo do Alemão. E não será excessivo lembrar o óbvio: desterritorializar o narcotráfico é iniciativa que, para ter êxito, exige, como passo seguinte e necessário, desmantelar a cultura do crime (com seus "tribunais", regras sobre o ir e vir das pessoas, etc.), substituindo-a por uma cultura da cidadania, que vai implicar, entre outras coisas, uma espécie de reaprendizado coletivo da função e do uso dos espaços públicos. De outra parte, obras de conexão morro-asfalto, comunidade popular-bairro rico, gesto objetivo em direção à reintegração da "cidade partida" que aponta, ainda, para uma nova transformação da paisagem geocultural carioca. De certa forma, obras como a da implantação do elevador panorâmico do Cantagalo (cujo "mirante da paz" já se vai tornando atração turística e local de visitação para os próprios cariocas dos bairros praieiros) são um equivalente atual da abertura do Túnel Rebouças, que, na década de 1960, aproximou as zonas sul e norte da cidade. À conexão horizontal sul-norte, estabelecida pelo túnel, responde agora a conexão vertical das comunidades mais pobres, situadas no alto dos morros, e das zonas residenciais mais ricas, na beira da praia. Somando-se a isso, as perspectivas da exploração do pré-sal (jazidas oceânicas de petróleo que se estendem de Santa Catarina ao Espírito Santo) e da realização da Copa do Mundo e das Olimpíadas apontam para a possibilidade de que um novo Rio de Janeiro esteja nascendo. E é hora de deflagrar ações para que o exemplo carioca não apenas avance e se consolide, como possa se generalizar, ainda que em níveis variáveis, para todo o país.

Cabe, aqui, uma observação. A concepção de política de segurança pública mais avançada que temos hoje, no Brasil, é fruto da *broken windows theory* (base do "tolerância zero"), relida pelas lentes de nossa socialdemocracia. A "teoria da janela quebrada" é simples: a polícia deve se concentrar não na investigação *a posteriori* de grandes crimes, mas no combate a pequenos delitos, impedindo que a desordem se instale nos bairros da cidade e abra caminho para ocorrências mais violentas. Vem daí o chamado "policiamento comunitário". No Brasil, a social-democracia optou por combinar ação repressiva e programas sociais, superando, assim, o estreito jurisdicismo norte-americano. Para enfrentar a criminalidade, promove-se uma articulação de ações de combate ao crime e ações de caráter social. É daí que brota o Programa Nacional de Segurança Pública com Cidadania (Pronasci). O Rio deu um passo adiante, com a criação da UPP. É uma resposta adequada a uma característica central do "crime organizado", no Brasil. Em nossas cidades, a bandidagem narcotraficante opera a partir de bases territoriais armadas. É diferente do que acontece em Londres, por exemplo, onde o tráfico não funciona a partir de um segmento urbano sob seu controle. No Brasil o tráfico se instala num território, dominando-o. A UPP responde a isso. Combina-se, agora, não só ação repressiva e ação social. É o aparelho estatal que entra em cena, para afirmar sua presença no espaço do crime. O ponto de partida é perfeito. E as UPPs já se implantaram com êxito em algumas favelas cariocas (e não queiram, em nome do besteirol do "politicamente correto", banir, como preconceituosa, a bela palavra *favela*). Mas ainda não enfrentaram seus testes mais extremos, que são dois. Primeiro, implantar-se nas favelas maiores ou em complexos faveleiros, como o do Alemão — no momento em que escrevo, a futura UPP da Rocinha ainda não aterrissou. Segundo, há uma tremenda encrenca à vista, até aqui adiada pela opção tática de não enfrentamento adotada pelos grupos criminosos. A UPP se instala num morro, os bandidos se deslocam para outro. Mas, com a expansão da rede de UPPs, cobrindo gradualmente as favelas do Rio, vai chegar um momento em que os bandidos não terão mais para onde ir. E então? Eles irão se retirar para outras cidades do Rio ou para cidades de outros estados? Ou vai explodir o conflito, com tiroteios e batalhas de consequências desastrosas e desfechos imprevisíveis? Ou teremos as duas coisas ao mesmo tempo — bandidos em fuga, bandidos em confronto —, como é mais provável? Não há outro caminho senão pagar para ver. E que ninguém espere um mar de rosas. O "crime organizado" não vai simplesmente bater em retirada.

Mas é claro que não se trata unicamente de ressemantizar favelas, gravando, em sua trama, signos de uma nova presença do Estado e fortalecendo uma cultura da cidadania. O que está em jogo é a cidade em sua inteireza. E nada nos levará de fato a outro patamar, nesse horizonte, sem uma ampla, profunda, ousada e criativa reforma urbana de alcance nacional. A adjetivação é excessiva, sim, mas, se qualquer dos seus termos for subtraído, a reforma será falha. A dimensão do problema o exige, como condição de seu enfrentamento real. No entanto, é muito difícil fugir à sensação de que políticas urbanas globais, de um modo geral, são secundárias para a maioria de nossos governantes, empresários e políticos. Eles quase nunca se interessam verdadeiramente pelo assunto. E costumam ser de uma ignorância espantosa em matéria urbanística. Parecem não ter a noção mais elementar do que é ou deva ser uma cidade. Mas é inquestionável que precisamos dar uma outra qualidade à nossa vida citadina. Avançar no campo da ecologia das cidades. Aplicar, de fato, a Política Nacional de Resíduos Sólidos (fim dos lixões, coleta seletiva, reciclagem, "logística reversa", construção de aterros ambientalmente adequados, uso do lixo para geração de energia). Reutilizar a água e aproveitar as chuvas. Investir no transporte sobre trilhos e superar a dependência do ônibus, combatendo o poder empresarial que impõe seu uso, por expedientes vários, incluindo-se aí a compra direta ou indireta de políticos e governantes. Universalizar o saneamento básico e o acesso a água tratada. Impedir que planos diretores sejam desfigurados, convertendo-se em ferramentas da ação predatória da especulação imobiliária. Responder ao esvaziamento das áreas centrais das grandes cidades. Preservar a memória que realmente merece ser preservada, longe do ridículo de tombamentos meramente autorais ou ditados por sentimentalismos supérfluos. Reconstruir nossa relação com espaços e equipamentos públicos. Recuperar áreas degradadas. Reduzir custos nos processos de inovação para o desenvolvimento de novas tecnologias urbanas, aplicáveis à mobilidade, à habitação, ao saneamento ou ao combate e prevenção de efeitos desastrosos de fenômenos naturais, como inundações e enchentes. Levar realmente a sério o que a Constituição, e o Estatuto que a regulamenta, dizem sobre as *funções sociais* da cidade e da propriedade. E outras coisas mais, que especialistas no assunto não cessam de apontar e repetir. Com um pequeno detalhe de limpeza: brasileiros, graças a uma bendita herança cultural indígena, adoram tomar banho. Agora mesmo, a TNS Global Market Research acaba de nos conferir primeiro lugar, em matéria de banho, numa pesquisa realizada em dez países: média de 19,8 banhos por semana (no segundo lugar, bem longe, vêm os russos, com 8,4 banhos semanais). Mas não estendemos esse gosto pela higiene pessoal ao espaço público. Brasileiros jogam lixo e mijam nas ruas. Se tivéssemos, com o espaço urbano, um décimo da prática de limpeza que temos com nós mesmos, as cidades brasileiras passariam, da noite para o dia, de chiqueiros a brincos.

    Bem. O que temos, em nosso horizonte, é muito claro. As perspectivas e os prováveis de uma nova urbanidade brasileira têm de ser pensados desde já. Com revisões de nosso passado citadino, incursões pelo presente de nossas cidades e previsões de escolhas para nosso futuro comum. Fala-se, agora, em aplicar, na educação, uma parte dos recursos que virão da exploração do petróleo nos novos campos da camada de pré-sal. É uma excelente ideia. Temos hoje, no país, uma vasta rede escolar à espera de se converter um dia num verdadeiro sistema educacional. O país se ressente, ainda, da carência de escolas técnicas e da formação de uma forte linha de frente de centros de pesquisas, estudos avançados e inovação. Mas penso, também, que uma parte da montanha de dinheiro que se espera deveria ser destinada a uma grande intervenção urbana no país. E, à lembrança dos termos mobilizados por Carlos Antônio Leite Brandão, em sua leitura de *Blade Runner*, será melhor não separar as coisas: nossas cidades se acham feridas em seu corpo físico e fraturadas na dimensão simbólica de sua existência. Precisamos, por isso mesmo, de uma intervenção urbana cujo elenco de obras venha norteado por um projeto geral de cidade. Não na acepção técnica, urbanística, de "projeto". Mas para ressaltar o valor maior da experiência urbana. Uma intervenção que se defina, em profundidade, na articulação da forma da *urbs* e do sentido da *polis*. Não de uma perspectiva linear e homogeneizadora, é claro. Mas sob a luz múltipla e mutável de uma possível nova *civitas*, essencialmente democrática, em todas as suas dimensões. Vale dizer: aberta, híbrida, plúrima.

Anexo
A CIDADE NUMA NOVA CONFIGURAÇÃO AMAZÔNICA

I

À entrada do século XXI, começamos a ver uma notável mudança — notável e radical — no olhar brasileiro sobre a Amazônia. Mudança que começou a se articular, primeiramente, em nosso ambiente científico. Para depois aflorar, por influência deste último, no plano das esferas governamentais. Exemplo disso foi a entrevista dada por Roberto Mangabeira Unger a Laura Greenhalgh (*O Estado de S. Paulo*, junho de 2008), na qual o então ministro de Assuntos Estratégicos, fazendo coro com a vanguarda científica brasileira, declarou: "Em diferentes lugares tenho dito o seguinte: a Amazônia não é só a maior coleção de árvores do mundo, é também um grupo de pessoas. Sem alternativas econômicas, essas pessoas serão impelidas, inexoravelmente, a atividades que resultarão na devastação da floresta. E, aí, a questão ambiental se transformará no que foi a questão social para o presidente Washington Luís — caso de polícia. As tarefas do desenvolvimento e da preservação estão irremediavelmente entrelaçadas".

Em artigo publicado no mesmo jornal, "Chega de Lendas!", o sociólogo e geógrafo Demétrio Magnoli tomou a declaração de Roberto Mangabeira como "a chave para a superação de um impasse político de relevância histórica". Que impasse? Aquele que se tinha aprisionado entre a visão militar e sua antítese, a visão romântico-preservacionista da região. Demétrio: "Um anúncio do governo federal, assinado pela Sudam e divulgado em 1970, destacava sobre o mapa do Brasil a área da Amazônia Legal, toda preenchida por figuras de implantações industriais, agropecuárias e energéticas. A peça publicitária conclamava, sem rodeios: 'Chega de lendas. Vamos faturar!'. A Amazônia, tal como vista pela ditadura, era uma fronteira estratégica a ser conquistada e uma fronteira de recursos a ser dilapidada. [...] No ciclo seguinte, aberto com a redemocratização, o Estado terceirizou o planejamento amazônico para as ONGs e uma narrativa preservacionista tomou o lugar da especulação incentivada. A dupla fronteira da geopolítica militar foi substituída pela visão romântica de um santuário sitiado. Uma fábrica de lendas entrou em funcionamento, gerando mitos que sabotam a coerência das políticas públicas para a região. O mito nuclear diz que a Amazônia é uma paisagem natural: coleções de árvores e coleções de povos originais organizados em torno de modos de vida tradicionais. A narrativa desempenha funções vitais para a economia das próprias ONGs, mas tem repercussões devastadoras para a população amazônica".

Sim. A Amazônia verdadeira, a que realmente existe, não é somente uma coleção de árvores, mas um espaço habitado por 20 milhões de brasileiros, 70% dos quais vivendo (regra geral, subvivendo) em núcleos urbanos. Demétrio desmonta, de modo claro e rápido, a golpes secos, a mitologia preservacionista: "Chega de lendas. A Amazônia é moderna: nela estão Belém e Manaus, duas das três únicas metrópoles dinâmicas situadas na faixa equatorial do planeta. A Amazônia não é um paraíso isolado: o mercado mundial a incorporou ao sistema de intercâmbios globais desde o início de seu povoamento efetivo, com o ciclo da borracha, no anoitecer do século XIX. A Amazônia não é tradicional: ela foi ocupada pelo deslocamento de povoadores do Nordeste e do Centro-Sul em duas ondas recentes, entre 1880 e 1920 e de 1950 em diante. A Amazônia não é, a não ser marginalmente, a morada dos 'povos da floresta': suas populações refletem o desenraizamento cultural dos pioneiros e as extensas mestiçagens entre esses pioneiros e deles com os povos autóctones. A Amazônia não é rural, mas urbana: nos cenários de igarapés engolfados pelas cidades, onde águas de esgoto correm por dentro das casas, entrelaçam-se os temas do meio ambiente e da saúde pública".

Mas não é só. Sem promover o desenvolvimento, nem garantir a preservação, a narrativa e a postura preservacionistas geram consequências políticas e culturais nefastas. Ao estabelecer um paradigma que é a negação do desenvolvimento, o preservacionismo é objeto de rejeição popular. E acaba empurrando o eleitorado local para a direita mais predatória e corrupta: a direita de Jader Barbalho e Gilberto Mestrinho. Mais Demétrio: "Abandonados por um Estado que decidiu não enxergá-los, os pobres da Amazônia se entregam, para sobreviver, à dilapidação dos recursos naturais. Um levantamento realizado pelo Imazon a partir de imagens orbitais estimou que existem mais de 95 mil quilômetros de estradas clandestinas apenas entre o sul do Acre e o sul do Pará, em áreas geralmente exteriores ao 'arco da devastação'. Ocultas sob as copas das árvores, essas extensões das estradas oficiais são utilizadas para a extração ilegal de madeira. A grilagem de terras e a garimpagem se difundem pelas mesmas trilhas". E ainda: "Coleções de árvores, coleções de 'povos tradicionais'. Numa lógica paralela à do preservacionismo, as ONGs multiculturalistas investem na celebração de etnicidades essenciais e convertem a política indígena num jogo de poder. Nesse diapasão, índios aculturados são convertidos em nações originais, com 'representantes' junto às instituições internacionais, e no Amazonas agentes públicos forçam caboclos a rasgar suas carteiras de identidade e se redefinir oficialmente como índios, sob pena de perderem suas terras de trabalho. [...] Agora, sob a inspiração do Mapa da Distribuição da População Negra, um artefato de falsificação estatística produzido pela secretaria da segregação racial (Seppir) por meio da junção burocrática de 'pretos' e 'pardos', declarou-se a negritude da Amazônia. A iniciativa é um primeiro passo para cancelar a história da região e dividir os caboclos, cafuzos e mulatos em 'negros' e 'brancos'. Em nome da doutrina da raça ou do imperativo da criação de currais eleitorais, soterra-se o conceito de que a Amazônia é habitada por cidadãos brasileiros iguais em direitos".

É diante desse quadro que vamos encontrar formulações novas, elaboradas, entre outros, pela geógrafa Bertha Becker. Demétrio: "A geógrafa Bertha Becker, uma das formuladoras do Plano Amazônia Sustentável, propõe uma revolução científica e tecnológica para a Amazônia, a fim de inverter a equação que iguala desenvolvimento a dilapidação de recursos naturais. Desafiando os dogmas sagrados do preservacionismo, cita como paralelos a moderna indústria alcooleira e a revolução agrícola no cerrado. Mas, sobretudo, ela sugere que um novo ciclo de desenvolvimento regional depende da recuperação da capacidade do Estado de agir como poder público, isto é, de estabelecer as regras do jogo de modo claro e universal. Isto, por sua vez, exige fidelidade ao princípio da nação única, vilipendiado todos os dias pelo governo". E, ainda aqui, o geógrafo está certo. Flagra-se facilmente uma certa condição esquizoide, por assim dizer, no discurso e na conduta do governo do presidente Lula, que se mantém na gestão de Dilma Rousseff. De uma parte, fala-se com insistência de unidade e afirmação nacionais. De outra, em diversos momentos e instâncias, a ação governamental, assumindo uma das caras principais do PT, esforça-se para promover a fragmentação ou a pulverização ideológica do Brasil, na esteira de desorientações multiculturalistas, no âmbito de desencantos de extração pós-moderna e no deplorável caminho da sacralização da miséria.

Mas voltemos à superação do impasse, entrevista por Demétrio. De fato, Roberto Mangabeira considera que, diante da realidade amazônica, é falso o conflito entre desenvolvimentistas e ambientalistas. Na verdade, existe hoje um consenso, na sociedade brasileira, de que a Amazônia precisa se desenvolver. Mas é também consensual que este desenvolvimento não pode ser predatório. O problema é outro. Mangabeira: "São poucos os brasileiros que ainda se batem pela ideia de que a região tem de ser um santuário vazio de gente e ação econômica. Como também poucos aceitam a ideia de que o preço do desenvolvimento inclui todas as formas de produção, até as predatórias. A grande maioria dos brasileiros rejeita as duas posições, insistindo na tese do desenvolvimento sustentado. O problema é que esta tese é uma abstração. É uma tese sem conteúdo. A grande convergência nacional sobre a Amazônia ainda se vale de uma abstração". A questão, então, é dar substância a esta abstração, de modo a fazer dela uma realidade. Para isso, é preciso definir ações que combinem e articulem crescimento e preservação. Mesmo porque um ambientalismo que não tenha um projeto econômico construtivo para a região, não é ambientalismo — mas fundamentalismo. Pensar e propor ações amazônicas é algo que deve nos conduzir, por isso mesmo, à definição de um novo ambientalismo brasileiro. Mangabeira: "Há uma diferença importante entre o tipo de ambientalismo que prevalece nos países ricos e o tipo que nós tentamos construir no Brasil. Nos países ricos, o ambientalismo compõe uma política pós-ideológica e pós-estrutural. Como muitas alternativas de organização institucional, aventadas no curso do século XX, foram testadas e desacreditadas, então os países ricos gostam de dizer 'agora cuidemos do nosso grande jardim, a natureza'. Não é assim. Resolveremos problemas de preservação e desenvolvimento com inovações que exigem grandes avanços de imaginação". O que significa que nosso ambientalismo deve ser, também ele, estruturador de alternativas de crescimento. "Temos condições de construir na Amazônia o que nos países ricos de hoje tanto se fala e quase nunca se pratica: um modelo de desenvolvimento que, ao mesmo tempo, utilize e preserve a natureza. Para isso, porém, é preciso imaginar e ousar", observa Mangabeira.

E não podemos ficar marcando passo. No documento "Projeto Amazônia: Esboço de uma Proposta", Mangabeira considera que é na Amazônia que o Brasil pode se revelar ao Brasil. "Uma iniciativa nacional a respeito da Amazônia é capaz de esclarecer e de comover o país. Presta-se a uma narrativa de libertação nacional. No século XIX, completamos a ocupação do litoral. No século XX, avançamos para o Centro-Oeste. No século XXI, reconstruiremos o Brasil ao reinventar a Amazônia. [...] O espírito da empreitada deve ser o de definir a Amazônia como vanguarda, não como retaguarda. As soluções para os problemas da região terão de ser inovadoras; não serão fáceis de extrair do repertório de políticas públicas convencionais, nem de situar no espectro das posições ideológicas conhecidas. E podem servir para abrir caminho para toda a nação." Assim como no caso de Bertha Becker, vamos encontrar sempre, em todos os pontos do discurso de Mangabeira, a necessidade de intensificar a presença estatal na região. E uma lúcida e saudável obsessão pelo futuro. "A Amazônia é a nossa grande fronteira, não só em termos geográficos, mas imaginários." "Estou convencido de que é a partir da Amazônia que se pode pensar o futuro do país." "Vivemos um paradoxo. O que é o Brasil? Sua grande vitalidade. E como está o Brasil? Enfiado numa camisa-de-força. Nossas instituições políticas, econômicas, educacionais, são a nossa negação. O Brasil fervilha de vida dentro de uma camisa de força. Daí a importância que atribuo à Amazônia. Lá está o terreno onde vamos começar de novo. Onde poderemos nos reimaginar e nos organizar."

II

Um marco dessa reviravolta em nossa perspectiva amazônica pode ser situado em maio de 2008, quando apareceu, no *site* da Academia Brasileira de Ciências, o documento "Amazônia: Desafio Brasileiro do Século XXI — A Necessidade de uma Revolução Científica e Tecnológica", produzido por um sexteto que integra a linha de frente científica do país: a geógrafa Bertha Becker, o climatologista Carlos Nobre, o matemático Jacob Palis, o químico Hernan Chaimovich, o biólogo Adalberto Val e o geólogo Roberto Dall'Agnol. É verdade que as questões colocadas pelo documento-proposta já vinham aparecendo e se firmando aqui e ali, em trabalhos científicos, mas sempre isoladamente. A novidade desse texto — que, aliás, foi prontamente abraçado pela Sociedade Brasileira para o Progresso da Ciência (SBPC) — estava em seu caráter de leitura articulada e proposta concreta, incisiva, visando à condução da região amazônica à realidade atual do século. E a carta disposta na mesa era inovadora e ambiciosa. "Não queremos vencer o jogo com a pecuária. Queremos começar outro jogo", declarou então Carlos Nobre, em entrevista à *Folha de S. Paulo*.

Conceitualmente, a proposta da Academia Brasileira de Ciências transcendia a oposição entre crescimento e conservação. Tratava-se de pensar um novo paradigma de desenvolvimento, centrado na valorização econômica da floresta em pé (conservada), dos "serviços ambientais" (ver, a propósito, "Payments for Environmental Services: A Solution for Biodiversity Conservation?", de Sheila Wertz-Kanounnikoff) vinculados ao patrimônio natural amazônico, superando tanto o mero e ineficaz preservacionismo, quanto o padrão destrutivo estabelecido, de ocupação por desmatamento. "O modelo de desenvolvimento buscado para a Amazônia é desafiador, inovador e único. Nesta região ainda é possível a concepção de um modelo de produção e consumo sustentável dos recursos naturais, que permita não somente o desenvolvimento social e econômico da região, mas também a conservação da natureza e da cultura dos povos indígenas que nela habitam. Esse modelo deve responder às exigências das sociedades brasileira e internacional quanto à mitigação dos problemas ambientais que afetam a Terra. O desafio de transformar o capital natural da Amazônia em ganhos econômicos e sociais de maneira ambientalmente sustentável é singular. Não existe um 'modelo' a ser copiado, pois não há sequer um país tropical desenvolvido com economia baseada em recursos naturais diversificados, principalmente de base florestal, intensivo uso de C&T [ciência e tecnologia] de ponta e força de trabalho educada e capacitada na utilização de C&T", escrevem os autores de "Amazônia: Desafio Brasileiro do Século XXI". Mais: "Somente a atribuição de valor econômico à floresta em pé permitirá a ela competir com outros usos que pressupõem sua derrubada ou degradação, e somente CT&I [ciência, tecnologia e inovação] poderão mostrar o caminho de como utilizar o patrimônio natural sem destruí-lo". O que está em jogo, portanto, é transformar o patrimônio natural em riqueza — e esta transformação "está intrinsecamente relacionada à disponibilidade e geração continuada de conhecimentos e tecnologias adequadas, que possam ser aplicados por uma força de trabalho capacitada para entender e lidar com esses conhecimentos e tecnologias".

Objetivamente, a Academia Brasileira de Ciências propunha a criação, na Amazônia, de duas novas universidades "de classe internacional" — centradas na contemporaneidade e capazes de formar quadros no interior da região amazônica — e de três institutos científico-tecnológicos, voltados, inicialmente, para pesquisas de ponta nas áreas de recursos florestais e da biodiversidade, de recursos aquáticos e de recursos minerais. "Cada instituto deverá contar com um quadro de docentes, pesquisadores, engenheiros e técnicos altamente qualificados, dispondo de laboratórios em nível de excelência mundial. As universidades e os institutos articulados em rede em torno das três áreas focais [...] fortalecerão núcleos para o desenvolvimento de polos industriais inovadores, disseminados por toda a Amazônia. [...] A ampliação e o fortalecimento do sistema de CT&I da Amazônia terá como ponto focal o desenvolvimento de tecnologias e inovações para a melhoria das condições socioambientais e econômicas da Amazônia. O alvo decenal será gerar conhecimentos que promovam o uso de recursos naturais da Amazônia, com manejo adequado das espécies e dos ecossistemas. A meta é a proposição de desenvolvimento pleno de cadeias produtivas para um número significativo de produtos para o mercado global, contemplando desde fármacos até serviços ambientais, gerando uma economia regional potencialmente muito superior à atual, que vem substituindo a floresta e explorando de forma não sustentável os recursos madeireiros." A propósito, Carlos Nobre assinalava, na entrevista, que a Embrapa e o Inpa já identificaram mais de duzentos produtos a partir dos quais é possível desenvolver cadeias produtivas, "desde a prospecção da biodiversidade até à domesticação, aumento da eficiência na produção, industrialização e a agregação de valor".

Relevante notar, ainda, que uma inspiração central para este projeto amazônico veio de um caso vistosamente exitoso na história da ciência e da tecnologia no Brasil. Do exemplo do Instituto de Tecnologia da Aeronáutica (ITA), criado em 1950 e implantado na então cidadezinha de São José dos Campos, no interior paulista. Menos de vinte anos depois da criação do instituto, mão de obra formada no ITA produziria, na Embraer, o Bandeirante, primeiro avião brasileiro. E assim, hoje, São José dos Campos abriga a quarta maior fabricante mundial de jatos de transporte civil de pequeno e médio portes. O ITA é referência para Carlos Nobre: "É por isso que tem de começar pelo instituto científico e tecnológico. A Unicamp é um excelente exemplo, o ITA também é. Você transforma uma região se tem um núcleo pensador que te dá instrumentos de desenvolvimento. Por isso tem de ser fora do eixo Belém-Manaus. Em cidades médias, como Santarém. Tem de fazer para a Amazônia o mesmo que o ITA fez para São José dos Campos. Em 1950, São José dos Campos tinha vinte e poucos mil habitantes. Imagine tirar o ITA, que foi criado no Rio de Janeiro, e colocar numa cidade de 20 mil habitantes. Aquilo foi uma coisa muito visionária. Aqui [em São José] ele alavancou um enorme desenvolvimento, uma indústria. É esse o modelo que a gente tem em mente. Com a vantagem de que hoje os ciclos de desenvolvimento tecnológico são mais rápidos. O do ITA começou em 1950 e em 1969 já tinha o protótipo do primeiro avião feito no Brasil, o Bandeirante. Hoje esses ciclos podem ser de 10, 15 anos no máximo. É a escala de tempo que a gente imagina". Precisa-se apenas — sim, neste caso: *apenas* — de três bilhões de reais por ano "para tentar alavancar uma indústria internacionalmente competitiva e uma nova geração de engenheiros, biólogos, climatologistas que vão desenvolver a Amazônia de forma sustentável, do mesmo jeito que o ITA criou uma geração de engenheiros aeronáuticos que criaram a quarta maior indústria aeronáutica do mundo". Com uma diferença espetacular. São José dos Campos, na década de 1950, não contava para nada. A Amazônia, ao contrário, é uma marca especialmente poderosa. Em todo o planeta.

III

De 2008 para cá, tivemos uma série de pesquisas e estudos para subsidiar e fundamentar o Projeto Amazônia, seguindo a distinção estratégica, proposta por Roberto Mangabeira, entre Amazônia com mata e Amazônia sem mata, duas realidades de fato bem diversas. Estudos agora enfeixados no volume *Um Projeto para a Amazônia no Século XXI: Desafios e Contribuições*, publicado pelo Centro de Gestão e Estudos Estratégicos, em Brasília. Destes estudos — coordenados por Bertha Becker, juntamente com Wanderley Messias da Costa e Francisco Assis Costa, contando com o apoio de uma equipe de colaboradores especializados no assunto —, destaco, para o meu propósito aqui, "Uma Visão de Futuro para o Coração Florestal da Amazônia", onde se busca e se propõe uma articulação entre o *complexo urbano* e o *complexo verde* na região amazônica.

Antes de entrar diretamente no tema, todavia, vamos fazer algumas rápidas observações gerais — e outras, laterais. De saída, cabe salientar alguns aspectos históricos do fenômeno urbano na Amazônia que de certa forma parecem persistir, embora em contexto radicalmente distinto. A cidade surge, na região, quando São Luís é tomada dos franceses, em 1615, e submetida a um redesenho urbanístico em plano geométrico, na linha dos projetos da engenharia militar lusitana. A partir daí, abre-se um novo capítulo da história do Brasil: a conquista da Amazônia. Em 1616, uma armada fundeou na baía de Guajará e, numa ponta de terra, ergueu um forte, uma igreja, algumas casas. Nascia Santa Maria de Belém do Pará, cidade-fortaleza, cidade planejada, polígono fortificado. A foz do Amazonas estava sob controle. Em 1648, destruímos a última posição holandesa na região, na área do lago Mariocay, no Amapá. Com isso e com o domínio do delta amazônico, tornou-se prioritária a consolidação da ocupação territorial. A expansão para o interior. E é nesse processo que vai se formar, em 1669, também em torno de um forte feito de barro e pedra, o núcleo embrionário de Manaus, antiga Barra do Rio Negro. Numa visão geral, deve-se notar que estas cidades foram feitas para a defesa militar do Brasil. Mas para funcionar, também, como bases da ocupação territorial e da organização econômica regional, fundada então na exploração das chamadas "drogas do sertão", especiarias tropicais como o cravo e a baunilha, que interessavam ao mercado internacional.

Novo momento historicamente digno de nota, na vida da cidade amazônica, aconteceu em meados do século XVIII, conjuntura em que se havia imposto a necessidade de planejar e promover o desenvolvimento regional.

Em apenas quatro anos, na década de 1750, foram criadas, na Amazônia, cerca de sessenta povoações. Desse conjunto de vilas, restaram para nós desenhos que orientaram suas ordenações ou transformações urbanas. "Nestes, a lógica geométrica está, via de regra, presente e evidente", escreve Renata Malcher, em *As Cidades da Amazônia no Século XVIII*. É a época em que Portugal e o Brasil se encontram sob o comando do Marquês de Pombal, acionando uma política econômica decididamente voltada para o crescimento — no caso amazônico, especificamente, com a organização da Companhia Geral do Grão-Pará e Maranhão, empresa monopolista destinada a intensificar as atividades comerciais e agrícolas da região. E como o iluminismo pombalino também se traduzia em urbanismo racionalista, é neste momento que se vai fixar, na Amazônia, a estrutura formal regular do núcleo urbano planejado, que vinha já das fundações de São Luís e Belém do Pará. Como no caso exemplar de Macapá, vila geométrica erguida na própria linha equinocial. Ou no de Silves, perto de Manaus. E não nos esqueçamos de que algumas dessas póvoas pombalinas da Amazônia se formaram pela reconfiguração de antigos aldeamentos indígenas, depois da expulsão dos jesuítas. Pombal suspendeu o poder dos missionários sobre os indígenas, transformou aldeias em vilas e sujeitou índios e brancos, indistintamente, às mesmas leis civis que regiam as populações urbanas de Portugal. Daí que possamos classificar como *pombalina* a atual proposta do pesquisador Roberto Villas-Boas, visando à conversão de reservas indígenas em municípios, livres da tutela da Funai, que hoje representaria um certo subjesuitismo governamental. Deixando de parte a proposta polêmica de Villas-Boas, o momento presente, também, é de pensar a cidade amazônica no horizonte de um novo projeto de desenvolvimento. Da organização de um novo modo de produzir, a que chamamos *sustentável*.

Outra contextura de relevo, na história urbana da Amazônia, aconteceu à época do *rubber boom*, um século depois das transformações pombalinas. De meados do século XIX em diante, sob o signo da expansão da indústria automobilística, a borracha passou a ser cada vez mais procurada no mercado internacional. Em resposta à imensa demanda, explodiu a produção dos seringais amazônicos, com mão de obra de retirantes nordestinos, que tratavam de escapar da grande seca de 1877-1880. Lembra João Craveiro Costa, em *A Conquista do Deserto Ocidental*, que a então província do Amazonas, abandonada pelo governo imperial, não tinha como levar adiante o povoamento de seu território. Por volta de 1880, Manaus contava com cerca de 5 mil moradores. O quadro só começou a mudar com a chegada dos cearenses, que fizeram surgir ali a figura do *seringueiro*. No rastro dos cearenses, seguiram outros nordestinos. Ou seja: é a seca no Nordeste que vai povoar e colonizar boa parte da Amazônia — inclusive, redesenhando o mapa do país, com o avanço nordestino sobre as terras do que hoje é o Acre (é este movimento migratório-colonizador que Demétrio Magnoli tem em mente, quando diz que "a Amazônia não é tradicional"). Nesse período, explorada por empresas internacionais, a Amazônia deu um salto. Recebeu enormes investimentos em energia elétrica, rede de água e esgoto, infraestrutura portuária, navegação, telefonia. Novos núcleos humanos se formaram. E cidades antigas floresceram. No final do século XIX, Manaus, convertendo-se agora no maior centro da região, alcançava a marca dos 70 mil habitantes. E mergulhou em reforma urbanística, com abertura de avenidas e praças, construções caras, estruturas e materiais importados da Europa. Enfim, este é o período do Palacete Azul em Belém — e do Teatro Amazonas em Manaus. Até que a produção asiática de látex dobrou as seringueiras da selva brasileira, condenando a Amazônia a mais um longo tempo de estagnação econômica e solidão cultural.

Uma resposta a esta paralisia econômica que se seguiu ao esgotamento do "ciclo da borracha" esteve na criação da Zona Franca de Manaus, em 1967. A ideia era criar um polo de desenvolvimento, com base em indústrias de montagem, tanto brasileiras quanto estrangeiras, dos então chamados bens de consumo durável. Daí que críticos da iniciativa — como Fernando Henrique Cardoso e Geraldo Müller, em *Amazônia: Expansão do Capitalismo* — costumassem falar de uma "industrialização fantasma" de Manaus. Mas a Zona Franca manauara hoje é bem mais que isso. Já não se compõe, majoritariamente, de meras indústrias de montagem passiva de produtos cujos componentes vêm prontos do exterior. "Pelo contrário, a Zona Franca serve de palco para amplo espectro de experimentos industriais, que combinam, em graus variados, fabricação vertical, montagem e inovação", registra Roberto Mangabeira Unger. Para, situando a Zona Franca na encruzilhada do entreposto e do laboratório, sugerir: "A questão central é se a Zona Franca deve ser entendida apenas como entreposto dependente do favor fiscal e montador de produtos padronizados ou se deve ser compreendida, também e sobretudo, como laboratório de práticas e de empreendimentos inovadores. Como laboratório, estaria livre de alguns dos entraves que a produção enfrenta Brasil afora. E poderia acalentar empreendimentos de significado exemplar. Parece razoável supor que a Zona Franca não é intrinsecamente nem a primeira nem a segunda dessas realidades. O interesse da Amazônia e do Brasil, porém, é assegurar que a segunda realidade prevaleça sobre a primeira. E formar os quadros que ela exige. Se prevalecer a segunda realidade, o enclave representado pela Zona Franca de Manaus deve ser reproduzido, em moldes semelhantes ainda que em escala menor, em outras cidades da Amazônia".

Aqui chegando, vamos a um balanço sumário atual, nas palavras de Bertha Becker: "A Amazônia registrou as maiores taxas de crescimento urbano do país nas três últimas décadas do século XX e início do século XXI: a população urbana representava 37,3% em 1970, 45,9% em 1980, 56,0% em 1991, 69,0% em 2000 e 71,72% em 2007. No entanto, o tema urbano é negligenciado na pesquisa e na política regional, submerso na onda verde que recobriu a preocupação sobre a região. No máximo, mostram-se as carências das cidades 'inchadas', que são, sem dúvida, reais, mas constituem visão parcial, porque as obscurecem como força de desenvolvimento. [...] Durante séculos, dominou uma estrutura urbana díspar constituída de núcleos fluviais muito pequenos e a primazia de Belém e Manaus. Esta [estrutura] foi rompida no final do século XX no arco do Povoamento Adensado — a Amazônia desmatada —, onde há várias cidades com mais de 50 mil habitantes próximas às estradas em torno de Belém, ao longo da Belém--Brasília e da Brasília-Rio Branco, até o sul do Acre. Nas áreas florestadas, Manaus mantém a primazia, mas deixa de ser um enclave e um grupamento incipiente de cidades se configura. Cresceram não só as grandes cidades como Belém (2.043.537 hab.) e Manaus (1.612.475 hab.) como algumas com 100-300 mil, 20-50 mil, e muitas com menos de 10 mil habitantes. O crescimento e a multiplicação de núcleos urbanos, contudo, resultou na generalizada escassez de serviços básicos para a população, fato que, aliás, não se restringe à Amazônia, mas nela é acentuado. Excluídas Belém e Manaus, a maioria das cidades amazônicas sequer se consolidou como lugares centrais para a população local e regional, e para desempenharem seu novo papel é necessário consolidá-las como tal".

O campo está aberto. É nesse contexto que voltamos a novos projetos de desenvolvimento regional, a repensar a cidade amazônica em si (que urbe se quer, de que urbe se precisa) e à redefinição do papel ou dos papéis desta cidade nos processos integrados que se devem desencadear, com vistas a futuros amazônicos. E assim — se é para a região dar o salto que se projeta, superando matrizes mentais e produtivas estratificadas — mostra-se necessário apontar igualmente aqui, seguindo o *leitmotiv* mangabeiriano, para a Amazônia como espaço de vanguarda. Ou seja: não só a tecnologia e a produção a partir dos recursos naturais da região precisam ser colocadas sob o signo do novo e da invenção. Do mesmo modo, também a atual circunstância urbana amazônica deve ser encarada de uma perspectiva e com uma disposição essencialmente criativas e inovadoras — e mesmo decididamente experimentais.

IV

Vamos, então, a uma síntese do que nos diz Bertha Becker, já no "sumário executivo" de "Uma Visão de Futuro para o Coração Florestal da Amazônia". Seu ponto de partida é simples e direto, embora talvez venha a soar surpreendente para muitos: o coração da floresta amazônica permanece íntegro. "A principal descoberta da pesquisa é o reconhecimento de que o povoamento da Amazônia, até o momento, pouco afetou o coração da floresta, a floresta ombrófila densa e seus grandes vales. À exceção do nordeste do Pará, foram as áreas de tensão — na transição do cerrado para a floresta ombrófila aberta — e partes da floresta ombrófila aberta correspondente ao alto curso dos afluentes da margem direita do Amazonas as envolvidas no povoamento recente a partir de meados do século XX."

Estabelecida a condição íntegra do coração florestal amazônico, Bertha argumenta, afirmativa: "A defesa do coração florestal decorrerá de sua utilização inovadora e não do seu isolamento produtivo. Terá impacto no seu entorno. É nesse *core* que se torna possível e se deve iniciar o novo modelo [de desenvolvimento], pós-fordista, que o utilize como capital natural com base em CT&I; seja através da construção de cadeias produtivas baseadas em elementos das florestas e das águas, seja pela valoração dos serviços ambientais produzidos pela natureza e pela população. Assim valorizado, o coração florestal terá condições de inverter o processo de povoamento regional, constituindo-se como uma plataforma produtiva inovadora não só resistente à expansão da fronteira em movimento, mas, ao contrário do movimento atual, como capaz de originar um movimento inovador em direção às áreas mais densamente povoadas do seu vasto entorno".

E aqui chegamos às cidades. Caberá a elas concentrar os serviços — "cruciais para sustentar a população e a produção na Amazônia contemporânea" —, assumir o comando do processo de implantação do novo modelo de desenvolvimento, e defender o coração da floresta. Na visão de Bertha Becker, redes de cidades deverão constituir uma espécie de "blindagem flexível" do coração florestal amazônico. "Localizadas no contorno do coração florestal no médio curso dos grandes afluentes da margem direita do Rio Amazonas ou em sua calha, as cidades conectadas em rede comporão uma frente de inovação a um só tempo de defesa, para assegurar o desenvolvimento econômico e socialmente digno do *core*, e de expansão, como pontas de lança para irradiação do movimento inovador sobre as áreas antropizadas à sua retaguarda, onde está localizada grande parte das capitais estaduais e cidades regionais mais expressivas." Cidades da rede da madeira, por sua vez, irão compor um segundo cinturão de "blindagem flexível", articulado com o da bioprodução. "Localizadas na mata aberta e contando com circulação rodoviária, as cidades dessa área são relativamente melhor equipadas do que as anteriores. A par de contribuir para a organização da indústria madeireira através da consolidação de cadeias produtivas, terão papel fundamental na produção de insumos madeireiros para as cidades da bioprodução — habitações, construções em geral, artefatos, etc. — bem como na formação de uma indústria naval que, sediada em Itacoatiara, utilizará partes fabricadas em cidades da mata aberta. Tal indústria intermediária pode ser desenvolvida, sobretudo, em Porto Velho e Rio Branco."

Mais: "Redes de cidades embrionárias em áreas de fronteira política deverão ser estimuladas pelo fortalecimento das anteriores. Tabatinga/Benjamin Constant/Letícia/Islândia já formam um núcleo policêntrico na fronteira tripartite Brasil, Colômbia e Peru relacionadas com Bogotá e Iquitos; no Acre, várias cidades gêmeas entre o Brasil-Bolívia-Peru não só existem como geraram um movimento conjunto de resistência à expansão de pastagens e desflorestamento em suas fronteiras políticas, o MAP (Madre de Dios, Acre, Pando). Em Rondônia, Guajará-Mirim tem sua gêmea na Bolívia. Na calha norte, as cidades gêmeas são muito menos expressivas. Caberia pensar em duas ações estratégicas. Uma, seria equipar Boa Vista (RR) como centro madeireiro e minerador e porto seco, consolidando as ligações com Georgetown, e um porto *off-shore* no Amapá para escoamento da bioprodução e de produtos minerais manufaturados, hipótese já cogitada pelo governo do Estado. Tais embriões deveriam constituir um outro cinturão de cidades em rede, como base que são para a integração da Amazônia sul-americana". Finalizando: "Em suma, a distribuição da vegetação no bioma amazônico corresponde a um zoneamento concreto estabelecido pela natureza que deve indicar o modo inovador de uso do território. E as cidades são as unidades territoriais estratégicas para induzir o novo modo de produzir e romper a dicotomia entre os grandes e ricos e os muito pequenos e pobres atores da região".

Mas tal articulação do complexo urbano e do complexo verde, na Amazônia, encontra grandes dificuldades e desafios no seu caminho. Funções fundamentais (indução do novo modo produtivo, blindagem contra a expansão do desmatamento, ordenação de cadeias de produção — em especial, com recursos da biodiversidade florestal e aquática, capaz de gerar o binômio riqueza + inclusão social sem ferir a natureza, e de envolver "múltiplos agentes, desde as comunidades que vivem no âmago das extensões florestais aos centros avançados de biotecnologia e à indústria") deverão ser desempenhadas por cidades secundárias, menores e mesmo atualmente inexpressivas no mundo amazônico. Cidades que não são centros, nem centralidades. Ou, como diz a própria Bertha, que são carentes de atributos mínimos para a vida local e regional. "A maioria das cidades amazônicas não conseguiu consolidar relações adequadas com suas respectivas hinterlândias", escreve a estudiosa. E tal situação se perpetua porque a divisão regional do trabalho permanece inalterada e há escassez ou ausência de cadeias produtivas organizadas. É necessário, portanto, antes de mais nada, criar condições objetivas para que estas cidades se convertam em "lugares centrais" e consolidem tal posição. Para isso, o caminho imaginado por Bertha é o da inserção das cidades em redes. Redes de cidades favorecem a expansão econômica e fortalecem os núcleos urbanos conectados. Mas a conexão dos núcleos só se fará em função de alguma produção. No caso amazônico, o que se tem pela frente é a perspectiva da organização de cadeias produtivas e redes citadinas com base na produção de bens e serviços ambientais.

Afora isso, cada uma das cidades que se prestarem a ser articuladas em redes deverá, também, existir em si e para si mesma. Precisará assumir uma determinada forma física, enquanto *urbs*, além de oferecer direitos e serviços básicos à sua própria população e aos habitantes de sua eventual e variável área de influência. E esse conjunto de pequenas cidades não está desenhado, preparado ou equipado para isso. Em outros termos, o que temos na Amazônia, nesse patamar urbano, são cidades que, em boa medida ou em última análise, ainda estão por ser construídas. São configurações físicas a serem ainda definidas, entre o extremo das grandes cidades, como Belém e Manaus, e o extremo dos minúsculos e precários focos humanos extrativistas da floresta.

V

Fala-se, portanto, de lugares centrais ou da necessidade de lugares centrais, capazes de induzir, servir e gerir. Fala-se da consolidação de centralidades urbanas, da articulação de cidades em redes, da organização de cadeias bioprodutivas por cidades em rede. Por outro lado, como no caso da Academia Brasileira de Ciências, fala-se de laboratórios, pesquisas e experimentos.

Mas a verdade é que temos de pensar a pesquisa e a produção também no horizonte da própria cidade. Vale dizer, no campo da própria materialidade urbana, com todas as suas implicações políticas, econômicas, sociais e culturais. E há caminhos para isso.

Tome-se o exemplo da FAEC, Fábrica de Equipamentos Comunitários, criada pela prefeitura de Salvador, em 1985, sob a direção do arquiteto João Filgueiras Lima (Lelé). Foi uma experiência que, em função de nossos tão lamentavelmente característicos jogos de poder, durou apenas três anos. Mas é algo sobre o qual devemos pensar, no sentido de uma possível retomada criativa, em ambiente amazônico. "A proposta da FAEC, que idealizamos em 1985, em Salvador, era atuar em todos os níveis, com vários tipos de ação, não só intelectual. Quando se trata de um esgoto, da construção de um prédio, também se está fazendo cultura. A rigor, a cultura é inerente a todos esses aspectos da vida urbana", expõe Filgueiras Lima, em *O Que É Ser Arquiteto*. De fato, a prefeitura de Salvador contava, naquela época, com um núcleo de reflexão e projetos de natureza urbanístico-antropológica. A cidade era encarada simultaneamente em sua dimensão física e como fato de cultura. Toda reflexão e toda intervenção urbanas se desenhavam num horizonte sociocultural. E havia um instrumento para a execução dos projetos: uma fábrica capaz de produzir industrialmente, de modo rápido e mais barato do que o sistema convencional de construção, escolas, postos policiais, postos de saúde, hospitais, passarelas, abrigos em pontos de ônibus, escadarias drenantes, sedes de instituições públicas, etc. Era uma base industrial de produção de equipamentos urbanos pré-moldados, explorando a tecnologia da argamassa armada. Uma fábrica capaz de transformar radicalmente, com raras virtudes estéticas e ambientais, qualquer cidade. Ou mesmo de construir uma nova, fazendo-a surgir, clara e colorida, do nada.

João Filgueiras Lima: "No curto período em que funcionou a pleno vapor [...] chegamos a fazer uma parte da recuperação do centro histórico com a arquiteta Lina Bo Bardi, que incluía creches, passarelas. Ficamos envolvidos no plano diretor da cidade, porque era uma forma de executar. A reforma da Avenida Bonocô, uma das primeiras vias de Salvador, as grandes modificações estruturais que foram feitas na cidade naquela época, o [projeto do] sistema de transporte de massa, tudo isso foi feito pela FAEC. O que pretendíamos era montar um grande laboratório para reexaminar, recolocar todos os problemas urbanos que envolvem uma cidade da dimensão da capital baiana. Salvador era o protótipo de atuação, mas não queria dizer que a ideia ia ficar só nela. Afinal, o nome do projeto era *fábrica de cidades*. [...] Quando se examina uma cidade, há desde as coisas mais simples, infraestrutura, esgoto, até as mais complexas, que têm de ser revistas. Ver quais as alternativas, porque os problemas vão se repetindo. A tendência do conservadorismo, quando está ligado à estrutura capitalista, é de nenhuma empresa fazer uma pesquisa se não der lucro para ela. Fazem pesquisa com remédios, coisas espaciais, mas com a cidade nunca fazem pesquisa porque não há dinheiro. E a iniciativa privada não vai botar dinheiro para pesquisar para depois perder. Se o poder público não fizer pesquisas com a cidade, quem vai? Esse é um trabalho que precisa ser feito e continuado".

A FAEC, como disse Lelé, era vista como uma espécie de "fábrica de cidades". Um espaço de pesquisa e produção. Adiante, ainda que em escala menor, a experiência foi repetida em Ribeirão Preto, com a construção, em especial, das chamadas bases de apoio comunitário (BACs). Desses procedimentos tecnológico-industriais nasceram, ainda, as novas unidades hospitalares da Rede Sarah Kubitschek de Hospitais do Aparelho Locomotor, implantadas em Salvador, Brasília, São Luís e Fortaleza. É claro que não se trata, meramente, de propor a reprodução da FAEC na Amazônia. Mas é possível e factível retomar esta preciosa experiência, para reimaginá-la ou reinventá-la em contexto amazônico, na figuração ou reconfiguração das cidades indutoras do novo padrão de desenvolvimento regional. Um contexto, aliás, perfeito para a intervenção inovadora de uma fábrica de cidades, já que os cinturões de "blindagem flexível" ainda estão por se configurar — e a partir de pequenos núcleos urbanos, onde tudo ou quase tudo está por ser feito. Não são cidades consolidadas. Não são cidades que contem com acervos histórico-culturais no plano objetivo do ambiente construído. Mas cidades que, por suas funções e dimensões reduzidas, por sua incompletude e frescor, podem se converter em casos exemplares de uma nova criação urbana. E assim iremos mais uma vez nos plantar, com intensidade prática, no terreno da ideia fundamental da Amazônia como espaço ou campo magnético de vanguarda.

Historicamente, não deixaria de ser, também, uma retomada do que se pensou no momento pombalino da Amazônia: cidades planejadas para um espetáculo de crescimento. Longe, no entanto, de estabelecer regras pombalinas para tal planejamento urbano. Pelo contrário: as coisas devem correr por geometrismos e geomorfismos variáveis. Além disso, ao lado do aço e da técnica do ferrocimento, a pré-fabricação incorporaria o uso de madeira certificada, tanto na construção de prédios quanto na do mobiliário urbano, implicando arquitetura e *design* em conexão com a silvicultura e a nascente indústria moveleira amazônica. Enfim, o que importa, no momento presente, é a ideia geral de que teríamos cidades amazônicas pensadas — em todos os seus aspectos, da circulação ao convívio, sob o signo da inserção ambiental — no horizonte de um novo estágio de desenvolvimento sustentável, fundado na bioprodução e nos serviços ecossistêmicos. Ciência, tecnologia e inovação acionadas, também, para intervenções criativas na dimensão urbana da vida amazônica, do nível laboratorial ao plano da práxis. No nível laboratorial, investimento na invenção de novos procedimentos e produtos no campo das tecnologias urbanas — tecnologias avançadas, aplicáveis em infraestrutura, saneamento, pavimentação, cuidados ambientais citadinos, transporte, etc. No plano da práxis, implantação de polos urbanos arejados e inovadores na constituição dos cinturões de blindagem do coração florestal. A Amazônia irá se converter, também aqui, em referencial do novo: espaço por excelência de experimentação urbana. Assim, ao lado do experimentalismo institucional (a exemplo da busca de novas formas de gestão comunitária e propriedade social) e do experimentalismo científico-tecnológico, teríamos também o experimentalismo urbanístico. As cidades experimentais da Amazônia.

E assim será possível caminhar para a configuração de uma estrela de três pontas. Os três institutos científico-tecnológicos propostos pela Academia Brasileira de Ciências e o laboratório-fábrica de cidades convergindo para a implantação e a dinamização de um novo padrão de desenvolvimento regional, fundado na articulação de serviços tecnologicamente avançados e do uso sustentável, não destrutivo, do patrimônio natural amazônico.

REFERÊNCIAS BIBLIOGRÁFICAS

ABRAHAM, R. C. *Dictionary of Modern Yoruba*. Londres: Hodder and Stoughton, 1981.

ABREU, Capistrano de. *Capítulos de história colonial*. Rio de Janeiro/Brasília: Civilização Brasileira/Instituto Nacional do Livro, 1976.

ABREU, Maurício de A. *Evolução urbana do Rio de Janeiro*. Rio de Janeiro: IplanRio/Jorge Zahar, 1987.

AGOSTINHO. *A Cidade de Deus*. Petrópolis: Vozes, 1990.

AKIMOTO, Shunkichi. *Exploring the Japanese Ways of Life*. Tóquio: Tokyo News Service, 1961.

ALENCASTRO, Luiz Felipe de; RENAUX, Maria Luiza. "Caras e modos dos migrantes e imigrantes". In: ALENCASTRO, Luiz Felipe de (org.). *História da vida privada no Brasil: Império*. São Paulo: Companhia das Letras, 1997.

ALIGHIERI, Dante. *Obras completas — volume 10*. São Paulo: Editora das Américas, s/d.

ALMEIDA, Rita Heloísa de. *O diretório dos índios: um projeto de "civilização" no Brasil do século XVIII*. Brasília: Editora UNB, 1997.

ALVAR, Manuel; YNDURÁIN, Francisco (orgs.). *Amadis de Gaula. Literatura de España — tomo primero — Edad Media*. Madri: Editora Nacional, 1972.

AMADO, Jorge. *Gabriela, cravo e canela*. São Paulo: Livraria Martins, 1958.

AMARAL, Aracy. *A hispanidade em São Paulo*. São Paulo: Nobel/Edusp, 1981.

ANDERSON, Benedict. *Comunidades imaginadas*. São Paulo: Companhia das Letras, 2008.

ANDRADE, Mário de. "A escrava que não é Isaura". In: *Obra imatura*. Belo Horizonte/São Paulo: Itatiaia/Martins, 1980.

ANDRADE, Oswald de. *Do Pau-Brasil à Antropofagia e às Utopias*. Rio de Janeiro: Civilização Brasileira, 1978.

_____. *A revolução melancólica*. Rio de Janeiro: Civilização Brasileira, 1974.

_____. *Cadernos de poesia do aluno Oswald (Poesias reunidas)*. São Paulo: Círculo do Livro, s/d.

_____. *Telefonema*. Rio de Janeiro: Civilização Brasileira, 1974.

ANTONIL, André João. *Cultura e opulência do Brasil*. Salvador: Livraria Progresso, 1955.

ARAÚJO, Renata Malcher de. *As cidades da Amazônia no século XVIII*. Porto: FAUP Publicações, 1998.

ARGAN, Giulio Carlo. *História da arte como história da cidade*. São Paulo: Martins Fontes, 1989.

ARISTÓTELES. *Politics*. In: *The Works of Aristotle — volume II*. Chicago: Encyclopædia Britannica, 1952.

ATAÍDE, Raimundo de. *Pereira Passos, o reformador do Rio de Janeiro: biografia e história*. Rio de Janeiro: A Noite, 1944.

AUERBACH, Erich. *Introdução aos estudos literários*. São Paulo: Cultrix, 1970.

AVÉ-LALLEMANT, Robert. *Viagem pelo norte do Brasil no ano de 1859*. Rio de Janeiro: Instituto Nacional do Livro, 1961.

ÁVILA, Affonso. *O poeta e a consciência crítica*. Petrópolis: Vozes, 1969.

_____. *Iniciação ao barroco mineiro*. São Paulo: Nobel, 1984.

AZEVEDO, João Lúcio de. *Os jesuítas no Grão-Pará*. Belém: Secult, 1999.

AZEVEDO, Thales de. *Gaúchos: notas de antropologia social*. Salvador: Tipografia Naval, 1943.

_____. *Italianos na Bahia e outros temas*. Salvador: Empresa Gráfica da Bahia, 1989.

_____. *Povoamento da Cidade do Salvador*. Salvador: Itapuã, 1969.

BACKHEUSER, Everardo. *Habitações populares*. Rio de Janeiro: Imprensa Nacional, 1906.

BARATA, Mário. "Aspectos tardo-barrocos na obra de Giuseppe Antonio Landi no Pará e sua ligação com a arquitetura italiana", *Revista Barroco*, nº 12, Belo Horizonte, 1981.

BARDI, Lina Bo. *Lina Bo Bardi*. São Paulo: Instituto Lina Bo e P. M. Bardi, 1993.

BARRETO, Lima. "Coisas do Reino de Jambon". In: *Prosa seleta*. Rio de Janeiro: Nova Aguilar, 2001.

BASCOM, William. *The Yoruba of Southwestern Nigeria*. Prospect Heights: Waveland Press, 1984.

BASTIDE, Roger. *Brasil, terra de contrastes*. São Paulo/Rio de Janeiro: Difel, 1980.

_____. *O candomblé da Bahia*. São Paulo: Companhia das Letras, 2001.

BAUMAN, Zygmunt. *O mal-estar da pós-modernidade*. Rio de Janeiro: Jorge Zahar, 1998.

_____. *Confiança e medo na cidade*. Rio de Janeiro: Jorge Zahar, 2009.

BAZIN, Germain. *L'Architecture Religieuse Baroque au Brésil*. Paris: Plon, tomo I (1956) e tomo II (1958).

BENEVOLO, Leonardo. *A cidade e o arquiteto*. São Paulo: Perspectiva, 1984.

_____. *História da cidade*. São Paulo: Perspectiva, 2005.

BENSE, Max. *Pequena estética*. São Paulo: Perspectiva, 1971.

BLOCH, Arnaldo. "As múltiplas identidades de um judeu". In: GRIN, Mônica; VIEIRA, Nelson H. *Experiência cultural judaica no Brasil*. Rio de Janeiro: Topbooks, 2004.

BOJUNGA, Cláudio. *JK: o artista do impossível*. Rio de Janeiro: Objetiva, 2001.

BONDUKI, Nabil. *Origens da habitação social no Brasil*. São Paulo: Estação Liberdade, 2004.

BOPP, Raul. *Cobra Norato e outros poemas*. Rio de Janeiro: São José, 1956.

BOXER, Charles R. *A idade de ouro do Brasil: dores de crescimento de uma sociedade colonial*. Rio de Janeiro: Nova Fronteira, 2000.

_____. *O império colonial português*. Lisboa: Edições 70, 1981.

BRANDÃO, Carlos Antônio Leite. "Cidades e futuro: reflexão e crítica". In: MACHADO, Denise Barcellos Pinheiro (org.). *Sobre urbanismo*. Rio de Janeiro: Viana & Mosley/Prourb, 2006.

BRAUDEL, Fernand. *Civilização material, economia e capitalismo — séculos XV-XVIII: as estruturas do cotidiano*. São Paulo: Martins Fontes, 1995.

BROGAN, Hugh. *The History of the United States of America*. Londres: Guild Pub, 1985.

BRUAND, Yves. *Arquitetura contemporânea no Brasil*. São Paulo: Perspectiva, 1981.

BRUNO, Ernani Silva. *História e tradições da cidade de São Paulo*. São Paulo: Hucitec, 1991.

BRUNSCHWIG, Henri. *A partilha da África Negra*. São Paulo: Perspectiva, 1974.

BURY, J. B. "The Architecture and Art of Colonial Brazil". In: BETHELL, Leslie (org.). *The Cambridge History of Latin America — volume II — Colonial Latin America*. Cambridge: Cambridge University Press, 1984.

CABRAL DE MELLO, Evaldo. "Uma nova Lusitânia". In: MOTA, Carlos Guilherme (org.). *Viagem incompleta: a experiência brasileira (1500-2000). Formação: histórias*. São Paulo: Senac, 2000.

_____. *Nassau: governador do Brasil holandês*. São Paulo: Companhia das Letras, 2006.

CALDEIRA, Teresa Pires do Rio. *Cidade de muros: crime, segregação e cidadania em São Paulo*. São Paulo: Editora 34/Edusp, 2000.

CAMPBELL, Joseph; ROBINSON, Henry Morton. *A Skeleton Key to Finnegans Wake*. Londres: Penguin Books, 1977.

CAMPOS, Augusto de. *Re-Visão de Kilkerry*. São Paulo: Fundo Estadual de Cultura, 1971.

_____. *Poesia 1949-1979*. São Paulo: Duas Cidades, 1979.

_____. *Verso, reverso, controverso*. São Paulo: Perspectiva, 1978.

CAMPOS, Augusto; CAMPOS, Haroldo de; PIGNATARI, Décio. *Teoria da poesia concreta*. São Paulo: Brasiliense, 1987.

CAMPOS, Haroldo de. *A arte no horizonte do provável*. São Paulo: Perspectiva, 1972.

_____. *A educação dos cinco sentidos*. São Paulo: Brasiliense, 1985.

_____. *O sequestro do barroco na formação da literatura brasileira*. Salvador: Fundação Casa de Jorge Amado, 1989.

CANDIDO, Antonio. *Literatura e sociedade*. São Paulo: Editora Nacional, 1973.

CARDIM, Fernão. *Tratados da terra e gente do Brasil*. São Paulo/Brasília: Editora Nacional/Instituto Nacional do Livro, 1978.

CARNEIRO, Edison. *A cidade do Salvador, 1549: uma reconstituição histórica*. Rio de Janeiro: Civilização Brasileira, 1980.

_____. *Religiões negras — Negros bantos*. Rio de Janeiro/Brasília: Civilização Brasileira/Instituto Nacional do Livro, 1981.

CARVAJAL, Gaspar de. *Descobrimento do Rio de Orellana*. São Paulo: Editora Nacional, 1941.

CARVALHO, Maria Alice Rezende de. *O quinto século: André Rebouças e a construção do Brasil*. Rio de Janeiro: Revan, 1998.

CASAL, Aires de. *Corografia brasílica*. Belo Horizonte/São Paulo: Itatiaia/Edusp, 1976.

CASTILLO, Bernal Diaz del. *Historia verdadera de la conquista de la Nueva España*. México, 1943.

CASTRO, Eduardo Viveiros de. *Araweté: os deuses canibais*. Rio de Janeiro: Jorge Zahar/Anpocs, 1986.

CASTRO, Yeda Pessoa de. *A língua Mina-Jeje no Brasil: um falar africano em Ouro Preto do século XVIII*. Belo Horizonte: Fundação João Pinheiro/Secretaria de Estado da Cultura, 2002.

CENNI, Franco. *Italianos no Brasil*. São Paulo: Edusp, 2003.

CHASTEL, André. "O artista". In: GARIN, Eugenio. *O homem renascentista*. Lisboa: Presença, 1991.

CHESNAUX, Jean. *Modernidade-Mundo*, Petrópolis: Vozes, 1995.

CHILDE, V. Gordon. "The Urban Revolution". In: LEGATES, Richard T.; STOUT, Frederic (orgs.). *The City Reader*. Londres/Nova York: Routledge, 2007.

CHOAY, Françoise. *O urbanismo: utopias e realidades*. São Paulo: Perspectiva, 1979.

_____. *A regra e o modelo: sobre a teoria da arquitetura e do urbanismo*. São Paulo: Perspectiva, 1985.

COARACY, Vivaldo. *O Rio de Janeiro no século dezessete*. Rio de Janeiro: José Olympio, 1965.

COELHO FILHO, Luiz Walter. *A Fortaleza do Salvador na Baía de Todos os Santos*. Salvador: Secretaria da Cultura e Turismo, 2004.

COHN, Gabriel. "Problemas da industrialização no século XX". In: MOTA, Carlos Guilherme (org.). *Brasil em perspectiva*. São Paulo: Difel, 1968.

CONDAMINE, Ch.-M. de la. *Viagem na América meridional descendo o Rio das Amazonas*. Brasília: Senado Federal, 2000.

COQUERY-VIDROVITCH, Catherine. *Histoire des Villes d'Afrique Noire: Des Origines à la Colonisation*. Paris: Albin Michel, 1993.

CORTESÃO, Jaime. *História da expansão portuguesa*. Lisboa: Imprensa Nacional/Casa da Moeda, 1993.

_____. *Portugal, a terra e o homem*. Lisboa: Imprensa Nacional/Casa da Moeda, 1995.

COSTA E SILVA, Alberto da. *A manilha e o libambo: a África e a escravidão, de 1500 a 1700*. Rio de Janeiro: Nova Fronteira/Fundação Biblioteca Nacional, 2002.

COSTA, Craveiro. *A conquista do deserto ocidental*. São Paulo/Brasília: Editora Nacional/Instituto Nacional do Livro, 1973.

COSTA, Lúcio. *Registro de uma vivência*. São Paulo: Empresa das Artes, 1995.

_____. *Arquitetura*. Rio de Janeiro: José Olympio, 2002.

COULANGES, Fustel de. *A cidade antiga*. São Paulo: Hemus, 1975.

COUTO, Jorge. *A construção do Brasil*. Lisboa: Edições Cosmos, 1998.

CUNHA, Euclydes da. *Contrastes e confrontos — Obra completa*, vol. I. Rio de Janeiro: José Aguilar, 1966.

_____. *À margem da história — Obra completa*, vol. I. Rio de Janeiro: José Aguilar, 1966.

_____. *Os sertões — Obra completa*, vol. II. Rio de Janeiro: José Aguilar, 1966.

CUNHA, Manuela Carneiro da. *Negros, estrangeiros: os africanos libertos e sua volta à África*. São Paulo: Brasiliense, 1985.

CUNHA, Marianno Carneiro da. *Da senzala ao sobrado: arquitetura brasileira na Nigéria e na República Popular do Benim*. São Paulo: Nobel/Edusp, 1985.

CYTRYNOWICZ, Roney. "Cotidiano, imigração e preconceito: a comunidade judaica nos anos 1930 e 1940". In: GRINBERG, Keila (org.). *Os judeus no Brasil: inquisição, imigração e identidade*. Rio de Janeiro: Civilização Brasileira, 2005.

DAVIS, Mike. "The Pentagon as a Global Slumlord", *Socialist Review*, Londres, maio 2004.

_____. *Planet of Slums*. Londres/Nova York: Verso, 2007.

D'ABBEVILLE, Claude. *História da missão dos padres capuchinhos na Ilha do Maranhão e terras circunvizinhas*. Belo Horizonte/São Paulo: Itatiaia/Edusp, 1975.

DENIS, Ferdinand. *Resumo da história literária do Brasil*. Porto Alegre: Lima, 1968.

DEVISSE, Jean. *Lectures de La Ville Africaine Contemporaine*. Cingapura: Concept Media, 1983.

DIACON, Todd A. *Rondon*. São Paulo: Companhia das Letras, 2006.

DIEGUES Júnior, Manuel. *Etnias e culturas no Brasil*. Rio de Janeiro/Brasília: Civilização Brasileira/Instituto Nacional do Livro, 1976.

DIMAS, Antonio. *Tempos eufóricos: análise da Revista Kosmos, 1904-1909*. São Paulo: Ática, 1983.

DORFLES, Gillo. *A arquitetura moderna*. Lisboa: Edições 70, 1986.

DU BOIS, W. E. B. *The Philadelphia Negro: A Social Study*. Filadélfia: University of Pennsylvania Press, 1998.

DUARTE, Rogério. "Notas sobre desenho industrial", *Revista Civilização Brasileira*, ano I, n° 4, Rio de Janeiro, 1965.

ECO, Umberto. *Obra aberta*. São Paulo: Perspectiva, 1968.

_____. *A estrutura ausente*. São Paulo: Perspectiva, 1971.

ELIADE, Mircea. *Lo Sagrado y lo Profano*. Madri: Ediciones Guadarrama, 1973.

ELIOT, T. S. *The Complete Poems and Plays*. Londres: Faber & Faber, 1969.

EMERSON, Ralph Waldo. *Ensaios*. São Paulo: Martin Claret, 2003.

ENZENSBERGER, Hans Magnus. "As aporias da vanguarda". *Tempo Brasileiro*, n° 26-27, Rio de Janeiro, 1971.

FABIÃO, Carlos. "O passado proto-histórico e romano". In: MATTOSO, José (org.). *História de Portugal — Primeiro Volume — Antes de Portugal*. Lisboa: Estampa, s/d.

FALCÃO, Joaquim. "A política cultural de Aloísio Magalhães". In: MAGALHÃES, Aloísio. *E triunfo? A questão dos bens culturais no Brasil*. Rio de Janeiro/Brasília: Nova Fronteira/Fundação Nacional Pró-Memória, 1985.

FENOLLOSA, Ernest Francisco. "Os caracteres da escrita chinesa como instrumento para a poesia". In: CAMPOS, Haroldo de (org.). *Ideograma: lógica, poesia, linguagem*. São Paulo: Cultrix/Edusp, 1977.

FERNANDES, Florestan. *A organização social dos Tupinambá*. São Paulo/Brasília: Hucitec/Editora UNB, 1989.

_____. *A integração do negro na sociedade de classes*. São Paulo: Ática, 1978.

FERNANDES, José Loureiro. *Congadas paranaenses*. Curitiba: Imprensa Oficial do Paraná/UFPR, 2002.

FIGUEIREDO, Luciano. *O avesso da memória: cotidiano e trabalho da mulher em Minas Gerais no século XVIII*. Rio de Janeiro/Brasília: José Olympio/Editora UNB, 1993.

FLEMING, John; HONOUR, Hugh; PEVSNER, Nikolaus. *Dictionary of Architecture and Landscape Architecture*. Londres: Penguin Books, 1991.

FLUSSER, Vilém. *Fenomenologia do brasileiro*. Rio de Janeiro: UERJ, 1998.

FREIDENSON, Marília; BECKER, Gaby. *Passagem para a América: relatos da imigração judaica em São Paulo*. São Paulo: Arquivo do Estado/Imprensa Oficial, 2003.

FREYRE, Gilberto. *Sobrados e mucambos: decadência do patriarcado rural e desenvolvimento do urbano*. Rio de Janeiro: José Olympio, 1968.

_____. *Casa-grande & senzala*. Rio de Janeiro: José Olympio, 1977.

FRIEDMAN, Thomas. *O mundo é plano*. São Paulo: Objetiva, 2005.

FRYE, Northrop. *Fearful Symmetry: A Study of William Blake*. Princeton: Princeton University Press, 1974.

FUNARI, Pedro Paulo de Abreu. "A arqueologia de Palmares". In: REIS, João José; GOMES, Flávio dos Santos (orgs.). *Liberdade por um fio: história dos quilombos no Brasil*. São Paulo: Companhia das Letras, 1996.

FURTADO, Celso. *Formação econômica do Brasil*. São Paulo: Companhia Editora Nacional, 1974.

GÂNDAVO, Pero de Magalhães. *História da província de Santa Cruz: tratado da Terra do Brasil*. São Paulo: Parma, 1979.

GALVÃO, Eduardo. *Santos e visagens*. São Paulo/Brasília: Editora Nacional/Instituto Nacional do Livro, 1976.

GHIRARDO, Diane. *Arquitetura contemporânea: uma história concisa*. São Paulo: Martins Fontes, 2002.

GLASGOW, Roy. *Nzinga*. São Paulo: Perspectiva, 1982.

GOFFMAN, Erving. *Manicômios, prisões e conventos*. São Paulo: Perspectiva, 1974.

GOGA, H. Masuda. *O haikai no Brasil*. São Paulo: Oriento, 1988.

GOMES, Mércio Pereira. *Os índios e o Brasil*. Petrópolis: Vozes, 1991.

GOMRINGER, Eugen. *Konstellationen*. Berna: Spiral Press, 1953.

GOODY, Jack. *O roubo da história*. São Paulo: Contexto, 2008.

GOULART, Jorge Salis. *A formação do Rio Grande do Sul*. Porto Alegre: Martins Livreiro, 1978.

GOULART, José Alípio. *Da fuga ao suicídio: aspectos da rebeldia dos escravos no Brasil*. Rio de Janeiro/Brasília: Conquista/Instituto Nacional do Livro, 1972.

GRINBERG, Keila (org.). *Os judeus no Brasil: inquisição, imigração e identidade*. Rio de Janeiro: Civilização Brasileira, 2005.

GROPIUS, Walter. *Bauhaus: Novarquitetura*. São Paulo: Perspectiva, 1972.

GUTIÉRREZ, Ramón. *Buenos Aires: Evolución Histórica*. Buenos Aires: Escala, 1992.

HALL, Peter. *Cities in Civilization: Culture, Innovation, and Urban Order*. Londres: Phoenix, 1999.

_____. *Cities of Tomorrow*. Madden: Blackwell Publishing, 2002.

HARNISCH, Wolfgang Hoffmann. *O Rio Grande do Sul: a terra e o homem*. Porto Alegre: Globo, s/d.

HARRIS, Marvin. *Canibais e reis*. Lisboa: Edições 70, 1990.

HATOUM, Milton. "Brasília: trauma e reconciliação". *Terra Magazine*, revista eletrônica, São Paulo, 2/7/2007.

HECKENBERGER, Michael J. et al. "Pre-Columbian Urbanism, Anthropogenic Landscapes, and the Future of Amazon". *Science*, vol. 321, 28/9/2008.

HELLER, Reginaldo Jonas. "Os judeus do Eldorado". In: GRINBERG, Keila (org.). *Os judeus no Brasil: inquisição, imigração e identidade*. Rio de Janeiro: Civilização Brasileira, 2005.

HERÁCLITO. In: KIRK, G. S.; RAVEN, J. E. *Os filósofos pré-socráticos*. Lisboa, Fundação Calouste Gulbenkian, 1990.

HERMAN, Arthur. *A ideia de decadência na história ocidental*. Rio de Janeiro: Record, 1999.

HOLANDA, Sérgio Buarque de. *Raízes do Brasil*. Rio de Janeiro: José Olympio, 1956.

_____. *Monções*. São Paulo: Brasiliense, 1990.

_____. *Tentativas de mitologia*. São Paulo: Perspectiva, 1979.

_____. *Visão do paraíso: os motivos edênicos no descobrimento e colonização do Brasil*. São Paulo: Companhia Editora Nacional/Secretaria da Cultura, Ciência e Tecnologia, 1977.

HOLSTON, James. *A cidade modernista: uma crítica de Brasília e sua utopia*. São Paulo: Companhia das Letras, 1993.

HOURANI, Albert. *Uma história dos povos árabes*. São Paulo: Companhia das Letras, 1994.

HOWARD, Ebenezer. *Garden Cities of Tomorrow*. Londres: Faber & Faber, 1946.

JAGUARIBE, Helio. *Brasil: crise e alternativas*. Rio de Janeiro: Zahar Editores, 1974.

JESUS, Raphael de. *Castrioto Lusitano*. Paris: J. P. Aillaud, 1844.

JOHNSON, Samuel. *The History of the Yorubas*. Londres: Routledge and Kegan Paul, 1920.

JOYCE, James. *Finnegans Wake*. Londres: Faber & Faber, 1971.

JYE YUAN SHYU, David; TSUNG JYE, Chen. "Integração cultural dos imigrantes chineses no Brasil". *Revista de Estudos Orientais*, vol. 6, São Paulo, Universidade de São Paulo, 2008.

KAHAN, Moyses. *Judeidade*. São Paulo: Sociedade Brasileira de Estudos Israelitas, 1968.

KARASCH, Mary C. *A vida dos escravos no Rio de Janeiro (1808-1850)*. São Paulo: Companhia das Letras, 2000.

KI-ZERBO, Joseph. *História da África Negra*. Lisboa: Publicações Europa-América, s/d.

KLEIN, Misha. "'Afro-Asquenazim' e outras experiências com identidade". In: GRIN, Mônica; VIEIRA, Nelson H. (orgs.). *Experiência cultural judaica no Brasil*. Rio de Janeiro: Topbooks, 2004.

KOSERITZ, Carlos. *Imagens do Brasil*. São Paulo: Martins, 1943.

KOSTOF, Spiro. *The City Shaped: Urban Patterns and Meanings Through History*. Nova York/Boston: Bulfinch Press, 1991.

_____. *A History of Architecture: Settings and Rituals*. Nova York: Oxford University Press, 1995.

KOTKIN, Joel. *The City: A Global History*. Nova York: Modern Library, 2006.

KUBITSCHEK, Juscelino. *Por que construí Brasília*. Brasília: Senado Federal, 2000.

LE CORBUSIER. *Por uma arquitetura*. São Paulo: Perspectiva, 1977.

LE GOFF, Jacques. *Os intelectuais na Idade Média*. Lisboa: Estúdios Cor, 1973.

LECLANT, J. "O Império de Kush: Napata e Méroe". In: MOKHTAR, G. (org.). *História geral da África II: a África Antiga*. São Paulo: Ática/Unesco, 1983.

LEHAN, Richard. *The City in Literature: An Intellectual and Cultural History*. Berkeley/Los Angeles: University of California Press, 1998.

LEMINSKI, Paulo. *Catatau*. Curitiba: 1975.

LEMOS, Carlos. *História da casa brasileira*. São Paulo: Contexto, 1989.

LESSER, Jeffrey. *O Brasil e a questão judaica: imigração, diplomacia e preconceito*. Rio de Janeiro: Imago, 1995.

LEVI, Rino. "A arquitetura e a estética das cidades". In: XAVIER, Alberto (org.). *Arquitetura moderna brasileira: depoimento de uma geração*. São Paulo: Pini/ABEA/Fundação Vilanova Artigas, 1987.

LÉVI-STRAUSS, Claude. *Raça e história*. In: *Claude Lévi-Strauss: seleção de textos*. São Paulo: Abril Cultural, 1976.

_____. *Tristes trópicos*. Lisboa: Edições 70, 1981.

LIMA, Araújo. *Amazônia, a terra e o homem*. São Paulo: Companhia Editora Nacional, 1945.

LIMA, Luiz Costa. *Terra ignota: a construção de* Os sertões. Rio de Janeiro: Civilização Brasileira, 1997.

LIMA, Nísia Trindade. *Um sertão chamado Brasil*. Rio de Janeiro: Revan/IUPERJ/UCAM, 1999.

LIMA, Oliveira. *Dom João VI no Brasil*. Rio de Janeiro: Topbooks, 1996.

LIMA, Vivaldo da Costa. "O candomblé da Bahia na década de trinta". *Estudos Avançados*, vol. 18, n° 52, São Paulo, Instituto de Estudos Avançados da Universidade de São Paulo, 2004.

LIMONCIC, Flávio. "Um mundo em movimento: a imigração asquenaze nas primeiras décadas do século XX". In: GRINBERG, Keila (org.). *Os judeus no Brasil: inquisição, imigração e identidade*. Rio de Janeiro: Civilização Brasileira, 2005.

LINS, Ivan. *História do Positivismo no Brasil*. São Paulo: Companhia Editora Nacional, 1964.

LOUREIRO, João de Jesus Paes. *Cultura amazônica: uma poética do imaginário*. São Paulo: Escrituras, 2000.

LOVE, Joseph L. *O regionalismo gaúcho e as origens da Revolução de 1930*. São Paulo: Perspectiva, 1975.

LOVEJOY, Paul E. *Transformations in Slavery: A History of Slavery in Africa*. Cambridge: Cambrige University Press, 1983.

LUNA, Luiz. *O negro na luta contra a escravidão*. Rio de Janeiro/Brasília: Cátedra/Instituto Nacional do Livro, 1976.

MABOGUNJE, Akin. *Urbanization in Nigeria*. Londres: Africana Publishing Company, 1968.

MACHADO, Lourival Gomes Machado. *Barroco mineiro*. São Paulo: Perspectiva, 1978.

_____. "A renovação da arquitetura brasileira". In: XAVIER, Alberto (org.). *Arquitetura moderna brasileira: depoimento de uma geração*. São Paulo: Pini/ABEA/Fundação Vilanova Artigas, 1987.

MAGALHÃES, Aloísio. *E triunfo? A questão dos bens culturais no Brasil*. Rio de Janeiro/Brasília: Nova Fronteira/Fundação Nacional Pró-Memória, 1985.

MAIAKÓVSKI, Vladímir. "Eu mesmo". In: SCHNAIDERMAN, Boris. *A poética de Maiakóvski*. São Paulo: Perspectiva, 1971.

MALTA CAMPOS, Candido. *Os rumos da cidade: urbanismo e modernização em São Paulo*. São Paulo: Senac, 2002.

MARICATO, Ermínia. "Autoconstrução, a arquitetura possível". In: MARICATO, Ermínia (org.). *A produção capitalista da casa (e da cidade) no Brasil industrial*. São Paulo: Alfa-Omega, 1982.

MARQUES, A. H. de Oliveira. *Novos ensaios de história medieval portuguesa*. Lisboa: Editorial Presença, 1988.

MARX, Karl; ENGELS, Friedrich. *Manifesto do Partido Comunista*. In: *Textos 3*. São Paulo: Edições Sociais, s/d.

MARX, Murillo. *Cidade brasileira*. São Paulo: Edições Melhoramentos/Edusp, 1980.

MATTOSO, Kátia M. de Queirós. *Ser escravo no Brasil*. São Paulo: Brasiliense, 2001.

MAURO, Frédéric. "Colonizações latinas". In: DUBY, Georges (org.). *A civilização latina: dos tempos antigos ao mundo moderno*. Lisboa: Publicações Dom Quixote, 1989.

MELLO JÚNIOR, Donato. "Barroquismos do arquiteto Antonio José Landi em Barcelos, antiga Mariuá, e em Belém do Grão Pará", *Revista Barroco*, nº 12, Belo Horizonte, 1981.

MENDONÇA, Maurício Arruda. *Trilha forrada de folhas — Nenpuku Sato — Um mestre de haikai no Brasil*. São Paulo: Edições Ciência do Acidente, 1999.

MENEZES, José Luiz Mota. "Arquitetura e urbanismo no Recife do Conde João Maurício de Nassau". In: HERKENHOFF, Paulo (org.). *O Brasil e os holandeses 1630-1654*. Rio de Janeiro: GMT Editores, 1999.

MEYER, Augusto. *Textos críticos* (seleção e introdução de João Alexandre Barbosa). São Paulo: Perspectiva, 1986.

MIZRAHI, Rachel. "Imigrantes judeus do Oriente Médio e sua inserção em São Paulo e no Rio de Janeiro". In: GRINBERG, Keila (org.). *Os judeus no Brasil: inquisição, imigração e identidade*. Rio de Janeiro: Civilização Brasileira, 2005.

MORE, Thomas. *A utopia*. São Paulo: Abril Cultural, 1972.

MOREIRA LEITE, Dante. *O caráter nacional brasileiro: história de uma ideologia*. São Paulo: Livraria Pioneira, 1969.

MOREIRA, Manuel António Fernandes. *Os mareantes de Viana e a construção da atlantidade*. Viana do Castelo: Câmara Municipal, 1995.

MORI, Koichi. "The Structure and Significance of the Spiritual Universe of the Okinawan Cult Center", *Revista de Estudos Orientais*, vol. 6, São Paulo, Universidade de São Paulo, 2008.

MORRIS, Desmond. *The Human Zoo*. Londres: Jonathan Cape, 1969.

MORSE, Richard M. *Formação histórica de São Paulo*. São Paulo: Difusão Europeia do Livro, 1970.

_____. "The Urban Development of Colonial Spanish America". In: BETHELL, Leslie (org.). *The Cambridge History of Latin America — volume II — Colonial Latin America*. Cambridge: Cambridge University Press, 1984.

MOSCATO, Jorge. "Percursos do urbanismo contemporâneo". In: MACHADO, Denise Barcellos Pinheiro (org.). *Sobre urbanismo*. Rio de Janeiro: Viana & Mosley/Prourb, 2006.

MUMFORD, Lewis. *The Story of Utopias*. Nova York: Viking Press, 1974.

_____. *A cidade na história: suas origens, transformações e perspectivas*. São Paulo: Martins Fontes, 1982.

MUNANGA, Kabengele. *Rediscutindo a mestiçagem no Brasil: identidade nacional versus identidade negra*. Belo Horizonte: Autêntica, 2004.

NAGY, Sibyl Moholy. *Die Stadt als Schicksal*. Munique, 1970.

NEVES, Erivaldo Fagundes. *Uma comunidade sertaneja: da sesmaria ao minifúndio*. Salvador/Feira de Santana: Edufba/UEFS, 1998.

NEVES, Lúcia Maria Bastos Pereira das; MACHADO, Humberto Fernandes. *O Império do Brasil*. Rio de Janeiro: Nova Fronteira, 1999.

NÓBREGA, Manoel da. *Cartas jesuíticas 1 — Cartas do Brasil*. Belo Horizonte/São Paulo: Itatiaia/Edusp, 1988.

NOMURA, Tânia. *Universo em segredo: a mulher nikkei no Brasil*. São Paulo: Nova Stella, 1998.

NOVINSKY, Anita. *Cristãos-novos na Bahia*. São Paulo: Perspectiva, 1972.

NÓVOA, Jorge. *Carlos Marighella: o homem por trás do mito*. São Paulo: Editora Unesp, 1999.

O'GORMAN, Edmundo. *A invenção da América*. São Paulo: Editora Unesp, 1992.

OBERACKER JR., Carlos H. "Transformações da língua alemã no Brasil". In: SCHADEN, Egon (org.). *Homem, cultura e sociedade no Brasil*. Petrópolis: Vozes, 1972.

OLIVEIRA, Dennison de. *Curitiba e o mito da cidade modelo*. Curitiba: UFPR, 2000.

OLIVEIRA, Miguel Arturo C. "Da espacialidade rural-extrativista à cidade-jardim: Curitiba (1900-73)". In: MENDONÇA, Francisco (org.). *Cidade, ambiente & desenvolvimento: abordagem interdisciplinar de problemáticas socioambientais urbanas de Curitiba e RMC*. Curitiba: UFPR, 2004.

OVIEDO Y VALDÉS, Gonzalo Fernández. *Historia General y Natural de las Indias*. Assunção do Paraguai: Editorial Guarani, 1944.

PAIM, Antonio. *História das ideias filosóficas no Brasil*. São Paulo/Brasília: Convívio/Instituto Nacional do Livro/Fundação Nacional Pró-Memória, 1984.

PARAÍSO, Maria Hilda B. "Os botocudos e sua trajetória histórica". In: CUNHA, Manuela Carneiro da (org.). *História dos índios no Brasil*. São Paulo: FAPESP/SMC/Companhia das Letras, 1992.

PAULA, João Antonio de. "O processo de urbanização nas Américas no século XVIII". In: SZMRECSÁNYI, Tamás (org.). *História econômica do período colonial*. São Paulo: Hucitec/Fapesp, 1996.

PAZ, Octavio. *Sor Juana Inés de la Cruz o las Trampas de la Fe*. Barcelona: Seix Barral, 1989.

PEDROSA, Mário. *Dos murais de Portinari aos espaços de Brasília*. São Paulo: Perspectiva, 1981.

PEIXOTO, Afrânio. *Trovas populares brasileiras*. Rio de Janeiro: Francisco Alves, 1919.

PEREIRA, Nunes. *A Casa das Minas: Culto dos Voduns Jeje no Maranhão*. Petrópolis: Vozes, 1979.

PERES, Fernando da Rocha. *Memória da Sé*. Salvador: Edições Macunaíma, 1983.

PERLOFF, Marjorie. *O momento futurista: avant-garde, avant-guerre e a linguagem da ruptura*. São Paulo: Edusp, 2004.

PEVSNER, Nikolaus. *Origens da arquitetura moderna e do design*. São Paulo: Martins Fontes, 1996.

PIGNATARI, Décio. *Contracomunicação*. São Paulo: Perspectiva, 1971.

_____. *Semiótica da arte e da arquitetura*. São Paulo: Cultrix, 1981.

PIRENNE, Henri. *As cidades na Idade Média*. Lisboa: Publicações Europa-América, 1973.

PIRES, Simeão Ribeiro. *Raízes de Minas*. Montes Claros, 1979.

PORCHAT, Edith. *Informações históricas sobre São Paulo no século de sua fundação*. São Paulo: Iluminuras, 1993.

POUND, Ezra. *The Spirit of Romance*. Nova York: New Directions, 1968.

_____. *Selected Poems*. Londres: Faber & Faber, 1971.

PRADO JR., Bento. "A França e a 'brasilianização' do mundo", *Folha de S. Paulo*, São Paulo, 12/11/2005.

PRADO JÚNIOR, Caio. *A cidade de São Paulo: geografia e história*. São Paulo: Brasiliense, 1998.

PRADO, J. F. de Almeida. *Primeiros povoadores do Brasil*. São Paulo: Companhia Editora Nacional, 1966.

PRADO, Paulo. *Província & nação paulística — Retrato do Brasil*. Rio de Janeiro/São Paulo: Livraria José Olympio/Conselho Estadual de Cultura, 1972.

PRICE, Richard. "Palmares como poderia ter sido". In: REIS, João José; GOMES, Flávio dos Santos (orgs.). *Liberdade por um fio: história dos quilombos no Brasil*. São Paulo: Companhia das Letras, 1996.

RAMA, Ángel. *A cidade das letras*. São Paulo: Brasiliense, 1985.

READER, John. *Africa: a Biography of the Continent*. Londres: Penguin Books, 1998.

REILLY, Bernard F. *The Medieval Spains*. Cambridge: Cambridge University Press, 1996.

REIS FILHO, Nestor Goulart. *Quadro da arquitetura no Brasil*. São Paulo: Perspectiva, 1983.

_____. "Apagões urbanos", *O Estado de S. Paulo*, São Paulo, 23/10/2008.

_____. "Notas sobre o urbanismo barroco no Brasil", *Revista Barroco*, nº 15, Belo Horizonte, 1989.

_____. "Urbanização e modernidade: entre o passado e o futuro (1808-1945)". In: MOTA, Carlos Guilherme (org.). *Viagem incompleta: a experiência brasileira (1500-2000): a grande transação*. São Paulo: Senac, 2000.

REIS, Arthur Cezar Ferreira. "A ocupação portuguesa do Vale Amazônico". In: HOLANDA, Sérgio Buarque de (org.). *História geral da civilização brasileira, tomo I — A época colonial*. São Paulo: Difusão Europeia do Livro, 1963.

RIBEIRO, Darcy. *As Américas e a civilização*. Rio de Janeiro: Civilização Brasileira, 1970.

_____. *O povo brasileiro: a formação e o sentido do Brasil*. São Paulo: Companhia das Letras, 1996.

RISCHBIETER, Karlos. *Fragmentos de memória*. Curitiba: Travessa dos Editores, 2007.

ROCHA, Oswaldo Porto; CARVALHO, Lia de Aquino. *A era das demolições/habitações populares*. Rio de Janeiro: Prefeitura da Cidade do Rio de Janeiro/Secretaria Municipal de Cultura, 2ª ed., 1995.

RODRIGUES, Nina. *Os africanos no Brasil*. São Paulo: Cia. Editora Nacional, 1977.

ROMANO, Ruggiero. *Os mecanismos da conquista colonial*. São Paulo: Perspectiva, 1973.

ROMERO, José Luís. *América Latina: as cidades e as ideias*. Rio de Janeiro: Editora UFRJ, 2004.

ROOSEVELT, Anna Curtenius. "Arqueologia Amazônica". In: CUNHA, Manuela Carneiro da (org.). *História dos índios no Brasil*. São Paulo: FAPESP/SMC/Companhia das Letras, 1992.

ROUCHOU, Joëlle. "Judeus do Egito no Rio de Janeiro: o segundo êxodo (1956-1957)". In: GRINBERG, Keila (org.). *Os judeus no Brasil: inquisição, imigração e identidade*. Rio de Janeiro: Civilização Brasileira, 2005.

ROUSSEAU, Jean-Jacques. *Emílio*. São Paulo: Martins Fontes, 2004.

RUCQUOI, Adeline. *História medieval da Península Ibérica*. Lisboa: Editorial Estampa, 1995.

RYBCZYNSKI, Witold. *Vida nas cidades: expectativas urbanas no novo mundo*. Rio de Janeiro: Record, 1996.

RYDER, Allan Frederick Charles. "Do Rio Volta aos Camarões". In: NIANE, D. T. (org.). *História geral da África IV: a África do século XII ao século XVI*. São Paulo: Ática/Unesco, 1988.

RYKWERT, Joseph. *A sedução do lugar: a história e o futuro da cidade*. São Paulo: Martins Fontes, 2004.

SAINT-HILAIRE, Auguste de. *Viagem ao Rio Grande do Sul*. Brasília: Senado Federal, 2002.

SALMONI, Anita; DEBENEDETTI, Emma. *Arquitetura italiana em São Paulo*. São Paulo: Perspectiva, 1981.

SALVADOR, Frei Vicente do. *História do Brasil 1500-1627*. São Paulo/Brasília: Edições Melhoramentos/Instituto Nacional do Livro, 1975.

SAMPAIO, Theodoro. *O tupi na geografia nacional*. Salvador: Câmara Municipal, 1955.

_____. *São Paulo no século XIX e outros ciclos históricos*. Petrópolis: Vozes, 1978.

_____. "Quem era o bacharel degradado em Cananéa?", *Revista do Instituto Histórico e Geográfico de São Paulo*, vol. VII, pp. 280-5, 1902.

SANTOS JR., Wilson Ribeiro dos. "Shopping center: uma imagem de espelhos". In: PINTAUDI, Silvana Maria; FRÚGOLI JR., Heitor. *Shopping centers: espaço, cultura e modernidade nas cidades brasileiras*. São Paulo: Editora Unesp, 1992.

SANTOS, Juana Elbein dos. *Os Nagô e a morte*. Petrópolis, Vozes, 2001.

SARAIVA, José Hermano. *História concisa de Portugal*. Lisboa: Publicações Europa-América, 1978.

SASSEN, Saskia. *The Global City: New York, London, Tokyo*. Princeton: Princeton University Press, 2001.

SCHEINOWITZ, A. S. *O macroplanejamento da aglomeração de Salvador*. Salvador: Empresa Gráfica da Bahia, 1998.

SCHNAIDERMAN, Boris. *A poética de Maiakóvski*. São Paulo: Perspectiva, 1971.

SCHWARTZ, Stuart B. *Segredos internos: engenhos e escravos na sociedade colonial*. São Paulo: Companhia das Letras, 1988.

SCHWARTZ, Stuart B.; LOCKHART, James. *A América Latina na época colonial*. Rio de Janeiro: Civilização Brasileira, 2002.

SEGAWA, Hugo. *Arquiteturas no Brasil 1900-1990*. São Paulo: Edusp, 1974.

SHERIF, Nagm-El-Din Mohamed. "A Núbia antes de Napata — 3.100 a 750 anos antes da Era Cristã". In: MOKHTAR, G. (org.). *História geral da África II: a África Antiga*. São Paulo: Ática/Unesco, 1983.

SILVA, Olavo Pereira da. *Arquitetura luso-brasileira no Maranhão*. Belo Horizonte: Formato, 1998.

SILVEIRA, Renato da. *O candomblé da Barroquinha: processo de constituição do primeiro terreiro baiano de Keto*. Salvador: Edições Maianga, 2006.

SKIDMORE, Thomas. *Preto no branco: raça e nacionalidade no pensamento brasileiro*. São Paulo: Paz e Terra, 1976.

SMITH, Adam. *An Inquiry into the Nature and Causes of the Wealth of Nations*. Londres: Methuen, 1961.

SODRÉ, Muniz. *Samba, o dono do corpo*. Rio de Janeiro: Mauad, 1998.

_____. *O terreiro e a cidade*. Petrópolis: Vozes, 1988.

SODRÉ, Nelson Werneck. *História militar do Brasil*. Rio de Janeiro: Civilização Brasileira, 1979.

SONTAG, Susan. *Na América*. São Paulo: Companhia das Letras, 2001.

SORJ, Bernardo. "Sociabilidade brasileira e identidade judaica". In: SORJ, Bila (org.). *Identidades judaicas no Brasil contemporâneo*. Rio de Janeiro: Imago, 1997.

SOUSA, Gabriel Soares de. *Tratado descritivo do Brasil em 1587*. São Paulo: Companhia Editora Nacional/Edusp, 1971.

SOUSA, Pero Lopes de. *Diário da navegação*. São Paulo: Parma, 1979.

SOUSTELLE, Jacques. *Os astecas na véspera da conquista espanhola*. São Paulo: Companhia das Letras/Círculo do Livro, 1990.

SOUZA, Jessé. *A construção social da subcidadania: para uma sociologia política da modernidade periférica*. Belo Horizonte/Rio de Janeiro: UFMG/Iuperj, 2003.

SOUZA, Laura de Mello e. *Desclassificados do ouro: a pobreza mineira no século XVIII*. Rio de Janeiro: Edições Graal, 1982.

SOUZA, Marcelo Lopes de. *Fobópole: o medo generalizado e a militarização da questão urbana*. Rio de Janeiro: Bertrand Brasil, 2008.

SPENGLER, Oswald. *The Decline of the West*. Nova York: Knopf, 1959.

STADEN, Hans. *Duas viagens ao Brasil*. Belo Horizonte/São Paulo: Itatiaia/Edusp, 1974.

STORR, Anthony. *Human Aggression*. Londres: Penguin Press, 1968.

SUZUKI, Daisetz Teitaro. *An Introduction to Zen Buddhism*. Londres: Rider & Company, 1948.

SWEET, David G. *A Rich Realm of Nature Destroyed: The Middle Amazon Valley (1640-1750)*. Tese de Ph. D. Madison: University of Wisconsin, 1974.

SZACHI, Jerzy. *As utopias ou a felicidade imaginada*. Rio de Janeiro: Paz e Terra, 1972.

TAVARES, Maria José Ferro. *Os judeus na época dos descobrimentos*. Lisboa: Edição Elo, s/d.

THOMAS, Keith. *O homem e o mundo natural*. São Paulo: Companhia das Letras, 1988.

TINIANOV, Iuri. "Da evolução literária". In: *Teoria da literatura: formalistas russos*, Porto Alegre: Globo, 1971.

TORRES, Cláudio. "O Garb-al-Andaluz". In: MATTOSO, José (org.). *História de Portugal — primeiro volume — antes de Portugal*. Lisboa: Editorial Estampa, s/d.

TRENTO, Angelo. *Do outro lado do Atlântico: um século de imigração italiana no Brasil*. São Paulo: Nobel, 1989.

TURNER, Victor W. *O processo ritual*. Petrópolis: Vozes, 1974.

VAILLANT, George C. *La civilización azteca*. México: Fondo de Cultura Económica, 1992.

VANSINA, Jan. "A África equatorial e Angola: as migrações e o surgimento dos primeiros Estados". In: NIANE, D. T. (org.). *História geral da África IV: a África do século XII ao século XVI*. São Paulo: Ática/Unesco, 1988.

VARNHAGEN, Francisco Adolfo de. *História geral do Brasil*. São Paulo: Melhoramentos, 1959.

VASCONCELLOS, Simão de. *Chronica da Companhia de Jesv do Estado do Brasil e do qve Obrarão sevs Filhos nesta parte do Novo Mundo*. Lisboa: Officina de Henrique Valente de Oliveira — Impressor del Rey, 1663.

VASCONCELLOS, Sylvio de. *Arquitetura no Brasil*. Belo Horizonte: UFMG, 1961.

_____. *Vida e obra de Antônio Francisco Lisboa, o Aleijadinho*. São Paulo/Brasília: Companhia Editora Nacional/Instituto Nacional do Livro, 1979.

VENTURA, Zuenir. *Cidade partida*. São Paulo: Companhia das Letras, 1994.

VERÇOSA, Carlos. *Oku: viajando com Bashô*. Salvador: Secretaria de Estado da Cultura e Turismo, 1996.

VERGER, Pierre. *Fluxo e refluxo do tráfico de escravos entre o Golfo do Benin e a Bahia de Todos os Santos dos séculos XVII a XIX*. Salvador: Corrupio, 1987.

VIEIRA, Antonio. *Sermões*. Porto: Lello & Irmão Editores, 1951.

VILHENA, Luiz dos Santos. *A Bahia no século XVIII*. Salvador: Itapuã, 1969.

VITRÚVIO. *Tratado de arquitetura*. São Paulo: Martins Fontes, 2007.

WACHOWICZ, Ruy Christovam. *História do Paraná*. Curitiba: Editora Gráfica Vicentina, 1977.

WARCHAVCHIK, Gregori. "Acerca da arquitetura moderna". In: XAVIER, Alberto (org.). *Arquitetura moderna brasileira: depoimento de uma geração*. São Paulo: Pini/ABEA/Fundação Vilanova Artigas, 1987.

WATTS, A. W. *The Way of Zen*. Nova York: Pantheon Books, 1957.

WEBER, Max. "Conceitos e categorias da cidade". In: VELHO, Otávio Guilherme (org.). *O fenômeno urbano*. Rio de Janeiro: Zahar Editores, 1976.

WEIMER, Günter. *Origem e evolução das cidades rio-grandenses*. Porto Alegre: Livraria do Arquiteto, 2004.

WERTZ-KANOUNNIKOFF, Sheila. "Payments for Environmental Services: A Solution for Biodiversity Conservation?", *Idées pour le Débat*, n° 12, Iddri, 2006.

WILHEIM, Jorge. "Mão escondida projeta arquitetura medíocre". *O Estado de S. Paulo*, São Paulo, 2/7/2008.

WILLETT, Frank. *African Art*. Nova York: Thames and Hudson, 1997.

WILLIAMS, Emmet. *An Anthology of Concrete Poetry*. Nova York: Something Else Press, 1967.

WILLIAMS, Raymond. *O campo e a cidade na história e na literatura*. São Paulo: Companhia das Letras, 1989.

WIRTH, Louis. "Urbanism as a Way of Life". In: LEGATES, Richard T.; STOUT, Frederic (orgs.). *The City Reader*. Londres/Nova York: Routledge, 2007.

XAVIER, Alberto (org.). *Arquitetura moderna brasileira: depoimento de uma geração*. São Paulo: Pini/ABEA/Fundação Vilanova Artigas, 1987.

XISTO, Pedro. *Caminho*. Rio de Janeiro: Berlendis & Vertecchia Editores, 1979.

ZUMTHOR, Paul. *A Holanda no tempo de Rembrandt*. São Paulo: Companhia das Letras/Círculo do Livro, 1989.

SOBRE O AUTOR

Antonio Risério nasceu em Salvador, na Bahia, em 1953. Poeta e ensaísta, defendeu tese de mestrado em Sociologia com especialização em Antropologia na UFBA. Fez política estudantil em 1968 e mergulhou na viagem da contracultura. Integrou grupos de trabalho que implantaram a televisão educativa, as fundações Gregório de Mattos e Ondazul e o hospital Sarah Kubitschek, na Bahia. Elaborou o projeto geral para a implantação do Museu da Língua Portuguesa, em São Paulo, e do Cais do Sertão Luiz Gonzaga, no Recife. Tem feito roteiros de cinema e televisão. Diversas composições suas foram gravadas por estrelas da música popular brasileira. Integrou os núcleos de criação e estratégia das campanhas vitoriosas de Lula e Dilma Rousseff à Presidência da República (o primeiro operário e a primeira mulher eleitos para tal cargo no país). Escreveu, entre outros, os livros *Carnaval Ijexá* (Corrupio, 1981), *Caymmi: Uma Utopia de Lugar* (Perspectiva, 1993), *Textos e Tribos* (Imago, 1993), *Avant-Garde na Bahia* (Instituto Lina Bo e P. M. Bardi, 1995), *Oriki Orixá* (Perspectiva, 1996), *Ensaio sobre o Texto Poético em Contexto Digital* (Fundação Casa de Jorge Amado, 1998), *Uma História da Cidade da Bahia* (Versal, 2004), a novela *A Banda do Companheiro Mágico* (Publifolha, 2007) e *A Utopia Brasileira e os Movimentos Negros* (Editora 34, 2007).

Este livro foi composto em Sabon pela Bracher & Malta, com CTP da New Print e impressão da Graphium em papel Pólen Soft 70 g/m² da Cia. Suzano de Papel e Celulose para a Editora 34, em abril de 2013.